Reiki "Il metodo segreto per invitare le be~~~~~i"

Dalle origini agli stili moderni occide~

di Marco Bernabei e M~

Le informazioni e le tecniche riportate in questo libro sono solo a scopo divulgativo.

Non possono, né vogliono sostituirsi in nessun modo alla medicina, alla farmacologia ed alla psicologia convenzionali.

Gli autori declinano ogni responsabilità dall'uso improprio delle informazioni e delle tecniche contenute in questo libro.

Reiki "Il metodo segreto per invitare le benedizioni"
Dalle origini agli stili moderni occidentali e giapponesi

Copyright© 2021 Marco Bernabei e Maria Paola Chizzoli

Prima edizione, maggio 2021

ISBN: 979-87-463-3826-6

Testo e traduzioni:
Marco Bernabei e Maria Paola Chizzoli

Revisione del testo:
Maria Paola Chizzoli e Sergio Gabrielli

Immagine di copertina:
Marco Bernabei

Progettazione grafica e impaginazione:
Marco Bernabei

Si ringrazia James Deacon per la gentile concessione all'utilizzo dei suoi articoli, immagini e fotografie.

Tutti i diritti riservati. Nessuna parte di questo volume può essere riprodotta, archiviata in sistemi server o trasmessa in nessuna forma e con nessun mezzo elettronico, digitale o meccanico, né fotocopiata, registrata o altro, senza il permesso scritto degli autori.

A Mikao Usui con profondo affetto e immensa gratitudine, possa il tuo Spirito e la tua Grande Luce Splendente guidarci ancora lungo il nostro cammino.

Ichiryusai Hiroshige (1797-1858)

INDICE

PREMESSA 13

INTRODUZIONE 15

CAPITOLO 1 - REIKI 17

Reiki, ma non come lo conosciamo: La Trasmissione Spirituale di Juzo Hamada 18

Che cos'è il Reiki e la sua pratica 35
    L'ideogramma Reiki 36
        REI 37
        KI 39
    La Disciplina 41
        I cinque elementi che compongono il Reiki 43

Fondamenti della tradizione giapponese 45
    Gassho 45
    Seiza 45
    Hara, Ki e Tanden 46

AVVERTENZE 48
    Tecniche di respirazione 48
    Tecniche di disintossicazione fisica e mentale 48
    Tecniche di pulizia del sangue e fine trattamento 49
    Tecniche di guarigione remota o trattamento a distanza 49
    Simboli e Mantra 49
    Reiju e Denju 50

CAPITOLO 2 - SHINSHIN KAIZEN USUI REIKI RYOHO 51

Mikao Usui 52
    La stele commemorativa 53
    Insegnamenti e precetti di rigore del Maestro Usui 58
    Gli insegnamenti del Maestro Usui 59

Shoden - Insegnamenti Elementari 60
    Gokai - Principi 61
        Gokai Sansho - Recita dei Principi 62

- Gokai Meisō - Meditazione sui Principi 62
- Kokyu Ho - Tecniche di meditazione e respirazione 63
  - Hatsurei Ho – Metodo per generare maggiori quantità di energia spirituale 63
- Tenohira – Tecniche di trattamento 64
  - Byosen - Percepire lo squilibrio 64
  - Trattamento delle cinque posizioni 65
  - Gedoku Chiryo Ho – Metodo disintossicante 67
  - Nentatsu Ho – Metodo per inviare la volontà 68
  - Ketsueki Kokan Ho – Metodo per la pulizia del sangue 69

Okuden - Insegnamenti Interiori 71
- Kototama, Shingon e Shirushi 72
  - Kototama 72
  - Shingon 73
  - Kototama di Ueshiba 74
  - Shirushi 74
- Shirushi di secondo livello 76
  - Choku Rei, il simbolo della comunione diretta con lo spirito 76
  - Sei Heiki, il simbolo dell'armonia della mente 76
  - Hon Sha Ze Sho Nen, il simbolo dell'unità 77
- Tecniche di sviluppo personale con Shirushi e Shingon 77
  - Junkan Ho – Tecnica della circolazione 77
  - Kekudai Ho - Visualizzazione dell'espansione 78
  - Fuji Kan – Visualizzazione della distribuzione 78
- Tenohira – Tecniche di trattamento 79
  - Byosen Reikan Ho – Metodo per il rilevamento intuitivo degli squilibri 79
  - Seiheki Chiryo Ho – Metodo potenziato per stimolare la forza di volontà ... 80
  - Enkaku Chiryo Ho – Metodo per raggiungere l'Unità 81

Shinpiden - Insegnamenti Misteriosi 83
- Shirushi di terzo livello 84
  - Dai Ko Myo, il simbolo della luce del Buddha 84
- Kokyu Ho - Tecniche di meditazione e respirazione 84
  - Ibuki Kokyu Ho – Metodo di potenziamento del respiro 84
- Tenohira – Tecniche di trattamento 85
  - Reiji Ho - Metodo per essere guidati dallo spirito 85

Shihan - Insegnamenti del grado Istruttore 87
- Reiju e Denju – Benedizione dello spirito e tecniche di iniziazione 88
  - Reiju 88
  - Tecnica di preparazione dell'insegnante per il Reiju 89
  - Denju 89

CAPITOLO 3 - USUI SHIKI RYOHO 91

Chujiro Hayashi 92

Articoli in cui si parla di Chujiro Hayashi 95
Un trattamento di guarigione con i palmi delle mani per curare molte malattie. 95
Sono profondamente grato a tutti per la loro gentilezza 101

Hawayo Hiromi Kawamura Takata 104

La storia di Usui raccontata da Takata 108

Un viaggio di mille miglia inizia con un solo passo 123

Estratti dai diari di Takata 124
Takata parla del Reiki 124
Estratti dai diari 1935-1936 128
    Il significato di "LEIKI" 128
    Shinpi Den, Kokiyu Ho e Leiji Ho 132

Articoli su Takata 135
"Siamo tutti guaritori" 135
La sig.ra Takata e il potere del Reiki 140
La sig.ra Takata apre le coscienze al "Reiki" 142
Hawayo Takata al Centro Conferenze di Panther Valley 146
Reiki, il metodo di guarigione giapponese che potrebbe suscitare interesse tanto quanto l'agopuntura cinese 148

L'insegna della clinica Reiki di Takata 151

Atto notarile 156

Lettera di Takata in cui annuncia il suo ritiro 158

Insegnamenti del Livello Introduttivo 160
Introduzione 160
I Livelli 165
I Cinque Principi del Reiki 167
Centratura 168
Il potere è nell'addome 168
Modalità di auto-trattamento 170
    Auto-trattamento di base 170
    Auto-trattamento con 12 posizioni 171

Trattamenti 172
    Guida ai trattamenti Reiki di Hawayo Takata 174
    Trattamento completo con 12 posizioni 182
    Trattamento completo con 18 posizioni 185
    Come finire il trattamento 188
    La crisi di guarigione 189
    Cerchio Reiki 190
    Trattamento di gruppo 191
    Maratona Reiki 191

Insegnamenti del Livello Intermedio 192
    Simboli Reiki 192
        Simbolo 1: Il simbolo della "Potenza" 193
        Simbolo 2: Il simbolo della "Guarigione Mentale" 193
        Simbolo 3: Il simbolo della "Guarigione Remota" 194
    Tecniche del Livello Intermedio 194
        Trattamento per cambiare le cattive abitudini, pensieri e per rimuovere le dipendenze 194
        Guarigione Remota 195
        Trattamento attraverso il respiro 197
        Trattamento per il bilanciamento emozionale-mentale 198

Insegnamenti del Livello Avanzato 199
    Simbolo 4: Il simbolo "Master" 199
    Tecniche del Livello Avanzato 199
        Guida dello spirito 199
        Potenziamento del trattamento attraverso il respiro 200
        Armonizzazioni del livello Introduttivo e Intermedio 201

Insegnamenti del Master 201
    Tecniche del Master 201
    Armonizzazioni del livello Avanzato e Master 201

HAYASHI RYOHO SHISHIN 202

CAPITOLO 4 - JAPANESE REIKI RYOHO 211

Essere un grande guaritore spirituale 211

Introduzione 212
    Stili Reiki giapponesi 212
        Usui Reiki Ryoho Gakkai 212
        Gendai Reiki Ho 214

    Jikiden Reiki 214
    Komyo Reiki 215
    Usui Teate 215
    Usui Do 216
    Reido Reiki 216
    Hekikuu Reiki 216
    Una ricerca sull'origine della guarigione del Reiki. Cos'è la guarigione dello Stile Usui Reiki? Rapporto di Shiomi Takai 218

Insegnamenti di primo livello - Shoden 229
    Gokai - Principi 229
        Gokai Sansho - Recita dei Principi 229
    Tecniche di respirazione e meditazione 229
        Hatsurei Ho - Ricevere energia spirituale 229
    Tecniche di respirazione e meditazione moderne 231
        Hatsurei Ho - Generare lo spirito 231
        Kenyoku Ho - Metodo di lavaggio a secco o spazzolatura 233
        Joshin Kokyu Ho – Metodo per focalizzare la mente attraverso il respiro 234
        Seishin Toitsu – Creare una mente unificata 235
        Gassho Meisō – Meditazione in Gassho 235
        Hikari No Kokyu Ho - Respiro di luce 236
        Gassho Kokyu Ho - Respiro dalle mani 236
    Tecniche di trattamento 237
        Capacità di auto-guarigione 237
        Byosen - Percepire lo squilibrio 238
        Trattamento delle cinque posizioni 238
        Gedoku Chiryo Ho - Metodo di disintossicazione e purificazione 238
        Nentatsu Ho – Inviare la forza di volontà 240
        Ketsueki Kokan Ho – Pulizia del sangue 241
        Hanshin Koketsu Ho – Metodo di pulizia del sangue operando su metà corpo 242
        Zenshin Koketsu Ho – Metodo di pulizia del sangue operando su tutto il corpo 243
    Tecniche di trattamento moderne 244
        Trattamento con 12 posizioni 244
        Trattamento Completo 247
        Reiki Mawashi - Corrente di energia spirituale 250
        Shuchu Reiki - Energia spirituale concentrata 251
        Renzoku Reiki – Maratona Reiki 251
        Jakikiri Joka Ho – Metodo per l'eliminazione dell'energia negativa 251

Insegnamenti di secondo livello - Okuden 253
    Shirushi e Kototama di secondo livello 253
        Choku Rei, il Simbolo della Potenza 253
        Sei Hei Ki, il Simbolo dell'Armonia Mentale 253

9

Hon Sha Ze Sho Nen, il simbolo della Guarigione a Distanza 254

Le tecniche dell'Okuden Zenki 254
    Tecniche di trattamento 254
        Byosen Reikan Ho - Rilevamento intuitivo degli squilibri 254
        Uchite Chiryo Ho – Oshite Chiryo Ho – Nadete Chiryo Ho 254
        Heso Chiryo Ho - Trattamento dell'ombelico 255
        Seiheki Chiryo Ho - Trattamento delle abitudini 256
        Koki Ho – Trattamento attraverso il soffio 257
        Gyoshi Ho - Trattamento attraverso gli occhi 257
    Tecniche di trattamento moderne 258
        Tanden Chiryo Ho – Metodo di disintossicazione e purificazione attraverso il Tanden 258
        Genetsu Ho - Metodo per ridurre la febbre 259

Le tecniche dell'Okuden Koki 260
    Tecniche di trattamento 260
        Enkaku Chiryo Ho – Trattamento a distanza 260
    Tecniche di trattamento moderne 261
        Shashin Chiryo Ho - Metodo di guarigione a distanza usando una fotografia 261

Insegnamenti di terzo livello - Shinpiden 261
    Shirushi e Kototama di Terzo Livello 261
        Dai Ko Myo, il Simbolo del Maestro 261
    Tecniche di respirazione e meditazione 261
        Ibuki Kokyu Ho - Potenziamento del trattamento attraverso il respiro 261
    Tecniche di trattamento 262
        Reiji Ho - Permettere a Reiki di guidare il posizionamento delle mani 262

Insegnamenti del livello Shihan 262
    Reiju - Dare e ricevere lo spirito 262
        Tecnica di preparazione per il Reiju 262
    Denju 263

REIKI RYOHO NO SHIORI 264

REIKI RYOHO HIKKEI 272
    I. Istruzioni sul metodo Reiki di Usui 272
    II. Spiegazione delle istruzioni per il pubblico 272
    III. Ryoho Shishin 277
    IV. Gyosei 286

CAPITOLO 5 - L'IMPORTANZA DELLA FORMAZIONE 297

APPENDICE 1: TECNICHE AGGIUNTE NELL'USUI SHIKI RYOHO NON RICONDUCIBILI AGLI INSEGNAMENTI DI HAWAYO TAKATA 301

Chakra 304

Utilizzi e tecniche del Reiki di primo livello 309

Utilizzi e tecniche del Reiki di secondo livello 311

Utilizzi e tecniche del Reiki di terzo livello 314

APPENDICE 2: TECNICHE AGGIUNTE NEI DIVERSI STILI DI JAPANESE REIKI RYOHO NON RICONDUCIBILI AGLI INSEGNAMENTI DI MIKAO USUI 317

I tre Tanden 318

Tecniche aggiuntive del Reiki di 1° livello 319

Tecniche aggiuntive del Reiki di 2° livello 323

Tecniche aggiuntive del Reiki di 3° livello 326

APPENDICE 3: LIGNAGGIO REIKI 329

CONCLUSIONE E RINGRAZIAMENTI 331

GLI AUTORI 333

GLOSSARIO 335

BIBLIOGRAFIA E SITOGRAFIA 357

Utagawa Toyokuni (1769-1825)

Premessa

È con immensa gioia e letizia che presentiamo, con la seguente opera, il frutto della nostra pratica pluriennale e dei nostri studi e ricerche inerenti questa meravigliosa disciplina. Il contenuto di questo libro non ha la pretesa né l'ardire di essere il portatore dell'unica verità riguardo al Reiki, poiché le vie del Grande Spirito sono infinite, tanto quanto tutti i fiumi portano al mare. I dati riportati, soprattutto per quanto riguarda lo Shinshin Kaizen Usui Reiki Ryoho, derivano da una ricerca portata coscienziosamente avanti su fonti che riteniamo siano le più vicine alla pratica insegnata dal suo fondatore, poiché purtroppo lo stesso Mikao Usui Sensei non ci ha lasciato nulla di scritto, a quanto ad oggi ne sappiamo, da buon monaco, se pur laico, portatore di insegnamenti del buddismo esoterico, nel quale la trasmissione dei dettami e delle pratiche è strettamente orale.

Non ci arroghiamo pertanto nessun diritto di essere gli scopritori o i soli portatori della disciplina originale, ma ci accontentiamo di sentirci benedetti e di essere profondamente grati con tutto il cuore di poter beneficiare di questi straordinari insegnamenti che, oltre all'aver resistito ai forti cambiamenti sociali che hanno scosso il Giappone da metà '800, con la restaurazione Meiji, sono sopravvissuti al secondo conflitto mondiale per attraversare mezzo mondo ed approdare in occidente e finalmente anche qui in Italia.

Va però detto che ci siamo impegnati a riproporre anche le tecniche, di derivazione New Age[1], inglobate nel sistema a partire dagli anni '80 sia in America che in Giappone, in due appendici separate. Non che queste tecniche non funzionino, anzi, anche noi usufruiamo dei loro portentosi benefici. Solo abbiamo pensato di mantenere la disciplina con i tre stili che verranno da noi illustrati, il più vicino possibile alla tradizione giapponese per quanto concerne la visione spirituale, energetica e fisica dell'essere umano e dell'Universo di cui è parte integrante.

Siamo anche ben disposti a qualsiasi confronto costruttivo e revisione delle nostre ricerche, se ci fosse qualcuno in possesso di fonti autentiche che possano dissipare

---

[1] Canil Dario, L'anima del Reiki. Origini, fondamenti spirituali e guida pratica del metodo originale di Mikao Usui, L'Età dell'Acquario, 2015. Doi Hiroshi, Iyashino Gendai Reiki Ho, A Modern Reiki Method for Healing, International Center For Reiki Training, 2013. Gentiluomo Annunziato, Sapere, saper fare e saper essere nel Reiki. Un manuale per gli operatori di Reiki del XXI secolo, Psiche 2, 2018. Gray John Harvey, Gray Lourdes, McFadden Steven, Hand to Hand: The Longest-Practicing Reiki Master Tells His Story, Xlibris, 2002. Lübeck Walter, Petter Frank Arjava, Rand William Lee, Lo spirito del Reiki. Il manuale completo, Edizioni Mediterranee, 2003. Stiene Bronwen, Stiene Frans, The Japanese Art Of Reiki: A Practical Guide To Self-healing, Ayni Books, 2005; Your Reiki Treatment: How to Get the Most Out of It, Ayni Books, 2007; The Reiki Sourcebook, Ayni Books, 2009.

la folta coltre di nebbia che ancora ammanta molti aspetti, soprattutto della pratica originale.

Non possiamo che augurarvi di poter beneficiare abbondantemente della luce e delle benedizioni apportate con la pratica del Reiki, la sua energia è immensa e illimitata ed è disponibile per chiunque lo voglia, come lo sono il Sole, la Luna e le Stelle. Gli unici limiti alla sua efficacia sono la nostra pigrizia e testardaggine. Quindi l'unico suggerimento che ci sentiamo di potervi dare è di praticarlo ovunque, quando potete e per tutto il tempo che avete a disposizione.

Vi chiederete quale è il senso di tutto questo? La domanda è legittima ed è la stessa che ci siamo posti anche noi prima di imbarcarci in questa impresa. Ci siamo risposti che giravano molte informazioni differenti ed a volte non coerenti fra di loro e che ciascuno pretendeva di conoscere l'unica verità, cosa che noi proprio non vogliamo fare, ma chiarirci un po' le idee si. Da qui è nato il desiderio di fare la nostra ricerca e tornare il più indietro possibile per ridare ad Usui Sensei quella voce che a volte gli è stata attribuita e che invece non gli apparteneva.

"Che la Grande Luce Splendente del Grande Spirito, illumini e benedica le vostre Essenze Infinite e Immortali."

Con affetto e gratitudine
Marco e Paola

Introduzione

Il motivo che ci ha spinto a cercare le modalità con cui presumibilmente veniva insegnata al principio la disciplina del Reiki da Mikao Usui, Chujiro Hayashi e Hawayo Takata prima che si ricongiungessero con il Grande Spirito, è dovuto al fatto che, ad oggi, c'è ancora molta confusione sull'esatta provenienza e collocazione degli insegnamenti e tecniche proprie del Reiki, poiché ne sono state aggiunte molte provenienti da altre discipline. Pur ribadendo che esse sono perfettamente integrabili e funzionali, il Reiki, per come lo percepiamo noi, è una disciplina semplice e naturale ed è stato proprio il desiderio di ritrovare quella semplicità che ci ha spinto a cercare. L'altro motivo, che non è da meno, è quello di onorare e rendere giustizia ai nostri antenati, in questo caso di lignaggio spirituale, cercando di praticare effettivamente i loro dettami.

Con questi presupposti, sperando di esserci riusciti nonostante i nostri limiti, abbiamo scoperto delle sfaccettature della pratica quotidiana del Reiki, che ci hanno sorpreso e riempito il cuore di gioia e gratitudine. Da quello che abbiamo appreso, l'essenza di questa disciplina è quella di purificare e risvegliare la natura divina che giace in ognuno di noi, in modo tale da poterci ricongiungere alla sua matrice divina universale. Proprio come succede nelle altre pratiche di alchimia spirituale sia orientali che occidentali.[2]

La genialità di questa disciplina poliedrica, a nostro modo di vedere, sta nel fatto che consente di poter raggiungere lo stato di piena consapevolezza dell'Essere, chiamata in giapponese Anshin Ritsumei o Satori, non solo con la classica meditazione e recitazione di mantra, ma anche attraverso diverse modalità, tra cui l'autotrattamento e il trattamento sugli altri, che possono costituire delle profonde pratiche spirituali per entrare in contatto con il nostro Sé interiore divino ed annullare la percezione della separazione tra mente e corpo, tra noi e gli altri e con ciò che ci circonda.

---

[2] Agrippa Enrico Cornelio, La filosofia occulta o la magia, Edizioni Mediterranee, 1972. Blavatsky Helena Petrovna, La Dottrina Segreta, The Theosophical Publishing Society, 1893. Collin Rodney, Le influenze celesti. Uomo, universo e mistero cosmico, Edizioni Mediterranee, 2012. De Salzmann Jeanne, La realtà dell'essere. La quarta via di Gurdjieff, Astrolabio Ubaldini, 2011. Evola Julius, La Tradizione Ermetica, Edizioni Mediterranee, 1996. Guénon René, Introduzione generale allo studio delle dottrine indù, Adelphi, 1989; L'uomo e il suo divenire secondo il Vêdânta, Adelphi, 1992. Jung Carl Gustav, L'uomo e i suoi simboli, Raffaello Cortina, 1996; Psicologia e alchimia, Bollati Boringhieri, 2006; L'analisi dei sogni. Gli archetipi dell'inconscio. La sincronicità, Bollati Boringhieri, 2011; Tipi Psicologici, Bollati Boringhieri, 2011. Jung Carl Gustav, Wilhelm Richard, Il segreto del fiore d'oro. Un libro di vita cinese, Bollati Boringhieri, 2001. Ouspensky Pëtr Demianovič, Frammenti di un insegnamento sconosciuto, Astrolabio Ubaldini, 1978. Steiner Rudolf, Teosofia, Oscar Mondadori, 2003; La Scienza Occulta, Cerchio della Luna, 2016.

Quindi abbiamo deciso di condividere le nostre esperienze e conoscenze con chiunque sia ben disposto ad accettarle, visto che ci hanno apportato innumerevoli benefici, tra cui quello che secondo noi può essere il maggiore, una più profonda e consapevole comprensione, in termini pratici, di noi stessi, di questa disciplina e del profodo legame inscindibile che vi è tra il corpo fisico e lo spirito che lo abita.

La struttura del libro sarà divisa in diverse sezioni, o capitoli, per facilitare un rapido accesso agli argomenti che possono interessare. La prima parte obbligatoriamente è incentrata sulla spiegazione, con i limiti umani del caso, di cosa è secondo noi la disciplina del Reiki.

La seconda parte tratta della storia di Mikao Usui e le pratiche originarie dello Shinshin Kaizen Usui Reiki Ryoho, ricostruite in base alle fonti da noi trovate.

La terza parte tratterà la storia di Chujiro Hayashi, di Hawayo Takata e lo stile Usui Shiki Ryoho come insegnato da quest'ultima.

Nella quarta parte si illustreranno la storia del Reiki dal secondo dopoguerra ad oggi e gli insegnamenti e le tecniche del Japanese Reiki Ryoho, ossia ciò che è sopravvissuto dell'Usui Reiki Ryoho Gakkai nella sua rifondazione dopo la fine dell'occupazione degli Alleati in Giappone negli anni '50. Tratteremo inoltre con la stessa cura ed imparzialità gli stili che si sono sviluppati dalla fusione tra il Dento Reiki, ovvero gli insegnamenti e le tecniche ritenute tradizionali, con altre pratiche del benessere giapponesi e il Reiki occidentale, riportato nella sua terra di origine nella seconda metà degli anni '80.

Nella quinta parte saranno raccolte le informazioni su chi siamo, l'ente di formazione e l'associazione professionisti a cui siamo affiliati.

Nell'ultima parte saranno illustrate, con tre appendici, alcune tecniche di derivazione New Age inglobate nella disciplina, a partire dagli anni '80, sia negli stili occidentali sia in quelli giapponesi e vengono illustrati, per pronto riferimento, i lignaggi che hanno dato origine ai principali differenti stili.

Capitolo 1

REIKI

Reiki, ma non come lo conosciamo: La Trasmissione Spirituale di Juzo Hamada[3]

L'articolo che segue è stato scritto dal Maestro di Reiki Darragh MacMahon mentre si trovava in Giappone per eseguire delle ricerche sulle tecniche di guarigione tradizionale giapponese e ci sembra importante per comprendere lo spirito che anima un Sensei giapponese e che sicuramente ha animato anche Mikao Usui.

Dice MacMahon: "Un paio di anni fa, mentre mi trovavo in Giappone a fare delle ricerche per un libro sulla diversità delle pratiche di guarigione giapponesi, un libro che alla fine non è stato effettivamente scritto, ho avuto la fortuna di essere invitato a stare con un amico ucraino, Sergei e con sua moglie Yuko, che vivono nella periferia della città di Kushiro, nell'isola giapponese settentrionale di Hokkaido.

Quando avevamo parlato al telefono prima della mia visita, Sergei, che si allena nell'arte marziale chiamata kempo, mi aveva suggerito che nell'ambito della mia ricerca avrei potuto parlare con il guaritore/terapista da cui lui e gli altri studenti di kempo erano andati per farsi curare i traumi da allenamento. Disse che avrebbe chiesto al suo Istruttore se fosse stato possibile organizzare un colloquio con l'uomo, a cui si riferiva come Izumi-sama, che era anche un praticante di kempo e il "senior" dell'istruttore. Il suffisso -sama, ho scoperto in seguito, è un termine più formale di ossequio rispetto al -san che conoscevo già leggermente.

Quando arrivai a Hokkaido, l'incontro con Izumi-sama (cioè il sig. Izumi Takashi) era stato organizzato insieme ad un paio di altri incontri. (In Giappone, il cognome viene prima, il nome dato o personale viene per secondo, in occidente chiameremmo il sig. Izumi Takashi, il sig. Takashi Izumi. Per non incorrere nella confusione, da qui in poi userò la familiare convenzione di denominazione occidentale)

Sergei mi disse che il signor Izumi non era il tipo che normalmente accettava tali interviste, specialmente perché in passato aveva avuto problemi con un giornalista. Aveva accettato questa intervista solo perché l'istruttore del loro dojo l'aveva richiesta. Non ha smesso di sottolineare piuttosto insistentemente che una mancanza di rispetto nel mio comportamento avrebbe significato una perdita della "faccia", sia per l'Istruttore che per lo stesso Sergei.

Fu un pomeriggio, a 4 giorni dalla mia visita, che incontrai il signor Izumi. Sergei si era organizzato con un amico e studente senior di kempo per farmi accompagnare

---

[3] Reiki, But Not As We Know It: The Spiritual Densei of Juzo Hamada, by Darragh MacMahon.

Capitolo UNO

e fungere da interprete, poiché Sergei stesso aveva importanti impegni di lavoro da cui non poteva esimersi.

Sergei mi aveva ricordato che dovevo portare al sig. Izumi un temiyage formale, ovvero un dono, in segno di gratitudine per il suo consenso all'intervista e dalle opzioni suggerite, avevo optato per una bottiglia di nihonshu (sakè).

Ho presentato la bottiglia di nihonshu in confezione regalo e, nel mio miglior giapponese, ho pronunciato la frase che comunemente si dice quando viene offerto un regalo del genere: "tsumaranai mono desu ga ..." Non è altro che ...

La figlia del signor Izumi, Mizuki, ci ha portato il tè e dopo un periodo di tempo adeguato, la conversazione si è rivolta al motivo della mia visita. Con l'aiuto dell'amico di Sergei, Yoshiki, ho spiegato del mio libro e di come avrei dato, a tutti coloro che mi hanno fatto l'onore di permettermi di intervistarli, l'opportunità di leggere ciò che avevo scritto su di loro prima che qualcosa andasse in pubblicazione. (Anche se il libro non è andato avanti, ho comunque fornito la copia di questo pezzo presente e di altro materiale riguardante il sig. Izumi, affinché potesse esaminarlo tramite un interprete)

Il signor Izumi è stato molto rilassato, cordiale e felice mentre prendevo appunti durante il nostro dialogo riguardo i suoi metodi.

Sembrava che gli aspetti più esoterici della sua pratica terapeutica riguardassero principalmente una combinazione di ciò che è noto come massaggio e terapia amma/ampuku basati sul lavoro con punti di pressione tsubo e keiraku (meridiani di agopuntura). Sebbene il sig. Izumi abbia detto di non usare aghi, ma semplicemente la pressione delle dita.

Ha anche praticato una forma di guarigione, con il Ki senza pressione, basata sul tocco e guarigione con il respiro.

E c'erano anche altri elementi esoterici nella pratica di Izumi.

Ad un certo livello, ha spiegato, si può spesso vedere che lesioni o malattie sono il risultato dell'influenza negativa degli spiriti. Sebbene in alcuni casi questi spiriti siano semplicemente malevoli, molto spesso la ferita o la malattia sono i mezzi con cui uno spirito tenta di comunicare con l'individuo.

A volte lo spirito ha un risentimento, essendo stato offeso in qualche modo, quindi potrebbe semplicemente tentare di comunicare il proprio dolore o lo smarrimento riguardo alla propria situazione: un semplice grido di aiuto.

Il particolare tipo di spirito che colpisce l'individuo può spesso essere compreso dalla natura dei sintomi manifestanti.

Ad esempio, ha affermato Izumi, lo spirito di un feto abortito può causare dolore ai fianchi, alla parte posteriore della testa e alle spalle. Il mal di testa in generale può indicare l'influenza di un antenato. Lo spirito di un animale morto (come un animale domestico di famiglia) può indurre l'individuo a parlare senza senso, persino a provocare la follia. E così via.

A volte, come parte del trattamento, se l'influenza degli spiriti è evidente (il signor Izumi non ha spiegato con precisione come accertava se una determinata malattia o lesione fosse effettivamente dovuta all'intervento di uno spirito) il paziente viene istruito nel mantenere un Kuyo, un sacrario buddista, o ad intraprendere riti di purificazione shintoisti per placare gli spiriti o, in qualche altro modo, affrontare la causa del loro risentimento.

In alcune circostanze, disse Izumi, avrebbe preparato Ofuda, essenzialmente formule spirituali o talismani, per i suoi pazienti.

Abbiamo parlato un po' della natura di queste formule, ma mi ha chiesto di non scriverne in dettaglio.

Mi ha detto anche che prescrive esercizi particolari per i suoi pazienti da fare a casa, per aiutarli nel processo di guarigione e suggerisce modifiche specifiche nella dieta e stile di vita a seconda della natura della loro particolare afflizione.

Spiegò che, se anche usava trattare le aree specifiche di malattia o dell'infortunio, l'obiettivo principale del trattamento, qualunque fosse il problema, erano sempre la testa, la colonna vertebrale e l'hara o la pancia. "Tutto è collegato a questi tre", ha spiegato.

Ho chiesto riguardo ai suoi metodi di diagnosi e ha semplicemente detto: "Il mio Kami mi aiuta". Poi dopo un momento: "E ovviamente uso i miei sensi".

È emerso che, con il termine Kami, il sig. Izumi si riferiva ad uno spirito guida, nella forma di uno dei suoi antenati, piuttosto che, come avevo pensato momentaneamente, ad uno dei maggiori Kami o divinità dello shintoismo. (Devo menzionare che tale credenza nella guida di un venerato antenato è qualcosa di abbastanza comune, specialmente, a quanto pare, tra i guaritori e altri praticanti spirituali)

Quando gli ho chiesto cosa intendesse dire usando i suoi sensi, mi ha spiegato che dal momento in cui incontra i pazienti è molto attento. Guarda, ascolta, tocca e odora: vede come si muovono, si siedono, gesticolano, lo stato della loro carnagione, lo stato dei loro occhi, ecc. Ascolta le parole che usano e il loro tono di voce, la sensazione della loro pelle, che sia calda o fredda o umida, ecc. e l'odore del respiro. Tutte queste cose hanno un ruolo nella sua diagnosi. Tuttavia, non ha fatto uso di quella che è probabilmente una delle forme di diagnosi più comuni e allo stesso tempo piuttosto complesse: la lettura dei battiti cardiaci.

Abbiamo parlato per un po' di vari aspetti della sua pratica e mi è stato mostrato, durante il giro nella sua piccola sala per i trattamenti, che aveva diversi diagrammi e certificati alle pareti, nonché una copia dell'Hannya Shingyo o Sutra del Cuore e il ventiseiesimo capitolo del Sutra del Loto, il capitolo sui Dharani o incantesimi.

Come molti giapponesi della sua generazione, la fede del sig. Izumi è una combinazione di convinzioni e pratiche sia buddiste che shintoiste e nella sua sala dei trattamenti c'è un altare/santuario di Yakushi, il Buddha della guarigione e di vari Kami shintoisti considerati responsabili della guarigione. Ad entrambi i lati di questo altare, c'era una fotografia in bianco e nero incorniciata, da una parte dell'insegnante del signor Izumi e dall'altra, l'insegnante del suo insegnante.

Izumi ha detto che preferiva, quando possibile, far sedere i suoi pazienti in posizione verticale durante il trattamento, piuttosto che farli sdraiare su un futon. Di solito un paziente si sdraiava solo quando riceveva un trattamento termico. È emerso che ciò a cui si riferiva qui, era qualcosa che avevo visto personalmente in precedenza solo nella pratica terapeutica occidentale ed in particolare in una forma di terapia del calore spesso chiamata "coppettazione", sebbene mi assicurasse che era abbastanza comune. In questa pratica, una serie di ciotole o tazze di vetro molto piccole vengono riscaldate e posizionate in punti strategici sulla schiena del paziente. Mentre l'aria calda all'interno della ciotola si raffredda, crea un effetto di aspirazione che fissa la ciotola di vetro caldo al corpo. (L'effetto è senza dubbio molto simile alla pratica dell'agopuntore di bruciare la moxa sulla pelle)

Il signor Izumi mi ha detto che riceveva al mattino presto e alla sera e gli piaceva tenere il resto della giornata per sé.

Ho chiesto poi quale ruolo avesse svolto la guarigione a distanza nella sua pratica. Il signor Izumi ha detto che a volte aveva motivo di ricorrere a questo tipo di guarigione, ma non è mai stato qualcosa che ha fatto alla leggera. Nella maggior parte dei casi, se una persona voleva davvero migliorare da qualunque problema la affliggesse, sarebbe stata disposta a fare lo sforzo di raggiungerlo nel suo studio. Se non altro sarebbe stato un riconoscimento psicologico della sua determinazione e del suo impegno a guarire.

Se davvero non potevano venire di persona, per esempio, se fossero stati costretti a letto, o per qualche altra ragione veritiera, allora si sarebbe organizzato per andare a visitarli.

Aveva visto troppi casi di persone che dicevano di aver bisogno di una guarigione a distanza poiché non erano in grado di venire a vederlo di persona, per scoprire che erano o troppo presi dal loro lavoro o persino dalla loro vita sociale, o semplicemente troppo pigri, o non volevano essere visti consultare un guaritore, anziché un medico dell'ospedale!

"Capisci", ha detto, "non tutti quelli che chiedono di essere guariti vogliono davvero essere curati nel loro cuore".

"Anche per queste persone, continuerò a cantare il Daimoku e la preghiera a Yakushi" Il signor Izumi alzò il palmo della mano davanti a sé e con toni gutturali, recitò il mantra di Yakushi: "On koro koro sendari matogi sowaka".

Il Daimoku, lo sapevo, è il mantra del Sutra del Loto, recitato per portare grande merito a coloro che lo cantano o per quelli per cui è cantato.

Ad un certo punto, mentre stavamo parlando, il signor Izumi, in un modo molto informale e inaspettato, prese casualmente la sua giacca e tirò fuori un pacchetto di sigarette e mi chiese se ne volessi una. Rifiutando educatamente la sua offerta, devo essere sembrato un po' sorpreso mentre si accendeva e aspirava profondamente da quella che si rivelò essere una sigaretta di marca cinese.

Attraverso Yoshiki, l'interprete, il signor Izumi disse qualcosa del tipo "Ah, stai pensando: sta fumando! Non si rende conto di quanto sia dannoso fumare per la salute?"

Ho annuito.

Ha spiegato che, a suo avviso, il vero problema non è tanto nel fumo quanto nello stato in cui le persone fumano. Ha detto che la maggior parte delle persone fumano quando sono stressate e decentrate e che fumano "senza cervello".

"Fumo solo quando sono rilassato e anche con grande concentrazione" e poi ha aggiunto con una risata: "e cosa sarebbe un vecchio senza almeno una cattiva abitudine!"

Il signor Izumi, che prima del suo ritiro era stato un funzionario del servizio postale, aveva iniziato la sua formazione come guaritore nel 1958 con un maestro di guarigione chiamato Takanobu Shirasu, che viveva e lavorava nella città di Utsunomiya sull'isola di Honshu. Mi disse che aveva trascorso tre anni a lavorare come assistente nella clinica di Shirasu.

A differenza di molti altri praticanti dei tradizionali metodi di guarigione, Shirasu non si guadagnò da vivere come guaritore. Di giorno gestiva l'azienda di abbigliamento di famiglia, la sera praticava la sua arte terapeutica. Aveva insistito sul fatto che avrebbe addestrato Takashi Izumi solo a condizione che anche lui mantenesse un'occupazione "regolare" per sostenersi, piuttosto che fare affidamento sulla malattia degli altri come mezzo per generare reddito. Gli aveva anche detto che un guaritore avrebbe dovuto svolgere un "vigoroso" lavoro manuale o intraprendere una qualche forma di intenso esercizio fisico per, come ha affermato Izumi, "aiutare il Ki". Era così che il signor Izumi era stato coinvolto con il Kempo.

Shirasu aveva imparato la sua arte negli anni '30 lavorando come "apprendista" o deshi per Juzo Hamada.

Juzo Hamada che, antecedentemente alla prima guerra mondiale, aveva lavorato per diversi anni come funzionario nell'amministrazione giapponese nella Manciuria meridionale, aveva studiato ampiamente le arti curative. Aveva imparato elementi di medicina cinese durante il suo incarico in Manciuria e in seguito viaggiò in lungo e in largo per il Giappone, studiando i metodi di vari noti guaritori del tempo.

Izumi menzionò un elenco di nomi di alcune di queste persone, tra cui Yugaku Hamaguchi, Tamai Tempaku (che, in seguito, scoprii essere il padre dello Shiatsu dei giorni nostri) e Shofu Yamato. Abbastanza comprensibilmente, prima di questo non avevo mai sentito parlare di nessuna di queste persone. Ma c'era un nome menzionato dal signor Izumi di cui avevo sicuramente sentito parlare.

Quel nome era Mikao Usui.

Yoshiki non fece in tempo a tradurre che avevo riconosciuto quel nome, poiché di recente ero diventato uno studente di Reiki.

Alzò le mani e sorrise "Ah, Leiki, Leiki" annuì. Ho chiesto se avesse imparato anche il Reiki.

No, non era un praticante di Reiki. Non ho potuto fare a meno di sentirmi leggermente deluso da questa risposta.

In effetti, ha continuato Izumi, solo pochi anni fa aveva iniziato a vedere articoli in un paio di riviste che parlavano di questa New Age (in realtà usava la frase "nyueiji"), che riferivano di un'arte di guarigione chiamata Reiki, che stava diventando abbastanza popolare.

Prima di allora non ne aveva mai sentito parlare. Disse che all'inizio era stato un po' confuso, dato che tutti i discorsi su questo Reiki dicevano che era un'energia, poiché per molte persone della sua generazione il termine indicava la presenza di uno Spirito Ancestrale o almeno l'effetto benefico di uno spirito, non Ki che scorre nel corpo.

Quando il "Maestro Shirasu", come lo chiamava il sig. Izumi, gli aveva parlato del "Maestro Hamada" e delle persone da cui aveva appreso vari metodi, non aveva mai menzionato questo termine Reiki quando parlava del guaritore Usui.

È emerso che, al di là di ciò che aveva letto sulle riviste in relazione al crescente interesse per il Reiki, il signor Izumi sapeva davvero molto poco di Mikao Usui oltre al fatto che era stato un guaritore spirituale e che era da Usui che il Maestro Hamada aveva imparato come "fare il *Densei*".

Era così che Yoshiki l'aveva definito, quindi ho dovuto chiedergli cosa fosse questo *Densei*. Sembrava un po' incerto mentre diceva che significava qualcosa che si tramandava da una generazione all'altra; poi, dopo un po' di conversazione con il signor Izumi, Yoshiki sembrò più chiaro al riguardo. Spiegò che il signor Izumi stava parlando di una sorta di trasmissione spirituale, non tanto di generazione in generazione in senso stretto, ma piuttosto da un guaritore esperto ad un altro meno esperto. Il signor Izumi si riferiva a questa procedura come *Densei* perché era così che l'avevano chiamata il Maestro Hamada e il Maestro Shirasu.

Izumi stava parlando di una sorta di processo di iniziazione o di sintonizzazione. Improvvisamente ho avuto centinaia di domande che mi ronzavano in testa contemporaneamente.

Questa sintonizzazione, che forma aveva? Era come le sintonizzazioni in stile occidentale che avevo ricevuto, o era più simile al Reiju di cui avevo sentito parlare? Stavo per iniziare a chiedere al signor Izumi, quando arrivò sua figlia, Mizuki e, con tanta delicatezza, fece notare a suo padre che il primo dei suoi pazienti serali sarebbe arrivato tra meno di un'ora.

Abbattuto, mi resi conto che era tempo per noi di andarcene.

Ringraziai il signor Izumi per la sua ospitalità, poi con mio grande sollievo, mentre sia lui che sua figlia ci facevano strada verso l'uscita, il signor Izumi disse qualcosa a Mizuki, che sussurrò in un cattivo inglese: "Dice domani, alla stessa ora torni, sì?"

Ho guardato interrogativamente Yoshiki. Ero consapevole del fatto che spesso tali inviti sono fatti solo per gentilezza e non intendono davvero essere presi alla lettera.

Dovrei accettare? Lui annuì.

Dissi al signor Izumi che sarei stato onorato di visitare di nuovo la sua casa. Ringraziandolo ancora una volta, ci siamo allontanati.

Ho dormito a malapena quella notte e la mattina sembravo strisciare al ritmo di una lumaca.

La mattina fu tranquilla e nel primo pomeriggio il telefono di Sergei squillò. Era Yoshiki. Aveva una gomma a terra e sarebbe passata almeno un'altra mezz'ora.

Ero come un bambino impaziente. Quando alla fine Yoshiki si presentò, stavo aspettando fuori dall'appartamento di Sergei e l'auto non si era ancora fermata del tutto quando mi sedetti sul sedile del passeggero.

In qualche modo siamo riusciti ad arrivare in tempo e abbiamo ricevuto lo stesso caloroso saluto che avevamo avuto il giorno prima.

Ancora una volta Mizuki portò il tè, poi se ne andò, solo per tornare qualche istante dopo con una busta ed un piccolo involucro di colore nero, simile a una scatola, che consegnò a suo padre. Poi si allontanò di nuovo.

Nelle circa 21 ore da quando avevo lasciato la casa del signor Izumi, avevo riesaminato le domande che volevo porgli, fino al punto di fare un elenco che continuava per un paio di pagine sul mio quaderno. Ero ansioso di iniziare le mie domande, tuttavia il signor Izumi sembrava avere altre idee.

Si sedette lì, sorseggiando pensieroso il suo tè. Yoshiki mi suggerì di essere rispettosamente paziente.

Dopo un paio di lunghissimi minuti, il signor Izumi sollevò la busta che Mizuki gli aveva portato, dicendo che gli sarebbe piaciuto mostrarmi alcune fotografie dei suoi insegnanti.

Il giorno prima avevo visto le due fotografie del ritratto di Juzo Hamada e Takanobu Shirasu sul muro della sala delle terapie del signor Izumi. Le fotografie che ora prendeva dalla busta erano molto più piccole e anche molto più informali.

Nella maggior parte di loro ho riconosciuto un giovane signor Izumi con l'insegnante Shirasu, c'erano diverse fotografie di Shirasu da solo e con gli altri, altre quattro o cinque gravemente macchiate, sembravano macchie di tabacco, erano di Shirasu e del suo insegnante, Hamada, che era nato nel 1881.

Il signor Izumi ha parlato delle fotografie mentre me le mostrava, raccontando piccoli dettagli che, dato il mio stato di impazienza, sembravano avere poca importanza.

Più tardi ho capito che forse avevo perso il senso di quel che stava accadendo, forse il signor Izumi stava cercando di formare un legame emotivo nella mia mente con il suo insegnante onorato e l'insegnante del suo insegnante.

Spiegò che Juzo Hamada, oltre a imparare i modi tradizionali di guarigione, era stato un uomo aperto a nuove idee ed era sempre stato disposto a sperimentare pratiche nella speranza che potessero migliorare il suo lavoro di guarigione.

Il signor Izumi indicò la custodia nera che aveva appoggiato sul divano accanto a lui. Questo era appartenuto al Maestro Hamada, disse. Spostando il contenitore, che aveva sicuramente visto giorni migliori, sul tavolino alla destra della sua rivista, aprì la chiusura per rivelare un antico dispositivo elettrico, che credo fosse noto come elettro-vitalizzatore, fra i tanti nomi.

Il dispositivo elettrico incorporato nella custodia che, secondo il sig. Izumi, il Maestro Hamada aveva ordinato (in un tempo intorno al 1910-12) a costi considerevoli dall'Europa, aveva una serie di cavi e accessori di vetro.

Secondo le istruzioni, scritte in francese e ancora incollate all'interno del coperchio della custodia, il dispositivo era stato utilizzato per inviare una carica elettrica innocua (?) attraverso le aree interessate del corpo del paziente con l'intento di stimolare i "sensi nervosi". Era alimentato da un magnete ruotato a mano e aveva vari quadranti e manopole per regolare il livello di carica che produceva.

Secondo il sig. Izumi, Hamada aveva sperimentato il dispositivo solo per alcuni mesi dopo averlo acquistato. Mentre stava funzionando (il signor Izumi si offrì di farmelo provare, ma io educatamente rifiutai), non disse né se lui né se il Maestro Shirasu, che ne era stato in possesso per molti anni, avevano mai considerato di usarlo nella loro pratica.

Sebbene il sig. Izumi avesse trascorso solo tre anni come assistente nella clinica di Takanobu Shirasu prima che Shirasu lo considerasse pronto ad avviare la propria

Capitolo UNO

pratica indipendente, ha spiegato che Shirasu era rimasto il suo mentore per molti altri anni.

Abbiamo parlato ancora per un po' di Takanobu Shirasu, ma il discorso è stato principalmente su Juzo Hamada, in particolare riguardo le persone e le forme di pratica spirituale e di guarigione che avevano influenzato i suoi metodi.

Izumi disse che il Maestro Shirasu ha sempre parlato con grande riverenza del Maestro Hamada.

Cominciai a pensare come potevo orientare la conversazione sull'argomento di Mikao Usui e del *Densei* che il sig. Izumi aveva menzionato il giorno precedente e gradualmente raggiunsi il mio obiettivo.

Adesso il signor Izumi stava di nuovo fumando.

Chiesi: "Sa se Hamada era stato un membro della società creata dagli studenti di Usui?" Egli rispose: "No, allora era diverso."

Il signor Izumi sapeva che c'era stata una società simile. Non che ci avesse creduto davvero, ma sembrava pensare che probabilmente era stata sciolta dagli americani dopo la guerra. Poi (in uno degli articoli di una rivista che aveva menzionato il giorno prima) aveva letto di come questa società doveva esistere ancora oggi. Ma non aveva mai incontrato nessuno o addirittura conosciuto qualcuno che ne fosse stato membro.

Per quanto ne sapeva il signor Izumi, quando Hamada aveva studiato con Usui non c'era una Gakkai: una società in quanto tale. Hamada aveva studiato con Usui e un paio di altri guaritori che all'epoca lavoravano con lui. Il signor Izumi sembrava essere dell'opinione che questi altri insegnassero uno stile di guarigione un po' diverso rispetto a Usui, ma non poteva esserne certo.

Chiesi del *Densei*, la trasmissione spirituale. Il giorno precedente, aveva detto che Hamada aveva imparato a fare il *Densei* da Mikao Usui.

Izumi disse che il Maestro Hamada aveva fatto lo shi *Densei* per il Maestro Shirasu e il Maestro Shirasu a sua volta lo aveva fatto a lui.

"Fare il *Densei* è come trasmettere un ricordo di esperienza da una persona all'altra", ha spiegato.

Il signor Izumi aveva usato la frase "shi *Densei*". Anche con il mio vocabolario turistico limitato, sapevo che shi significava quattro.

Ci sono quattro *Densei* - quattro trasmissioni?

Sì.

Spiegai che il Reiki, come lo conosciamo in Occidente, comportava spesso quattro livelli di allenamento. E quindi chiesi a Yoshiki: "Vuol dire, quattro livelli di *Densei*?"

"No", fu la risposta. Non erano livelli in quanto tali, ma semplicemente perseguivano scopi diversi.

I quattro *Densei* erano:
Jishin: per migliorare la compassione.
Nenshin: per migliorare la consapevolezza.
Seiryoku: per migliorare la forza vitale.
Kaigen: per migliorare la saggezza/risveglio spirituale.
Almeno per me, questo sembrava suggerire una connessione con i simboli Reiki.

Esiste ovviamente un simbolo, indicato come il simbolo del potere, che potrebbe riferirsi alla forza vitale e sapevo che il nome di un altro dei simboli era in realtà un richiamo all'importanza della consapevolezza. Potrebbe esserci una connessione tra il cosiddetto simbolo mentale-emotivo e la compassione, forse il simbolo principale era la luce della saggezza, o forse, nel mio entusiasmo, stavo semplicemente arrampicandomi sugli specchi.

Ho smesso di provare a stabilire connessioni e ho continuato con le mie domande. "Quale trasmissione riceve uno studente per prima?" ho chiesto.

Tutto dipendeva da quale fosse la più vantaggiosa per lui in quel momento. Le trasmissioni Jishin, Seiryoku e Nenshin potevano essere fatte in qualsiasi ordine, ma la trasmissione Kaigen veniva effettuata solo dopo tutte le altre.

Personalmente, aveva scoperto che lo studente di solito beneficiava nel ricevere prima Jishin. "Forse pensi", disse, "che il potere Seiryoku dovrebbe essere automaticamente dato per primo per dare al guaritore molta forza, renderlo un guaritore potente?" Il signor Izumi distese i palmi delle mani di fronte a lui, gli occhi chiusi, le braccia che tremavano, il viso teso e, fingendo di lavorare con un'energia tremendamente potente, "oouuuhhh" intonò in modo risonante. "O forse pensi che nenshin dovrebbe essere il primo per aiutarlo a essere consapevole delle sue capacità?"

Capitolo UNO

"Non è una grande abilità o una grande forza di Ki che rende grande un guaritore", ha detto, "questi sono importanti, sì, ma ciò che rende davvero grande un guaritore è avere grande compassione".

Densei non era qualcosa da prendere alla leggera.

"È un processo sacro" tradusse Yoshiki.

Izumi ha detto che il Maestro Shirasu gli aveva chiesto di fare il *Densei* solo per gli studenti meritevoli.

In tutto aveva fatto il *Densei* solo per tre persone: per due apprendisti che aveva avuto durante i suoi quarant'anni di pratica e per sua figlia Mizuki.

Mentre alla fine aveva fatto tutte e quattro le trasmissioni per i due studenti, ne aveva fatte solo due per Mizuki.

Non era, il signor Izumi faceva di tutto per sottolinearlo, perché Mizuki era una donna, ma perché non era il suo destino diventare una guaritrice.

Il *Densei* è creato dalla meditazione dell'insegnante. (Forse dovrei menzionare qui che la parola che Yoshiki aveva costantemente tradotto come Insegnante durante l'intervista con il Sig. Izumi, cioè: Sensei, è qualcosa che significa anche Istruttore ed è un titolo di rispetto)

Il Maestro e lo studente/apprendista eseguono una meditazione insieme coinvolgendo quel che Yoshiki ha definito "i tre segreti". (In seguito lo chiarì dicendo che era una procedura della pratica buddista che utilizzava visualizzazioni, gesti e mantra ritualistici)

Ho chiesto se ci fosse un periodo di tempo specifico che lo studente/apprendista avrebbe dovuto attendere tra la ricezione di una trasmissione e quella successiva.

Il signor Izumi si accigliò leggermente, come se la domanda non avesse significato.

Spiegai come nel Reiki esistessero opinioni diverse riguardo ai tempi di attesa richiesti ad uno studente che riceveva le varie iniziazioni/armonizzazioni. Ad esempio, alcune persone hanno ritenuto accettabile che lo studente ricevesse il primo e il secondo livello a distanza di un giorno l'uno dall'altro, mentre altri credevano che dovesse esserci un intervallo di diversi mesi, in modo da consentire allo studente di sviluppare la sintonizzazione.

Sì, il signor Izumi ne aveva sentito parlare e ha commentato tramite Yoshiki: "Come il tuo MacDonald, oggi la gente vuole tutto e subito".

Densei non era quindi lo stesso di cui parlavo come Reiki. Devo smettere di pensarci in termini del Reiki o ne sono solo confuso, dissi tra me e me.

La trasmissione non doveva dare allo studente capacità di guarigione. Era un potenziamento spirituale che aiutava qualcuno, che già è un guaritore, a essere ancora migliore.

Izumi ha spiegato che lo studente (o più propriamente l'apprendista) potrebbe ricevere una trasmissione solo dopo un paio d'anni di addestramento. Questi non sono considerati sostituti della formazione.

Mentre il sig. Izumi aveva detto che il *Densei* non era Reiki nel senso con cui lo conosciamo, il concetto di trasmissione che stava cercando di spiegare (mentre allo stesso tempo evitava di discutere i dettagli precisi) sembrava invece essere proprio una variante dell'iniziazione/sintonizzazione Reiki.

Ne sono diventato ancora più sicuro mentre continuava a spiegare che ciascuna delle quattro trasmissioni riguarda un simbolo (nel caso di ciascuna delle prime tre, visualizzato in una sfera o bolla di luce splendente) generato dall'insegnante e posto nel corpo dello studente.

Il simbolo per ogni *Densei* viene messo in un posto diverso.
"Intendeva in diversi chakra?" ho chiesto.

Izumi ha detto di aver sentito parlare dei chakra, ma non li conosceva affatto, non facevano parte dei metodi di guarigione tradizionale. No. Non nei chakra.

Non avrebbe fornito altri particolari. Non poteva dirli e, appena l'ho intuito, ho deciso di non proseguire più con le domande.

Gli ho spiegato un po' del Reiki e di come, dopo le sintonizzazioni, gli studenti vivessero spesso un periodo di catarsi o come si chiamava "Crisi di Guarigione". I guaritori che hanno ricevuto le trasmissioni hanno sperimentato qualcosa di simile?

No. Il signor Izumi ha detto che, se fosse accaduto, allora non sarebbero stati adeguatamente preparati prima che l'insegnante facesse il *Densei*. "Nel tuo Reiki, ottieni l'iniziazione (Denju) e poi le tue difficoltà nascoste vengono dissipate nell'affrontare il problema, vero?" chiese. "Nel nostro metodo, lo studente affronta prima

Capitolo UNO

i suoi problemi. Riceve molte attenzioni, impara la sua arte, ottiene molte più cure poi, forse e solo allora, è pronto per il *Densei*".

Ho chiesto dei simboli usati nelle trasmissioni. Non mi aspettavo che il signor Izumi spiegasse la natura reale dei simboli e rispettavo questo fatto. Ma poteva dire come venivano usati nella guarigione? Stavo pensando di nuovo con la mia "testa Reiki".

I simboli vengono collocati nel corpo solo durante le trasmissioni. Non vengono disegnati o visualizzati sulle mani o in aria, ecc., come nel Reiki, per la guarigione. Izumi ha spiegato che il potere o l'influenza di ogni trasmissione, una volta effettuata, è sempre lì con il guaritore. Come un faro che si irradia dal suo posto all'interno. Se il guaritore desidera "alzare il volume" (parole mie) di un particolare potere, si concentra semplicemente sul simbolo racchiuso in una bolla di luce brillante, all'interno del suo stesso corpo.

Ha anche detto che c'è una particolare pratica meditativa connessa a ciascuno dei simboli per consentire al guaritore di approfondire la qualità del potere particolare dentro di lui.

Il signor Izumi ha delicatamente sottolineato che probabilmente avevamo parlato abbastanza del *Densei*. Sebbene fosse un processo sacro, il *Densei* era solo una delle numerose pratiche importanti che facevano parte del continuo sviluppo del guaritore.

Quando il Maestro Hamada aveva studiato con Mikao Usui e aveva imparato a fare il *Densei*, aveva anche (come sottolineato il giorno precedente da Izumi) studiato con molte altre persone tra cui fisioterapisti, guaritori della fede, yamabushi (guerrieri di montagna) e altri gyoja (praticanti asceti) ed aveva imparato molte pratiche terapeutiche e spirituali di grande valore.

Ad esempio, dal guaritore della fede Yugaku Hamaguchi aveva studiato il metodo di guarigione del respiro "Pah-pah".

Si era allenato nell'arte del Senrigan: "mille occhi" o "occhio a lunga distanza" (Yoshiki lo spiegò come l'arte di vedere nel passato o vedere eventi a distanza. Ovvero ciò che in Occidente chiameremmo chiaroveggenza.)

E aveva ricevuto il byoki na oshi no gyo: addestramento di guarigione religiosa, come membro di diversi gruppi spirituali.

Ha continuato dicendo che Hamada, sebbene avesse avuto il più profondo rispetto per coloro che condividevano i loro insegnamenti con lui, avrebbe adottato solo

31

quelle pratiche che aveva riscontrato essere efficaci per lui, combinando varie pratiche e insegnamenti, sviluppandoli nei modi che sentiva più idonei per produrre i risultati terapeutici.

In linea con i desideri del sig. Izumi, siamo passati dall'argomento del *Densei* ad altre questioni e mi ha parlato di alcune delle altre pratiche che facevano parte del processo di sviluppo del guaritore.

"Anche chinkon o meditazione, nota anche come mitama-shizume, "calmare e regolare lo spirito e raccogliere la mente", ha ovviamente svolto un ruolo importante nella vita da guaritore", ha affermato Izumi.

C'era un termine chinkon kishin, che significa "riposare nel Divino-nella santità della vita". Questo era il vero scopo della meditazione.

Izumi ha anche parlato di qualcosa chiamato Furutama, "il fluire dell'anima". Il Furutama è una pratica che coinvolge un forte movimento fisico, volto a generare un senso di intensa spiritualità. Izumi ha spiegato che il furutama nutre e rivitalizza lo spirito-anima che, proprio come il corpo, può diventare stanco o indebolito. Furutama rinfresca l'anima, la rende completamente "sveglia".

Ha anche parlato dell'importanza del Misogi o della purificazione ritualizzata di corpo e anima. Ho commentato su come avevo sentito che questo rituale del bagno doveva essere eseguito sotto l'acqua corrente. "Sì", disse, "di solito veniva eseguito in un ruscello o in una cascata, a volte in mare. I laghi e le piscine non andavano bene perché l'acqua era ferma. Potresti persino eseguire il Misogi in casa, sotto una doccia fredda".

"Ma questo lavaggio del corpo è solo l'espressione esterna del Misogi", ha detto Izumi. Misogi comporta anche la purificazione degli organi e del sangue attraverso la respirazione profonda e la pratica dietetica. "Questa è la modalità interna". Ha spiegato.

"Esiste anche un'espressione spirituale", ha tradotto Yoshiki, "che consiste nel purificare il cuore e l'anima dai mali".

Yoshiki ha spiegato che con la parola "mali", Izumi parlava di malvagità, pregiudizio, paura, egoismo, rabbia, insicurezza, invidia e ogni sorta di altri atteggiamenti, schemi di pensiero ed emozioni negativi.

"Il concetto di Misogi si estende anche alla purificazione dell'ambiente", ha continuato Izumi. Ha detto che ciò comportava la pulizia e il riordino fisico. Comprendeva anche l'uso intenzionale di suoni o rumori improvvisi e acuti, come battimani e Kiai (espressioni spontanee) per disperdere il ristagno o le vibrazioni negative dall'ambiente circostante o dagli oggetti.

Questo aspetto del Misogi richiede all'individuo di essere consapevole dei pensieri e dei sentimenti che esprime nel mondo. Allo stesso modo è importante usare parole "splendenti e luminose", evitando di usare parole scure e scoraggianti e cercare il bene nella vita e fare spazio, nelle nostre vite, all'aiuto ed al servizio degli altri.

Avevo tenuto sotto controllo l'ora. Sebbene desideroso di continuare a parlare con il signor Izumi, non volevo occupare esageratamente il suo tempo di preparazione prima che i suoi pazienti serali iniziassero ad arrivare.

Quando ci alzammo per andarcene, il signor Izumi disse che gli sarebbe piaciuto fare qualcosa per me, se glielo avessi permesso, intervenendo sulla la mia spalla. Ne ero confuso e guardai Yoshiki. "Ma non c'è niente di sbagliato nella mia spalla", ho insistito. La risposta fu qualcosa del tipo: "Sì, è una ferita molto vecchia, vecchia di molti anni". Il signor Izumi indicò la mia spalla sinistra. Ero momentaneamente senza parole. Non ci avevo pensato da anni. Mi ero fatto male alla spalla in un incidente in moto più di venti anni prima! Credendo a stento che se ne fosse accorto, potevo solo accettare l'offerta del signor Izumi.

E così, tenendo il mio polso sinistro nella sua mano sinistra e la sua mano destra sulla parte posteriore del mio collo, il signor Izumi iniziò gentilmente a manipolare e ruotare il mio braccio, testando la mobilità della mia spalla. Disse qualcosa al mio interprete, Yoshiki, che rispose brevemente, annuì e mi guardò. Yoshiki non fece alcuno sforzo per tradurre ciò che era stato detto e stavo per chiedere quando improvvisamente, con forza sorprendente, il signor Izumi mi strattonò il braccio. Il dolore fu intenso e provocò il mio grido acuto. Yoshiki mi sorrise e disse: "Oh, il signor Izumi ha detto: questo farà male come l'inferno".

Nel frattempo, il sig. Izumi aveva appoggiato la mano sinistra sulla mia clavicola e la destra sulla mia scapola. Accompagnato da un profondo suono gutturale "hudddss", mi soffiò con forza lungo la spalla, dalla cima del braccio al collo. Per alcuni istanti un incredibile calore provenne dalle sue mani, molto più caldo di quanto mai avessi percepito tramite le "mani Reiki" e la netta sensazione che le sue mani fossero effettivamente dentro la mia spalla.

Dopo un po' mi diede una pacca sulla spalla piuttosto forte. Il caldo si placò e mi resi conto che tutto il dolore era sparito. Roteai la spalla e allungai il braccio e divenni consapevole di una libertà di movimento che non conoscevo da molti anni, da così tanto tempo che in realtà avevo dimenticato di aver mai avuto quel grado di flessibilità prima d'allora.

Ringraziai profusamente il signor Izumi, sia per avermi liberato la spalla sia per la quantità di tempo che mi aveva concesso nei due giorni.

Ci salutammo e quando uscimmo mi sentii ragionevolmente sicuro di non aver detto o fatto nulla, nei due giorni, che avrebbe causato al mio amico Sergei o al suo Istruttore una "figura imbarazzante".

La mattina seguente avrei viaggiato per circa 350 chilometri direzione sud-ovest verso Matsumae, per incontrare un sacerdote buddista di dottrina Tasmaniana che praticava una forma di guarigione spirituale chiamata Kaji.

Ichiryusai Hiroshige (1797-1858)

Capitolo UNO

Che cos'è il Reiki e la sua pratica

即身成仏義
Sokushin jōbutsu gi
«Diventare Buddha in questa vita, con questo corpo»
(Motto del Buddhismo Shingon)

Può risultare molto difficile e arduo cercare di tradurre, in concetti e parole limitati, la descrizione di ciò che può essere identificato come il principio primo e infinito dell'universo, che sta alla base di tutta la vita e dell'intero creato. In oriente, alcune filosofie sono riuscite a condensare il concetto in un'unica parola, come ad esempio 道 Tao (la Via o il Sentiero), 佛性 Busshō (Natura di Buddha) o 空 Kū (Vacuità). Una spiegazione comprensibile di questo principio, per noi menti occidentali, ci viene fornita da Hawayo Takata quando spiega cos'è Reiki ai suoi allievi:

"[...] Credo che esista un unico Essere Supremo, l'Infinito Assoluto, una Forza Dinamica che governa il mondo e l'universo. È un potere spirituale invisibile che vibra e tutti gli altri poteri svaniscono insignificanti accanto ad esso. Così, perciò, è Assoluto!

Questo potere è insondabile, incommensurabile ed essendo la forza vitale universale, è incomprensibile per l'uomo. Tuttavia, ogni singolo essere vivente riceve le sue benedizioni quotidianamente, che sia sveglio o addormentato.

Insegnanti e maestri diversi lo chiamano il Grande Spirito, la Forza di Vita Universale, Energia di Vita, perché, quando applicata, rivitalizza l'intero corpo. Onda Eterica, perché lenisce il dolore e ti mette in un sonno profondo, come se fossi sotto un anestetico e Onda Cosmica, perché irradia vibrazioni di sentimento esultante e ti solleva all'armonia.

Lo chiamerò Reiki perché l'ho studiato sotto questo nome. Il Reiki è un'onda radionica, come la radio. Potrebbe essere applicata localmente o come un'onda corta. Il trattamento a distanza può essere eseguito con successo. [...]"

(Estratto da: Leiki, a memorial to Takata sensei, a compilation by Alice T. Furumoto, 1982.)[4]

---

[4] Mitchell Paul David, Reiki, The Usui System of Natural Healing, Coeur d'Alene for The Reiki Alliance, Revised edition 1985.

L'ideogramma Reiki

Ora andremo ad analizzare il significato dei due Kanji, ovvero i caratteri, che compongono la parola Reiki. Da un po' di tempo a questa parte sta crescendo la consapevolezza che la lingua di un popolo ci può dire molto sulla sua Forma Mentis, andando a manifestare tutte le sfaccettature di concetti e situazioni che vengono concepite dal suo specifico modo di pensare e, di conseguenza, di agire.[5]

Fin dalla notte dei tempi l'Uomo ha cercato di comprendere ed entrare nell'intimo dell'Universo e di tutto ciò che lo circonda, finendo per comprendere che il linguaggio con cui parla l'Universo è simbolico. Infatti non a caso nelle tradizioni di sviluppo spirituale d'oriente e d'occidente ancora oggi si utilizza il linguaggio dei simboli.

Per di più le scienze moderne, con tutto che si definiscono razionali, per forza di cose hanno dovuto adottare un linguaggio simbolico per potersi esplicare. Si pensi alla matematica, la fisica o la chimica, dove si utilizzano numeri, equazioni o la stessa tavola periodica degli elementi, tutti simboli che servono per esprimere concetti, proprietà e funzioni delle forze e leggi che regolano il nostro Universo.

La parola scritta non è da meno. Da noi in occidente siamo abituati ad utilizzare le lettere, cioè dei simboli, che esprimono un fonema, vale a dire un suono. Un'eredità tramandataci dalle prime forme di scrittura nate in ambito proto-fenicio, per quanto riguarda l'occidente, che si sono diffuse col tempo nel bacino del Mediterraneo.

Ma questa non è l'unica forma di scrittura, basti pensare alle popolazioni dell'estremo oriente, come in Giappone e Cina, dove si utilizzano gli ideogrammi o alle popolazioni Precolombiane, come Maya e Aztechi, dove venivano utilizzati i Glifi. Ebbene, queste due ultime forme di scrittura, al contrario di quella fonetica occidentale, rappresentano dei concetti oltre che dei suoni e quindi, a nostro modo di vedere, sono più vicine al tipo di linguaggio simbolico dell'Universo e racchiudono, insita in loro, una ricchezza di significato più ampia. Per non parlare dell'alfabeto ebraico in cui ogni singola lettera contiene in sé un significato specifico sia simbolico che numerico, ragion per cui una parola composta di più lettere è una storia di per sé.

Detto ciò, andiamo a vedere il contenuto simbolico racchiuso nei due Kanji che compongono la parola ReiKi. In questa sede ci è sembrato opportuno utilizzare la forma presente al tempo di Usui, dove ancora risulta evidente la simbologia insita

---

[5] Bandler Richard, Grinder John, La struttura della magia, Astrolabio Ubaldini, 1981.

nei Kanji, piuttosto che andare ad utilizzare la sua forma moderna, frutto di una riforma stilistica avvenuta in Giappone nel secondo dopoguerra, dove in parte si è persa la rappresentazione della sua essenza.

靈

REI

Il Kanji Rei in ambito mistico può essere tradotto con i concetti di entità spirituale senza una caratteristica qualitativa specifica ma rappresentante il Tutto, o come potere nascosto quindi occulto. In questo contesto rappresenta l'Energia universale, la forza divina.

Graficamente partendo dall'alto, rappresenta il nettare dello spirito, il principio primo, il vuoto, la matrice della creazione.

一

I due segni successivi rappresentano le nuvole e vogliono esprimere la natura turbinante dell'energia, che si manifesta anche nei pensieri nella mente umana.

冖

Il tratto centrale, dall'alto verso il basso, simboleggia la discesa dalla divinità nell'essere umano. Dal cielo alla terra, come un lampo, a simboleggiare la natura simile a quella elettrica di questa energia.

丨

Insieme al lampo questa energia viene rappresentata e trasmessa da quattro gocce di pioggia. A simboleggiare il nutrimento spirituale per l'Uomo.

氺

Subito sotto troviamo i simboli che rappresentano tre bocche umane, che si nutrono di questo cibo spirituale. L'acqua, matrice della vita, ha una forte valore simbolico poiché rappresenta un elemento di importanza vitale per l'uomo sin dalla notte dei tempi. Sotto forma di pioggia dona la vita, consente alle colture di fiorire, irriga i campi, rigenera i fiumi. Queste tre bocche possono anche rappresentare le tre parti spirituali che compongono l'essere umano: corpo, mente e spirito.

口口口

Gli ultimi tratti possono essere interpretati come raffiguranti uno sciamano o un tempio con degli uomini raccolti in preghiera, o un solo uomo che integra lo Yin e lo Yang, la parte femminile e maschile di ognuno di noi.

巫

Quindi una interpretazione può essere: lo sciamano integra le tre parti spirituali della sua coscienza per evocare la pioggia, il nutrimento spirituale, per nutrirsi e crescere. Un'altra può essere: lo sciamano invoca lo spirito dell'Universo per nutrire ed integrare le tre parti del suo essere, rappresentate dalle tre bocche.

Nella lingua cinese questo carattere viene utilizzato per indicare il *Ling*, che viene tradotto come Dio, divinità, anima e spirito.

Capitolo UNO

氣

KI

Questo Kanji viene tradotto come Energia vitale individuale, ma altri significati che può avere sono anima, cuore, spirito, intenzione, indole e umore.

Anche qui, nei primi tratti ritroviamo le nuvole e l'acqua, che possono essere interpretate come il pensiero o il respiro dell'Uomo. La pioggia che, arrivata alla terra, evapora e ritorna verso l'alto per riprendere il ciclo vitale.

気

Subito sotto viene rappresentato il chicco di riso, che simbolicamente è l'Uomo, o una pentola con sotto del fuoco in cui cuoce del riso con dell'acqua.

米

Una interpretazione può essere: il fuoco, cioè la fiamma divina all'interno dell'essere umano, purifica l'Uomo e la sua mente dalle impurità, rappresentate da riso ed acqua, così da liberare la sua energia vitale, ovvero l'anima, rappresentata dal vapore acqueo o dalla nuvola, che ascende, per poi ridiscendere nel corpo, purificata e manifestare il suo pieno potenziale. O anche, più semplicemente e metaforicamente, l'uomo si nutre di ciò che viene prodotto (il riso) dall'unione del cielo (pioggia) con la terra.

Nella lingua cinese questo carattere viene utilizzato per indicare il *Chi*, che viene tradotto come "soffio vitale", inteso come il *pnéuma* (πνεῦμα) dell'antica Grecia o il *prana* (प्राण) della tradizione indiana.

In definitiva si può interpretare l'intero ideogramma *Reiki* come: purificando e nutrendo la propria energia vitale, si integrano le tre parti del proprio essere, per accedere al nutrimento spirituale dello Spirito dell'Universo, che ci permette di sviluppare e manifestare i nostri poteri nascosti.

L'energia Reiki ha origine in alto per poi discendere verso il basso, attraversa il nostro corpo e va a riempire il KI, per poi risalire verso l'alto. Creando l'incontro fra incorporeo e corporeo, energia universale ed energia personale, andando a formare un circuito infinito di scambio e nutrimento tra l'Universo e l'Uomo, tra Cielo e Terra. Questo incontro alchemico tra il Rei e il Ki avviene nel Seika Tanden.

I due Kanji che formano la parola Reiki nella lingua cinese rappresentano il *Ling Chi*, la forma più sottile e altamente raffinata di tutte le energie facenti parte del sistema umano, prodotta quando si è raggiunto un livello molto avanzato nella pratica, in cui si trasformano le normali energie umane in pura vitalità spirituale. Questo tipo di energia altamente raffinata intensifica il risveglio spirituale, migliora le funzioni cerebrali e funge da carburante di base per un lavoro spirituale di alto livello.

Utagawa
Toyokuni
(1777-1835)

Capitolo UNO

La Disciplina

Il Reiki, come ci è stato presentato in occidente, rappresenta solo una pratica per promuovere il benessere fisico e mentale, ma questo è vero solo a metà, in quanto la stessa Takata ribadiva che, prima di tutto, è una pratica spirituale. Prima si ristabiliscono il benessere e l'armonia nello spirito e nella mente e dopo viene il corpo che non può che trarne beneficio.

Indagando, è venuto fuori che le basi della disciplina Reiki, come strutturata da Mikao Usui, si possono ritrovare nei Ryoho Seishin, ovvero i metodi di guarigione spirituale della tradizione giapponese; nel Teate, le tecniche di guarigione con il tocco delle mani facenti parte della medicina tradizionale giapponese (Kampo)[6]; nel Buddhismo Zen[7], che era la religione dei Samurai; nello Shintoismo[8]; nel Buddhismo esoterico giapponese (Mikkyo)[9], di cui le principali scuole dello Shugendo, via del potere spirituale attraverso l'ascesi, sono lo Shingon, il Tendai e la via dello Yamabushi. Bisogna tenere conto che il Kurama Yama, il monte dove Usui raggiunse lo stato di illuminazione, era un'antica roccaforte della setta Yamabushi. Infatti la sua pratica meditativa di 21 giorni rientra nei riti di ascesi riscontrati anche nella vita di molti personaggi dell'epoca che, dopo aver ricevuto l'illuminazione con la stessa modalità, hanno fondato scuole di guarigione spirituale.

Le scuole dello Shugendo, come del Buddhismo Zen, mirano al conseguimento dello stato di Buddha nella vita attuale, discostandosi da altre scuole dove si insegna che lo stato di Buddha si raggiunge solo dopo essersi purificati tramite innumerevoli incarnazioni. Oltretutto, gli insegnamenti di queste scuole sono incentrati su esercizi pratici e proibitivi, tramite digiuno, meditazione, recita di incantesimi sacri, mudra, contemplazione e visualizzazione di mandala. Basano la loro dottrina sulla

---

[6] Otsuka Keisetsu, Kampo: A Clinical Guide to Theory and Practice, Singing Dragon, 2016.
[7] Kapleau Philip, I tre pilastri dello zen. Insegnamento, pratica e illuminazione, Astrolabio Ubaldini, 1981. Nukariya Kaiten, La religione dei samurai. Filosofia e disciplina zen in Cina e Giappone, Edizioni Mediterranee, 2016. Suzuki Daisetz Taitaro, Introduzione al buddhismo zen, Astrolabio Ubaldini, 1978; La dottrina zen del vuoto mentale, Astrolabio Ubaldini, 1978; Manuale di buddhismo zen, Astrolabio Ubaldini, 1978; Il risveglio dello zen, Astrolabio Ubaldini, 1982.
[8] Breen John, Teeuwen Mark, Lo shinto. Una nuova storia, Astrolabio Ubaldini, 2014. Raveri Massimo, Itinerari nel sacro. L'esperienza religiosa giapponese, Libreria Editrice Cafoscarina, 2006.
[9] Koshikidake Shokai, Faulks Martin, SHUGENDŌ The Way of the Mountain Monks, Lulu, 2015. Miyake Hitoshi, Shugendo: Essays on the Structure of Japanese Folk Religion, Center for Japanese Studies, The University of Michigan, 2007. Raveri Massimo, Itinerari nel sacro. L'esperienza religiosa giapponese, Libreria Editrice Cafoscarina, 2006. Stiene Bronwen, Stiene Frans, The Japanese Art Of Reiki: A Practical Guide To Self-healing, Ayni Books, 2005; The Reiki Sourcebook, Ayni Books, 2009. Stiene Frans, The Inner Heart of Reiki: Rediscovering Your True Self, Ayni Books, 2015; Reiki Insights, Ayni Books, 2018. Yamasaki Taiko, Shingon. Il buddhismo esoterico giapponese, Astrolabio Ubaldini, 2015.

trasmissione orale dei dettami e delle pratiche da eseguire, pur contando su pochi testi sacri o sutra. In particolare la via dello Yamabushi ha al suo interno pratiche sciamaniche di guarigione, divinazione e dialogo con gli spiriti della natura, i Kami.

Detto ciò si può affermare che Mikao Usui abbia creato la sua disciplina per il benessere e l'integrazione di spirito, mente e corpo, con l'obbiettivo di raggiungere la piena illuminazione dell'Essere, attingendo da queste antichissime dottrine esoteriche che affondano le loro radici nel Giappone del IX sec. d.C., cercando anche di salvaguardarle dalla loro estinzione, in un periodo travagliato e di profondi cambiamenti che stavano attraversando il Giappone durante l'era della restaurazione Meiji, nella quale l'Imperatore aveva tolto l'appoggio dello stato alle pratiche Buddhiste e iniziato a sopprimere tutte le scuole esoteriche del Giappone che non facevano parte dello Shintoismo. Un duro colpo per il Buddhismo tradizionale giapponese, che inizierà a riprendersi solo nel secondo dopoguerra, non riuscendo però a recuperare i gloriosi fasti dei tempi passati.

Va anche detto che è grazie al contributo di Chujiro Hayashi, allievo di Usui nonché medico e ufficiale della marina militare giapponese, che questa disciplina ha sviluppato maggiormente la parte inerente alle terapie con il Reiki, integrandole con altre branche della medicina tradizionale giapponese (Kampo). Infatti, grazie ai suoi studi e al lavoro sul campo nella sua clinica, ha potuto migliorare ed affinare la sua applicazione nell'ambito medico, sia come prevenzione che come cura, in accordo con ciò che sono le medicine complementari orientali. Soprattutto però, va ringraziato per essere stato disponibile a tramandare gli insegnamenti di questa disciplina ad Hawayo Takata, permettendo di fatto la diffusione dei sui benefici in occidente e in tutto il mondo.[10]

Concludiamo affermando con convinzione che, secondo noi, il Reiki è una disciplina che serve a metterci in contatto con la matrice divina dell'universo e che solo attraverso la pratica quotidiana delle sue diverse componenti, come fosse un coltellino

---

[10] Brown Fran, Reiki. Gli insegnamenti originali di Takata, Amrita Edizioni, 1999. Canil Dario, L'anima del Reiki. Origini, fondamenti spirituali e guida pratica del metodo originale di Mikao Usui, L'Età dell'Acquario, 2015. Fueston Robert N., Reiki: Transmissions of Light, volume 1, Lotus Press, 2017. Gentiluomo Annunziato, Sapere, saper fare e saper essere nel Reiki. Un manuale per gli operatori di Reiki del XXI secolo, Psiche 2, 2018. Gray John Harvey, Gray Lourdes, McFadden Steven, Hand to Hand: The Longest-Practicing Reiki Master Tells His Story, Xlibris, 2002. Haberly Helen Joyce, Reiki: Hawayo Takata's Story, Archedigm Publications, 1990. Lübeck Walter, Petter Frank Arjava, Rand William Lee, Lo spirito del Reiki. Il manuale completo, Edizioni Mediterranee, 2003. Mitchell Paul David, Reiki, The Usui System of Natural Healing, Coeur d'Alene for The Reiki Alliance, Revised edition 1985. Petter Frank Arjava, Yamaguchi Tadao, Hayashi Chujiro, The Hayashi Reiki Manual: Traditional Japanese Healing Techniques from the Founder of the Western Reiki System, Lotus Press, 2004. Stiene Bronwen, Stiene Frans, The Reiki Sourcebook, Ayni Books, 2009. Yamaguchi Tadao, Light on the Origins of Reiki: A Handbook for Practicing the Original Reiki of Usui and Hayashi, Lotus Press, 2007.

svizzero, possiamo liberarci da tutti gli ostacoli e blocchi che ci impediscono di reintegrarci con il nostro vero Sé ed entrare in comunione con il Grande Spirito dell'Universo. Apportando di conseguenza immensa gioia e gratitudine oltre al completo benessere psico-fisico.

In questo stato saremo in grado di affrontare al meglio le sfide che la vita ci mette di fronte quotidianamente. Andando avanti per la nostra strada senza il peso e l'ostacolo di paure e preoccupazioni, ma con la piena fiducia dentro di noi di poter affrontare qualsiasi cosa, grazie alla connessione con il Grande Spirito dell'Universo.

Inoltre, dopo una lunga e consolidata pratica su noi stessi, saremo in grado di trasmettere questa vibrazione anche alle persone che trattiamo, in modo tale che il Grande Spirito vada a ridestare anche il loro vero Sé, oltre a consentire loro di usufruire dei benefici psico-fisici che dona il trattamento in sé.

L'obiettivo, a nostro modo di vedere le cose, dovrebbe essere quello di passare da una modalità "fare Reiki" alla modalità "Essere Reiki" per poter esprimere una piena propagazione della sua Grande Luce Splendente, a beneficio di tutti coloro che lo richiedono, a partire da noi stessi.

I cinque elementi che compongono il Reiki[11]

In linea generale, la disciplina Reiki può essere divisa in cinque componenti fondamentali, che servono allo studente per orientarsi e praticare al meglio questo metodo di sviluppo e crescita spirituale. Solo studiando, praticando e sperimentando questi cinque aspetti del Reiki, lo studente può accrescere la propria consapevolezza di Sé e della disciplina percorrendo i livelli attraverso cui essa viene insegnata.

Questi sono così divisi:

Gokai: connessione mentale e spirituale attraverso la recita dei cinque principi. Insegnato nel primo livello.

Kokyu Ho: tecniche di sviluppo personale attraverso la respirazione e la meditazione. Insegnate nei tre livelli.

Tenohira: tecniche di trattamento per sé e sugli altri. Insegnate nei tre livelli.

---

[11] Stiene Bronwen, Stiene Frans, The Japanese Art Of Reiki: A Practical Guide To Self-healing, Ayni Books, 2005; The Reiki Sourcebook, Ayni Books, 2009.

Kototama, Shingon e Shirushi: mantra e simboli insegnati nel secondo e terzo livello per lo sviluppo personale e per il potenzimento dei trattamenti.

Reiju e Denju: benedizione dello spirito e tecniche di iniziazione, impartite dal Maestro in tutti i livelli, ma insegnate solo nel livello Shihan.

Anche se, ad una prima occhiata, questa divisione sembra non trovare corrispondenza nell'Usui Shiki Ryoho, in realtà la grande capacità di Takata è stata quella di riuscire a trasporre questi cinque elementi in una modalità tale da essere compresa dagli occidentali; in pratica ne ha cambiato il nome ed alcuni passaggi, riuscendo a mantenere l'essenza originale della disciplina.

Utagawa Hiroshige (1797-1858)

Fondamenti della tradizione giapponese[12]

Gassho

La parola giapponese Gassho si riferisce a un gesto rituale formato mettendo le mani, con i palmi uniti davanti al cuore, nel gesto di preghiera ed è il più fondamentale ed anche il più usato di tutti gli zou (mudra) nella pratica buddista giapponese.

Gassho viene usato in vari modi: per esprimere rispetto, prevenire la dispersione della mente, portare sé in equilibrio dinamico, unire il Ki della terra con il Ki del cielo per esprimere l'Unica Mente, totalità, coerenza dell'essere.

Gassho Rei: si esegue inchinandosi dall'anca, schiena dritta, con le mani in posizione Gassho. L'inchino in Gassho implica il riconoscimento dell'unicità di tutti gli esseri. Questo gesto viene anche usato per mostrare reverenza verso Buddha, Bodhisattva, Patriarchi e Insegnanti.

Taiyo No In, o sigillo del sole, viene utilizzato nella pratica Kuji-in dello Shugendo. Si utilizza formando un triangolo unendo i pollici e gli indici delle mani e si posiziona sulla fronte, per ricevere o condividere l'energia.

Seiza

Seiza è il termine per la tradizionale posizione giapponese in ginocchio seduto sui talloni. Questa postura viene utilizzata in molte pratiche di sviluppo energetico e meditativo. Per adottare correttamente la posizione Seiza, è necessario rimuovere le calzature. Una volta seduto sui talloni, si posiziona l'alluce di un piede sopra l'alluce dell'altro, sotto di sé e si allargano le ginocchia di circa due volte la larghezza delle mani. Si appoggiano quindi le mani, i palmi verso il basso, sulle

---

[12] Deacon James, http://www.aetw.org/. Dürckheim Karlfried, Hara. Il centro vitale dell'uomo secondo lo zen, Edizioni Mediterranee, 2006. Koshikidake Shokai, Faulks Martin, SHUGENDŌ The Way of the Mountain Monks, Lulu, 2015. Miyake Hitoshi, Shugendo: Essays on the Structure of Japanese Folk Religion, Center for Japanese Studies, The University of Michigan, 2007. Stiene Bronwen, Stiene Frans, The Reiki Sourcebook, Ayni Books, 2009. Yamasaki Taiko, Shingon. Il buddhismo esoterico giapponese, Astrolabio Ubaldini, 2015.

cosce. Si allunga leggermente la parte bassa della schiena verso l'alto, rilassando la parte superiore del corpo e si inclina leggermente il mento in avanti. Per alcune pratiche potrebbe essere necessario chiudere gli occhi, tuttavia spesso è meglio chiudere gli occhi solo a metà poiché, specialmente nelle prime fasi dell'allenamento, ciò aiuterà a non andare alla deriva mentalmente. Infine, è importante centrare sé stessi nell'Hara e concentrarsi in modo rilassato nel Seika Tanden, coordinando corpo e mente.

Hara, Ki e Tanden[13]

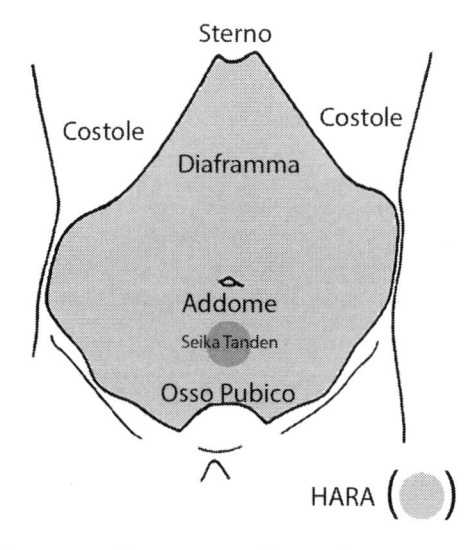

Nella maggior parte delle discipline giapponesi, l'addome o Hara è visto come l'area più importante del corpo, in parte perché molti degli organi interni sono ospitati in questa zona, ma ancor di più a causa del suo stretto legame con il Ki, la forza vitale.

Lo sviluppo di Ki è incentrato su un'area specifica nell'Hara situata a metà strada tra l'ombelico e la parte superiore dell'osso pubico, nota come Seika Tanden, delle dimensioni di un pompelmo. Il termine Seika si riferisce semplicemente a "sotto l'ombelico". La parola Tanden è l'equivalente giapponese del cinese Tan Tien o anche Dan Tian che significa "campo dell'elisir". Il Seika Tanden è anche noto come Kikai Tanden "oceano di Ki" e come Seika no Itten "l'unico punto sotto l'ombelico". Fisicamente parlando è il centro di gravità del corpo.

È qui che si verifica la miscelazione e l'unione di due tipi di Ki: il Ten Ki, l'energia del cielo che entra nel corpo attraverso la sommità della testa e il Chi Ki, l'energia della terra che entra nel corpo attraverso il perineo. L'energia celeste scende e l'energia della terra sale, per incontrarsi e unirsi nel Seika Tanden, per formare il Ki personale dell'individuo, il Jinki o energia umana.

---

[13] Deacon James, http://www.aetw.org/. Dürckheim Karlfried, Hara. Il centro vitale dell'uomo secondo lo zen, Edizioni Mediterranee, 2006. Ota Shinsai, Anpuku Zukai. Antica arte del trattamento dell'addome, Shiatsu Milano Editore, 2019. Otsuka Keisetsu, Kampo: A Clinical Guide to Theory and Practice, Singing Dragon, 2016.

Si dice che il Ki sia mosso dalla mente: "dove l'attenzione va, il Ki scorre". Focalizzare senza sforzo la consapevolezza nel Seika Tanden significa posizionare lì la propria energia.

Il Seika Tanden è il magazzino per il Ki personale ed è attraverso alcune pratiche di regolazione del respiro (Kokyu Ho), esercizi dinamici, di postura fisica e di rilassamento della tensione (Taiso), esercizi di concentrazione specifici, che il praticante inizia a guadagnare controllo, sviluppo, manipolazione e utilizzo di questa forza vitale che è stata naturalmente presente nella loro composizione organica sin dalla nascita, ma che, nella maggior parte delle persone, raramente viene sviluppata al di là del suo stato naturale di base. Inoltre, ponendo attenzione ed energia senza sforzo in quest'area dell'addome inferiore, l'integrazione del corpo e della mente viene perfezionata e rafforzata e lo Spirito è dinamicamente radicato nel momento attuale.

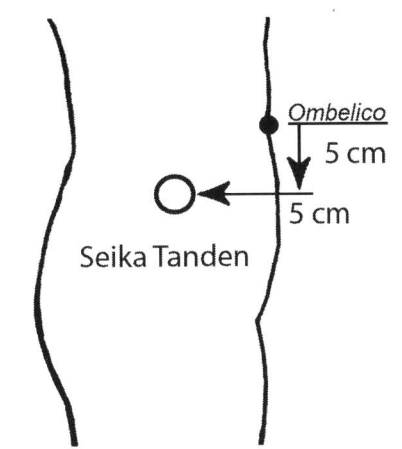

L'attuale Kanji usato per rappresentare il termine Ki è stato tradizionalmente interpretato come raffigurante il vapore che sale da una pentola in cui il riso cuoce su un fuoco. Il significato implicito è che la natura del Ki è qualcosa da percepire piuttosto che da vedere o toccare, che ha una qualità immateriale e, come tale, l'esperienza di ogni persona sarà leggermente diversa.

Certo è che la qualità della propria vita è direttamente correlata con la condizione, la qualità, la forza e il flusso del Ki nel corpo e una parte importante delle arti terapeutiche orientali cerca di lavorare per bilanciare e rafforzare il Ki per mezzo di una serie di tecniche manipolative pratiche o senza contatto, molte delle quali mirano ai Tsubo (i punti vitali nella pratica delle terapie orientali) o ad aree specifiche di energia sottile, sia sul corpo fisico che nel campo energetico. Come accennato in precedenza, l'esperienza del Ki di ogni persona è leggermente diversa. Le sensazioni di Ki possono assumere varie forme, da un formicolio pulsante o lieve, all'esperienza di gran caldo e talvolta anche di gran freddo.

I nuovi studenti sentono spesso calore nel Seika Tanden e nei palmi delle mani quando praticano inizialmente gli esercizi di sviluppo di base, con la sensazione di formicolio che si avverte più comunemente sulla punta delle dita delle mani. Quando il praticante ha acquisito maggiore esperienza, può identificare le aree di blocco o disarmonia e persino le aree di potenziale blocco o disarmonia, in base alla qualità delle sensazioni percepite (Byosen).

AVVERTENZE

Per un corretto utilizzo delle informazioni contenute in questo libro, riportiamo subito alcune accortezze da seguire per non incorrere in situazioni spiacevoli.

Tecniche di respirazione

La corretta pratica della respirazione è al centro di molte tecniche di Reiki. Le cause più frequenti di grave squilibrio energetico riscontrate tendono, in una forma o nell'altra, a riferirsi a quella che viene comunemente definita la "crisi della Kundalini", vale a dire il risultato di un uso improprio delle pratiche di respirazione yogica. Secondo nella lista è l'uso improprio di esercizi di respirazione provenienti da tecniche terapeutiche e marziali giapponesi e cinesi. Tutte le pratiche di respirazione possono essere pericolose, se applicate in modo errato. Per qualche ragione, molti studenti sembrano intenzionati a praticare esercizi di respirazione con un'intensità quasi violenta, come se un maggiore sforzo producesse un migliore effetto, qualcosa che non potrebbe essere più lontano dalla verità. Anche dopo aver ricevuto un'attenta istruzione sull'uso della respirazione rilassata, spesso molti studenti eseguono gli esercizi con una certa irruenza, soffiando e sbuffando. Certo, a breve termine, tale comportamento può aumentare la sensazione di energia, ma così facendo aumenta anche la pressione sanguigna e può portare a effetti molto spiacevoli e controproducenti se l'esercizio viene praticato in questo modo a lungo termine. C'è un semplice adagio taoista che dice tutto:

"La respirazione corretta allunga la vita,
la respirazione errata la accorcia,
la respirazione forzata può porle fine."

Nella tua pratica delle tecniche di Reiki, sii consapevole di questo.

Tecniche di disintossicazione fisica e mentale

Se applicate con troppo vigore oppure oltre il tempo consigliato, sia su sé stessi che su altri, queste tecniche possono causare dissenteria ed altre risposte catartiche sintomatiche di disintossicazione acuta, vomito incluso. L'intento dovrebbe essere invece quello di ottenere una disintossicazione graduale e delicata, senza sottoporre noi stessi o il cliente a tali effetti collaterali e stressanti. A tale scopo è fondamentale non immaginare o visualizzare mai le tossine che viaggiano verso il basso all'interno del corpo poiché, all'atto pratico, questo può portare alla congestione degli arti. È necessario invece lavorare sempre con l'idea e la visualizzazione che le tossine si muovono fuori dal corpo e scorrono lungo la parte esterna fin dentro la terra.

Tecniche di pulizia del sangue e fine trattamento

È importante essere consapevoli del fatto che, in molti paesi, sono in vigore leggi che regolano la pratica del massaggio. In questi luoghi l'applicazione della pressione, delle spazzolature o dello strofinamento a contatto col fisico, utilizzate in queste tecniche, può essere interpretata come manipolazione e di conseguenza considerata illegale se non accompagnata da specifiche autorizzazioni.

Tecniche di guarigione remota o trattamento a distanza

È fortemente sconsigliato utilizzare peluche od altri feticci quando si tratta qualsiasi essere vivente con le tecniche a distanza, per evitare l'effetto "bambola Voodoo". Questo perché può verificarsi un intreccio energetico, l'entanglement quantistico, tra la bambola o il feticcio e chi riceve il trattamento e di conseguenza ciò che capita alla bambola o al feticcio si ripercuote sulla salute fisica e mentale della persona destinataria del trattamento a distanza.

Simboli e Mantra

È bene ricordare che, all'interno della disciplina originale Reiki, vengono utilizzati solo i quattro simboli riportati in occidente da Takata e riconducibili ad Usui. Tutte le versioni modificate di questi quattro simboli, o quelli aggiunti nei vari stili moderni, non possono considerarsi portatori delle stesse frequenze veicolate all'interno del Reiki originale creato da Usui. In primis perché, seguendo quelle che sono le regole della radionica, se si modifica il tracciato del simbolo ne consegue una variazione dell'informazione vibratoria-energetica che esso veicola. In secondo luogo, i simboli che sono stati aggiunti successivamente derivano da altre culture o canalizzazioni e il più delle volte è ignota la matrice energetica delle informazioni che contengono. Di conseguenza non possono considerarsi portatori dello stesso stato di vibrazioni e informazioni dei quattro simboli originali e, rispetto al Reiki, possiedono solo il nome mancando della stessa essenza e qualità vibratoria.

Lo stesso vale per i Kototama e gli Shingon associati ad ogni simbolo. Anche questi ultimi vanno vocalizzati con la giusta intonazione per avvalersi dei loro effetti benefici, dati dalla giusta frequenza e qualità vibratoria.

Reiju e Denju

È molto importante, soprattutto in questi casi, affidarsi ad un insegnante in possesso delle frequenze di trasmissione originali, sia dei Reiju che dei Denju. Negli ultimi anni sono stati molto frequenti i casi di abuso, messi in atto da personaggi dalla dubbia onestà, che hanno spacciato per attivazioni di Reiki frequenze ignote e, a volte, anche dannose per non dire pericolose. In altri casi le persone non ricevevano un bel niente risultando di fatto truffate per aver pagato in cambio della cosiddetta aria fritta, cosa della quale non sempre divengono consapevoli.

Come per i simboli e i mantra bisogna tenere in considerazione che molte pratiche New Age che si spacciano per Reiki, in realtà, ne hanno solo il nome e niente di più. Di fatto pescano frequenze non bene identificabili e il più delle volte sono frequenze di natura pesante che portano gravi scompensi psico-fisici a chi le riceve, se non addirittura episodi molto più spiacevoli e gravi.

Come in altri ambiti sarebbe meglio e più saggio affidarsi a professionisti qualificati e certificati, che sono vincolati da un codice etico e deontologico e sottoposti a controlli da parte degli enti preposti alla salvaguardia dei diritti dei consumatori.

Ichiryusai Hiroshige (1797-1858)

Capitolo 2

SHINSHIN KAIZEN USUI REIKI RYOHO

Mikao Usui, in prima fila quinto da destra, con i suoi studenti.

Mikao Usui (15 Agosto 1865 – 9 Marzo 1926)

Si può affermare, senza timore di essere smentiti, che le uniche informazioni certe che abbiamo riguardo alla vita di Usui sono letteralmente scolpite nella pietra, poiché si trovano sulla stele commemorativa che fu eretta dai suoi studenti, accanto alla sua sepoltura, all'incirca un anno dopo la sua morte. La sua tomba si trova accanto a quella della moglie e della figlia, nel tempio *Jodo Shu Saihoji* a Tokyo.

Altre informazioni ci riferiscono che il clan a cui apparteneva era il Chiba e la sua famiglia faceva parte del grado più alto nella casta dei samurai. Un suo antenato, Toshitane Chiba, fu un famoso samurai e signore della guerra del XVI° secolo, il quale nel 1551 conquisto la città di *Usui* da cui successivamente prese il nome la famiglia.

Dopo il ricongiungimento di Mikao Usui con il Grande Spirito, alcuni dei suoi allievi di livello *Shihan*, la maggior parte erano ufficiali della marina imperiale giapponese, decisero di continuare la pratica e la diffusione delle sue dottrine creando il proprio stile. Tant'è che decisero di chiamare la loro disciplina Usui Reiki Ryoho Gakkai. In oriente, per onorare il proprio maestro, quando si applicano delle modifiche alla disciplina si cambia il nome rispetto a quello dato dal suo fondatore, che in questo caso era *Shinshin Kaizen Usui Reiki Ryoho*.

Nutrendo profondo rispetto e gratitudine per Mikao Usui, decisero di onorarlo nominandolo, seppur postumo, primo presidente della nascente Gakkai, mentre il primo presidente effettivo, che negli annali fu conteggiato come secondo, fu Juzaburo Ushida, forse il più alto in grado tra gli ufficiali.

L'Usui Reiki Ryoho Gakkai fu ufficialmente sciolta alla fine della seconda guerra mondiale, quando gli Alleati imposero con la legge il divieto a tutti i militari di riunirsi in qualsiasi forma aggregativa.

Un altro particolare degno di nota è il fatto che, in una foto del 16 Gennaio 1926 che ritrae Mikao Usui insieme ai suoi allievi di livello *Shihan*, ci si riferisce alla sua disciplina come *Shinshin Kaizen Usui Reiki Ryoho*, che significa il metodo Reiki di Usui per migliorare cuore, mente e corpo. (vedi pag. 89)

La stele commemorativa[14]

REIHO CHOSO USUI SENSEI KUDOKO NO HI

In Memoria dei meriti di Usui Sensei, il fondatore del Reiho[15].

Chi lavora duramente su sé stesso per il miglioramento del corpo e della mente è chiamato "uomo di grande Virtù". Le persone che usano questa grande virtù ed insegnano agli altri, affinché tutti ne possano beneficiare e percorrere la stessa via, sono chiamati Maestri.

Tutti gli antichi Saggi, Filosofi e Maestri fondatori di religioni, scuole e discipline erano uomini di questa natura e Mikao Usui era un uomo di questo tipo, un Maestro che ha sviluppato ed insegnato il metodo per migliorare la mente e il corpo utilizzando l'Energia dell'Universo.

Grazie alla sua fama, innumerevoli persone accorrevano da lui chiedendo di poter imparare il suo Metodo Spirituale o di essere guariti. Il suo nome comune era Mikao e il suo altro nome era Gyoho[16].

Nacque nel villaggio di Taniai[17] nel distretto di Yamagata della prefettura di Gifu. Un suo antenato era Chiba Tsunetane[18]. Il nome di suo padre era Taneuji, comunemente chiamato Uzaemon, mentre il nome della famiglia di sua madre era Kawai. Mikao Usui Sensei era nato nel primo anno[19] del periodo Keio, chiamato Keio Gunnen il 15 agosto[20].

Era uno studente di grande talento e disciplina con capacità di gran lunga superiore ai suoi compagni di studio. Una volta cresciuto ha viaggiato per studiare in Europa, America e Cina. Nonostante la sua volontà di avere successo nella vita, pur

---

[14] La traduzione della stele in lingua italiana è stata eseguita dagli autori confrontando le versioni in inglese di Jiro Kozuki, Tetsuyuki Ono e Hyakuten Inamoto.
[15] Metodo Spirituale.
[16] Pronunciato Kyoho, probabilmente il suo nome spirituale Buddista.
[17] Oggi Taniai, Miyama cho, Yamagata gun.
[18] Famoso samurai del Clan Chiba del periodo Kamakura (1118-1201 d.C.).
[19] 1865 d.C.
[20] Per via della confusione venutasi a creare a causa del passaggio dall'uso del calendario imperiale giapponese a quello cristiano occidentale durante l'era Meiji, alcune fonti riportano il giorno di nascita al 4 ottobre.

lavorando duramente, non sempre ci è riuscito, ma anzi, spesso è stato sfortunato e bisognoso di sostegno.

Tuttavia egli non si è mai arreso e ha disciplinato sé stesso a studiare ed impegnarsi sempre di più. Un giorno andò in ritiro sul monte Kurama[21] per sottoporsi ad una rigorosa disciplina spirituale.

All'inizio del ventunesimo giorno di pratica, improvvisamente percepì un grande Reiki sopra la propria testa. Ottenne un'illuminazione e in quel momento comprese istantaneamente il suo Metodo Spirituale.

La prima volta che lo sperimentò su sé stesso, il metodo produsse risultati benefici immediatamente. Dopo di che lo applicò sulla sua famiglia e, vista la grande efficacia, decise che era molto meglio condividere con tutti questa conoscenza piuttosto che tenerla riservata solo per i propri cari.

Quindi, nel mese di aprile dell'undicesimo[22] anno del periodo Taisho, aprì un Dojo a Harajuku, Aoyama, Tokyo, per insegnare e praticare pubblicamente il suo Metodo Spirituale. Moltissimi arrivavano anche da molto lontano per ricevere insegnamenti e trattamenti e spesso davanti al Dojo si formavano lunghe code di persone in attesa.

Nel settembre del dodicesimo[23] anno del periodo Taisho ci fu un devastante terremoto con moltissimi feriti e Mikao Usui, con grande compassione, portò il suo Metodo Spirituale nella città devastata, usando il suo potere di guarigione su chi era sopravvissuto, curando e salvando innumerevoli persone, anche se questa è solo una descrizione minima di quanto sia stato grande il suo aiuto in questa emergenza.

Nel febbraio del quattordicesimo[24] anno Taisho si spostò in un nuovo Dojo a Nakano, subito fuori Tokyo poiché il precedente Dojo era diventato troppo piccolo.

A causa della sua fama sempre crescente, Mikao Usui veniva invitato in molti luoghi e, accettando uno di questi inviti, intraprese un viaggio spostandosi prima a Kure, poi ad Hiroshima e Saga e infine raggiunse Fukuyama. Fu durante il suo soggiorno a Fukuyama che si ammalò improvvisamente e morì, all'età di 62[25] anni.

---

[21] Antica roccaforte della setta Yamabushi.
[22] 1922 d.C.
[23] 1923 d.C.
[24] 1925 d.C.
[25] Secondo le date indicate, Usui Sensei avrebbe avuto 60 anni al momento della sua morte. Tuttavia, a quanto pare esiste un'antica tradizione giapponese secondo la quale un bambino è considerato avere già un anno alla nascita, ed è considerato più vecchio di un anno ad ogni nuovo anno,

Capitolo DUE

Era il 9 marzo del quindicesimo[26] anno Taisho. Sua moglie si chiamava Sadako della famiglia Suzuki ed ebbero due figli, un maschio ed una femmina. Il nome del figlio era Fuji e tenne alto il nome della famiglia alla morte di Mikao Usui.

Sensei era una persona calorosa, gentile e umile. Era fisicamente grande e forte e sempre con il sorriso sul volto. Di fronte alle avversità cercava coraggiosamente una soluzione possibile senza perdersi d'animo. Era anche parallelamente una persona prudente.

I suoi talenti erano innumerevoli, amava leggere e le sue conoscenze di storia, medicina, psicologia, divinazione, magia, fisiognomica e scritture buddhiste erano eccezionali.

La sua lunga vita di studio e raccolta d'informazioni ha certamente contribuito a spianare la strada verso la percezione e la comprensione profonda del suo Reiho[27].

Reiho non solo guarisce le malattie, ma amplifica anche abilità innate, riequilibra lo spirito, rende il corpo sano, contribuendo così a raggiungere la felicità. Così, quando insegnate, per prima cosa fate comprendere agli studenti gli ammonimenti dell'Imperatore Meiji[28] e fate recitare i cinque principi mattina e sera, facendoli tenere ben saldi in mente.

---

piuttosto che nel giorno del compleanno effettivo che cade in quell'anno. Una spiegazione alternativa alla discrepanza potrebbe avere a che fare con il fatto che, al momento della nascita di Usui, il Giappone usava un diverso sistema di calendario. Il passaggio al sistema occidentale nel 1873 potrebbe aver portato a errori nella registrazione di date esatte degli anni immediatamente precedenti.

[26] 1926 d.C.
[27] Metodo Spirituale.
[28] Sono i Gyosei, le poesie Waka dell'Imperatore Meiji, usate come "cibo spirituale" e contenute anche nel Reiki Ryoho Hikkei. Non è sicuro il fatto che Mikao Usui usasse dare come pratica i Gyosei, molto probabilmente sono stati gli studenti militari dell'Usui Reiki Ryoho Gakkai ad introdurli nella pratica dopo la morte di Usui, che non era un grande sostenitore di Meiji.

*"Il metodo segreto per invitare le benedizioni,
la medicina spirituale per le 10.000 malattie,*
Solo per oggi,
Non ti arrabbiare,
Non ti preoccupare,
Sii grato,
Allenati diligentemente,
Sii compassionevole verso tutti gli esseri,
*esegui il gassho mattina e sera,
e ripeti queste parole ad alta voce,
con cuore e mente uniti,
per migliorare cuore, mente e corpo con
il metodo Reiki di Usui.
Fondatore Usui Mikao."*

Questi sono insegnamenti veramente eccelsi per la coltivazione e la disciplina, in linea con quei grandi insegnamenti degli antichi saggi e santi. Sensei ha chiamato questi insegnamenti "Il metodo segreto per invitare le benedizioni" e "La medicina spirituale per curare le 10.000 malattie". E si noti quanto siano straordinarie queste definizioni. Inoltre, il metodo dovrebbe essere insegnato nel modo più semplice possibile e non complicato da capire, cominciando a praticarlo da quello che si ha più vicino[29].

Un altro aspetto rilevante è che grazie alla meditazione seduta con le mani in Gassho e recitando i cinque principi, si coltiverà una mente pura e sana. Il suo valore vero è nella pratica continua e quotidiana. Questa è la ragione per cui il Metodo Spirituale[30] può essere facilmente praticato ed acquisito da chiunque.

Recentemente il mondo ha subito dei grossi sconvolgimenti ed è avvenuto un grosso mutamento anche nel modo di pensare. Fortunatamente il Metodo Spirituale potrà essere di grande aiuto per chi ha una mente confusa o è privo di virtù morali. Che valore potrebbe avere un metodo che cura solo malattie croniche o problemi di lunga data?

Il numero di studenti di Sensei è già oltre 2000 ed anche di più hanno già imparato dai suoi studenti anziani. Fra loro ci sono studenti anziani che sono rimasti a Tokyo per mantenere il luogo d'insegnamento di Sensei e portare avanti il suo lavoro,

---

[29] A partire da sé stessi.
[30] Reiho.

mentre altri, in differenti province, stanno cercando di diffondere il Metodo Spirituale il più possibile.

Nonostante Sensei ci abbia lasciato, il Metodo Spirituale Reiho si diffonderà grandemente nel mondo ed ancora per tanto tempo. Ah che cosa grandissima ha realizzato Sensei, l'aver cioè condiviso il suo Metodo Spirituale con tutte le persone, dopo essere stato illuminato.

Recentemente dunque molti studenti si sono riuniti e hanno deciso di erigere questo memoriale nel cimitero del Tempio Saihoji [31]nel distretto Toyotama, per onorare i suoi meriti e per diffondere il suo Metodo Spirituale alle persone del futuro. Mi è stato chiesto di scrivere queste parole.

Dato che io ho enormemente apprezzato il suo lavoro e sono piacevolmente ammirato dalla grande e profonda amicizia nella relazione fra studente e Maestro, non posso rifiutarmi e scrivo queste poche parole nella speranza che le persone possano ricordarlo con reverenza.

Composto da: Masayuki Okada, dottore in letteratura, subordinato di 3° grado, Ordine al merito di 3°.

Calligrafia del: Contrammiraglio della Marina Juzaburo Ushida, subordinato di 4° grado, Ordine al merito di 3°, servizio distinto di 4ª classe.

Febbraio, secondo[32] anno di Showa.

Stemma del Clan Chiba

---

[31] Tempio della setta Buddhista della Terra Pura.
[32] 1927 d.C.

Insegnamenti e precetti di rigore del Maestro Usui[33]

Una delle regole più rigide che Usui ci ha insegnato è che il tuo spirito, come un piccolo universo, deve essere sempre unito al potere spirituale di tutto l'universo come se fossero un'unica cosa. In altre parole, tu dimori nell'universo e l'universo dimora in te. Inoltre, se mantieni questa verità in te stesso, a seconda del livello del tuo addestramento, puoi diventare parte dell'intero universo, condizione che gli umani dovrebbero riconoscere innanzitutto e avere un potere definito e illimitato rispetto alla natura.

Ecco una vecchia poesia:

*"Kumo wa harete nochino hikari a omounayo
Motoyori sorani ariake no tsuki"*

Significa: *"Non aspettarti che la luce splenda solo perché le nuvole sono scomparse. La luce della Luna brillava fin dall'inizio"*.

Ciò significa che abbiamo anche noi una luce, la scintilla divina, come questa Luna, in noi stessi fin dall'inizio. Si pensa anche che la verità dell'universo faccia maturare l'uomo. Thomas Carlyle ha detto una volta che è un peccato per coloro che vivono senza conoscere le loro capacità. E aggiunse che solo quelli che conoscono il potere della verità possono prosperare con forza, sincerità e grazia.

Applicando la sua idea al trattamento Reiki, possiamo capire che, poiché tutta la natura ci sta dicendo che questo trattamento ha un grande potere curativo, perché non usarlo quando è necessario? Ed è un peccato non sapere come usarlo. Come nell'esempio contenuto in uno degli episodi Chojakyushi nel Sutra del Loto, in cui il non utilizzare questo potere è come stare a guardare te stesso che ti limiti ad osservare una scatola piena di gemme preziose che ti sono state donate dai tuoi genitori, antenati e Dio, semplicemente perché non sai come aprirla. Come allievi, ci è stato dato dal Maestro Usui un metodo per avere un'energia spirituale così meravigliosa, quindi cogliamo questa opportunità e sfruttiamola per la nostra salute fisica e mentale, per le altre persone e per il mondo.

---

[33] Estratto dal Reiki Ryoho No Shiori, Usui Reiki Ryoho Gakkai, Autopubblicazione, 1974.

Capitolo DUE

Gli insegnamenti del Maestro Usui[34]

Il Maestro Usui conosceva bene gli affari europei. Soprattutto le sue conoscenze mediche hanno impressionato altri medici. Era fermamente convinto che: "Poiché la medicina e la scienza si sono sviluppate rapidamente, non dovremmo mai ignorare i benefici dei trattamenti medici e delle medicine e dovremmo usarli quando è necessario." Tuttavia consigliava vivamente e diceva: "Se i medici non riescono a trovare la cura per le tue malattie, usa la terapia Reiki. Non c'è una malattia che non puoi risolvere se continui ad applicare la terapia Reiki con una mente fiduciosa". Ci insegna anche un avvertimento che dice: "C'è una cosa sola che non può essere trattata, nemmeno con la terapia Reiki, né dai medici o con la preghiera per Dio. È quando muori. Tutti, sia adulti che bambini, hanno un limite nella loro vita. Questa è la verità e il destino di ognuno. Quindi nessuno può essere aiutato. Tuttavia, una volta che sappiamo che qualcuno sta morendo, dovremmo fare del nostro meglio per trattarlo fino all'ultimo minuto. In questo modo ogni persona che soffre di malattie incurabili potrà avere una fine serena. Questo è vero, quindi fai del tuo meglio."

Mikao Usui, in seconda fila al centro, con i suoi studenti.
Il Dr. Chujiro Hayashi, in ultima fila quarto da destra.

---

[34] Estratto dal Reiki Ryoho No Shiori, Usui Reiki Ryoho Gakkai, Autopubblicazione, 1974.

Shoden - Insegnamenti Elementari[35]

---

[35] Deacon James, http://www.aetw.org/. Doi Hiroshi, Iyashino Gendai Reiki Ho, A Modern Reiki Method for Healing, International Center For Reiki Training, 2013. Ogawa Fumio, Everyone Can Do Reiki, Autopubblicazione, 1991. Stiene Bronwen, Stiene Frans, The Japanese Art Of Reiki: A Practical Guide To Self-healing, Ayni Books, 2005; The Reiki Sourcebook, Ayni Books, 2009. Stiene Frans, The Inner Heart of Reiki: Rediscovering Your True Self, Ayni Books, 2015; Reiki Insights, Ayni Books, 2018. Usui Reiki Ryoho Gakkai, Reiki Ryoho No Shiori, Autopubblicazione, 1974.

Gokai – Principi

Per una corretta connessione tra mente e spirito, che aiuta il praticante a svilupparsi, devono essere recitati i cinque principi indicati da Usui, ogni giorno mattina e sera.

Sulla stele commemorativa di Usui viene riportato:

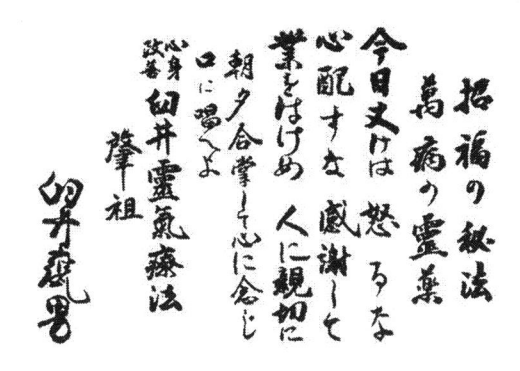

"Il metodo segreto per invitare le benedizioni,	招福の秘法	shō fuku no hi hō[36]
la medicina spirituale per le 10.000 malattie,	萬病の霊薬	man byō no rei yaku
Solo per oggi,	今日だけは	kyō dakewa
Non ti arrabbiare,	怒るな	ikaru na
Non ti preoccupare,	心配すな	shinpai suna
Sii grato,	感謝して	kansha shite
Allenati diligentemente,	業を励め	gyō o hageme
Sii compassionevole verso tutti gli esseri,	人に親切に	hito ni shinsetsu ni
esegui il gassho mattina e sera e ripeti queste parole ad alta voce, con cuore e mente uniti,	朝夕合掌て心に念じ口に唱えよ	asayū gasshō shite kokoro[37] ni nenji kuchi ni tonae yo
per migliorare cuore, mente e corpo con il metodo Reiki di Usui.	心身改善臼井靈氣療法	shinshin[38] kaizen Usui Reiki ryōhō
Fondatore Usui Mikao."	肇祖臼井甕男	Chōso Usui Mikao

I cinque principi da recitare sono quelli riportati in grassetto.

Deve essere chiarito che in questo contesto la parola "benedizioni" è intesa non in senso cristiano del termine con tutto ciò che ne consegue, ma con l'accezione di felicità, prosperità, benessere e successo, poiché nella tradizione spirituale giapponese non c'è separazione tra spirito e materia, tutto è collegato da invisibili

---

[36] "秘法 hi hō" può essere tradotto anche come "La legge segreta" o "Gli insegnamenti esoterici".
[37] "心 kokoro" significa mente e cuore uniti e sta a simboleggiare la Mente elevata dallo Spirito.
[38] La parola "心身 shinshin" è formata dai Kanji "心 kokoro" (mente/cuore) e "身 mi" (corpo) e significa la piena integrazione tra la Mente elevata dallo Spirito e il corpo.

connessioni sottili e da un'interdipendenza che coinvolge tutti gli esseri che popolano l'Universo, portando i giapponesi a mettere sullo stesso piano benedizioni materiali e spirituali senza pregiudizi o sterili elucubrazioni mentali. È per questo motivo che abbiamo deciso di mantenere nel suo significato originale la traduzione della parola "福 fuku" e di utilizzare come titolo del nostro libro la frase iniziale dei Gokai.

Per quanto riguarda il termine "萬 man" tradotto come 10.000, riferito a "病 byō" (malattia), qui va inteso come aggettivo in senso figurato con l'accezione di tutte, tantissime, moltissime e infinite. Questo è un modo di dire e pensare tipico dell'estremo oriente dove si possono trovare le prime attestazioni già nel Tao Te Ching di Lao Tse (IV-III sec. a.C.).

"[...] Senza nome è il principio
del Cielo e della Terra,
quando ha nome è la madre
delle diecimila creature. [...]"

Gokai Sansho – Recita dei Principi

Può essere praticato seduto su una sedia, oppure in una posizione a gambe incrociate o nella posizione Seiza.

Chiudi gli occhi, adagia le tue mani sul grembo con i palmi rivolti verso l'alto, la sinistra sopra la destra e i pollici che si toccano come a formare un anello. Ora centra te stesso nell'Hara e concentra la tua consapevolezza nel Seika Tanden.

Per alcuni istanti segui i ritmi della tua respirazione.

Quando ti senti pronto, chiudi gli occhi e porta le mani in posizione Gassho.

A questo punto recita i 5 principi per tre volte, cercando di sentirli vibrare nel tuo essere più profondo.

Una volta terminato rimani in ascolto delle sensazioni che provi al tuo interno.

Gokai Meisō – Meditazione sui Principi

Prima di iniziare, scegli uno dei precetti con cui desideri lavorare.

Può essere praticato seduto su una sedia, oppure in una posizione a gambe incrociate o nella posizione Seiza.

Centra te stesso nell'Hara e concentra la tua consapevolezza nel Seika Tanden.

Per alcuni istanti segui i ritmi della tua respirazione.

Quindi adagia le tue mani sul grembo i palmi rivolti verso l'alto, con la sinistra sopra la destra e i pollici che si toccano come a formare un anello.

Riconduci a te la tua attenzione (richiamandola) dalle preoccupazioni quotidiane e dal resto della stanza, lasciando che i tuoi pensieri si concentrino verso il tuo interno piuttosto che verso il tuo esterno e le esperienze ad esso collegate.

Quando raggiungi lo stato di quiete metti le mani in Gassho e permetti al precetto scelto di sorgere dentro di te. Lascia che i tuoi pensieri e le tue esperienze intorno a questo precetto siano ben visibili.

Ora stabilisci una relazione positiva tra i pensieri che stai vivendo ed il precetto che hai scelto.

Mantieni questo stato di connessione e comprensione interiore per tutto il tempo necessario per assorbirne il significato.

Termina la meditazione e ringrazia.

Kokyu Ho - Tecniche di meditazione e respirazione

Hatsurei Ho – Metodo per generare maggiori quantità di energia spirituale

Hatsurei Ho serve a creare l'armonia tra corpo, mente e cuore e generare così lo stato di unità dell'essere detto "Mente Corretta".

Può essere praticato seduto su una sedia, oppure in una posizione a gambe incrociate o nella posizione Seiza. Come per tutte le pratiche di sviluppo, scegli un momento e un luogo in cui è improbabile che tu venga disturbato. Ovunque tu stia facendo questo esercizio, al chiuso o all'aperto, assicurati, se seduto sul pavimento, che il pavimento sia confortevole e caldo. Non eseguirlo su pavimenti freddi, non esercitarti al freddo in generale.

Siediti comodamente dritto, non è necessaria una postura rigida, questa impedirebbe solo la buona riuscita della tecnica.

Chiudi gli occhi, adagia le tue mani sul grembo con i palmi rivolti verso l'alto, con la sinistra sopra la destra e i pollici che si toccano come a formare un anello. Ora centra te stesso nell'Hara e concentra la tua consapevolezza nel Seika Tanden.

Per alcuni istanti segui i ritmi della tua respirazione.

Quando ti senti pronto, porta le mani in Gassho con l'obiettivo di raccogliere l'energia nel Tanden quando inspiri e condurla nei palmi delle mani quando espiri.

Tieni le mani unite senza forzare le braccia o le spalle.

Continua a concentrarti sul portare l'energia dal Seika Tanden alle mani, puoi aiutarti con la recita dei Gokai.

Se rimani ben concentrato, i palmi delle mani inizieranno a riscaldarsi (Reinetsu). Anche se all'inizio la sensazione è debole, diventerà più forte man mano che ti eserciti. La sensazione di formicolio paragonabile a una corrente elettrica (Reiha) è indice di una buona e armoniosa integrazione tra mente e corpo.

Termina la meditazione in Gassho Rei per ringraziare.

Questa tecnica dovrebbe essere praticata per almeno trenta minuti, aumentando gradualmente il tempo fino a un'ora. Se il tuo corpo e la tua mente non sono in armonia, la tua sensibilità e le sensazioni inerenti all'energia possono scomparire.

Una variante di questa tecnica viene riportata da uno dei praticanti del lignaggio della prima Usui Reiki Ryoho Gakkai, Kaiji Tomita, nel suo libro *"Reiki Jinjutusu – Tomita Ryu Teate Ryoho"* del 1933.

Tenohira – Tecniche di trattamento

Ricorda che durante i trattamenti il comfort del praticante è importante quanto quello del cliente. Il disagio può distrarre dall'essere un limpido canale per il Reiki.

Byosen - Percepire lo squilibrio

Il Byosen è la facoltà dell'operatore di percepire le disarmonie (hibiki) sul corpo del cliente o il proprio, attraverso le mani. Le sensazioni percepite possono variare a seconda dell'abilità conseguita dall'operatore attraverso la pratica. L'operatore deve trattare il punto dove sente la disarmonia finché non percepisce la sua scomparsa e il conseguente suo riequilibrio. Lo sviluppo consolidato di questa facoltà era un prerequisito richiesto da Usui per poter accedere al livello successivo.

Alcuni hibiki e il loro significato comune sono:

L'attrazione generalmente indica la necessità di un trattamento nell'area da cui si è attratti.

La repulsione indica un probabile blocco o inibizione di lunga data del flusso di energia, qualcosa che potrebbe richiedere una notevole quantità di trattamento per alleviarla.

Il dolore spesso indica un eccesso o un accumulo di energia in una determinata area, a causa di un blocco. Il dolore acuto è talvolta considerato un segno che la pressione in una determinata area sta causando un effetto negativo in altre parti del sistema.

Il formicolio spesso indica l'area di un'infiammazione.

Le sensazioni di calore nelle mani sono indicative del fatto che il Reiki viene attratto dal cliente.

La sensazione di freddo indica un deficit di energia nell'area o una soppressione di energia a causa di un blocco.

Un flusso costante indica uno stato positivo del punto, equilibrato, che trarrà comunque beneficio dal trattamento.

Nota: l'intensità dello stimolo percepito può spesso riflettere la gravità o profondità del problema.

Trattamento delle cinque posizioni

Si dice che nel sistema originale di Usui fossero utilizzate solo cinque posizioni formali, eseguite con le mani. Queste sono focalizzate sulla testa e sul collo. Una sessione di trattamento Reiki consiste, nella prima parte del lavoro, nell'eseguire queste cinque posizioni a cui segue il trattamento di un'area specifica del corpo in cui si presentano gli squilibri identificati attraverso il Byosen. Le cinque posizioni formalmente furono chiamate: zento bu, sokuto bu, koutou bu, enzui bu e touchou bu.

Il trattamento può essere eseguito con le mani a diretto contatto con il cliente o, in alternativa, con le mani tenute a pochi centimetri dal corpo entro il campo energetico del cliente.

Mentre in origine sia la persona che riceveva il trattamento che la persona che lo eseguiva si trovavano in posizione seiza, ora invece la persona che riceve il trattamento sta seduto su una sedia mentre la persona che sta eseguendo il trattamento è in piedi. Il cliente dovrebbe sedere in posizione eretta ma rilassato, con le mani in grembo o appoggiate sulle cosce, i piedi devono essere appoggiati a terra. Se necessario, dovrebbe essere fornito un cuscino per sostenere la parte bassa della schiena. I bambini e i clienti adulti di bassa statura possono anche avere bisogno di un cuscino solido, o di uno sgabello, sotto i loro piedi, se la sedia è un po' troppo alta per poterli appoggiare sul pavimento. Un'opzione alternativa è ovviamente una sedia regolabile in altezza.

La procedura del trattamento:

Metti le mani in Gassho. Centra te stesso nell'Hara e concentra la tua consapevolezza nel Seika Tanden. Per alcuni istanti segui i ritmi della tua respirazione. Quindi ti sposti dietro al cliente. Ad alcune persone piace, per prima cosa, mettere le mani sulle spalle del cliente come mezzo per stabilire una connessione.

Per i praticanti di secondo e terzo livello: disegna i simboli pertinenti, se lo desideri o lo ritieni utile, nella tua mente o nello spazio fisico. Intona silenziosamente i loro mantra.

Come linea guida generale, specialmente per gli studenti alle prime armi, si consiglia di rimanere in ciascuna delle posizioni descritte per circa 3-5 minuti. Tuttavia, prima i nuovi studenti iniziano a sviluppare il Byosen, meglio è, quindi fai quello che ti sembra giusto sul momento.

Zento bu:
Con un movimento regolare e fluido, allungati davanti al cliente in modo da posizionare le mani sulla sua fronte a livello dell'attaccatura dei capelli. con i palmi delle mani rivolti verso la fronte. Resta in questa posizione per tutto il tempo necessario.

Sokuto bu:
Quando ti senti pronto, avvicina delicatamente le mani ai lati della testa del cliente in modo da posizionarle sulle tempie. Resta in questa posizione per tutto il tempo necessario.

Koutou bu:
Muoviti dietro al cliente, allo stesso tempo le mani si muovono per prendere posizione appena sopra la cresta occipitale, il punto in cui il collo e il cranio si incontrano. Resta in questa posizione per tutto il tempo necessario.

Enzui bu:
Muovi le mani su entrambi i lati del collo. Resta in questa posizione per tutto il tempo necessario.

Toucho bu:
Muovi delicatamente le mani verso l'alto e sopra la testa del cliente, portando entrambe le mani in posizione orizzontale e parallele tra loro. Resta in questa posizione per tutto il tempo necessario.

Dopo aver completato il trattamento in ciascuna delle cinque posizioni formali sopra descritte, è possibile procedere con il trattamento di aree specifiche in cui si manifestano i sintomi del disagio del cliente.

Per questa parte del processo, a seconda delle aree che richiedono un trattamento, ad alcuni praticanti piace sedersi su una sedia. Questo va bene fino a quando non vi è alcuna interruzione al flusso del trattamento. Se si sceglie di utilizzare una sedia, è opportuno averla già in posizione alla distanza ottimale dal cliente per consentire un facile accesso alla posizione pertinente. Al termine del trattamento, soffia sulle mani o strofinale tra loro per disconnetterti.

Manifesta gratitudine per aver avuto questa opportunità di aiutare il tuo cliente a guarire sé stesso.

Per completare la procedura, sia tu che il tuo cliente eseguite Gassho Rei.
Questa tecnica può essere eseguita anche come auto trattamento.

Toshihiro Eguchi, studente e amico di Usui, nel suo trattato *Tenohira Ryoji Nyumon* del 1930, alle cinque posizioni formali del trattamento sulla testa ne aggiunge una sesta che va ad intervenire su stomaco ed intestino.

Gedoku Chiryo Ho – Metodo disintossicante

Metti le mani in Gassho.

Centra te stesso nell'Hara e concentra la tua consapevolezza nel Seika Tanden. Per alcuni istanti segui i ritmi della tua respirazione.

Posiziona entrambe le mani sul Seika Tanden del cliente e focalizza la tua mente, concentra il tuo pensiero sulle parole: "purificati dal veleno" e continua a farlo per 30 minuti.

È quindi possibile eliminare tutte le tossine: intossicazione alimentare, tossicodipendenza, disturbi della pelle, problemi dopo un'iniezione o l'agopuntura e così via.

Ricordati di fare la disintossicazione per i clienti che assumono farmaci da tempo.

Quando funziona, i clienti noteranno che il colore delle loro urine diventa bianco come l'acqua dopo aver lavato il riso e le loro feci diventano nere e hanno un cattivo odore. I pazienti si sentiranno riposati ma pesanti.

Se vedi che un trattamento non è sufficiente, eseguilo qualche altra volta. Si consiglia di trattare così anche coloro che hanno problemi di sangue, agli occhi e alla pelle.

Una volta terminato, manifesta gratitudine per aver avuto questa opportunità di aiutare il tuo cliente a guarire sé stesso.

Termina in Gassho.

Questa tecnica può essere eseguita anche come auto trattamento.

Nentatsu Ho – Metodo per inviare la volontà

Nentatsu Ho è un metodo per trasformare le cattive abitudini o inclinazioni e per promuovere intenti positivi, come focalizzare le proprie energie verso un obiettivo specifico. Il processo funziona collocando un pensiero, un'idea o un suggerimento nel subconscio del cliente, o nel tuo.

Si possono utilizzare anche i Gokai (5 principi) al posto delle affermazioni positive. Centra te stesso nell'Hara e concentra la tua consapevolezza nel Seika Tanden. Per alcuni istanti segui i ritmi della tua respirazione.

Quando sei pronto, esegui Gassho e fai una dichiarazione di intenti, ad esempio: "Inizio Nentatsu Ho".

Posiziona una mano sulla fronte del cliente, all'attaccatura dei capelli e l'altra dietro, sulla nuca. Lascia che il Reiki scorra e, allo stesso tempo, silenziosamente, ripeti un suggerimento o un'affermazione appropriata sulla natura del problema su cui lavorare o sull'intenzione da stabilire. La formulazione precisa dei suggerimenti o affermazioni è qualcosa che deve essere deciso con il cliente prima del trattamento. I suggerimenti o affermazioni dovrebbero essere sempre formulati in senso positivo.

Qualunque sia la natura delle affermazioni o suggerimenti, devi dichiararle consapevolmente, senza giudizio e in un atteggiamento di amore, gratitudine e compassione.

Continua questa ripetizione silenziosa per alcuni istanti fino a quando senti che è tempo di terminare. Va eseguita per un massimo di 20-30 minuti.

Manifesta gratitudine per aver avuto questa opportunità di aiutare il tuo cliente a guarire sé stesso.

Termina in Gassho.

Gli effetti di Nentatsu Ho sono di natura cumulativa e di solito si consiglia una serie di trattamenti a intervalli regolari.

Questa tecnica può essere eseguita anche come auto trattamento.

Ketsueki Kokan Ho – Metodo per la pulizia del sangue

Ketsueki Kokan Ho è la cosiddetta tecnica di scambio del sangue o, più adeguatamente, tecnica di pulizia del sangue. L'esecuzione di ketsueki kokan ho è la seguente:

Il cliente deve essere disteso in posizione supina.

Metti le mani in Gassho. Centra te stesso nell'Hara e concentra la tua consapevolezza nel Seika Tanden. Per alcuni istanti segui i ritmi della tua respirazione.

Posizionati su un lato del cliente. Quale lato scegli dipende da quale è la tua mano dominante. Dovresti stare in piedi in modo tale che la tua mano non dominante sia la più vicina alla testa del cliente.

Posiziona la tua mano non dominante con il palmo piatto sulla cresta occipitale, alla base del cranio e posiziona la tua mano dominante accanto ad essa, piatta sulla parte superiore della colonna vertebrale del cliente, in modo che la colonna vertebrale sia effettivamente coperta dal palmo della tua mano.

Con ferma intenzione e ad un ritmo costante ed uniforme, accarezza la colonna vertebrale per tutta la sua lunghezza fino al coccige, dall'alto verso il basso.

Quando raggiungi il coccige, solleva la mano dal corpo del cliente e riportala nella posizione iniziale, nella parte superiore della colonna vertebrale. Non accarezzare nel verso opposto la colonna vertebrale, ma allontana lateralmente la mano da essa.

Ripeti la spazzolata altre 14 volte. Al completamento dell'ultima spazzolata, appoggia la mano sul coccige per circa 15-30 secondi e lascia scorrere il reiki, portando le energie spinali in equilibrio.

Questo completa il processo.

Solo nei casi di clienti con diabete le spazzolature sono invertite verso il cuore.

Torii Kiyomitsu (1735-1785)

Capitolo DUE

Okuden - Insegnamenti Interiori[39]

---

[39] Deacon James, http://www.aetw.org/. Doi Hiroshi, Iyashino Gendai Reiki Ho, A Modern Reiki Method for Healing, International Center For Reiki Training, 2013. Ogawa Fumio, Everyone Can Do Reiki, Autopubblicazione, 1991. Stiene Bronwen, Stiene Frans, The Japanese Art Of Reiki: A Practical Guide To Self-healing, Ayni Books, 2005; The Reiki Sourcebook, Ayni Books, 2009. Stiene Frans, The Inner Heart of Reiki: Rediscovering Your True Self, Ayni Books, 2015; Reiki Insights, Ayni Books, 2018. Usui Reiki Ryoho Gakkai, Reiki Ryoho No Shiori, Autopubblicazione, 1974.

Kototama, Shingon e Shirushi[40]

Kototama

Alcune persone sostengono che Usui insegnò agli studenti di Reiki di livello Okuden la pratica del Kototama (pronuncia Kotodama), una disciplina originata dalla religione Shintoista, che comporta, tra le altre pratiche, l'intonazione di suoni sacri, sia sillabe che suoni vocalici individuali.

Il termine "言霊 Kototama" stesso si traduce semplicemente come "Spirito della Parola" e si riferisce a uno stato o sentimento spirituale indotto da bellissimi suoni di parole, se intonato correttamente. Più pienamente, il Kototama comprende l'idea che il bene può essere prodotto come risultato di bei suoni di parole intonati correttamente e il male causato da brutti suoni di parole o da splendidi suoni di parole pronunciati in modo errato.

Il Kototama è indissolubilmente legato al concetto di Kotomuke, discorso tranquillizzante che porta la pace e Kotoage, la pratica di parlare con audacia in presenza dei Kami (esseri divini), allo scopo di invocare il potere magico delle parole.

Mentre il Kototama è essenzialmente una pratica derivata dallo Shintoismo, il Buddhismo giapponese Mikkyo ha una sua pratica equivalente nota come Shingon.

In sostanza, sia il Kototama che le pratica dello Shingon, sono incentrate sul concetto del Sacro Potere della Parola e sull'uso intenzionale e rituale della vocalizzazione o intonazione, sia come mezzo per avvicinarsi al divino, sia per manifestare gli effetti desiderati a livello di più banale realtà.

Anche se storicamente originaria delle regioni shintoiste, la pratica e la teoria del Kototama di oggi è stata influenzata e modellata in una certa misura dalla pratica e dalla teoria Mikkyo dello Shingon.

---

[40] Deacon James, http://www.aetw.org/. Doi Hiroshi, Iyashino Gendai Reiki Ho, A Modern Reiki Method for Healing, International Center For Reiki Training, 2013. Koshikidake Shokai, Faulks Martin, SHUGENDŌ The Way of the Mountain Monks, Lulu, 2015. Miyake Hitoshi, Shugendo: Essays on the Structure of Japanese Folk Religion, Center for Japanese Studies, The University of Michigan, 2007. Stevens John, Aikido. Dottrina segreta e verità universali rivelate da Morihei Ueshiba, Edizioni Mediterranee, 2000. Stiene Frans, The Inner Heart of Reiki: Rediscovering Your True Self, Ayni Books, 2015; Reiki Insights, Ayni Books, 2018. Yamasaki Taiko, Shingon. Il buddhismo esoterico giapponese, Astrolabio Ubaldini, 2015.

La non esclusività è stata a lungo una caratteristica tipica della religione giapponese, con lo Shintoismo e il Buddhismo che si sono adattati facilmente a prendere in prestito a vicenda idee filosofiche e pratiche rituali. Questo accade dall'VIII secolo d.C. e soprattutto con la dottrina sincretica nota come Ryobu Shinto, conosciuta anche come Honji Suijaku. Questa dottrina essenzialmente identifica le Divinità Buddiste (cioè Buddha e Boddhisatva) con gli Esseri Spirituali Shinto Kami e ha portato, nel tempo a livelli crescenti di sovrapposizione, fusione e sintesi di idee e pratiche Buddhiste e Shintoiste, al punto tale che è spesso impossibile dire quali pratiche o idee filosofiche appartengano veramente all'una o all'altra filosofia.

Shingon

In realtà Usui utilizzava l'antica e millenaria pratica dello Shingon del buddhismo esoterico giapponese. Il termine "真言 Shingon", nelle pratiche del buddhismo esoterico, significa "vera parola" con l'accezione di "vibrazione divina". In alcuni stili moderni di Reiki giapponese viene utilizzata come surrogato la pratica dello "呪文 Jumon"[41], che indica un incantesimo mistico o un incantesimo magico. La pratica Buddhista dello Shingon (mantra) è comunemente utilizzata in congiunzione con Nenriki (visualizzazione di simboli e mandala) e Ketsu-in, noto anche come In-zou o Shu-in (mudra, gesti rituali speciali formati posizionando le dita, con vari schemi complessi). Questi tre insieme comprendono una disciplina sinergica di applicazione pratica e mistica molto più ampia e profonda rispetto all'elemento specifico della pratica Kototama basata sullo Shintoismo, che viene insegnata come parte di alcuni stili di Reiki giapponese.

Da un punto di vista incentrato sul Mikkyo, l'intonazione o ripetizione del praticante di Reiki di CKR, SHK, HSZSN, DKM (in silenzio o ad alta voce), sia in meditazione che durante l'esecuzione di trattamenti Reiki, è un primo esempio di Shingon in azione. Gli stessi Shirushi (simboli) Reiki possono essere equiparati ai Nenriki e ci sono stati anche resoconti su di Usui che, apparentemente, insegnava gesti specifici o posizioni delle dita, Ketsu-in.

La tripla disciplina di Shingon, Nenriki e Ketsu-in è generalmente indicata come Sammitsu, o San-himitsu, che significa "I tre segreti" o "I tre misteri" ed è attraverso lo studio e la pratica di questa disciplina, secondo cui gli aderenti al tradizionale buddismo giapponese Mikkyo, cercano di risvegliare l'esperienza diretta dell'Illuminazione.

---

[41] Stiene Bronwen, Stiene Frans, The Japanese Art Of Reiki: A Practical Guide To Self-healing, Ayni Books, 2005; The Reiki Sourcebook, Ayni Books, 2009. Yamaguchi Tadao, Light on the Origins of Reiki: A Handbook for Practicing the Original Reiki of Usui and Hayashi, Lotus Press, 2007.

Tuttavia, nelle mani di praticanti più d'avanguardia del Mikkyo, vari gruppi come Senin, Gyoja e Shugenja-Yamabushi, guerrieri di montagna-asceti, la disciplina del Sammitsu divenne non solo un percorso verso l'illuminazione, ma anche un mezzo per sviluppare, focalizzare e potenziare le capacità speciali, dal rafforzamento del coordinamento fisico, al controllo del dolore, ai poteri di esorcismo e guarigione, a una maggiore sensibilità intuitiva e psichica, all'induzione di stati visionari simili allo sciamanesimo.

Forse l'espressione più famosa del Sammitsu è il Kuji-in, o Kuji-no-in, che coinvolge il Fukushu (ripetizione) del sacro Shingon di nove parole: "Rin-Pyo-To-Sha-Kai-Jin-Retsu-Zai-Zen" combinato con le prestazioni di nove Ketsu-in di accompagnamento e la relativa visualizzazione dei Nenriki.

Quando praticato con i giusti schemi respiratori e nel giusto stato meditativo, il Kuji-in è considerato una tecnica molto potente ed è stato tradizionalmente usato da mistici, guerrieri, sacerdoti, guaritori e praticanti dello sciamanesimo. In realtà è al centro della pratica giapponese mistica, magica e sciamanica.

Kototama di Ueshiba

Uno dei più famosi esponenti moderni dell'arte del Kototama, dopo la dipartita di Usui, fu Morihei Ueshiba, fondatore dell'arte spirituale marziale dell'Aikido[42]. Ueshiba, in età adulta, fu seguace della setta religiosa Ōmoto-kyo, dedicò molti anni allo studio e alla pratica del Kototama, formulando nel tempo la sua versione della disciplina, che incorporò nel sistema dell'Aikido. Dovrebbe forse essere sottolineato che, a 7 anni, Ueshiba fu inviato a Jizodera, un tempio Shingon nella prefettura di Wakayama, dove studiò le scritture Shingon, così come i classici confuciani ed è probabile che questa immersione nella dottrina Shingon Mikkyo, in un periodo così formativo della sua vita, avrebbe influenzato la sua successiva comprensione ed evoluzione dell'arte del Kototama.

Shirushi

Il termine "印 Shirushi" si traduce come sigillo ed è usato per indicare la grafia dei simboli Reiki. Nelle tradizioni esoteriche giapponesi Mikkyo questi simboli sono legati al vero Sé dell'Uomo e, attraverso determinate pratiche, cercano in modo graduale di rivivificarlo fino a raggiungere il completo risveglio spirituale, l'Anshin Ritsumei, rappresentato dal quarto simbolo, lo stato di Buddha, che è anche

---

[42] Stevens John, Aikido. La via dell'armonia, Edizioni Mediterranee, 1992; Aikido. L'essenza dell'aikido. Gli insegnamenti spirituali del maestro, Edizioni Mediterranee, 1995; Aikido. Dottrina segreta e verità universali rivelate da Morihei Ueshiba, Edizioni Mediterranee, 2000.

collegato al Buddha Cosmico Dainichi Nyorai. Ciò non vuol dire che chi ha ricevuto il quarto simbolo ha raggiunto lo stato di Buddha, anzi, è solo all'inizio dell'opera. Il quarto simbolo è solo un ulteriore strumento, nella nostra pratica quotidiana, per andare a lavorare più in profondità dentro noi stessi.

Perciò i simboli non vanno intesi come qualcosa di esterno a noi, ma servono, attraverso le varie tecniche di sviluppo personale ad essi collegati, a purificare e risvegliare il nostro vero Sé, facendoli vibrare nel nostro Essere più profondo per poter raggiungere il massimo stato possibile di risveglio interiore. Allo stesso tempo, quando li usiamo e cantiamo il loro mantra sugli altri, hanno la stessa finalità, poiché è solo attraverso il vero Sé della persona, che siamo noi stessi o che sia l'altro, che si attivano i processi di autoguarigione.

Recentemente, alcune fonti hanno affermato che, inizialmente, Usui non utilizzasse simboli nel sistema Reiki, ma che in realtà fossero qualcosa che ha aggiunto in un secondo momento, per la necessità di incorporare un metodo di messa a fuoco efficace per aiutare quegli studenti che erano in difficoltà nel sentire le differenze tra alcuni aspetti dell'energia del Reiki.

Secondo il maestro di Reiki Jiro Kozuki, quando si trattò di incorporare i simboli nell'elemento terapeutico dei suoi insegnamenti, non si trattò tanto della creazione da parte di Usui di quattro nuovi simboli, né della loro importazione da fonti esterne. Fu invece la selezione di quattro simboli, che erano già una caratteristica del suo sistema filosofico spirituale, ai quali aveva assegnato il nuovo significato di chiavi per aiutare la focalizzazione dell'intento, facente parte della modalità terapeutica del sistema in evoluzione. Alla stessa stregua, ad esempio, la terminologia della PNL chiama queste chiavi "ancoraggio delle risorse".

Per disegnare un simbolo si possono adottare vari approcci:

Visualizza o disegna il simbolo mentalmente.

Disegnalo con il palmo della mano.

Disegnalo con un dito o con le dita della mano.

Una volta disegnato, va pronunciato il mantra corrispondente al simbolo, per tre volte, ad alta voce o mentalmente.

Shirushi di secondo livello

Choku Rei, il simbolo della comunione diretta con lo spirito

La rappresentazione grafica di questo simbolo trova una delle sue prime attestazioni nella tavola divinatoria contenuta nell'Hotsuma Tsutae datato al VII sec. a.C. dove con la designazione della parola "wa" viene associato all'energia tellurica.

Lo Shingon per il primo simbolo, Choku Rei (abbreviato CKR), quando è scritto in questo set di kanji:
勅令
si riferisce a un editto imperiale, proclama o ordine "per comando dell'Imperatore". Oppure, scritto in questo diverso set di kanji:
直霊
può essere tradotto come "spirito diretto", o più concettualmente come qualcosa del tipo: "In presenza dello spirito o Kami".

Usi di base del CKR: Il CKR può essere usato per aumentare la potenza del flusso di Reiki, o per aiutare a focalizzare il Reiki in modo più intenso in una data posizione o verso un intento specifico. Il simbolo può essere usato come "benedizione energetica" per animali, cibo, bevande o beni. Può anche essere usato nella pratica dell'Hatsurei Ho.

Sei Heiki, il simbolo dell'armonia della mente

Una fonte probabile di questo simbolo è spesso vista nei templi buddisti. Questa fonte è il carattere scritto "Kiriku", pronunciato k'rik e k'lik, uno dei molti caratteri "Shuji" o semi usati dai buddisti Mikkyo come focus meditativo. Kiriku è la versione giapponese del nome di un carattere particolare dalla forma "Siddham" della scrittura sanscrita. In sanscrito, questo carattere si chiama "ह्रीः Hrih". Oltre al suo uso meditativo, la sacra scrittura del Siddham, portata in Giappone nel IX sec. d.C., è impiegata dai buddisti Mikkyo esclusivamente per la scrittura di mantra, sutra e formule tantriche magico-religiose.

Lo Shingon Sei Heiki (abbreviato SHK) come scritto nei seguenti kanji:
情平氣
può riferirsi alla calma emotiva o al disinteresse. Sei qui implica emozione, sentimenti, passione. Heiki significa calma, compostezza, imperturbabilità.
Quando è scritto così:
聖平氣

Sei implica qualcosa di spirituale, santo o sacro. Ancora una volta, Heiki significa calma, compostezza, nessuna preoccupazione, implicando così "compostezza spirituale", l'antidoto perfetto per il disordine mentale emotivo.

Usi di base del SHK: Il simbolo SHK è impiegato nel trattamento di problemi mentali-emotivi, tra cui ansia, stress, nervosismo, paura, depressione, ecc. e nel trattamento delle dipendenze. Può anche essere usato nella pratica dell'Hatsurei Ho.

Hon Sha Ze Sho Nen, il simbolo dell'unità

Il terzo simbolo (abbreviato HSZSN) non è tecnicamente un simbolo di per sé, ma piuttosto una combinazione stilizzata di cinque caratteri kanji 本者是正念. Questi caratteri sono associati alla pratica esoterica dell'Onmyo-do una particolare forma di divinazione dove si vanno a contattare le deità celesti. Ognuno dei quattro simboli Reiki ha un mantra giapponese di accompagnamento, spesso indicato come Shingon. Nel caso del terzo simbolo, il simbolo stesso è in realtà lo Shingon. Molto probabilmente una delle traduzioni più chiare di Hon Sha Ze Sho Nen è:

"Il pensiero corretto è l'essenza dell'essere" o "La consapevolezza corretta è l'essenza dell'essere".

Usi di base dell'HSZSN: Il simbolo HSZSN viene utilizzato per raggiungere l'Unità interna o con altri esseri viventi, che si tratti di persone, animali o piante. È visto come rappresentante l'unicità trascendente all'interno del praticante e la consapevolezza che non vi è alcuna separazione tra le due persone che condividono la pratica del dare-ricevere Reiki. Può anche essere usato nella pratica dell'Hatsurei Ho.

Tecniche di sviluppo personale con Shirushi e Shingon

All'interno della disciplina Reiki vengono utilizzate determinate tecniche del buddismo esoterico per sviluppare, fortificare e migliorare la connessione ed i benefici dell'energia Reiki. Possono essere praticate stando seduti su una sedia, oppure in una posizione a gambe incrociate o nella posizione Seiza.

Junkan Ho – Tecnica della circolazione

Metti la mano sinistra nella mano destra con i pollici che si toccano leggermente e adagiale in grembo.

Centra te stesso nell'Hara e concentra la tua consapevolezza nel Seika Tanden. Per alcuni istanti segui i ritmi della tua respirazione.

Visualizza il simbolo con cui intendi lavorare davanti a te. In inspirazione visualizza che l'energia del simbolo entra attraverso la tua corona fino ad arrivare nel Seika Tanden. Quando sei in apnea tra inspirazione ed espirazione senti l'energia del simbolo espandersi nel tuo corpo e campo energetico. In espirazione visualizza l'energia che sale dal Seika Tanden esce dalla bocca e ritorna al simbolo.

Kekudai Ho - Visualizzazione dell'espansione

Metti la mano sinistra nella mano destra con i pollici che si toccano leggermente e adagiale in grembo.

Centra te stesso nell'Hara e concentra la tua consapevolezza nel Seika Tanden. Per alcuni istanti segui i ritmi della tua respirazione.

Visualizza un disco bianco nel tuo petto con al centro il simbolo. Mentre contempli il simbolo respirazione dopo respirazione visualizza il disco bianco con il simbolo espandersi fino a raggiungere le dimensioni dell'universo.

Dopo aver fatto esperienza dell'unione del sé e dell'universo come un singolo corpo, ricontrai gradualmente il disco bianco con il simbolo fino alle sue dimensioni originali.

Fuji Kan – Visualizzazione della distribuzione

Metti la mano sinistra nella mano destra con i pollici che si toccano leggermente e adagiale in grembo.

Centra te stesso nell'Hara e concentra la tua consapevolezza nel Seika Tanden. Per alcuni istanti segui i ritmi della tua respirazione.

Dopodiché inizia a visualizzare il simbolo nei punti di concentrazione intonando il mantra corrispettivo.

Schema a sei punti

Sommità del capo, la fronte, la spalla destra, la spalla sinistra, il cuore e la gola.

Schema a quattro punti

Cuore, la fronte, la gola e la sommità del capo.

Schema a tre punti

Il palmo della mano, la lingua e il cuore.

Tenohira – Tecniche di trattamento

Byosen Reikan Ho – Metodo per il rilevamento intuitivo degli squilibri

Byosen Reikan Ho si occupa della sensazione energetica percepita, attraverso le mani, di disarmonia o squilibrio.

Ogni volta che c'è un disagio, disarmonia o disordine nel campo energetico di una persona, indipendentemente dal fatto che l'individuo ne sia consapevole o meno, ci sarà sempre la percezione di una sensazione energetica, indicata come hibiki (disarmonia), poiché, avendo già sviluppato la giusta sensibilità necessaria per percepirla, l'operatore sarà consapevole di cosa cercare.

Pertanto, è teoricamente possibile identificare e trattare tali squilibri prima che la sensazione energetica di disarmonia, percepita attraverso le mani, si manifesti attraverso sintomi fisici.

Inoltre è possibile determinare se il ricevente è veramente in armonia, poiché, anche quando i sintomi esteriori di un disordine sono stati alleviati, la continua presenza di hibiki indicherebbe la probabilità che il disordine si ripeterà in futuro.

In un mondo ipotetico, si dice che un professionista esperto possa perfino desumere dall'hibiki sia la causa, sia lo stato attuale e la quantità di trattamenti richiesti per riportare l'equilibrio.

Il Byosen non è di per sé una tecnica diagnostica, ma piuttosto un metodo per localizzare e trattare la fonte dello squilibrio. La natura precisa delle sensazioni percepite varia da persona a persona e dipende anche dalla natura della disarmonia o dello squilibrio rilevato.

Tra le possibili sensazioni riscontrate dal praticante possono esserci: pulsazioni, calore, freddo, atonia, intorpidimento, dolore, fitta, formicolio, attrazione, ecc.

A complicare le cose in qualche modo, le sensazioni hibiki, sebbene comunemente sperimentate nel sito topico del disturbo della persona, possono in realtà essere sperimentate in una diversa area del corpo che ne è la matrice.

Ad esempio, una disarmonia nello stomaco può produrre hibiki nella fronte, problemi respiratori potrebbero essere indicati da hibiki sul dorso delle mani, ecc.

Per questo motivo, al fine di utilizzare efficacemente Byosen, molte persone suggeriscono che il professionista abbia almeno una preparazione di base in una qualche forma di teoria del trattamento valutativo basata sui Keiraku[43], come spiegato da varie pratiche di Kampo e MTC (medicina tradizionale giapponese e medicina tradizionale cinese).

Il Byosen Reikan Ho inizia con il praticante che esegue il Gassho, centra sé stesso nell'Hara e concentra la sua consapevolezza nel Seika Tanden, con la fiducia che il Reiki scorrerà liberamente attraverso di lui per l'armonia e il benessere del cliente.

Quindi, iniziando dalla testa e lavorando lungo il corpo, il praticante comincia lentamente a scansionare con le mani, cercando le sensazioni energetiche indicative delle aree che hanno bisogno del trattamento Reiki.

Seiheki Chiryo Ho – Metodo potenziato per stimolare la forza di volontà

Seiheki Chiryo Ho è un metodo per trasformare le cattive abitudini o inclinazioni e per fissare intenzioni positive, come, ad esempio, focalizzare le energie verso un obiettivo specifico.

Il processo è simile a Nentatsu Ho in quanto funziona seminando un pensiero, un'idea o un suggerimento nel subconscio del cliente, o nel proprio.

La differenza principale tra Nentatsu e Seiheki è che quest'ultima tecnica prevede l'uso degli Shirushi e Shingon.

Chiudi gli occhi, centra te stesso nell'Hara e concentra la tua consapevolezza nel Seika Tanden. Per alcuni istanti segui i ritmi della tua respirazione.

Quando sei pronto, esegui Gassho e fai una dichiarazione di intenti del tipo: "Inizio Seiheki Chiryo".

---

[43] Sono i canali metafisici attraverso cui scorre il Ki nel corpo di una persona. Comunemente conosciuti come meridiani, termine però di origine francese.

Ora entra in risonanza con il primo e il secondo simbolo, falli vibrare dento di te, soprattutto nel Tanden. Ti puoi aiutare recitando i loro mantra, anche mentalmente e/o visualizzando i loro Shirushi.

Adesso copri con la tua mano dominante la nuca e con la tua mano non dominante la fronte del cliente, all'attaccatura dei capelli.

Lascia che il Reiki scorra e allo stesso tempo, silenziosamente, ripeti un suggerimento, o un'affermazione appropriata, sulla natura del problema su cui lavorare o l'intenzione da stabilire.

È bene che la formulazione precisa dei suggerimenti o affermazioni sia concordata con il cliente prima del trattamento. I suggerimenti o affermazioni dovrebbero essere sempre formulati in senso positivo.

Qualunque sia la natura delle affermazioni o suggerimenti, devi dichiararle consapevolmente, senza giudizio e in un atteggiamento di amore, gratitudine e compassione.

Continua questa ripetizione silenziosa per alcuni istanti, fino a quando senti che è tempo di finire. Va eseguita per un massimo di 15-20 minuti.

Termina eseguendo Gassho ancora una volta.

Gli effetti del Seiheki Chiryo sono di natura cumulativa e di solito si consiglia una serie di trattamenti a intervalli regolari.

Puoi aiutarti visualizzando, durante il trattamento, che il primo e il secondo simbolo entrano nella testa del cliente attraverso le tue mani o con il tuo respiro.

Enkaku Chiryo Ho – Metodo per raggiungere l'Unità

Secondo gli insegnamenti tradizionali giapponesi, i praticanti non inviano il Reiki né hanno bisogno di connettersi con un'altra persona ma, al contrario, il praticante diventa Uno con la persona.

Il concetto è che uno è già Uno con tutto e non ha bisogno di realizzare questa connessione.

Naturalmente, più dettagli specifici è possibile avere sulla persona da trattare per facilitare la risonanza con l'individuo, meglio è.

Tuttavia, se i dettagli specifici della persona non sono disponibili, ciò non significa che la tecnica non avrà esito.

Metti le mani in Gassho per centrare la mente e fissare l'intento.

Chiudi gli occhi, centra te stesso nell'Hara e concentra la tua consapevolezza nel Seika Tanden. Per alcuni istanti segui i ritmi della tua respirazione.

Ora entra in risonanza con il terzo, il secondo e il primo simbolo, falli vibrare dento di te, soprattutto nel Tanden. Ti puoi aiutare recitando i loro mantra, anche mentalmente e/o visualizzando i loro Shirushi.

Concentrati sulla persona e diventa tutt'uno con essa.

Rimani concentrato in questo stato di unità con la persona per tutto il tempo in cui senti che l'energia si muove.

Termina in Gassho per ringraziare.

Utagawa Hiroshige (1797-1858)

Capitolo DUE

Shinpiden - Insegnamenti Misteriosi[44]

神秘傳

---

[44] Deacon James, http://www.aetw.org/. Doi Hiroshi, Iyashino Gendai Reiki Ho, A Modern Reiki Method for Healing, International Center For Reiki Training, 2013. Ogawa Fumio, Everyone Can Do Reiki, Autopubblicazione, 1991. Stiene Bronwen, Stiene Frans, The Japanese Art Of Reiki: A Practical Guide To Self-healing, Ayni Books, 2005; The Reiki Sourcebook, Ayni Books, 2009. Stiene Frans, The Inner Heart of Reiki: Rediscovering Your True Self, Ayni Books, 2015; Reiki Insights, Ayni Books, 2018. Usui Reiki Ryoho Gakkai, Reiki Ryoho No Shiori, Autopubblicazione, 1974.

Shirushi di terzo livello

Dai Ko Myo, il simbolo della luce del Buddha

Il quarto simbolo è un altro esempio di un simbolo che non è un simbolo. Nel caso del quarto simbolo (abbreviato DKM), il simbolo stesso è in realtà lo Shingon "Dai Kô Myô", scritto in caratteri kanji 大光明. La parola Dai significa "Grande" e Kô Myô si traduce in "Luce Splendente", alludendo alla natura illuminata o alla radianza di un essere divino o di una divinità.

Usi di base del simbolo: l'uso principale del DKM è per molti praticanti il passaggio di iniziazioni Reiki ad altri. Il DKM può anche essere impiegato come focus meditativo, come nel caso degli altri tre simboli. Rappresenta l'incarnazione stessa del fenomeno Reiki. Nella tradizione esoterica giapponese questo simbolo è associato a Dainichi Nyorai, il Buddha Cosmico.

Kokyu Ho - Tecniche di meditazione e respirazione

Ibuki Kokyu Ho – Metodo di potenziamento del respiro

Ibuki Kokyu Ho è una tecnica di potenziamento del respiro usata per potenziare i trattamenti.

Ibuki Kokyu Ho:

Metti le mani in Gassho.

Centra te stesso nell'Hara e concentra la tua consapevolezza nel Seika Tanden.

Per alcuni istanti segui i ritmi della tua respirazione.

Diventa consapevole del flusso e della radiosità del Reiki all'interno e intorno al tuo stesso corpo.

Sappi che, mentre in generale il Reiki sembra fluire più forte dalle mani e può essere trasmesso con esse, scorre anche attraverso il respiro e ne può essere diretto.

Porta la tua attenzione al respiro, rilassati, respira naturalmente. Genera compassione e sentila nel cuore nei confronti del cliente che stai trattando.

Inspira delicatamente attraverso il naso, senza sforzo portando l'aria verso il basso nella zona del Seika Tanden, nell'addome inferiore.

Ora entra in risonanza con il primo simbolo, fallo vibrare dento di te, soprattutto nel Tanden. Ti puoi aiutare recitando il suo mantra, anche mentalmente e/o visualizzando il suo Shirushi.

Trattieni il respiro momentaneamente.

Con le labbra leggermente increspate, espira in modo mirato e sostenuto sulla zona da trattare, l'espirazione dovrebbe essere decisa, ma non troppo forte.

Mentre lo fai, sii consapevole del Reiki che fuoriesce con il respiro ed entra nel cliente.

Senti il flusso Reiki, potenziato dal CKR, vedilo con gli occhi della tua mente, allo stesso tempo senti la compassione che scorre dal tuo cuore.

Puoi anche visualizzare lo Shirushi che esce dalla tua bocca ed entra nella zona del corpo del cliente in cui lo soffi.

Tenohira – Tecniche di trattamento

Reiji Ho - Metodo per essere guidati dallo spirito

Reiji Ho, indicazione o guida dello spirito, è una tecnica, una cerimonia se ti piace vederla come tale, per risvegliare la tua capacità intuitiva di discernere squilibri energetici nel corpo e nel campo energetico di una persona.

Per eseguire Reiji Ho:

Stai in piedi o siediti comodamente dritto.

Chiudi gli occhi, adagia le tue mani sul grembo i palmi verso l'alto, con la sinistra sopra la destra e i pollici che si toccano come a formare un anello. Ora centra te stesso nell'Hara e concentra la tua consapevolezza nel Seika Tanden.

Per alcuni istanti segui i ritmi della tua respirazione.

Quando ti senti pronto, porta le mani in Gassho e, quando inspiri raccogli l'energia nel Tanden, quando espiri rilascia o trasforma tutti gli stress e le tensioni. Quindi, quando sei pronto, porta le mani sulla fronte in posizione Gassho.

Chiedi silenziosamente che l'armonia e il benessere si manifestino nell'intero essere della persona.

Ciò che viene dopo è sia facile che difficile.

Fidati del fenomeno che è Reiki. Distaccati totalmente dalla ricerca di possibili risultati. Invita e consenti a Reiki di chiamare, ovvero guidare o muovere le mani automaticamente, spontaneamente, in tutte le aree che potrebbero aver bisogno di Reiki. Lascia che le tue mani si muovano dove sono chiamate, lascia andare, fidati, resisti all'impulso di fare.

Quando si tratta di lasciare che Reiki ti guidi, persone diverse possono ricevere la loro guida in differenti modi. Alcuni possono semplicemente sperimentare puro movimento spontaneo, come se fossero attratti magneticamente, altri possono ricevere immagini mentali della zona dove è necessario il trattamento, altri ancora possono sentire dove è necessario il Reiki e così via.

Se non sembra succedere nulla, se non sei consapevole di ricevere una guida e, quando esegui per la prima volta Reiji Ho non è sempre così ovvio, ricorda il precetto: "non preoccuparti", verrà il tempo e, quando sarà, lo saprai, Reiki ti guiderà.

Il Reiki fluirà e come al solito il flusso si ridurrà quando l'area avrà ricevuto un trattamento sufficiente e quindi le tue mani saranno chiamate all'area successiva.

Quando non ci sono più aree che richiedono Reiki, le tue mani saranno guidate al riposo, con i palmi verso il basso, sulle cosce o in grembo.

Concludi Reiji Ho eseguendo ancora una volta Gassho.

Utagawa Kunimaru
(1794-1829)

Shihan - Insegnamenti del grado Istruttore[45]

師
範

---

[45] Deacon James, http://www.aetw.org/. Doi Hiroshi, Iyashino Gendai Reiki Ho, A Modern Reiki Method for Healing, International Center For Reiki Training, 2013. Ogawa Fumio, Everyone Can Do Reiki, Autopubblicazione, 1991. Stiene Bronwen, Stiene Frans, The Japanese Art Of Reiki: A Practical Guide To Self-healing, Ayni Books, 2005; The Reiki Sourcebook, Ayni Books, 2009. Stiene Frans, The Inner Heart of Reiki: Rediscovering Your True Self, Ayni Books, 2015; Reiki Insights, Ayni Books, 2018. Usui Reiki Ryoho Gakkai, Reiki Ryoho No Shiori, Autopubblicazione, 1974.

In realtà questo non è un vero e proprio livello, ma il coronamento di tutto il percorso. Una volta che lo studente ha dimostrato, attraverso il lavoro su di sé, di essere in grado di poter trasmettere in modo corretto gli insegnamenti, non solo le tecniche, ma soprattutto la filosofia morale che è la base e l'essenza di questa disciplina, gli viene riconosciuto il ruolo di Shihan, cioè Maestro di questa tradizione filosofico spirituale.

Reiju e Denju – Benedizione dello spirito e tecniche di iniziazione

Reiju

Si dice che Mikao Usui fosse solito dare ad ogni studente il Reiju, cioè un potenziamento o benedizione energetica, a intervalli regolari. Quando viene ricevuto, regolarmente nel tempo, il Reiju viene generalmente percepito come se avesse un profondo effetto cumulativo, spesso migliorando notevolmente l'esperienza e la percezione del Reiki, inizialmente risvegliata nello studente durante le iniziazioni ricevute in ciascuno dei livelli.

Il termine Reiju è comunemente scritto: 靈授, il carattere 授 significa dare, concedere, conferire, impartire. Tuttavia, il termine Reiju è un concetto bilaterale. 靈授 è una metà del concetto. L'altra metà complementare del concetto è scritto 靈受, anche lui pronunciato Reiju, con il carattere 受 che significa accettare, sottoporsi, ottenere, ricevere. Pertanto, Reiju implica conferire e ricevere lo Spirito ovvero un dono spirituale. Il concetto è tutto sul dare e ricevere, rappresenta perciò la condivisione di un'esperienza spirituale.

Gli studenti che partecipano regolarmente alle riunioni di formazione, alla fine di ogni riunione durante una sessione di meditazione, ricevono il Reiju per approfondire e rafforzare ulteriormente la loro connessione e sviluppare la qualità della loro esperienza del fenomeno che è Reiki.

La pratica Mikkyo utilizza spesso questi quattro punti per il Reiju, il cuore, la fronte, la gola e la corona della testa, nel loro ordine tradizionale, ma ci sono molte varianti. Altri punti tradizionali all'interno della pratica sono la fronte, la spalla destra, la spalla sinistra, il cuore e la gola. Alcuni di questi punti si concentrano sulle posizioni simili a quelle che Mikao Usui ha usato per strutturare il trattamento alla testa.

Tecnica di preparazione dell'insegnante per il Reiju

Abbassa entrambe le mani e posizionale sul Seika Tanden, i palmi rivolti verso l'alto, con la sinistra sopra la destra e i pollici che si toccano come a formare un anello. Allo stesso tempo, focalizza coscientemente la tua mente nel Seika Tanden, per integrare la mente con il corpo. Per alcuni istanti segui i ritmi della tua respirazione.

Porta le mani in Gassho e senti l'equilibrio che questo crea nel tuo essere. Adesso concentrati sul simbolo del DKM fino a quando non senti una forte risonanza.
Per chiudere ringrazia con la gratitudine nel tuo cuore.

Denju

I Denju 傳授 sono delle vere e proprie cerimonie di iniziazione il cui scopo è quello di risvegliare il collegamento profondo con l'energia Reiki all'interno dell'iniziando, in modo graduale. I Denju sono divisi nei tre livelli del sistema Reiki, in modo tale da permettere allo studente di lavorare su sé stesso per innalzare e raffinare la propria energia e permettere al corpo di abituarvisi, oltre ad accrescere la propria consapevolezza interiore, così da poter accedere al livello successivo senza incorrere in brutte sorprese date dalla natura vibrazionale più alta.

È fortemente sconsigliato ricevere più di un Denju in una sola volta o in tempi ravvicinati, sia perché non si ha avuto il tempo necessario per poter praticare le tecniche di allenamento e accrescere la propria vibrazione e consapevolezza del sistema, sia per evitare stress e crisi al corpo e alla mente che ricevono quantitativi e frequenze di energia troppo alte da sopportare senza un'adeguata preparazione. Inoltre al contrario dei Reiju, i Denju sono permanenti, basta riceverli una sola volta nella vita per mantenere il collegamento interno ed eterno con l'energia Reiki.

Mikao Usui, in seconda fila terzo da sinistra, con i suoi studenti di grado Shihan. Il Dr. Chujiro Hayashi, in prima fila primo da sinistra.

Tsukioka Settei (1710-1786)

Capitolo 3

USUI SHIKI RYOHO

Hawayo Takata e il Dr. Chujiro Hayashi.

Chujiro Hayashi[46] (15 Settembre 1880 – 11 Maggio 1940)

Chujiro Hayashi era un medico e ufficiale di marina e si laureò presso l'accademia navale giapponese nel 1902. Nel 1918 fu nominato direttore della stazione di difesa navale nel porto di Ominato, ai piedi del Monte Osore, nel nord del Giappone. Hayashi è stato descritto da Shou Matsui come "un uomo sincero e serio". Nel maggio del 1925, dopo il congedo dalla marina, iniziò il suo addestramento nel Dojo di Usui a Nakano, alla periferia di Tokyo, progredendo rapidamente e con competenza attraverso i gradi fino al livello di Shihan. Alcuni mesi dopo la morte di Usui nel 1926, si ritiene che Hayashi sia stato il responsabile del trasferimento del Dojo a Shinano Machi, dove si trovava la sua clinica.

Shou Matsui scrive, nel 1928, che Hayashi praticava trattamenti Reiki ai clienti la mattina e inoltre insegnava Reiki Ryoho per cinque giorni al mese. Sembra che alla fine degli anni '20 l'allenamento di livello Shoden fosse strutturato per un'ora e mezza al giorno, per un periodo di cinque giorni.

Nel 1930 sembra che Hayashi abbia iniziato a modificare il suo approccio al Reiki, presumibilmente per renderlo più in linea con la propria comprensione della metodologia e pratica clinica. È stato in questo periodo che ha istituito l'Hayashi Reiki Ryoho Kenkyukai (Associazione di Ricerca del Trattamento Reiki di Hayashi). Hayashi alla fine lasciò l'Usui Reiki Ryoho Gakkai nel 1931, forse per delle divergenze riguardo l'impronta che questa stava prendendo sotto la guida di Juzaburo Ushida.

Sappiamo da Takata che la sua formazione con Hayashi ha assunto la forma di un praticantato presso la sua clinica ed il suo apprendistato è stato di sei mesi. Inoltre ha avuto l'onore di vivere nella casa del suo maestro e con la sua famiglia,

---

[46] Deacon James, http://www.aetw.org/. Fueston Robert N., Reiki: Transmissions of Light, volume 1, Lotus Press, 2017. Haberly Helen Joyce, Reiki: Hawayo Takata's Story, Archedigm Publications, 1990. Mitchell Paul David, Reiki, The Usui System of Natural Healing, Coeur d'Alene for The Reiki Alliance, Revised edition 1985. Petter Frank Arjava, Yamaguchi Tadao, Hayashi Chujiro, The Hayashi Reiki Manual: Traditional Japanese Healing Techniques from the Founder of the Western Reiki System, Lotus Press, 2004. Yamaguchi Tadao, Light on the Origins of Reiki: A Handbook for Practicing the Original Reiki of Usui and Hayashi, Lotus Press, 2007.

divenendo un'Uchideshi, cioè un allievo interno, un tipo di addestramento particolare tradizionalmente riservato solo agli allievi degni di diventare i successori del maestro. Tuttavia, ci dice anche che le lezioni iniziali per il primo livello consistevano in quattro giorni di allenamento, con un'iniziazione separata ogni giorno. Il primo giorno si parlava del trattamento della testa, del collo e delle relative condizioni mediche. Il secondo giorno era incentrato sul trattamento della parte anteriore del corpo. Il terzo giorno dedicato al trattamento della schiena, della colonna vertebrale e del sistema nervoso. Il quarto giorno si concludeva col trattamento di incidenti e malattie acute e si studiavano anche gli aspetti spirituali del Reiki, compresi i cinque Principi.

Takata riferisce che la clinica di Haysahi era piuttosto piccola, con 8 lettini per i trattamenti e che generalmente almeno due professionisti o studenti eseguivano un trattamento su ciascun paziente. Quando Takata iniziò il suo apprendistato lì, erano presenti altri 16 praticanti nella clinica, senza contare Hayashi e sua moglie Chie.

Ad Hayashi è attribuita l'introduzione della serie formale di posizioni delle mani per il trattamento, insegnate nel Reiki occidentale. Il sistema di Hayashi si concentrava principalmente sul Reiki come metodo di trattamento pratico per la salute.

Ha usato e insegnato i 4 simboli come componente centrale del suo sistema e, anche se non possiamo esserne assolutamente certi, è probabilmente anche il responsabile della creazione del rituale dei Denju insegnato nel Reiki occidentale.

Viene anche riferito da fonti moderne che, nei primi anni '30 Hayashi insegnasse Reiki in quattro livelli chiamati Shoden, Chuden, Okuden e Shinpiden, sebbene quando lo ha insegnato a Takata, il sistema aveva solo tre livelli. È molto probabile che questa divisione in quattro livelli sia un'invenzione degli stili moderni giapponesi, creati dalla seconda metà degli anni '80, che rivendicano una discendenza diretta con i Maestri originali, ma che in realtà sono solo il frutto di consistenti modifiche dei loro insegnamenti con l'aggiunta di alcune pratiche New Age e della struttura del primo stile Reiki occidentale, modificato da Barbara Weber Ray, giunto in Giappone.

Hayashi è anche il creatore di una guida per il trattamento dei disturbi, divisa in 9 sezioni, nota come Hayashi Ryoho Shishin, che è stata consegnata ai suoi studenti. Durante il 1935-36 Hawayo Takata studiò presso la clinica di Hayashi e sembra che sia Hawayo Takata che la moglie di Hayashi, Chie, ricevettero il riconoscimento del grado di Shihan all'inizio o nella metà del 1937.

Reiki *"Il metodo segreto per invitare le benedizioni"*

Dopo che Hayashi, nel 1940 nella sua Villa ad Atami vicino al Monte Fuji, commise il Seppuku (suicidio rituale militare) per evitare di essere richiamato alla guerra e dover uccidere altri esseri umani, sua moglie Chie assunse la gestione della clinica Reiki. Fu la modifica e lo sviluppo del sistema di Usui da parte di Hayashi a trasformare il Reiki in una pratica di guarigione presentata clinicamente, che Takata successivamente presentò in occidente come "Usui Shiki Ryoho" (Metodo di guarigione naturale di Usui).

Chie Hayashi, in prima fila al centro, con i suoi studenti.

Capitolo TRE

Articoli in cui si parla di Chujiro Hayashi

Un trattamento di guarigione con i palmi delle mani per curare molte malattie.[47]

Shou Matsui (1870 - 1933) aveva lavorato come giornalista prima di diventare noto come insegnante di drammaturgia e commediografo sostenitore della forma tradizionale del teatro giapponese chiamato Kabuki. Era anche uno degli studenti di Reiki di Chujiro Hayashi.

Anche come drammaturgo, Matsui continuò a scrivere articoli e recensioni, incluso un particolare pezzo di promozione sul Reiki, pubblicato sulla rivista Sunday Mainichi, il 4 marzo 1928.

In risposta a una richiesta di un lettore che ha scritto: "Vorrei conoscere il trattamento introdotto nella presentazione del libro di Shou Matsui nel Mainichi il 30 gennaio".

Matsui risponde:

"Sono lieto di illustrare questo metodo. Questo trattamento completo è chiamato "Reiki Ryoho" ed è praticato da un gruppo di persone d'élite. È stato creato, o meglio fondato, dal Sensei Mikao Usui, scomparso qualche anno fa. Attualmente, i suoi studenti hanno cliniche dove praticano la guarigione e addestrano gli altri nel Reiki Ryoho. Sebbene notevole nella sua efficacia, non molte persone hanno familiarità con questo trattamento. Il Sensei Mikao Usui non ha voluto pubblicizzare il Reiki Ryoho e quindi anche i suoi studenti sono riluttanti a pubblicizzarlo."

Matsui continua dicendo che non riesce davvero a capire perché non si sforzano di pubblicizzare il Reiki Ryoho. Commenta come le varie religioni proclamino e diffondano i loro insegnamenti e parla dell'uso positivo della propaganda e del fatto che, se la verità può rendere felici le persone, dovrebbe essere un dovere diffonderla.

Continua: "Quindi, quando mi viene chiesto, promuovo sempre il Reiki Ryoho in modo positivo. Scriverò su di esso se richiesto. Eppure il mio farlo attira critiche da altri praticanti di Reiki Ryoho. Penso che sia un peccato astenersi dal pubblicizzare

---

[47] Shou Matsui, Sunday Mainichi, 4 Marzo 1928. Deacon James, http://www.aetw.org/. La versione completa si può trovare nel libro di Fueston Robert N., Reiki: Transmissions of Light, volume 1, Lotus Press, 2017.

una tecnica di guarigione così grande. È una vergogna sia morale che sociale e sono sempre felice di promuoverlo."

Matsui continua a spiegare che non vorrebbe che i lettori, o altri giornalisti, avessero l'impressione sbagliata. Non vuole che si pensi che la ragione per cui i praticanti di Reiki Ryoho generalmente non promuovono la loro arte, sia che è tutta una finzione e un inganno.

"Quindi, mi assumerò la responsabilità e promuoverò la verità sul Reiki, sia per il bene dell'arte che per il bene di coloro che soffrono. Nello scrivere questo, agisco in autonomia, questi sono i miei pensieri e sono responsabile per loro, questo non ha nulla a che fare con altri praticanti di Reiki Ryoho. Trovo che sono così entusiasta di questo trattamento che non riesco quasi a concentrarmi sulle mie sceneggiature da quando ho imparato ad usarlo."

È, dice Matsui, suo desiderio promuovere il Reiki Ryoho in lungo e in largo, in modo che non solo i giapponesi, ma le persone in tutto il mondo siano libere dalle malattie, recuperino una salute eccellente e siano molto più felici.

Tuttavia, nello stesso contesto, menziona come, negli anni trascorsi da quando Reiki Ryoho è stato sviluppato per la prima volta da Mikao Usui, solo una manciata di cliniche è stata effettivamente istituita per fornire questo meraviglioso trattamento.

Matsui continua parlando di come è stato iniziato al Reiki da Chujiro Hayashi, un uomo caloroso ma serio, secondo Matsui, uno che sembrava essere stato destinato dalla nascita a lavorare con il Reiki.

Cita che Chujiro Hayashi offre trattamenti Reiki ai clienti al mattino e insegna Reiki Ryoho per cinque giorni al mese.

Quindi prosegue spiegando che, poiché esistono numerosi altri metodi di trattamento e sette che hanno la sillaba "Rei" nel loro nome, molte persone presumono erroneamente che Reiki Ryoho sia collegato a questi altri gruppi. Nella prima parte del XX secolo, molti di questi gruppi sono stati visti con sospetto a causa del presunto comportamento settario. E, poiché i praticanti di Reiki Ryoho non sono disposti a parlare e chiarire le loro convinzioni e posizioni, non c'è da meravigliarsi che questo stile di trattamento, sebbene tanto utile, non sia cresciuto in popolarità.

"Vorrei affermare che, tra tutti i metodi di trattamento che ho incontrato, il Reiki Ryoho è il più efficace e il più unico. Può davvero guarire, qualunque sia il disturbo. La gente chiede: Reiki Ryoho è efficace nel trattare i disturbi psicologici? Sì, lo è, e può anche curare ogni tipo di malattia interna e lesioni esterne. Problemi intestinali, ustioni, reumatismi, problemi nervosi, tutto!"

Reiki Ryoho, spiega Matsui, è considerato una tecnica spirituale, come suggerisce la parte "Rei" del nome. Tuttavia, egli stesso lo considera una tecnica molto pratica e fisica.

Matsui afferma di basare questa convinzione sulla sua esperienza personale, avendo trattato con successo più di cento pazienti. Dice che alcune persone considerano gli effetti del Reiki Ryoho alla pari delle guarigioni miracolose di Gesù e Buddha, ma che lui, Matsui, è semplicemente una persona normale, di mentalità pratica e comune, non una grande persona, non un uomo di grande carattere. Sostiene di essere "spiritualmente avanzato". Per lui, Reiki Ryoho non è qualcosa di soprannaturale, ma un metodo di trattamento fisiologico naturale.

Continua poi a dare alcuni esempi di disturbi che ha trattato, spiegando che ha effettuato molte di queste guarigioni che, sebbene apparentemente miracolose, sono semplicemente il risultato dell'applicazione di un trattamento pratico di Reiki Ryoho, che stimola i meccanismi di auto-guarigione del corpo.

Spiegando come esegue il trattamento, il signor Matsui dice: "Metto semplicemente le mani sulla parte interessata. Non spingo, né picchietto. Per me, questo è il punto interessante di questo metodo di guarigione. Scansiono l'intero corpo del paziente, percepisco la fonte del disturbo, tratto quella e l'effetto curativo è immediato. Posso scoprire la fonte della malattia perché sento dolore quando metto le mani lì. A seconda del disturbo, l'intensità del dolore cambia, ma non sono sicuro della relazione precisa tra la condizione del disturbo e l'intensità del dolore avvertito. Non sento solo questo dolore nelle mie mani nel punto indicato dal paziente, lo sento anche nel punto che è la fonte della malattia, quindi posso trovare facilmente il punto da trattare. A differenza dei medici, non ho bisogno che i pazienti mi dicano dove e come sperimentano il loro disturbo. I pazienti possono essere sospettosi riguardo al mio trattamento, ma non importa, entro trenta minuti, o al massimo in due ore, la loro condizione subirà un miglioramento evidente.

Ad esempio, prendi un uomo con gravi malattie cardiache. Il suo polso è di 85 battiti al minuto e sente dolore al cuore. Il suo medico dice che c'è una costrizione cardiovascolare. Eppure non sento alcun riscontro nei palmi delle mani quando le metto sul suo cuore. Ma mentre mi sposto nell'area dello stomaco, dell'intestino e dei reni, provo sensazioni di dolore e quindi pratico il trattamento Reiki a queste aree. In breve tempo le sue condizioni migliorano.

Quindi perché le condizioni del cuore sono guarite? E perché le mani del guaritore provano dolore o comunque qualche sensazione? Queste sono domande importanti. È davvero un mistero come i disturbi a cui il medico non ha trovato soluzione possano essere curati mettendo le mani sul corpo. Dal momento che ciò non può essere veramente spiegato, è generalmente visto come un fenomeno spirituale.

Secondo me, la circolazione del sangue nelle mie mani è aumentata da quando sono stato iniziato dal signor Hayashi. Non sono in grado di rivelare il metodo di insegnamento e il processo di iniziazione del signor Hayashi, ma certamente questo è stato ciò che mi ha dato la capacità di guarigione e sensibilizzato fortemente le mie mani. Ad ogni modo, credo che l'aumento della circolazione nelle mie mani stimoli la circolazione sanguigna dei pazienti quando le metto sul loro corpo."

Matsui spiega quindi che, a suo avviso, la circolazione del paziente e la frequenza del polso si sincronizzano con quelle del terapeuta e questo è il modo in cui avviene la guarigione.

Continua dicendo: "Quando parlo con loro di Reiki Ryoho, la maggior parte delle persone intelligenti diranno: deve essere il magnetismo animale". (Mesmerismo)

Continua dicendo che la scienza attuale non comprende chiaramente la natura dell'elettricità e, allo stesso modo, la vera natura del Reiki non può essere facilmente spiegata o definita ora. Matsui afferma che, a suo avviso, l'effetto del trattamento Reiki potrebbe essere dovuto a qualcosa come l'etere, ma poiché l'etere non è stato neppure esaminato scientificamente, la gente riderebbe di lui.

"Ma, quando devo spiegare a un paziente l'effetto del Reiki, l'etere è una buona analogia."

Dice che non può spiegare chiaramente e correttamente perché non ha la certezza matematica.

"Comunque, ora sono soddisfatto dell'effetto pratico del Reiki. E all'inizio, anche io ho riso dell'idea di questo trattamento."

Spiega che un giorno disse a un amico che, non sentendosi bene, pensava di non poter giocare a golf. L'amico, la cui opinione era tenuta in considerazione da Matsui, gli ha parlato del Reiki.

"Mi sono interessato a questo e, pur non credendoci davvero, io e la mia famiglia abbiamo seguito la formazione."

Capitolo TRE

Matsui afferma che, subito dopo aver iniziato a studiare Reiki, ebbe occasione di provare Reiki Ryoho su un uomo che aveva una spina di pesce in gola. "Ho provato Reiki Ryoho su di lui senza aspettative e il dolore è sparito. Fu allora che ho capito l'essenza di questo trattamento. Non posso più ridere del metodo Reiki."

"Sono stato presentato al signor Hayashi da una conoscenza in comune e ho pagato una grande somma di denaro per imparare questo metodo di trattamento. Esistono diversi gradi tra cui Shoden (primo livello) e Okuden (secondo livello), ma io sono ancora al primo livello, non avendo ancora raggiunto Okuden.

Non sono ancora sicuro di tutti i dettagli, ma ho sentito che ci sono ulteriori gradi da raggiungere. Coloro che sono coinvolti in questo Ryoho sono molto modesti e non amano vantarsi del meraviglioso trattamento. È strano che persone così modeste creino dei livelli e facciano pagare l'iniziazione a questo metodo, ma suppongo che dobbiamo accettare che sia una loro prerogativa. Per questo motivo, non sono libero di discutere i mezzi di iniziazione a questa capacità di guarigione, né i dettagli precisi della sua applicazione."

Tuttavia, Matsui afferma di sentirsi in grado di parlare brevemente di alcuni aspetti della pratica di Reiki Ryoho:

"Per iniziare ad imparare il Reiki Ryoho, ti alleni per un'ora e mezza al giorno per cinque giorni. Alcune persone possono curare gli altri fin dal primo giorno di allenamento poiché è piuttosto facile imparare questo trattamento. Uno stato intrinseco speciale di coscienza, come un sesto senso, viene risvegliato dalla pratica costante e viene attivata la capacità di guarire. L'insegnante da istruzioni chiare e semplici. L'abilità è comune a tutte le persone e tutti, tranne i bambini, possono usarla per guarire gli altri. Il trattamento consiste semplicemente nel mettere le mani sulla parte interessata. Non c'è niente di più facile del nostro Reiki Ryoho. Vorrei davvero condividere questo processo di trattamento, non solo con un gruppo di persone d'élite, ma con il pubblico in generale, ma non sono in grado di farlo per il motivo indicato sopra. Tutto quello che posso fare è parlare dell'esistenza di Reiki Ryoho in modo che il maggior numero di persone possibile ne venga a conoscenza."

Dopo aver fornito altri tre esempi di casi di guarigione che ha effettuato con il trattamento Reiki, Matsui conclude: "Potrei continuare a raccontare le mie storie di guarigioni con il Reiki Ryoho. Tuttavia ci sono, senza dubbio, molti scettici che non mi crederanno e questo è naturale, ma solo se non l'hai mai provato tu stesso. Se hai qualche disturbo semplice, posso curarlo facilmente. Ma ho poco interesse nel trattare casi facili perché anche i medici possono curarli. Se conosci qualcuno con un disturbo grave, oltre all'aiuto dei dottori, per favore portamelo o, se non sono in grado di venire da me, posso recarmi io da loro.

Ma come puoi capire, sono un uomo impegnato, con diverse sceneggiature da completare, per un paio di compagnie teatrali, in tempo per le produzioni del mese prossimo. Quindi non sono in grado di trattare molti pazienti ma, per testare la mia capacità di guarigione con le mani, tratterò un singolo paziente affetto da un grave disturbo."

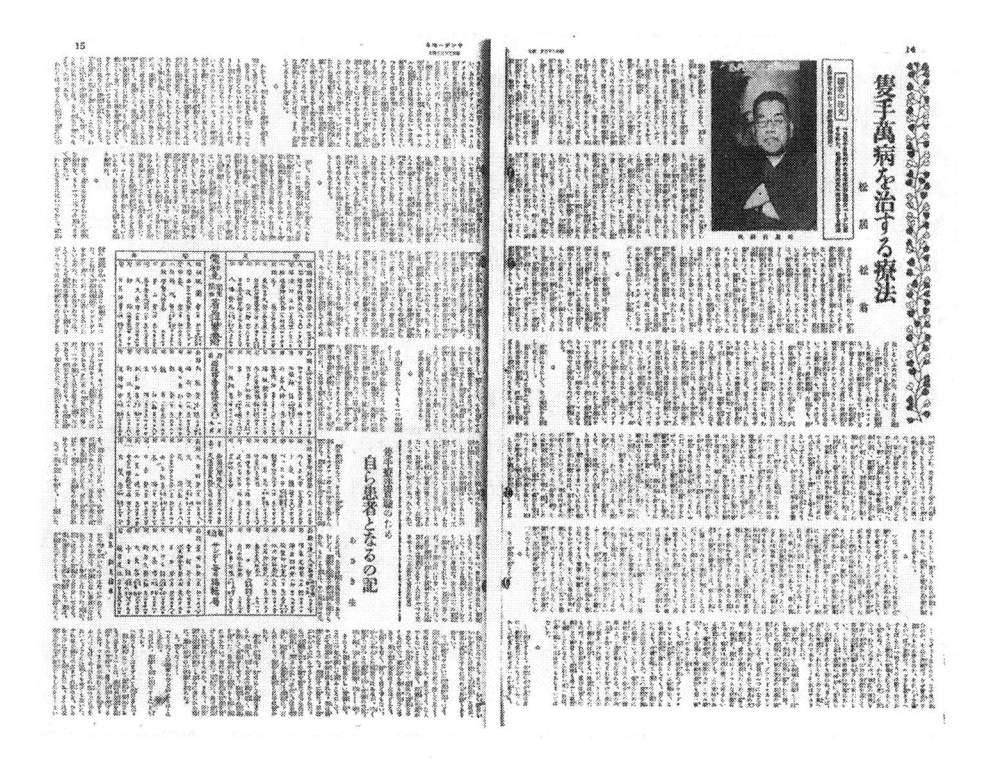

Sono profondamente grato a tutti per la loro gentilezza[48]

Comunicazione d'addio del signor Hayashi.

Quello che segue è il messaggio di congedo del signor Hayashi dell'Usui Reiki Ryoho, prima di tornare a casa, trasmesso domenica mattina sulla stazione radio KGMB il 20 Febbraio 1938 alle Hawaii.

Come già detto, sono Chujiro Hayashi dell'Usui Reiki Ryoho. Sono stato in questa città dallo scorso ottobre e sto tornando nel mio paese, il giorno 22, sulla Tatsuta Maru, quindi vorrei dire alcune parole di addio.

Reiki Ryoho funziona per mezzo di una forza chiamata Reiki che fluisce naturalmente dal corpo umano. Non richiede attrezzature né un addestramento difficile e lavora per curare le malattie e curare l'animo, non solo per te stesso, ma anche per gli altri.

Tutto ciò che serve è frequentare un corso di formazione di cinque o sei giorni, tre ore al giorno e coloro che frequentano restano sorpresi che gli effetti siano evidenti fin dall'inizio. Chiunque, a partire da circa dodici o tredici anni, senza distinzione, maschio o femmina, può farlo facilmente.

Ci sono già trecentocinquanta praticanti nelle Isole Hawaii. Tra questi, persone che non parlano giapponese: caucasici, hawaiani e cinesi, ma tutti hanno capito e sono contenti di poter curare una varietà di malattie.

È davvero un rammarico che non sia stato in grado di condividere questo piacere con l'isola delle Hawaii e l'isola di Maui.

Ci sono circa cinquemila membri in Giappone, ma ce ne sono solo tredici che ho considerato per essere qualificati a eseguire l'iniziazione a questo metodo. La signora Takata, di questa città, è una di queste. La signora Takata è l'unica insegnante nelle Hawaii e negli Stati Uniti. Non ce ne sono altri.

Chiunque desideri ricevere l'iniziazione o sia affetto da malattia, è pregato di consultare la signora Takata o il responsabile delle cure, il signor Bunki Aoyama, presso il Nuuanu Street Globe Hotel.

---

[48] Deacon James, http://www.aetw.org/. Fueston Robert N., Reiki: Transmissions of Light, volume 1, Lotus Press, 2017.

La signora Takata è una residente di seconda generazione, nata a Kauai. Nell'inverno di tre anni fa è venuta nella mia clinica a Tokyo e si è diligentemente addestrata in questo metodo per circa sei mesi. Nel luglio di due anni fa è tornata a Kauai e ha cominciato a curare e ad iniziare. Le persone aderenti furono più di cinquanta.

Improvvisamente, a luglio dell'anno scorso, visitò la mia casa e mi incoraggiò a viaggiare per recarmi alle Hawaii. Sono atterrato ad Honolulu, con mia figlia, il 2 ottobre. Il 4 abbiamo preso il traghetto per Kauai dove ho incontrato i praticanti e vorrei ringraziarli per l'accoglienza calorosa e amichevole che ho ricevuto.

Siamo tornati in questa città alla fine di ottobre e, in risposta ai desideri delle persone interessate, abbiamo tenuto quattordici corsi di formazione. Ogni volta c'era un gran numero di iscritti. Tutti hanno appreso senza alcuna difficoltà. Hanno facilmente guarito se stessi e i loro parenti dalle malattie e sono grati per le benedizioni derivanti dalla buona salute. Sono rimasto inaspettatamente a lungo in questa città ma molte persone che sperano di allenarsi con me mi stanno aspettando in Giappone, quindi dopodomani, il 22, lascerò questo posto memorabile e tornerò a casa.

Durante la mia visita, sono stato davvero felice di aver ricevuto un caloroso benvenuto da tutti i nuovi praticanti e in nessun momento di questo viaggio mi sono sentito solo. I cinque lunghi mesi sono passati come se fossero solo un giorno. Ringrazio profondamente tutti per la loro sincerità e affetto. È stato un piacere. Non lo dimenticheremo mai.

Per concludere questo discorso vorrei augurare a tutti salute e felicità.

Addio a tutti .... Arrivederci.

Hawayo Takata e il Dr. Chujiro Hayashi, mentre tengono un corso di formazione Reiki nel 1937 alle Hawaii.

Capitolo TRE

Hawayo Takata e il Dr. Chujiro Hayashi.

From the Hawaii Hochi newspaper 22nd February 1938

Transcript of Chujiro Hayashi's Farewell Speech prior to leaving Hawaii

Hawayo Hiromi Kawamura Takata[49]
(24 Dicembre 1900 – 11 Dicembre 1980)

Hawayo Hiromi Kawamura, conosciuta più tardi con il cognome coniugale, Takata, nacque ad Hanamaulu, Hawaii, USA, il 24 Dicembre 1900, da genitori immigrati dal Giappone. I primi anni della sua vita li trascorre nella piantagione di canna da zucchero dove lavoravano i sui genitori e dove lei stessa dava una mano nel lavoro nei campi. Dopo aver lavorato come supplente alle elementari e successivamente nell'emporio locale, fu notata da una ricca signora che le propose di lavorare per lei. Accettando l'incarico come cameriera di sala, salì di grado fino a diventare la governante della piantagione da zucchero della signora. Qui incontrò il suo futuro marito, Saichi Takata, che lavorava come ragioniere della piantagione e si sposarono il 10 Marzo 1917.

Nel 1920 Saichi scopre di avere un cancro ai polmoni ed insieme ad Hawayo fanno un viaggio in Giappone per ricevere le cure dal dottor Maeda. Nell'Ottobre del 1930 Saichi muore, lasciando Hawayo alla giovane età di 29 anni, con due figlie piccole da crescere, Julia ed Alice. All'età di 35 anni Hawayo era sovraccarica di lavoro e stressata e accusava diversi problemi di salute: asma, calcoli biliari, appendicite cronica, un tumore benigno e l'esaurimento nervoso.

Un giorno, mentre pregava nella chiesa locale, chiese a Dio perché doveva vivere in quel modo, piena di afflizioni e pesi, quando sentì una voce che le disse che una volta guarita, felicità e prosperità sarebbero giunte a lei. In quell'anno, il 1935, morì anche sua sorella a causa di un'influenza.

Andò in Giappone per farsi curare e portare le ceneri di sua sorella dai parenti, trasportando anche quelle del marito per essere consegnate al Tempio Ohtani di Kyoto.

---

[49] Brown Fran, Reiki. Gli insegnamenti originali di Takata, Amrita Edizioni, 1999. Deacon James, http://www.aetw.org/. Fueston Robert N., Reiki: Transmissions of Light, volume 1, Lotus Press, 2017. Haberly Helen Joyce, Reiki: Hawayo Takata's Story, Archedigm Publications, 1990. Mitchell Paul David, Reiki, The Usui System of Natural Healing, Coeur d'Alene for The Reiki Alliance, Revised edition 1985.

Capitolo TRE

Dopo aver visitato i propri parenti, Takata decise di entrare in cura presso il Maeda Orthopedic Hospital nel distretto Akasaka, a Tokyo. Essendo fortemente deperita e sottopeso, dovette trascorrere tre settimane per ricostituirsi, prima di poter essere operata. Ma al momento di essere operata, mentre si trovava nella sala operatoria, sentì ancora la voce che aveva udito in chiesa che le diceva che non doveva operarsi ma che esisteva un'altra via. Così scese dal tavolo operatorio, tra lo stupore delle infermiere ed andò a chiedere al dott. Maeda se conosceva un altro modo. Così il dottore mando a chiamare sua sorella, la Sig.ra Shimura, che faceva la dietista nella stessa struttura, che parlò a Takata della clinica del dott. Hayashi sempre a Tokyo.

Nel giro di tre settimane, con il trattamento Reiki, la sua salute migliorò notevolmente. Così chiese ad Hayashi se poteva addestrarla in quella disciplina. Dopo aver ricevuto un primo rifiuto perché era una Nisei, una straniera, Nisei era il termine dato ai giapponesi nati all'estero che venivano comunque considerati stranieri, Takata convinse il dott. Maeda ad intercedere per lei e quindi fu presa come allieva da Chujiro Hayashi nella sua clinica. Fu così che Takata venne iniziata al primo e secondo livello di Reiki il 10 Dicembre 1935, anche se sul certificato viene riportato il giorno 13.

Al suo ritorno in Giappone, il 9 Marzo 1936 per continuare il suo addestramento, Takata fu ospitata direttamente a casa di Hayashi, molto probabilmente era stata scelta come allieva Uchideshi, per ricevere l'iniziazione allo Shinpiden nel Maggio dello stesso anno, anche se il certificato riporta la data del 1 Ottobre 1936.

Al suo ritorno nelle Hawai decise di aprire la sua prima clinica Reiki a Kapa ed iniziare a istruire suoi allievi nel primo e secondo livello Reiki. Questi erano giapponesi, hawaiani e caucasici. Durante uno dei suoi viaggi di ritorno in Giappone, nel 1937, ricevette insieme alla moglie di Hayashi, Chie, il grado di Shihan. Al suo ritorno alle Hawai, il 24 Settembre, fu raggiunta poco tempo dopo, il 2 Ottobre, da Hayashi accompagnato dalla figlia Kiyoe, con il quale iniziarono una serie di conferenze e lezioni, in totale 14, con cui sponsorizzarono il Reiki nel territorio delle Hawaii. Il 21 Febbraio, prima di tornare in Giappone, sotto forma di atto notarile, Hayashi conferisce a Takata i pieni poteri e l'autorità per insegnare e praticare il Reiki come unica Shihan in tutto il territorio americano.

Dopo aver preso la licenza per poter eseguire il massaggio svedese, Takata trasferisce la sua clinica ad Hilo, nel 1939, dove rimarrà per i prossimi decenni. Intraprese un altro viaggio in Giappone dopo aver fatto un sogno premonitore su Hayashi ma, poco tempo dopo, fu contattata da Chie Hayashi che le annunciava che Chujiro si era tolto la vita.

Takata non farà più ritorno in Giappone fino al 1954, quando vi ritornò per incontrare Chie Hayashi insieme ai suoi studenti della clinica a Tokyo. Lì intraprese una serie di seminari in cui ha iniziato nuove persone al Reiki. In teoria ci sarebbe dovuta tornare in seguito per completare il loro addestramento ma, a causa dell'età avanzata e di alcuni problemi di salute, non è potuta più ritornare in Giappone.

È sul finire degli anni '60 che iniziò ad insegnare il Reiki ad un pubblico anglo-americano, anche perchè la società americana aveva iniziato a nutrire un certo interesse per le discipline esotiche provenienti da oriente, incentivato anche dalla rivoluzione della controcultura che stava coinvolgendo gli USA.

Fu in questi anni che iniziò ad apportare delle variazioni al sistema insegnatole da Hayashi per renderlo comprensibile ai nord americani. Tra i suoi clienti e allievi c'erano anche delle celebrità dell'epoca e personaggi facoltosi, come ad esempio Doris Duke, una ricca ereditiera americana di cui è conservato ancora oggi il reciproco scambio epistolare.

Dal 1975, dopo aver avuto un infarto, Takata decide di iniziare i suoi allievi più promettenti al livello Shihan, da lei rinominato Master. Nonostante abbia dichiarato il suo ritiro dall'insegnamento nel 1977, Takata continuò ad addestrare un piccolo gruppo di allievi fino alla sua morte, avvenuta l'11 Dicembre 1980.

Dopo la sua scomparsa, Takata fu cremata e per molti anni le sue ceneri furono conservate al Betsuin. L'Honpa Hongwanji Hilo Betsuin, situato al 398 Kilauea Avenue, Hilo, Hawaii, è una delle più antiche Jodo Shinshu (setta della Terra Pura) organizzazione buddista in occidente. Per molti anni Takata possedette una proprietà in Kilauea Avenue 2070 e l'Honpa Hongwanji Hilo Betsuin era il suo luogo di culto.

Dopo la sua morte iniziò una guerra intestina tra i suoi allievi tra chi doveva detenere il titolo di successore che coinvolse Barbara Weber Ray da una parte, che aveva fondato l'American Reiki Association con Takata nel 1980 e la nipote Phillis Lei Furumoto, che fondò nel 1983 la Reiki Alliance con altri maestri.

Senza più Hawayo Takata a sovrintendere alla disciplina Reiki i suoi successori ed i loro studenti, per via dell'incalzante movimento New Age e per essere competitivi sul crescente mercato della spiritualità, iniziarono ad inserire tutta una serie di nozioni e tecniche di provenienza indiana e tibetana, tra cui i Chakra e nuovi simboli, che andarono man mano a snaturare e deperire ciò che la disciplina Reiki era in origine.

Capitolo TRE

D'altra parte la stessa cosa successe quando il Reiki riapprodò nuovamente in Giappone, a metà degli anni '80, dove, oltre alle nozioni e tecniche indiane e tibetane, furono innestate anche quelle cinesi del Qi Gong con i tre Tanden, che nulla hanno a che fare con gli insegnamenti originali basati sull'Hara e il Seika Tanden.

La storia di Usui raccontata da Takata[50]

Come parte del processo per creare una necessaria connessione emotiva con nuovi o potenziali studenti, Takata avrebbe comunemente raccontato la Storia del Reiki come un resoconto di ciò che aveva motivato Usui a cercare un metodo efficace di guarigione, la sua esperienza iniziale del Reiki sul Monte Kurama e la risposta che il suo dono di guarigione ha suscitato in coloro con cui ha cercato di condividerlo liberamente.

A ciò si aggiungeva un resoconto delle esperienze di Takata come risultato della condivisione del dono del Reiki con gli altri.

Ora sappiamo che diversi dettagli centrali nella Storia del Reiki di Takata sono decisamente in contrasto con i fatti reali scoperti più di recente. Tuttavia il punto importante, che è stato completamente perso di vista da molti praticanti di Reiki, è che questa Storia del Reiki non doveva essere una storia concreta, reale, ma piuttosto una storia d'insegnamento ovvero una parabola per coinvolgere e insegnare al cuore. In quest'ottica Takata si è concessa l'autorizzazione ad usare situazioni di fantasia, metafore e perfino spiritosaggini.

Come nel caso di tutte le buone storie d'insegnamento, ciò che era importante nella condivisione della Storia del Reiki era il significato interiore, la morale e le verità essenziali sulla natura umana che questa cercava di trasmettere.

In quasi tutte le culture è una caratteristica comune della storia d'insegnamento che i dettagli reali siano liberamente modificati, specialmente se si ritiene che tali modifiche possano aiutare a migliorare la connessione emotiva dell'ascoltatore con il significato interiore della storia.

Quella che segue è la trascrizione di una registrazione del 1979 in cui Takata racconta la Storia del Reiki:

"Questa è la storia del Dr. Mikao Usui, che è il creatore dell'Usui Reiki Ryoho che in giapponese significa il sistema Reiki di Usui per la guarigione naturale. In questo momento, all'inizio della storia, il Dr. Usui era il preside dell'Università Doshisha di Kyoto. Inoltre faceva il ministro di chiesa la domenica nella cappella che avevano all'università. Quindi era un vero e proprio ministro cristiano e il mio insegnante, il dottor Hayashi che era suo allievo, ha continuato il lavoro dopo la morte del dott. Usui. In poche parole, il Dr. Chujiro Hayashi è stato il suo discepolo numero uno. È

---

[50] Deacon James, http://www.aetw.org/.

grazie al Dr. Hayashi che ho imparato a conoscere il Dr. Usui. Non l'ho mai incontrato, ma mi è stato detto che il Dr. Usui era un genio, una persona molto brillante, intelligente, un grande filosofo e un grande studioso.

Un giorno, era domenica, stava sull'altare ad officiare il servizio domenicale, un sermone e quel giorno ha scoperto che c'erano una mezza dozzina di studenti sul banco anteriore. Di solito gli studenti dell'Università siedono dietro. Egli disse: "Buongiorno a tutti, vado a iniziare il nostro sermone domenicale." Quindi uno dei ragazzi alzò la mano e, notandolo, Usui disse "Sì, cosa c'è?" e questo giovane rispose: "Noi che siamo seduti qui siamo alcuni dei dottorandi che finiranno tra due mesi questa scuola e ci diplomeremo in questa Università e vorremmo sapere, per il nostro futuro, se lei ha fede nella Bibbia." il dott. Usui rispose: "Certamente! La ho! Ed è per questo che sono un ministro e accetto la Bibbia così com'è scritta."

Il Dr. Usui fu sorpreso da questa domanda ed il ragazzo aggiunse: "Rappresento questo gruppo, questa classe di laurea e vorremmo saperne di più sulla sua fede. Perché ha assolutamente fiducia nella Bibbia e perché accetta ciò che è scritto nella Bibbia?" Usui rispose: "Sì, ho fede in tutto ciò e anche io ho studiato la Bibbia, quindi credo." A questo punto il ragazzo ribadì: "Dr. Usui, siamo giovani sui vent'anni e abbiamo tutta la vita davanti. Vorremmo chiarirci una volta per tutte e, se ha così tanta fiducia nel cristianesimo, dovrebbe credere o crede che Cristo sia stato in grado di guarire imponendo le mani?" Il dott. Usui rispose: "Sì, lo credo." Quindi il ragazzo incalzò: "Vorremmo crederlo come lei, vorremmo avere quel tipo di fede ma chiediamo a lei, che è il nostro grande maestro e grande insegnante, che onoriamo e rispettiamo, per favore, ci dia una dimostrazione". Il dott. Usui chiese: "Che tipo di dimostrazione?" Disse il ragazzo: "Vorremmo vederla curare i ciechi o guarire gli zoppi o camminare sull'acqua." E il dott. Usui disse: "Anche se sono un buon cristiano, ho fede e accetto la Bibbia così com'è e so che Cristo lo ha fatto, non posso dimostrarlo perché io non l'ho imparato." Quindi i ragazzi conclusero: "Grazie mille. Ora sceglieremo la nostra strada e ciò in cui crediamo. Possiamo solo dire che la sua fede nella Bibbia è una fede cieca e non vogliamo avere una fede cieca e poi, nel vivere tutti le nostre vite, vogliamo almeno vedere una dimostrazione in modo da essere in grado di seguirla, di accettare e di avere fede come lei."

Infine il dott. Usui disse: "Bene, questo non posso dimostrarlo in questo momento. Non discutiamoci su ma un giorno, quando troverò il modo, vorrei potervelo dimostrare e con questo mi dimetto fin da ora e immediatamente mi dimetterò da ministro della Doshisha e anche da preside di questa Università. Domani, lunedì, chiederò un visto e andrò in un paese cristiano per studiare la Bibbia e il cristianesimo e potrei trovare la risposta e, quando la troverò, tornerò e vi farò sapere che posso fare quello che avete richiesto. Arrivederci." E lasciò la chiesa a partire da quel momento. Il giorno dopo il dott. Usui richiese un visto e scelse l'America e quando tutto fu pronto, prese la nave, sbarcò e proseguì in treno ed infine entrò all'Università di Chicago. Studiò filosofia ma, prima di tutto, voleva studiare il cristianesimo e anche la Bibbia. Quando andò a studiare in America, scoprì che gli insegnamenti della Bibbia e della scuola cristiana che frequentava erano identici e non riusciva a trovare nella Bibbia, nemmeno in America, la parte in cui Cristo aveva lasciato una formula per la guarigione.

Quindi, approfittando del fatto che in questa Università studiavano tutte le filosofie del mondo, si dedicò ad altre filosofie. Studiò induismo, zoroastrismo e, naturalmente, religione cattolica. Quando studiò il buddismo vi trovò un passaggio in cui si diceva che il Buddha guarì imponendo le mani. Guarì i ciechi, i malati di tubercolosi e anche di lebbra. Quando lo scoprì, disse: "Dovrei approfondire i miei studi sul buddismo e scoprire se Buddha ha lasciato qualsiasi tipo di formula per l'arte della guarigione." Il dott. Usui trascorse sette anni negli Stati Uniti e poi disse a sé stesso: "È tempo per me di tornare in un paese buddista e studiare il buddismo per trovare la formula." E come rientrò in Giappone non perse tempo. Atterrò a Kyoto, dove abitava prima e andò in tutti i grandi monasteri e ancora oggi Kyoto è la mecca dei templi. A quel tempo Nara era la sede maggiore del buddismo, ma Kyoto aveva il maggior numero di persone e i più grandi monasteri del Giappone. Decise così di visitarli tutti.

Quindi iniziò con il tempio più grande, lo Shin, dove incontrò un monaco e lo interrogò così: "La Bibbia buddista e i Sutra dicono da qualche parte che il Buddha fece guarigioni? È scritto nei Sutra che Buddha ha guarito i malati di lebbra, di tubercolosi e i ciechi imponendo le mani?" E il monaco rispose: "Sì, è scritto nei Sutra." Usui rispose: "Tu hai imparato l'arte, riesci a farlo?" E il monaco: "Beh, nel buddismo il fisico è molto importante, ma consideriamo ancor più importante educare le persone in modo che abbiano menti migliori. Vogliamo prima raddrizzare le loro menti in modo che diventino più spirituali e quindi mostrino più gratitudine e imparino tutte le cose migliori della vita. Questo è un tempio e noi monaci non abbiamo tempo da dedicare al fisico nel percorso per raggiungere la crescita spirituale, la guarigione spirituale viene prima." Il dottor Usui si inchinò e disse: "Grazie" e se ne tornò a Kyoto. Poi andò anche negli altri templi e da tutti ebbe la stessa risposta. Tutti dissero: "Sì, è scritto nei Sutra e quindi accettiamo e crediamo che Buddha fosse un guaritore. Ma prima di tutto cerchiamo di curare la mente e quindi non sappiamo nulla sulla guarigione del corpo."

Dopo giorni e mesi di ricerca, il dott. Usui era molto deluso ma non si arrese e pensò: "Ho un altro posto dove andare." Infine trovò ciò che cercava in un tempio Zen. Quando si avvicinò al tempio, suonò il campanello e uscì un ragazzino a cui Usui disse: "Vorrei parlare con il monaco più anziano di questo Gran Tempio." E il ragazzo rispose: "Per favore, entra. E tu chi sei?" Usui disse: "Sono Mikao Usui e mi piacerebbe studiare il buddismo e quindi vorrei incontrare il monaco." Il messaggio fu consegnato e quando il monaco uscì, aveva circa settantadue anni, una faccia adorabile come un bambino, dall'aspetto innocente, bel viso, voce gentile, molto gentilmente disse: "Entra. E così sei interessato al buddismo?" Usui rispose: "Sì, ma prima vorrei farti una domanda. Lo Zen crede nella guarigione?" Il monaco rispose: "Sì, lo crediamo. È scritto nei Sutra buddisti che il Buddha lo ha fatto e pertanto nel buddismo abbiamo la guarigione." Usui aggiunse: "Bene, puoi guarire il fisico?" Il monaco rispose: "Non ancora." E così Usui domando: "Cosa intendi con non ancora?" Rispose: "Oh, noi monaci siamo molto molto impegnati a tenere discorsi e conferenze e predicare in modo che la mente possa essere sintonizzata sul livello spirituale poiché vogliamo migliorare la mente prima di toccare il fisico."

"E quindi come hai intenzione di ottenere il miglioramento del fisico?" chiese Usui. Il monaco rispose: ""Verrà. Non ci siamo arresi, anche se ancora non lo abbiamo considerato. E quindi le preghiere Zen nel nostro canto dei Sutra sono molto necessarie. La nostra fede è più forte che mai e non l'abbiamo persa e un giorno, durante le nostre varie meditazioni, riceveremo quella grande luce. Allora sapremo che siamo pronti, ma al momento non ci stiamo impegnando e sappiamo che non lo siamo. Ma prima che la nostra meditazione finisca e prima che io entri nella transizione sono sicuro che sarà tutto chiaro e sarò in grado di farlo." Usui concluse: "Grazie mille. Posso entrare e rimanere qui e studiare tutti i Sutra che hai? E vorrei anche ascoltare le tue lezioni sul buddismo perché ero un ministro cristiano e ho fiducia nella Bibbia cristiana e ho guardato dappertutto, eppure non sono riuscito a trovare alcuna formula di guarigione, anche se credo che Cristo l'abbia fatto e ancora ci credo." E così il monaco disse: "Entra." Usui aggiunse: "Vorrei unirmi ai tuoi monaci e ai tuoi sacerdoti per studiare qui."

Gli ci vollero circa tre anni per studiare tutti i Sutra nel tempio e quando arrivò l'ora della meditazione, il Dr. Usui si sedette con gli altri monaci in ore e ore di meditazione. Divenne molto chiaro per lui che questo non era abbastanza, così disse ai monaci: "Grazie mille per il vostro ottimo aiuto e per avermi accolto qui, mi piacerebbe restare e continuare i miei studi." E il monaco disse: "Sei il benvenuto, perché crediamo in ciò che stai cercando, anche noi ci crediamo! E l'unica cosa che stiamo facendo, oltre alla preghiera, è meditare molto per scoprirlo. Ma, se vuoi, per proseguire i tuoi studi, lo puoi fare e basta, proprio qui in questo tempio." E continuò: "Il carattere giapponese che è scritto nei Sutra e tutti questi caratteri originariamente venivano dalla Cina. Abbiamo adottato i caratteri cinesi come caratteri giapponesi e quindi, quando leggi i Sutra, non puoi capirli ed è proprio come gli inglesi quando leggono il latino. Lo sai, ma i caratteri vengono letti come sono scritti." Usui poteva farlo, quindi alla fine approfondì i caratteri cinesi e divenne un maestro dei caratteri cinesi. Dopo che fu completato lo studio, disse: "Non è abbastanza, dopo tutto, Buddha era un indù e quindi si disse: "Dovrei studiare il sanscrito e, se studio il sanscrito, potrebbe esserci qualcosa in questa lingua forse tratto dagli appunti dei discepoli del Buddha, perché Buddha aveva molti, molti discepoli ed è così che sono state riportate le Sacre Scritture."

E così, quando iniziò a studiare il sanscrito, cosa che fece con molto impegno per poterlo comprendere, trovò una formula. Semplice come la matematica. Niente di difficile, ma molto semplice, come due più due fa quattro, tre più tre fa sei, semplice così! E pensò: "Molto bene, l'ho trovato. Ma ora, devo provare a interpretarlo, perché è stato scritto 2500 anni fa, è antico! Perché non so se questo funzionerà o no. Devo affrontare una prova e non posso garantire se sopravvivrò o meno passandovi attraverso ma, se non mi sottopongo alla prova, tutto andrà perduto. Ritornerò al punto di partenza." E così ne parlò con il monaco e il monaco disse: "Sì, sei un uomo molto coraggioso. Dove ti metterai alla prova, proprio in questo tempio?" Usui rispose: "No. Vorrei salire sulle montagne" che c'erano anche a Kyoto. Scelse il monte Kuramayama e disse: "Mi metterò alla prova per ventuno giorni e, se non torno la notte del ventunesimo giorno, la mattina del ventiduesimo giorno manda un gruppo di ricerca nella foresta a trovare il mio corpo perché forse sarò morto."

E così, con quell'addio, se ne andò dicendo: "Andrò in meditazione per tre settimane senza cibo, solo con acqua. Così prese un po' d'acqua e si arrampicò sulle montagne dove trovò un ruscello e quindi si sedette sotto un grande pino e iniziò la meditazione, ma poiché non aveva nessun orologio e nessun calendario, come avrebbe fatto a sapere che erano trascorsi ventuno giorni? Usò delle piccole pietre o ciottoli che ammucchiò davanti a sé insieme alla sua borraccia in modo da poterla riempire al ruscello, se l'acqua fosse finita. Lì iniziò la sua meditazione e disse: "Questo è il primo giorno" e gettò via il primo sasso. Ed è così che contò i suoi giorni.

Disse che si aspettava una sorta di fenomeno, ma non sapeva cosa. Non sapeva davvero cosa aspettarsi. Per tutto questo tempo il Dr. Usui lesse le Scritture molto fedelmente, cantò, meditò e bevve solo l'acqua. E così trascorsero i giorni. Finalmente arrivò l'alba del ventunesimo giorno e disse: "Il momento più buio della notte è all'alba, prima che spunti il sole, non c'è nemmeno una stella, né la luna o alcun tipo di luce, il cielo è buio, tanto buio". Quando finì la sua meditazione aprì gli occhi e guardò nel cielo scuro e tutto ciò che aveva in mente era: "Questa è la mia ultima meditazione."

E poi vide uno scintillio luminoso delle dimensioni della fiamma di una candela nel cielo scuro. E disse: "Oh! Questa cosa è molto strana, ma sta accadendo davvero e non ho la minima intenzione di chiudere gli occhi, anzi aprirò gli occhi più che posso per assistere a ciò che accade a questa luce." E la luce cominciò a muoversi molto velocemente verso di lui. Poi disse: "Oh, la luce! Ora ho la possibilità di schivarla. Cosa devo fare?" E disse ancora: "Anche se la luce mi colpisce e se cado (non lo so) o se l'impatto è così forte da farmi cadere o bruciare, questa è una prova, non scapperò, la affronterò." E quando la affrontò, si preparò e cominciò ad esclamare: "Vieni! Se sei arrivata, colpiscimi, sono pronto." E con ciò, si rilassò e, con gli occhi spalancati, vide la luce colpire il centro della sua fronte e con naturalezza disse: "Ho stabilito il contatto". Cadde all'indietro perché la forza era così potente! E poi affermò: "Sono morto, perché non ho alcuna sensazione, nessun sentimento, i miei occhi e solo i miei occhi sono aperti ma non riesco a vedere. Non so per quanto tempo, quanti minuti sono rimasto giù, poi ho visto che la luce era sparita e contemporaneamente mi sono accorto che stava iniziando a sorgere la luce del giorno e potevo sentire il canto dei galli in lontananza. Lontano potevo vedere dei movimenti e sapevo che presto l'alba sarebbe arrivata." Poi gli è sembrato di guardare sul lato destro e ha visto milioni e milioni di bolle che uscivano, tutte ribollendo, gorgogliando, milioni, milioni e milioni di milioni di bolle! E queste bolle avevano tutti i colori dell'arcobaleno. E ha detto che hanno ballato davanti a lui e poi sono andate a sinistra e quando le ha seguite con lo sguardo ha visto un'altra striscia di luce e questa volta disse: "E' il colore di un altro arcobaleno, è uscito l'azzurro e poi è andato da destra verso sinistra e poi è uscito il lavanda e poi un po' di rosa e poi il giallo". Stava contando quei colori e vedeva i sette colori, tutti e sette.

Quindi il dott. Usui disse: "Whaa! Questo è un fenomeno! Oggi sono stato benedetto." Infine, vide una grande luce bianca provenire da destra e poi, come su uno schermo, si fermò proprio di fronte a lui. E quando incollò gli occhi allo schermo, vide in lettere dorate ciò che aveva visto e studiato in sanscrito, una per una le lettere volarono fuori e si disposero a raggiera davanti a lui come per dire "Ricorda! Ricorda!" E così non batté nemmeno le palpebre, ma studiò e studiò e disse: "Sì!" Quindi la lettera andò a sinistra e poi ne uscì un'altra. Tutto ciò che aveva studiato e imparato dal sanscrito si mosse di fronte a lui come per dire: "Ecco, ecco. Ricorda! Ricorda!" Rimase con gli occhi incollati a ciò che stava vedendo e si accorse che non provava dolore, né sofferenza e che non sentiva fame e disse: "Ho iniziato a sentire il mio corpo galleggiare." E quando tutto passò disse: "Devo chiudere gli occhi per l'ultima meditazione e così fece." Poteva vedere tutte le lettere luminose davanti a sé e disse: "Ora posso aprire gli occhi e gettare via l'ultima pietra, sto per alzarmi" e si alzò in piedi. Quando si alzò e cercò di appoggiare i piedi per terra, disse ancora: "Sono forti. Ho digiunato per ventuno giorni ma sento di poter tornare a Kyoto (la città era lontano diciassette miglia giapponesi, che sono circa una ventina di miglia) ma la raggiungerò prima del tramonto." E si sentì come se il suo corpo avesse cenato abbondantemente la sera prima. Realizzò che non aveva fame ed esclamò: "Beh, questo è il primo miracolo, non ho fame e mi sento molto leggero." Infine si sgrullò di dosso il polline dei pini, la polvere e tutto il resto.

Quindi raccolse il suo bastone e il cappello di paglia e scese dalla montagna. Quando fu quasi ai suoi piedi inciampò su una piccola roccia che gli sollevò l'unghia del piede. Il sangue cominciò a schizzare fuori e sentì dolore e disse, proprio come chiunque altro, "Ah, mi sono fatto male" e con la mano destra prese la punta del dito. Quando strinse il dito del piede, sentì un battito...tun, tun, tun, tun... come se ci fosse un battito cardiaco. Continuò a tenerlo stretto e notò che il dolore iniziava a scomparire e poi il sangue smise di uscire e così disse: "Ok" e lo tenne con entrambe le mani. Vide infine che, quando la pulsazione fu sparita e tutto il dolore scomparso, il sangue si era completamente coagulato e l'unghia era tornata nella sua posizione normale, ma poteva ancora vedere il punto da cui era uscito tutto quel sangue. Quindi affermò: "Questo è il secondo miracolo."

"Adesso" disse "Devo cercare un punto di ristoro" e, guardandosi intorno, vide che c'era una panchina con delle coperte di lana e un posacenere. Quando vedi questo, in qualsiasi posto strano o in qualsiasi parco, significa "benvenuto", la coperta di lana è un benvenuto, prego siediti qui. C'è un ristoro nelle vicinanze.

E così posò il bastone e il cappello di paglia, si sedette e si guardò attorno. Nell'angolo a destra scoprì che c'era uno punto di ristoro e un uomo molto anziano. Indossava un grembiule, aveva la barba incolta e accendeva una stufa a carbone simile ad un braciere giapponese. Usui gli si avvicinò e disse: "Buongiorno, signore." L'uomo rispose: "Buongiorno, mio caro monaco, sei in anticipo." E Usui: "Sì. Vorrei avere una ciotola di riso. Se hai del riso rimasto della scorsa notte, mi piacerebbe averne un po' e, non appena fai il tè, vorrei avere quel pezzo di nori che hai fatto oggi insieme anche a un po' di cavolo salato e del pesce essiccato, se ne hai, (è una normale colazione giapponese) ti aspetterò qui sulla panchina."

L'anziano uomo disse: "Mi piacerebbe che tu avessi il riso, ma devi aspettare fino a quando si forma una pappa di riso soffice, come una poltiglia. Come te, molte persone salgono su questa montagna che è conosciuta come una montagna molto famosa per la meditazione. Però, quando scendono dopo sette giorni, una settimana di meditazione, la barba è molto più corta. Altri fanno due settimane, ma dal tuo aspetto sei stato lassù tre settimane. E quando non mangi per ventuno giorni, aggiunse, non posso darti quel riso, quel tè caldo e tutte quelle cose che hai ordinato, perché ti verrebbe un'indigestione acuta e, se ti accadesse, non ho medicine e non potrei aiutarti. E, poiché l'ospedale più vicino è a diciassette miglia di distanza nella città di Kyoto, non riuscirei a fare in tempo a contattare i dottori. Quindi devi aspettare."

Allora il dott. Usui disse: "Grazie, sei molto gentile, ma penso che dovrò comunque mangiarlo." Quindi si avvicinò al tavolo e andò a prendere la pentola col riso. La teneva ben stretta, perché non voleva che il vecchio gliela portasse via, la posò vicino alla sua panca di legno e aspettò. In pochi minuti il vecchio cedette e disse: "Beh, se vuoi fare a modo tuo, bene." Quindi mandò una ragazza, era sua nipote, di circa quindici anni e tirò fuori il vassoio con la ciotola di riso, le bacchette e il tè caldo, una tazza e tutti gli altri ingredienti per accompagnare il riso e li mise sulla panca di legno. Questa ragazza stava piangendo, le lacrime scendevano e non solo, il suo viso era gonfio. Aveva un grande asciugamano legato sul viso in modo tale che sembravano le orecchie di un coniglio. Il dott. Usui la guardò e disse: "Mia cara ragazza, perché piangi?" Rispose: "Oh, mio caro monaco, da tre giorni e tre notti ho un mal di denti così forte che non riesco a fermare le lacrime e non posso mangiare. Non ho potuto mangiare nulla per tre giorni e tre notti e fa così male che non riesco a fermare le mie lacrime. Purtroppo il dentista è molto lontano, non posso chiedere a mio nonno di portarmi per diciassette miglia a Kyoto, quindi posso solo soffrire e piangere senza riuscire a fermare le lacrime." Allora il dottor Usui si alzò e iniziò a tastare la sua guancia e disse: "È qui? È qui?" Poi quando arrivò nel punto giusto la ragazza disse "Sì, sì, sì. Oh, molto bene!" Quindi Usui appoggiò lì la sua mano. La ragazza cominciò a sbattere le palpebre e disse: "Mio caro monaco, hai appena fatto una magia!" Usui chiese: "Come ti senti adesso?" E lei: "Il mal di denti è sparito!" E di nuovo Usui: "Davvero? Mi stai dicendo la verità?" E lei: "Sì, non devo più versare lacrime. Posso smettere di piangere." Si tolse l'asciugamano e si asciugò il viso. A quel punto il dott. Usui tolse le mani e disse: "Ora, penso che tu stia bene." La ragazza sorrise, lo ringraziò, andò dal nonno e gli disse: "Nonno, mi sono tolta l'asciugamano, il mal di denti è sparito. Non è un monaco normale, fa magie!" Questo è quello che disse la ragazza.

Quindi il nonno uscì, asciugandosi le mani sul grembiule e disse: "Mio caro monaco, ci hai reso un grande servizio. Hai appena fatto magie su mia nipote, fermato il mal di denti. Siamo così grati, oh davvero ti siamo così grati, perché soffriva e, per la nostra gratitudine, il cibo è in casa ed è tutto ciò che possiamo offrire, perché non abbiamo molto, sai." Il dott. Usui unì le mani e disse: "Grazie! Accetto la tua gratitudine. Grazie mille! Va bene, ora mangio il mio cibo!" Mescolò la ciotola di riso e iniziò a raccoglierlo con le bacchette, quindi versò il tè caldo. Mangiò felicemente e quella gente non lo disturbò mentre mangiava ma ancora desideravano che non gli venisse alcun tipo di indigestione. Quindi il dott. Usui si godette ben bene la colazione e disse: "Ora, questo è il quarto miracolo. Il terzo miracolo è stato il mal di denti scomparso." E aggiunse: "Non mi è venuta l'indigestione, ora sono pronto per iniziare il mio viaggio di diciassette miglia e al tramonto raggiungerò il tempio secondo il programma." E così fece.

Quando arrivò bussò alla porta del tempio da dove uscì il solito ragazzino che disse: "Dr. Usui, siamo così felici che tu sia a casa perché, se non tornavi a casa stanotte, sai che domani mattina avremmo inviato una squadra di soccorso come da te richiesto." Tutti questi piccoli monaci nel tempio hanno all'incirca da sei a dieci anni. Entrano quando hanno sei anni per studiare il buddismo. Sono molto, molto spiritosi e molto intelligenti ed è per questo che tento di prenderlo in giro. Il dott. Usui chiese per prima cosa: "Come sta il nostro caro monaco?" Il ragazzino rispose: "Oh, soffre di artrite e mal di schiena e questa è una serata fredda, quindi sta vicino alla stufa della cappella ed è coperto da stoffe di seta. Ora, se vai a fare un bagno ti daremo dei vestiti puliti e riscalderemo il tuo cibo e dopo che avrai mangiato la tua cena, visiterai il monaco, che ti sta aspettando. Sarà molto felice di sapere che sei a casa ed io consegnerò questo messaggio. Quindi, vai a fare il bagno."

Usui fece il bagno e, dopo la sua cena, andò a trovare il monaco che era a letto, abbracciato alla stufa della cappella e gli disse: "Mio caro monaco, sono tornato." La prima cosa che il monaco chiese: "Com'è andata? Com'è andata la tua meditazione?" Usui rispose: "Un successo." Questa è l'unica parola che poteva usare, era stato un "successo". E il monaco disse: "Oh, mi sento così felice, mi sento così felice, raccontami tutto." E Usui: "Sì, e mentre parlo con te, vorrei mettere le mani sopra le coperte di seta che sono stese su di te". Gli raccontò quindi tutto quello che era successo, dal momento in cui si sedette per la meditazione fino al ventunesimo mattino e cosa era successo durante il giorno. Poi era già tarda sera ed il monaco disse: "Molto bene, molto bene, ne parleremo di più domani, fammi pensare stasera e comunque, il mio dolore è sparito. Adesso posso dormire. Posso allontanarmi dalla stufa, il mio corpo è rigenerato! Sento che sono molto, molto pieno di energia. Questo è quello che chiami Reiki." Usui rispose: "Sì, Reiki. Quindi ne parleremo di più domani mattina dopo la nostra colazione." Il dott. Usui dormì bene e così, la mattina dopo la colazione, per prima cosa chiese ai monaci: "Cosa devo fare per mettere in pratica tutto questo?" E così parlarono ancora e ancora e altri monaci entrarono e decisero che il posto migliore per sperimentare era cercare di entrare in uno dei bassifondi più vasti di Kyoto.

Scelsero una delle baraccopoli più grandi e nella baraccopoli trovarono tutti i tipi di malattie, persino la lebbra. Andò lì come un monaco, vestito come un monaco e fingendosi un venditore ambulante di verdure. Perciò portava a spalla un cesto di verdure appeso ad un bastone. Camminò e giunse nella baraccopoli. Tutti i mendicanti uscirono e dissero: "Oh, oggi abbiamo un ospite diverso!" il dott. Usui disse: "Per favore, vorrei essere uno di voi, mi piacerebbe vivere qui." Lo guardarono e gli dissero: "Se vuoi restare qui, abbiamo un capo" e subito lo chiamarono. Come in qualsiasi campo di zingari trovi un capo, anche in questa baraccopoli c'era il capo. Egli arrivò e disse: "Così tu vuoi vivere qui e diventare uno di noi." Usui rispose: "Sì." E il capo: "Se è così, va bene, dammi le verdure." Prese tutte le verdure e aggiunse: "Non c'è bisogno di indossare abiti nuovi qui. Portatemi i vestiti dell'iniziazione." Così portarono degli stracci sporchi e puzzolenti e tolsero tutti i vestiti ad Usui. Nello spogliarlo, gli trovarono addosso una cintura con del denaro ed il capo sogghignò e disse: "Vedi, i miei occhi sono molto acuti, ho potuto vedere tutto anche attraverso i tuoi nuovi abiti luccicanti, la gonna nuova, il kimono nuovo ed il mantello. Ho potuto vedere la cintura con i soldi e questa deve essere consegnata a me." Così Usui la lasciò ed il capo la prese e disse: "Va bene, prendi i vestiti dell'iniziazione, indossali e metti anche la fusciacca.

Ora, hai passato l'iniziazione e puoi restare qui. Ma cosa hai intenzione di fare?" Usui rispose: "Non chiederò cibo al di fuori di questa zona. Vorrei che tu mi dessi una baracca per me da solo, dove puoi mandare dei pazienti che io guarirò." Ed il capo zingaro: "Molto bene, è uno scambio meraviglioso per il cibo. Va bene, ti daremo da mangiare tre pasti al giorno e ti daremo un posto dove stare e dove riceverai tutti i malati. Ne abbiamo bisogno. Ne abbiamo di tutti i tipi: l'impetigine, abbiamo tutti i tipi di malattie, anche la tubercolosi e la lebbra. Non hai paura di toccarli?" Usui rispose: "No, io sono un guaritore quindi lavorerò dall'alba al tramonto e voglio che i miei pasti vengano portati qui. Questo è ciò che desidero." Questo piacque molto al capo dei bassifondi. Ovviamente presero tutti i soldi e divisero tra tutti le verdure e le altre cose.

Il dottor Usui iniziò la mattina seguente. Prima di iniziare, però, scelse i suoi clienti. Tutti quelli che erano malati si unirono in un gruppo e scelse i giovani, perché sentiva che, se erano giovani, la causa doveva essere superficiale. Quindi iniziò a lavorare su causa ed effetto. E aveva ragione! Più la persona era anziana e più profonda era la malattia, il che richiedeva molti più giorni e anche mesi. Mentre, quando lavorava su casi poco profondi, in circa una settimana erano tutti migliorati e pronti per una nuova vita. Disse loro: "Andate a questo indirizzo e chiedete a questo monaco che vi darà un nuovo nome e un lavoro. Andate in città o dovunque vi mandino, diventate cittadini onesti e dimenticatevi della baraccopoli. Ora che vi ho aiutato fisicamente, siete completamente integri." Vedete? L'indirizzo era quello del tempio Zen.

E così andò avanti per anni. il Dr. Usui ebbe molte esperienze. Quindi, per farla breve, se me lo chiedete, ha avuto successo? È stato un successo? Assolutamente no! Perché il Dr. Usui, quando lasciò Kyoto e il suo ministero, se ne andò in cerca di come guarire il fisico. Pensava di essere un ottimo ministro, quindi quando tornò e ripercorse la strada fino al tempio, tutti i monaci gli dissero: "Prima vengono lo spirito e la mente e solo dopo, per seconda, viene la parte fisica. Allora perché dovremmo preoccuparci del corpo umano quando abbiamo medicine e dottori?"

Il dott. Usui fu deluso, perché non era quello il suo obiettivo. Il suo obiettivo era fare qualcosa per il corpo. Quindi mise in secondo piano il lato spirituale. Non era facile dopo che tutte quelle persone erano uscite dai bassifondi dove rimase per sette anni. Una sera al crepuscolo si ritrovò al Dojo e fece un giro per il complesso per vedere quanto succedeva. Incontrò un volto familiare e disse: "Non conosco il tuo nome, ma il tuo viso mi è familiare." Ed egli disse: "Anche il tuo, anche tu, ma nemmeno io conosco il tuo nome. "Chi sei?" disse Usui. Egli rispose: "Oh, dovresti ricordare. Sono stato uno dei primi ragazzi che sono venuti qui e sono stati guariti e poi ci hai mandato al tempio. E quando ci hai mandato al tempio ci hanno dato un nuovo nome e un nuovo lavoro e così siamo diventati cittadini onesti e abbiamo lavorato."

Quindi il Dr. Usui fu deluso, ricevette il più grande shock della sua vita. Si voleva gettare a terra dove c'era una pozzanghera di fango ma lo fece comunque, non aveva scelta, semplicemente vi si buttò. E piangeva, piangeva come un bambino piccolo e disse: "Oh, cosa ho fatto? Non ho salvato neanche un'anima. Quindi il fisico viene per secondo e lo spirito viene per primo. Pertanto, tutte le chiese di Kyoto avevano ragione! Avevano ragione e io avevo torto. E quindi ho intenzione di guarire, guarire assolutamente! Niente mendicanti, niente più mendicanti, niente più mendicanti ed è stata colpa mia se li ho fatti tornare qui come mendicanti." Si incolpò e, mentre la sua testa era nella pozza di fango, iniziò a pensare e disse: "Ho dimenticato di insegnare loro la gratitudine, prima che se ne andassero. Tutti voi mendicanti siete qui perché siete solo persone avide, avide. Avidità, avidità, avidità, avidità. Vuoi, vuoi, vuoi, niente di ritorno e niente per mostrare gratitudine."

I cinque principi nacquero in quel momento. E i principi sono: solo per oggi, non arrabbiarti; solo per oggi, non ti preoccupare; numero tre, conteremo le nostre benedizioni, cioè onoreremo i nostri padri e madri, i nostri insegnanti e vicini; onoreremo il nostro cibo, non sprecheremo alcun cibo, perché anche il cibo è dato da Dio, anche se gli agricoltori lo coltivano. Ma se hai fame, non hai cibo. Quindi dobbiamo mostrare gratitudine per il cibo. E poi, numero quattro, guadagnati da vivere onestamente. Dobbiamo lavorare per vivere onestamente, questo è il numero quattro. E il numero cinque devi essere gentile con tutto ciò che ha vita. Questi sono i cinque principi del Reiki che sono nati nell'istante in cui il Dr. Usui riconobbe il suo fallimento.

Ora tutti i suoi pazienti stavano tornando e Usui commentò: "Se avessi insegnato loro prima il lato spirituale e poi avessi guarito il corpo sarebbe stato efficace." Chiese quindi al ragazzo: "Per quanti anni hai lavorato fuori?" Egli rispose: "Un paio d'anni." E Usui: "Quanti anni hai lavorato?" Il ragazzo continuò: "Solo circa un anno e mezzo, ma è più facile riempirmi lo stomaco mendicando piuttosto che lavorando, l'accattonaggio è una professione molto semplice. Mi riempio lo stomaco così, che è meglio del lavoro e del trambusto. I mendicanti sono mendicanti, niente più Reiki, niente più cure." E fu allora che il dott. Usui se ne andò dal complesso.

Decise di fare un pellegrinaggio in tutto il Giappone, conoscendo la parte principale dell'isola da nord a sud a piedi. Scelse un grande centro commerciale, dove vi era molta gente, prese una torcia, la accese e camminò su e giù per il centro commerciale dove c'erano migliaia di persone. Quindi, un giovane si avvicinò a lui e gli disse:

Capitolo TRE

"Mio caro monaco, se stai cercando luce non hai bisogno di quella torcia. Oggi abbiamo molto sole. Questa è una bella giornata, non hai bisogno di questa torcia. Ci si vede bene." Allora Usui rispose: "Sì, è molto vero. Ma cerco persone che hanno menti molto tristi e depresse. Le persone sono infelici. Sto cercando persone che hanno bisogno di questa luce per illuminare i loro cuori, eliminare la loro depressione e purificare il loro carattere, la loro mente e il loro corpo. Quindi, se vuoi ascoltare questa lezione, vieni in chiesa."

E così visitò ogni tempio in questo modo, a piedi. Fu così che, in uno dei suoi preferiti, a Shizuoka, in una parte del Giappone, incontrò Chujiro Hayashi, che era un ufficiale navale in pensione. Era un capitano della marina che, quando sentì il dott. Usui parlare in questo modo, si interessò e quindi partecipò alla sua lezione. Durante la sua lezione, il dottor Usui lo notò in qualche modo e, al termine, gli disse: "Vedo che sei un leader tra gli uomini." Hayashi rispose: "Sì, lo sono. Ho appena servito come comandante della Marina Imperiale. Ora, sono in congedo e me lo sono meritato." Usui disse: "Ma sei troppo giovane per andare in pensione. Allora perché non ti unisci a me in questa crociata per aiutare le persone? Penso che saresti una persona molto brava a farlo." E così il Dr. Hayashi rispose: "Beh, ci proverò. Se me lo consigli, anche io sono interessato." A quel tempo, il dottor Hayashi aveva solo quarantacinque anni. E così andò ovunque con il Dr. Usui. Disse che era stato con lui non ricordo quanti anni, ma fino alla morte del Dr. Usui. Quando passò a miglior vita, il Dr. Usui dichiarò che sarebbe stato il Dr. Chujiro Hayashi che avrebbe continuato questo metodo Usui dell'arte della guarigione.

Questa è la storia della vita del Dr. Usui che ho sentito dal Dr. Hayashi che, durante il suo esercizio, non cambiò mai il metodo. È così ancora oggi e anche i miei studenti e i miei seguaci hanno imparato questa arte di guarigione dell'Usui Reiki Ryoho che in inglese significa il Metodo Usui nell'Arte della Guarigione. La parola "Reiki" è giapponese, ma in inglese è "Energia vitale universale" e lo pronuncio "Reiki" perché l'ho imparato in Giappone e quindi continuo ancora a chiamarlo "Reiki" perché è più breve.

Il dott. Usui ebbe questa esperienza al sobborgo dei mendicanti e fu quando era nel fango, con il corpo nella pozzanghera, che espresse il suo pensiero e disse: "Ah! Ho fatto un grande errore, tutte le chiese avevano ragione, prima viene lo spirito. Non ho considerato il lato spirituale, ma ero così interessato a guarire il corpo che pensavo solo che la cosa migliore da fare fosse dare la guarigione per farli stare abbastanza bene, così da poter uscire nel mondo come persone normali." Ma ha fallito e quando fallì, nacquero questi cinque precetti. E in questi cinque precetti, dove hanno fallito i mendicanti? I mendicanti non hanno alcun senso della gratitudine. Quindi Usui concluse: "Non curerò! Niente più trattamenti gratuiti! Niente più Reiki, Reiki, Reiki o lezioni, perché non impareranno mai ad apprezzarlo." Ed è vero che il dott. Usui dimenticò in quel momento di essere felice, tanto da poterlo fare. E così concluse: "I sette anni di esperienza, li considererò una brutta esperienza, pertanto niente più Reiki gratuitamente. Tutto deve essere riportato allo spirito, in modo che avremo una buona mente e un buon corpo che rendano un essere umano completo ed integro."

E questo è molto, molto vero. Perché nel 1936, quando tornai dal Giappone, il dottor Hayashi mi aveva avvertito. Mi aveva avvertito dicendo: "Ogni volta che diventi un maestro, non farlo mai gratis perché non lo useranno mai proprio perché è gratuito. Quando è gratuito non gli danno alcun valore." Ma ancora una volta, ho chiesto al mio insegnante: "Dr. Hayashi, mi consentirai ed acconsentirai a fare una lezione gratuita? Per tutte le persone che mi hanno aiutato in questo anno di dolore e malattia. Vorrei insegnare Reiki dando loro una lezione gratuita in modo che possano trarne beneficio." Quindi il dottor Hayashi mi disse: "Ora che stai bene, puoi restituire la tua gratitudine dando loro il trattamento quando necessario, ma non dicendo che terrai loro una lezione e che la useranno per trarne beneficio, perché ciò non sarà mai possibile."

Nonostante questo chiarimento mi sono detta: "Beh, devo provare." E così le prime persone a cui ho dato lezioni gratuite sono state le mie migliori amiche, i parenti e i miei suoceri. Tutti i miei ricevevano lezioni gratuite e, dopo di loro, ne diedi anche a tutti i miei vicini. Quando sono arrivate le mie due sorelle, ho detto "Aspettate, non ho ancora intenzione di insegnarvi." Le mie sorelle, un po' turbate, dissero: "Bene, qui abbiamo sentito da tutti i tuoi vicini, i parenti e dai tuoi suoceri che hai insegnato loro qualcosa di veramente meraviglioso." Ma io ho detto loro: "Devo vedere anche il loro successo e quindi per ora vi dirò di no" e aspettai. Un giorno, mentre stavo stendendo il bucato, venne la vicina che disse: "Mia figlia non è andata a scuola oggi perché aveva un po' di mal di pancia, così l'ho portata da te". Ho pensato: "Perché non le fa un trattamento?" Allora ho detto: "Perché? Perché ti ho insegnato? Perché non ci provi? Non ci provi nemmeno!" La vicina rispose: "No. Perché dovrei? Sei tu l'esperta qui che vive accanto a me, quindi, è più facile portarla da te che farlo io da sola perché so che guarirà." E questa fu una delusione. Poi, dall'altra parte della città, un'altra disse: "Oh, mia figlia ha il naso che cola e l'insegnante ha detto: "Vai a casa perché sei contagiosa, hai l'influenza." Così ti ho portato mia figlia e voglio che tu le faccia un trattamento." Le ho detto: "Non ti ho insegnato nulla?" Rispose: "Sì, ma perché dovrei, quando ho una macchina e posso correre da te? Sei l'esperta qui e se lo fai tu, so che andrà tutto bene." E io ho ribadito: "Non hai mai nemmeno provato a usarlo?" Ha risposto: "No, perché dovrei?" Ecco, nessuna gratitudine in ogni caso! E che ci crediate o no, mi sono nascosta in casa mia e ho pianto. Poi ho guardato verso il Giappone, ho chinato la testa al dottor Hayashi e anche verso la tomba del dottor Usui e ho detto: "Perdonatemi per aver sbagliato. Non ho aiutato nessuno perché non l'hanno accettato con gratitudine e spiritualità perché non hanno speso un centesimo. È molto triste, ma li respingerò in seguito, in modo che lo facciano da soli."

Poi dopo tre mesi tornarono le mie sorelle e mi dissero: "Ora, hai tempo?" Ho detto "Sì, ho tempo. Ma volete davvero imparare il Reiki?" Le mie sorelle risposero: "Sì, abbiamo sentito cose positive su di te, ma perché i tuoi suoceri conoscono il Reiki e non la tua carne e il tuo sangue?" Così dissi: "Perché c'è un costo." E loro: "Oh, c'è un costo. Quanto?" Dissi: "Trecento dollari." E così una di loro disse: "Beh, non ho tutto quel denaro in questo momento. Quindi devo andare a casa e chiedere a mio marito." Risposi: "Molto bene, ma non devi pagarmi in contanti in una sola volta, puoi farlo anche a rate. Ma non verrò a casa tua per raccogliere i soldi. Ad ogni giorno stabilito per il pagamento verrai tu a casa mia."

Di questo mia sorella non fu troppo felice, ma comunque fu contenta. Tornò a casa, parlò con suo marito e mi riferì che suo marito disse: "Hai chiesto a tua sorella che ti piacerebbe imparare il Reiki?" E mia sorella disse a suo marito: "Sì." Allora il marito concluse: "Va bene, visto che le hai detto di voler imparare il Reiki pagherai il suo costo. Dille che la pagherai a rate e, se lei non verrà qui per ritirare i soldi, glieli porterai tu, il che è giusto. È giusto, tutto è giusto, quindi faresti meglio a farlo e questa è la mia risposta." Questo è quello che disse e, poiché era d'accordo, mia sorella tornò dicendo: "Sì, ti pagheremo a rate, $ 25 al mese". Ed io: "Bene, ti aiuterò. Ora vai ed è tutto per ora."

Così entrambe le mie sorelle hanno imparato e mi hanno pagato a rate. Non mi sentivo molto felice per questo, ma era il principio che dovevo seguire. E così quello che successe la prima volta che una mia nipote ha avuto l'asma, mia sorella, avendo pagato l'insegnamento a caro prezzo, ha dovuto usarlo, dicendo: "Non potevo portarla dal dottore. Sai, sorella, ha funzionato! E sono felice, ho imparato e ha funzionato. E dormirà di nuovo meglio e bene." Quindi le ho detto, "Ora sei soddisfatta delle tue lezioni?" Rispose: "Sì, sono venuta per scusarmi, sai, perché non sono stata felice e contenta finché non l'ho sperimentato. Ma ho capito perché mi hai accusata, lo so, perché volevi che io fossi una buona praticante e poi adesso non devo più pagare né medicine né dottore, non devo andare in ospedale ogni volta che ha il raffreddore o ogni volta che ha l'asma o ogni volta che soffre di bronchite o di mal di stomaco. Sai, ho tre figli e ora capisco perché e qui, oggi, chino la testa molto in basso e vengo per ringraziarti e lo apprezzo così tanto che ne farò buon uso." E così ha fatto!

Oggi è una donna di grande successo. Non ha fallito nel suo intento, ha la sua attività ed è un'ottima guaritrice, sì. E poi ha aggiunto: "Avrò questo potere per sempre. È stato un investimento più economico che comprare un'auto. Non avrebbe potuto essere più economico di così!" Adesso, ogni volta che mi vede, dice "Ti do

Reiki." E mi fa trattamenti in ogni momento, tutte le volte che sono con lei. Ecco...questa è la gratitudine.

E oggi, rivedendo le ventiquattro persone a cui ho dato lezioni gratuite, posso dire che nessuna di loro ha avuto successo, né negli affari né nella salute. E quindi i miei insegnanti avevano ragione, avevano assolutamente ragione."

Utagawa Hiroshige (1797-1858)

Un viaggio di mille miglia inizia con un solo passo[51]

"Il dott. Hayashi proveniva da una famiglia illustre la cui casa di campagna era ad Atami. Quando decise di aprire una clinica, Tokyo fu scelta come il luogo che consentiva di offrire le cure Reiki a un folto gruppo di gente e attrarre persone ricche e istruite, una parte dell'alta società giapponese e anche la nobiltà. Nell'arco di una generazione, la cura attraverso il Reiki era balzata dai bassifondi di Kyoto ai palazzi di Tokyo.

Acquistò una proprietà abbastanza grande da ospitare sia la clinica che l'abitazione per la sua famiglia, con un bellissimo giardino tra le due aree per garantire la riservatezza. Anche la signora Hayashi lavorò nella clinica accogliendo i pazienti al loro arrivo e assistendo il dott. Hayashi che supervisionava questa fiorente pratica in cui sedici praticanti, quotidianamente, praticavano trattamenti di guarigione Reiki.

Fu in questa clinica che una giovane donna di nome Hawayo Takata arrivò, nell'autunno del 1935, in cerca di sollievo dai suoi molteplici malanni. A quel tempo nessuno poteva immaginare il ruolo che ella avrebbe avuto nella storia della guarigione attraverso il Reiki."

Locandina della nave su cui hanno viaggiato Hawayo Takata e sua figlia Alice per andare in Giappone l'8 ottobre 1935.

---

[51] Deacon James, http://www.aetw.org/. Haberly Helen Joyce, Reiki: Hawayo Takata's Story, Archedigm Publications, 1990.

Estratti dai diari di Takata

Takata parla del Reiki[52]

"Nel mio tentativo di scrivere questo saggio sull'Arte della Guarigione in parole povere, cercherò di essere pratica piuttosto che tecnica, perché ciò che sto per definire non è associato ad alcun essere materiale che sia visibile, né che abbia una forma, né un nome.

Credo che esista un unico Essere Supremo, l'Infinito Assoluto, una Forza Dinamica che governa il mondo e l'universo. È un potere spirituale invisibile che vibra e tutti gli altri poteri svaniscono insignificanti accanto ad esso. Così, perciò, è Assoluto!

Questo potere è insondabile, incommensurabile ed essendo la forza vitale universale, è incomprensibile per l'uomo. Tuttavia, ogni singolo essere vivente riceve le sue benedizioni quotidianamente, che sia sveglio o addormentato.

Insegnanti e maestri diversi lo chiamano il Grande Spirito, la Forza di Vita Universale, Energia di Vita, perché quando la si applica, rivitalizza l'intero corpo. Onda Eterica, perché lenisce il dolore e ti conduce in un sonno profondo come se fossi sotto anestetico e Onda Cosmica, perché irradia vibrazioni di sentimento esultante e ti riporta all'armonia.

Lo chiamerò Reiki perché l'ho studiato sotto questo nome. Il Reiki è un'onda radionica come la radio. Potrebbe essere applicata localmente o come un'onda corta. Il trattamento a distanza può essere eseguito con successo.

Il Reiki non è elettricità, né radio o raggi X. Potrebbe penetrare sottili strati di seta, lino, porcellana o piombo, legno o acciaio, perché proviene dal Grande Spirito, dall'Infinito.

Non distrugge i tessuti delicati o i nervi. È assolutamente innocuo, quindi, è un trattamento pratico e sicuro. Poiché è un'onda universale, ogni cosa, se trattata, trae beneficio per la sua vita, piante, polli, animali, anche gli esseri umani, neonati o anziani, poveri o ricchi.

---

[52] Estratto da "Leiki: a memorial to Takata-sensei", a compilation by Alice T. Furumoto, 1982. Mitchell Paul David, Reiki, The Usui System of Natural Healing, Coeur d'Alene for The Reiki Alliance, Revised edition 1985.

Dovrebbe essere applicato e usato quotidianamente come prevenzione. Dio ci ha dato questo corpo, un posto dove dimorare e il nostro pane quotidiano. Siamo stati messi in questo mondo per qualche scopo, quindi, dovremmo avere salute e felicità.

È questo il piano di Dio, quindi ci fornisce tutto. Ci ha dato le mani per usarle e applicarle per guarire, per mantenere la salute fisica e l'equilibrio mentale, per liberarci dall'ignoranza e vivere in un mondo illuminato, per vivere in armonia con sé stessi e gli altri, per amare tutti gli esseri.

Quando queste regole vengono applicate quotidianamente, il corpo non può che rispondere, quindi tutto ciò che vogliamo e desideriamo raggiungere in questo mondo è alla nostra portata. La salute, la felicità e la strada per la longevità, che tutti noi cerchiamo. Chiamo questo Perfezione.

Essendo una forza universale del Grande Spirito Divino, appartiene a tutti coloro che cercano e desiderano apprendere l'arte della guarigione.

Non conosce colore, né credo, vecchi o giovani. Lo studente troverà la sua strada quando sarà pronto ad accettare. Gli verrà mostrata la via. L'iniziazione è una cerimonia sacra e, attraverso di essa, si stabilisce il contatto. Poiché ci stiamo ricongiungendo con lo Spirito Divino, non c'è errore, né dovremmo dubitare. È Assoluto!

Con il primo contatto o iniziazione, le mani emettono vibrazioni quando applicate sulla parte malata. Allevia il dolore, ferma il sangue di una ferita aperta; le tue mani sono pronte a guarire malattie acute e croniche, gli esseri umani, le piante, i polli, gli animali.

Nei casi acuti, sono necessari solo pochi minuti di applicazione. Nei casi cronici, il primo passo è trovare la corrispondenza tra causa ed effetto.

Non è necessario spogliare completamente il paziente, ma è meglio allentare tutti gli indumenti stretti in modo che il paziente possa rilassarsi, sdraiato sul lettino a faccia in su. La cosa più importante è trovare la causa della malattia.

Iniziare il trattamento da occhi, seni nasali, ghiandola pituitaria, orecchie, gola, tiroide, timo, stomaco, cistifellea, fegato, pancreas, plesso solare, ileocecale, colon, tratto sigmoideo, ghiandole ovariche, vescica, quindi torace e cuore.

Far girare il paziente, trattare la schiena, i polmoni, il sistema nervoso simpatico, i reni, la milza e la prostrata.

Durante il trattamento, affidati alle tue mani, ascolta le vibrazioni o le reazioni. Se c'è dolore, registrerai dolore alle punte delle dita e nel palmo. Se il paziente ha prurito, senti allo stesso modo; se profondo e cronico, provoca un dolore profondo; o se acuto, il dolore è un formicolio superficiale.

Non appena il corpo risponde al trattamento, il disturbo acuto scompare, ma la causa rimane. Analizza la causa ogni giorno e con ogni trattamento, si vedrà un miglioramento.

Dopo che gli organi sono stati così trattati, io finisco il trattamento con uno stiramento dei nervi che regola la circolazione. Applico sulla pelle alcune gocce di olio di sesamo o di qualsiasi olio vegetale puro.

Posiziono il pollice e il dito indice sul lato sinistro della colonna vertebrale e le altre tre dita e il palmo piatto sul lato destro della colonna vertebrale. Stiro verso il basso, da 10 a 15 volte, fino alla fine del midollo spinale. Solo nei casi di diabetici il movimento è invertito; braccia e gambe sono massaggiate verso il cuore. Il trattamento di cui sopra è chiamato il fondamento e richiede un'ora o più, tutto a seconda delle complicazioni e della gravità del caso.

Passando attraverso il corpo nei minimi dettagli, le mani diventano sensibili e sono in grado di determinare la causa e di rilevare la minima congestione all'interno, sia fisica che mentale, acuta o cronica. Essendo rigorosamente un trattamento privo di farmaci e senza interventi chirurgici, Reiki riporterà il corpo alle sue naturali funzioni.

In circa quattro giorni o tre settimane rileviamo un grande cambiamento in atto all'interno del corpo, tutti gli organi interni e le ghiandole inizieranno a funzionare con molto vigore e ritmo.

I succhi gastrici riprendono un flusso normale, i nervi congestionati si allentano, le aderenze si staccano, il colon pigro si riorganizza, la materia fecale scende dalle pareti dell'intestino, i gas vengono eliminati.

Le tossine, accumulate in molti anni, vengono espulse attraverso i pori. È un sudore appiccicoso.

Le feci aumentano, scure e di forte odore. L'urina aumenta come il tè scuro, a volte bianco, come se la farina si mescolasse nell'acqua. Dura da quattro a sei giorni, eppure ho avuto pazienti che hanno reagito con un solo trattamento.

Capitolo TRE

Quando la situazione si ristabilisce, si è certi di una grande rigenerazione in atto negli organi intestinali. Con una tale pulizia, il corpo diventa attivo. I nervi intorpiditi riacquistano la sensibilità, aumenta l'appetito, dormire profondamente diventa naturale, gli occhi brillano, la pelle si illumina come la seta.

Con nuovo sangue e buona circolazione, nervi e ghiandole ripristinati, è possibile ringiovanire da cinque a dieci anni. Durante il periodo dei trattamenti è molto importante ciò di cui ti nutri.

Durante i trattamenti salutari di Reiki, dobbiamo essere vegetariani e mangiare tutti i tipi di frutta di stagione.

La natura offre molto, ma niente dovrebbe essere mai sprecato. Mangiare troppo è un peccato. Bisogna mangiare con moderazione, con un sentimento di gratitudine, per riconoscere il Grande Spirito che è il Creatore, che è Tutto il Potere che serve per far crescere e fiorire le cose e dare frutti.

Siediti a tavola con pensieri piacevoli. Non mangiare mai quando sei preoccupato. Il latte, lo zucchero bianco e gli amidi devono essere evitati quando il paziente ha uno stomaco debole. Con cibo adeguato, il paziente risponde più rapidamente ai trattamenti."

Keisai Eisen (1790-1848)

Estratti dai diari 1935-1936[53]

Di seguito sono riportati alcuni estratti dei primi diari di Takata, scritti mentre studiava Reiki con Chujiro Hayashi.

Per la comunità di Reiki in generale, ritengo che questi estratti forniscano preziose informazioni sulle prime comprensioni di Takata sul Reiki e, soprattutto, sono convinto che questi estratti forniscano anche prove a sostegno dell'approfondimento di Takata e della continua formazione di Uchideshi, sotto la guida di Hayashi, in particolare nel clima attuale in cui alcune fazioni della comunità di Reiki si sono allineate con alcuni presunti stili giapponesi originali di Reiki, che sono apparentemente intenzionati a tentare di screditare l'importanza e la validità dell'Usui Shiki Ryoho.

Nel corso degli anni questi estratti sono stati pubblicati su numerosi siti web Reiki in lingua inglese ed anche su un paio di siti giapponesi. Sono anche apparsi in numerosi manuali di Reiki e in numerosi volantini di corsi di Reiki.

Di seguito sono riportate le fotocopie delle pagine del diario da cui sono stati estratti. Per motivi di chiarezza, vengono anche riportate le traduzioni dei testi.

Nel primo estratto, datato 10 dicembre 1935, Takata Sensei parla del significato di Reiki. Si noti che non scrive la parola come "Reiki", ma piuttosto come "Leiki." Non c'è un vero suono "R" in giapponese. Il suono effettivo identificato da "R" in "Reiki" è una sorta di fusione di "R" e "L."

Il significato di "LEIKI"

10 dicembre 1935

"Significato di Leiki. L'energia dentro di sé, quando concentrata e applicata al paziente, curerà tutti i disturbi. È la cura migliore disponibile in natura, che non richiede medicine. Aiuta, sotto tutti gli aspetti, la vita umana e animale. Per concentrarsi bisogna purificare i propri pensieri e parole e meditare per far sgorgare la potente energia dall'interno. Essa giace nella parte inferiore dell'addome a circa 2 pollici sotto l'ombelico. Siedi in una posizione comoda, chiudi gli occhi, concentrati sui tuoi pensieri e rilassati, congiungi le mani e aspetta il segno. Applica gentilmente e delicatamente le mani a partire dalla testa verso il basso. Il paziente che sta per ricevere questo trattamento deve purificare il pensiero, sentirsi a proprio agio e

---

[53] Deacon James, http://www.aetw.org/.

deve desiderare di guarire. Non bisogna dimenticare di sentirsi riconoscenti. La gratitudine è una grande cura per la mente. In ogni caso, si potrebbe fare una diagnosi sul paziente solo con il tocco della mano."

Questa sembrerebbe una visione molto diversa del Reiki da quella comunemente avuta oggi da molte persone.

> Dec. 10 - 1935
> meaning of "Leikii" Energy within oneself, when concentrated and applyied to patient, will cure all aliments. It is natures great est cure, which requires no drugs. It helps in all respects, human & animal life. In order to concentrate one must purify ones thought in words & in thoughts & to meditate to let true "Energy" come out from within. It lies in the bottom of your stomach about 2 in. below the navel. Sit in a comfortable position; close your eyes, concutrate on your thoughts & relax, once you

> hands together & wait for the sign. Kindly & gently apply the hands starting from head downward. The patient who is about to receive this treatment must purify ones thoughts, feel comfortable and a desire to get well. One must not forget to feel grateful. Gratitude is a great cure for the mind. In all cases, the patient could be diagnosed just by the touch of hands.

Shibata Zeshin (1807–1891)

Nel secondo estratto, del maggio 1936, Takata Sensei menziona "Shinpi Den, Kokiyu-Ho e Leiji-Ho" (o come li conosciamo: Shinpiden, Kokyu-Ho e Reiji-Ho).

Shinpi Den, Kokiyu Ho e Leiji Ho

Maggio 1936

"[...] grazie a loro, mi sento bene e molto incoraggiata. Ciò che ho trovato più che piacevole è stato il fatto che il signor Hayashi mi abbia concesso i segreti di Shinpi Den, Kokiyu Ho e Leiji Ho, il massimo segreto nella scienza dell'energia.[54]

Nessuno può anche solo immaginare la mia felicità nel rendermi conto di avere l'onore ed il rispetto di essere trattata con questo dono, il dono di una vita e ho promesso a me stessa di fare del mio meglio nell'utilizzare questo bellissimo e meraviglioso insegnamento che ho appena ricevuto. Prometto di fare ciò che è giusto attraverso la sincerità e la gentilezza e terrò in considerazione e rispetterò l'insegnamento e il suo insegnante con la massima riverenza e rispetto."

Oggi utilizziamo il termine Shinpiden, o insegnamenti misteriosi, per riferirci al Terzo Livello, Livello Master, in alcune versioni del sistema di classificazione Reiki occidentale.

Dobbiamo ricordare che all'epoca, diversamente da oggi, la formazione e l'iniziazione al Terzo Livello era qualcosa che non veniva offerto automaticamente a ogni studente di Secondo Livello.

Questo sembrerebbe suggerire che, in questa data, Hayashi avesse già preso la decisione che Hawayo Takata possedesse il carattere morale corretto e mostrasse la necessaria comprensione, abilità e attitudini, di uno studente destinato ad essere iniziato e addestrato come un maestro.

Nella stessa frase si parla anche di Kokiyu Ho[55] o, come è più comunemente noto oggi, del metodo di potenziamento del respiro.

Niente di strano in questo, ma Hawayo Takata continua a parlare del "Leiji Ho, il massimo segreto per le scienze energetiche."

---

[54] Questa frase è piuttosto interessante e rivelatrice.
[55] Più in generale, Kokiyu-Ho si riferisce anche a varie tecniche di respirazione per lo sviluppo, il rafforzamento e la purificazione del Ki.

Capitolo TRE

Oggi comprendiamo il termine Leiji o Reiji Ho o Indicazione dello Spirito, per riferirci al processo di ricezione della guida spirituale nel posizionare le mani per fare un trattamento.

Ora, mentre nella nostra comprensione moderna, Leiji o Reiji Ho (qualunque sia il suo nome), è effettivamente riconosciuto come una preziosa abilità o tecnica, nelle scuole di Reiki giapponesi e occidentali, sicuramente, (nella nostra comprensione moderna del termine) non si può dire che costituisca il massimo segreto nella scienza dell'energia.

A meno che, naturalmente, il termine Leiji o Reiji Ho avesse un significato leggermente diverso negli insegnamenti di Hayashi all'epoca.

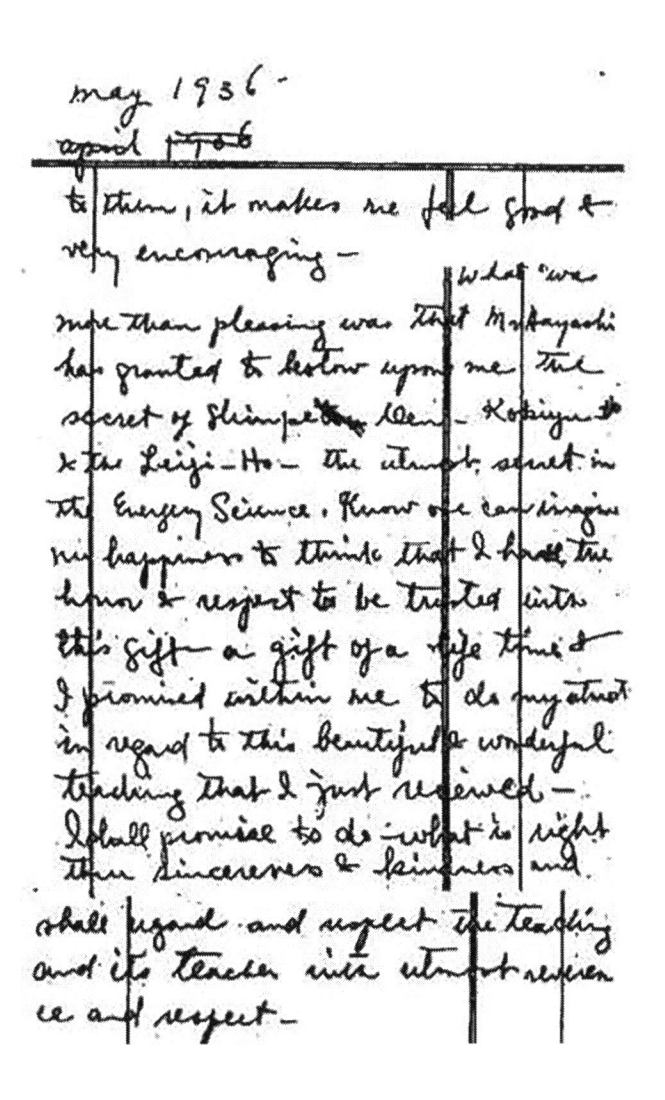

Reiki *"Il metodo segreto per invitare le benedizioni"*

Utagawa Hiroshige (1797-1858)

Articoli su Takata[56]

Gli autori, consapevoli delle numerose reiterazioni contenute negli articoli riportati di seguito, hanno ritenuto opportuno portarli ugualmente a conoscenza del lettore a dimostrazione del fatto che, in quegli anni, la disciplina del Reiki era frequente argomento di discussione.

"Siamo tutti guaritori"[57]

Tratto da una conferenza sulla guarigione, California, 1972.

All'improvviso mi resi conto di un fascio di energia scoppiettante nel sedile accanto a me: una piccola donna dai capelli neri che sembrava essere giapponese. Era delle Hawaii ed era arrivata da Honolulu solo per il simposio, mi ha confessato dopo. Si chiamava Hawayo Hiromi Takata e indossava pantaloni rossi da pompiere, una tunica spruzzata di fiori tropicali e i suoi capelli erano molto corti e lisci.

La signora Worral[58] aveva appena finito di parlare e la signora Takata riusciva a malapena a contenere la sua ammirazione. "Sa davvero di cosa sta parlando," mi disse con occhi scintillanti. Il resto degli oratori la rendeva insofferente. Poi disse che anche lei era una guaritrice e praticava in Waikiki. Ho preso un appuntamento con lei per pranzo.

Quando abbiamo riempito i nostri vassoi e trovato un tavolo, la sua storia è venuta a galla. Ha detto: "Ho studiato in Giappone sotto un grande maestro, sono un'insegnante di guarigione. Che senso ha avere una buona mente se il corpo è pieno di malattie? Credo nel metodo molto semplice. Mi ci vogliono solo quattro giorni per insegnarlo e due ore al giorno. Perché lottare per anni quando puoi averlo così velocemente? Lo insegno alle casalinghe che possono usarlo praticamente ogni giorno."

Ho chiesto: "Allora credi che siamo tutti guaritori?" Rispose: "Sì vero. Siamo tutti nati con questo dono, ma io sono l'ingegnere, il tecnico. Quando acquisti una nuova TV, devi collegare la presa e ottenere l'energia. Io dò ai miei alunni il contatto con la grande forza vitale universale che compie la guarigione, ho il segreto di come

---

[56] Deacon James, http://www.aetw.org/.
[57] "WE ARE ALL HEALERS" by Sally Hammond
[58] Al momento della stesura del libro, la signora Olga Worral era stata guaritrice spirituale per circa 40 anni e per molti di quegli anni era stata direttore associato della New Life Clinic presso la Chiesa metodista unita di Washington DC, Baltimora.

sintonizzarci! Dal primo giorno possono usare le mani per guarire. Il quinto giorno insegno ideali e principi."

Ho chiesto: "Come hai imparato a farlo?" e mi ha detto che il suo insegnante era stato Chujiro Hayashi di Tokyo, che era stato il discepolo scelto di Mikao Usui, fondatore del Sistema Usui. Aggiunse: "Aveva un dottorato di ricerca a Chicago[59], un vecchio studioso giapponese".

Iniziata a trent'anni, divenne maestra nel 1938, dopo essere salita di grado. Sono stati scelti sette[60] insegnanti, ma tutti gli altri sono morti e oggi è l'unica insegnante vivente del sistema[61]. È un metodo che Usui ha ripreso dalle scritture buddiste[62], un modo di sintonizzarsi con il Reiki, questa è la parola giapponese che indica lo spirito vitale.

Mi ha stupito quando ha detto che ora aveva 72 anni e aveva praticato e insegnato[63] la guarigione per 37 anni. Non c'era una ruga sul suo viso e il suo corpo era magro e vivace. "Sono una donna anziana" disse senza un pizzico di autocommiserazione.

Takata continuò: "Sono rimasta molto colpita dalla Sig.ra Worral. Sta ottenendo risultati! È più importante di molte parole. Certo, è un bene che questi bravi giovani scienziati stiano facendo tutte queste ricerche, altrimenti i guaritori non sarebbero riconosciuti. Ma quando andranno oltre? Per quanto durerà? Altri venti anni? Ad Honolulu abbiamo avuto un forum con l'AMA (American Medical Association). Il presidente dell'AMA mi ha messo alla prova. Voleva sapere cosa facevo e l'incontro è durato dalle otto di sera all'una di notte. Alla fine il presidente mi chiese: "Va

---

[59] Takata-sensei credeva che Mikao Usui avesse studiato all'Università di Chicago. Tuttavia, non ci sono tracce esistenti per confermarlo.
[60] L'intervista è stata essenzialmente una chiacchierata a pranzo e non è noto se Sally Hammond abbia usato un registratore o abbia preso delle note. Ad ogni modo è molto probabile che, a causa del leggero accento di Takata-sensei, la signora Hammond abbia sentito male e piuttosto che: "sette", Takata-sensei abbia effettivamente detto: "diversi". (seven/several). Sappiamo infatti dal Certificato di Maestro Reiki di Takata-sensei che, all'epoca in cui fu fatto l'atto notarile (febbraio 1938), lei stessa era una dei tredici Maestri.
[61] Alla luce delle scoperte più recenti, questa affermazione potrebbe essere adattata a:
"... e, per quanto ne sappia, oggi è l'unica insegnante vivente del sistema".
[62] In molte occasioni Takata-sensei condivideva la convinzione che Usui-sensei avesse scoperto alcuni indizi o descrizioni nelle scritture buddiste che lo hanno portato a sperimentare il fenomeno Reiki e lo sviluppo del suo Usui Reiki Ryoho. Tuttavia, non abbiamo dettagli su testi specifici che potrebbero avergli fornito tali intuizioni e ispirazioni.
[63] Molte persone, a quanto pare, non sono consapevoli del fatto che Takata-sensei abbia effettivamente insegnato il primo e il secondo grado di Reiki dalla fine degli anni '30. Questo principalmente perché la maggior parte dei resoconti della sua vita tendono a concentrarsi sugli studenti che ha formato al livello Master (dalla metà alla fine degli anni '70)

bene, Takata, penso di averti capito riguardo a ciò che stai facendo. Consiglieresti a tutti i dottori di imparare questo?" Risposi: "Non solo medici ma anche ministri della chiesa". E ho spiegato che in una chiesa è presente una grande congregazione e, se il ministro può aiutare la gente a sanare i loro dolori e le loro pene, ascolteranno i suoi sermoni! I medici conoscono le tecniche di medicina e psichiatria e, se imparano il mio trattamento, l'arte della guarigione sarà quindi un tutt'uno e completa".

Ho chiesto se ha fatto l'imposizione delle mani e la guarigione remota (così Takata chiamava il trattamento a distanza). Lei ha risposto: "Sì. Ma è un livello superiore. L'ho imparato direttamente dal maestro."

Mi diceva: "Non esiste che si pensi è come dico io. Devi essere positivo. Se tu non sei positivo, ti piangi semplicemente addosso e questo è l'atteggiamento sbagliato. Deve essere fatto. Non sei tu, è l'energia cosmica che agisce. Come osi dubitare dell'energia?"

Takata disse che non ha più lavorato a tempo pieno da quando ha compiuto 61 anni. Ma si alza alle 5 e alle 6.30 gioca a golf. Il giovedì gioca sul campo da 18 buche e il sabato lava, stira, cucina e mette il cibo nel congelatore. Negli ultimi due anni ha viaggiato in tutto il mondo. Ma quando è a casa lavora.

Takata: "Mi piace insegnare in gruppi da 10 a 12 perché c'è più competizione e gli allievi possono confrontare gli appunti."[64] I suoi studenti arrivano a lei con il passaparola e insegna a molti dottori e alle loro mogli e persino ad alcune celebrità. Ha nominato una famosa ereditiera americana, ma mi ha fatto promettere di mantenere l'informazione riservata.[65]

Ho chiesto se avrebbe fornito alcuni dettagli del suo corso di quattro giorni lampo ed è stata disponibile ma fino a un certo punto.

Takata: "Nella prima lezione spiego la forza vitale universale, di cosa si tratta e spiego il funzionamento dell'energia cosmica e come stabilire il contatto. La muovo

---

[64] Una storia spesso ripetuta, dai resoconti di diverse persone, che hanno studiato con Takata-sensei, è che non ha permesso di prendere appunti durante le sue lezioni. Sono convinto che la ragione di ciò sia dovuta principalmente al fatto che, mentre si concentravano nel prendere appunti su una cosa, gli studenti spesso perdevano alcuni altri punti importanti che Takata-sensei stava condividendo e quindi avrebbe dovuto ripetersi. Più ciò accadeva, più interrompeva la dinamica della sessione del corso. Tuttavia, da questi commenti sembra che almeno per un periodo, durante i primi anni '70, prendere appunti non fosse un problema.

[65] L'ereditiera specifica in questione potrebbe essere Doris Duke o Barbara Woolworth Hutton, entrambe facenti parte della clientela delle celebrità di Takata-sensei. Altri apparentemente includevano Danny Kaye, Aldous Huxley e John Denver.

in modo che la ottengano. Finora non ho mai fatto un errore. Vengono alla lezione e la ricevono da me. La seconda lezione è su come usarla. Questa è una dimostrazione dell'applicazione della guarigione dal collo, occhi, orecchie, naso, bocca, ghiandole del collo. Insegno loro come trattare questi punti. Il terzo giorno insegno loro come trattare gli organi nella parte anteriore del corpo. Il quarto giorno insegno loro come applicarla sul retro. Divido il corpo in sezioni in modo che non dimentichino o si confondano. Il quinto giorno è la lezione mentale e spirituale, atteggiamenti mentali, meditazione.[66] Quando acquisiscono questo, Reiki diventa un trattamento completo per il corpo fisico, la mente e lo spirito."

Ha detto che è efficace anche per la vita delle piante e degli animali e persino per il pesce rosso. Takata: "Tutto ciò che ha vita lo accetta e con i bambini è molto, molto più semplice perché la causa della malattia è recente. Quando si tratta di malattie croniche, ci vuole tempo. Lavoro sulla causa e sull'effetto. Rimuovi la causa e non ci saranno effetti! Non è ragionevole?"

Ha aggiunto che dà ai suoi allievi energia per cinque giorni e poca per volta perché è molto potente. Takata: "Devo metterli alla prova e vedere se lo stanno facendo bene."

"Ma come ci si collega all'energia vitale universale?" Le chiesi, cercando di non sembrare impaziente. "È un segreto", disse fermamente Takata, "ma prima di morire voglio insegnare a quante più persone possibile, diffonderlo a quante più persone possibile e creare molti insegnanti". Quando chiesi se esistesse il pericolo che il segreto morisse con lei, lei disse: "Lo rivelerò nel 1973."

Una buddista, ha detto, "Noi guaritori riconosciamo Dio perché il potere di guarigione è il potere di Dio". Lei accetta i contributi alla sua chiesa.

Per le lezioni di guarigione Takata fa pagare un contributo. Non troppo alto, né troppo basso, per alcuni è gratuito. In gruppo è più economico. La maggior parte dei suoi allievi sono semplicemente persone normali con buon senso.

In breve, Takata afferma che il suo metodo è un modo per stabilire un contatto più veloce con il potere di guarigione e viene direttamente dalle vecchie scritture buddiste.

---

[66] In precedenza nell'intervista Takata-sensei afferma: "Mi ci vogliono solo quattro giorni per insegnarlo." Questo potrebbe sembrare un po' confuso mentre poi continua a delineare un corso di cinque giorni. Tuttavia, tecnicamente il primo giorno, che coinvolge la lezione introduttiva e la prima iniziazione ("sintonizzazione"), non comporta lezioni nell'uso delle abilità appena risvegliate. Questo inizia con la seconda lezione. Più tardi, negli anni '70, Takata-sensei insegnò il primo livello in una serie di quattro sessioni, non di cinque.

Ho chiesto se le sue allieve imparano a guarire sé stesse e i suoi occhi hanno brillato e ha detto: "Quella è la prima cosa. Se non potessero farlo, quale sarebbe il vantaggio?"

"Mi è stato chiesto di scrivere al riguardo, ma non ho tempo", ha detto Takata mentre tornavamo all'auditorium e quando ci siamo sistemate nei nostri posti ed è stato annunciato il successivo oratore ha mormorato: "Gli scienziati e tutte le loro teorie funzionano, ma quando? Quando?"

Dal mio incontro casuale con questa dinamica e piccola guaritrice hawaiana, ho desiderato molte volte di avere un modo "più veloce" per entrare in contatto con il potere curativo, che mi è stato presentato come il vecchio segreto buddista per velocizzare il mio personale potere di guarigione.

Utagawa Hiroshige (1797-1858)

La sig.ra Takata e il potere del Reiki[67]

C'è potere in quei palmi. La signora Hawayo Takata, l'unica maestra di Reiki alle Hawaii, afferma di possedere la chiave dell'energia. No, non è una chiave per alleviare la crisi energetica. "È un'energia cosmica per curare i malati", ha detto la gentildonna di 73 anni dall'aspetto giovanile. "Il Reiki, che viene trasmesso attraverso le mani, va dritto alla causa e all'effetto. Quando la causa viene rimossa non ci sarà più alcun effetto. Non è associato ad alcun essere materiale visibile. È un potere spirituale invisibile che irradia vibrazioni e ne eleva l'armonia. Questo potere è incomprensibile per l'uomo, eppure ogni singolo essere vivente riceve le sue benedizioni. Credo che ci sia un solo Essere Supremo, l'Infinito Assoluto, una forza dinamica che governa il mondo e l'universo. È la forza universale dello spirito divino ed è disponibile per chiunque sia interessato a imparare l'arte della guarigione. Reiki aiuta a raggiungere la salute, la felicità e la fiducia che conducono alla strada della longevità."

Nata nel 1900 a Hanamaulu, Kauai, dai compianti signor e signora Otogoro Kawamura, immigrati dal Giappone, la signora Takata è stata chiamata "Hawayo" in onore del territorio delle Hawaii. Takata racconta che, immediatamente dopo la sua nascita, l'ostetrica presente la sollevò, le diede una pacca sulla testa tre volte e predisse che avrebbe avuto successo.

La signora Kawamura aveva immaginato una vita lunga e prospera per Hawayo da quando sua sorella maggiore, Kawayo, che prese il nome da Kauai, era morta in tenera età. Volevano che la loro figlia minore fosse degna del suo nome, perché per loro "rappresentava" le Isole Hawaii.

Come previsto dai suoi genitori, la signora Takata ha raggiunto le sue "vette". Dalla sua suite al decimo piano nel quartiere McCully, osservava la città con aria piena di soddisfazione. Quando finalmente la raggiunsi, aveva già giocato al golf a nove buche e aveva dato trattamenti Reiki a diversi pazienti. Takata ha dichiarato: "Gioco a golf ogni mattina da quasi 30 anni e non guido nemmeno il cart, cammino. È un buon esercizio. Prima di venire a Honolulu ho vissuto alle Hawaii per diversi anni ma non sono stata soddisfatta fino a quando non sono approdata a Big Island. Ho comprato un terreno, costruito una casa e vi sono rimasta per diversi anni."

Ricordando il suo passato, la signora Takata disse che non era sempre stata il ritratto della salute. Nel 1935, quando aveva 35 anni, soffriva di diverse malattie, la principale delle quali era l'asma. È entrata in un ospedale a Tokyo per

---

[67] MRS TAKATA AND REIKI POWER by Patsy Matsuura (Staff Writer, the Honolulu Advertiser), February 25, 1974.

un'operazione. Mentre era lì, sentì parlare di Reiki e decise prima di provarlo. Sotto le cure del maestro di Reiki Chujiro Hayashi per quattro mesi, la signora Takata si riprese. È rimasta in Giappone per un anno e ha imparato l'arte della guarigione. Durante i 39 anni di pratica del Reiki alle Hawaii, ha acquisito clienti da tutti gli angoli del globo, tra cui Barbara Hutton e Doris Duke. Quest'ultima si è rotta il polso nel 1957 ed è stata curata dalla signora Takata, diventando poi una sua studentessa. "Reiki è disponibile per chiunque lo cerchi", ha detto la signora Takata.

"Quando uno studente è pronto ad accettarlo, gli viene mostrata la strada. Con il primo contatto, o iniziazione, le mani irradiano vibrazioni verso il punto dolente. Se c'è dolore, si registra sulla punta delle dita e sui palmi delle mani. Il disturbo scompare quando il corpo risponde al trattamento. Una dieta adeguata migliora i trattamenti. Frutta e verdura sono cibi eccellenti, ma non mangiare mai quando sei preoccupato. Siedi a tavola solo quando sei di buon umore. Siamo venuti in questo mondo per uno scopo, quindi dobbiamo avere salute e felicità per raggiungere i nostri obiettivi. Devo la mia fortuna al mio defunto marito, Saichi, che è stato una luce guida fino alla sua morte nel 1930. "

La signora Takata dice di aver intenzione di insegnare Reiki fino al 24 dicembre 1977 e che, se riesce a trovare un successore, spera di costruire un Centro Reiki sui tre acri di terra che possiede a Olaa, vicino a Kurtistown, nelle Hawaii. Nel caso in cui non riesca a trovare un sostituto capace, il lotto verrà consegnato alla contea di Honolulu.

Nel frattempo è impegnata a scrivere un libro, "Look Younger, Feel Stronger, and a Way to Longevity"[68] e a tenere lezioni all'Università delle Hawaii.

Questa primavera terrà conferenze e lezioni sulla terraferma e quest'estate è stata invitata in Indonesia per prendere parte a un festival di cinque giorni sull'arte della guarigione, sponsorizzato dal governo indonesiano.

Katsushika Hokusai (1760-1849)

---

[68] Questo libro sembra non sia mai stato pubblicato.

La sig.ra Takata apre le coscienze al "Reiki"[69]

Reiki?

Che cos'è il Reiki?

La signora Hawayo (che significa Hawaii) Takata, 74 anni, delle Hawaii, la maestra di Reiki, spiega: "Reiki significa energia vitale universale. Non è una religione."

Aggiunge: "Mi è stato spiegato in questo modo: ecco il grande spazio che ci circonda, l'Universo. C'è un'energia infinita ed immensa. È universale ... La sua fonte ultima è il Creatore. È un'energia che può derivare dal sole o la luna o dalle stelle e che la scienza non può ancora provare o spiegare, è una forza illimitata, è la fonte di energia che fa crescere le piante ... e volare gli uccelli.

Quando un essere umano ha dolore o ha problemi può attingere ad essa. È una fonte eterea, una lunghezza d'onda di grande potenza che può rivitalizzare e ripristinare l'armonia ..."

La signora Takata aggiunge al suo concetto: "È la natura. È Dio, il potere che mette a disposizione dei Suoi figli che lo cercano. In giapponese, questo è Reiki."

Gli scettici potrebbero finire di leggere qui.

È interessante notare, tuttavia, che la signora Takata sottolinea che l'American Medical Association of Hawaii consente trattamenti Reiki negli ospedali, quando richiesto da un paziente.

La signora Takata insegnerà Reiki all'Università delle Hawaii questo inverno ed ha già un contratto firmato.

È la prova vivente che è qualcosa che funziona. All'età di 74 anni, gioca a golf a nove buche ogni giorno quando è a casa e partecipa ai tornei a 18 buche.
È piccola e potente! Emana tranquillità e quiete, forza e potenza.

---

[69] MRS. TAKATA OPENS MINDS TO 'REIKI', by Vera Graham (printed in 'The Times', San Mateo, California), May 17, 1975.

Capitolo TRE

Non è sempre stata così.

La signora Takata ricorda che, quando aveva 29 anni, suo marito morì. Rimase senza un soldo con due piccole figlie da mantenere e da far crescere.

E racconta: "Solo loro mi hanno impedito il suicidio. Guardavo i loro piccoli volti mentre dormivano in pace. Sapevo che non potevo far loro questo. Ero la loro madre e il loro padre. All'età di 35 anni, avevo tutti i tipi di disturbi: appendicite, tumore benigno, calcoli biliari. E per di più avevo l'asma, quindi non potevo sottopormi a un'operazione che richiedesse anestesia. Sono scesa a 97 libbre (circa 44 kg). Per un periodo di sette anni sono stata ulteriormente devastata emotivamente. Un caro membro della mia famiglia moriva ogni anno. Ero una donna che andava in chiesa e ho sempre creduto in Dio. Un giorno, ho meditato e infine ho detto: "Dio, sono con le spalle al muro! Aiutami!" e mi sono detta che se Dio avesse ascoltato, mi avrebbe aiutata. Per quanto mi riguarda, è quello che è successo. Poi ho sentito una voce. Oggi la chiamiamo chiarudienza. Non ne sapevo nulla nel 1935 ... Ho sentito una voce parlare dopo essermi lamentata così amaramente. Mi sentivo tutta sola al mondo, come se solo io avessi avuto tutte le sofferenze, i pesi e le miserie. Avevo chiesto: "Perché sono povera? Perché ho questa brutta malattia .... dolore? Perché ho tutti i dolori?" La voce che rispose fu forte e chiara. Parlò tre volte e disse: "Numero uno: sbarazzati di tutte le tue malattie". Semplicemente questo! Troverai salute, felicità e sicurezza."

Non potevo credere alle mie orecchie finché non ho sentito lo stesso messaggio tre volte. Nel giro di ventuno giorni ero su una nave per Tokyo, con la speranza di trovare aiuto lì. Sono andata all'ospedale ortopedico Maeda nel distretto di Akasaka a Tokyo. Questo è il quartiere più bello nel cuore di Tokyo vicino al Palazzo Reale. L'ospedale aveva preso il nome dal mio amico, il dottor T. Maeda, che andai a trovare."

La signora Takata dice che quando la vide il dott. Maeda era scesa a 97 libbre (circa 44 kg). Scosse la testa e disse che avrebbe dovuto rimettersi in forze prima di affrontatre un intervento chirurgico. Lei e le sue due figlie rimasero in ospedale.

Prima di continuare con la sua storia, la signora Takata spiega che si parla di Reiki già nella storia antica del Giappone e nei Sutra buddisti, gli scritti sacri si riferiscono ad esso. Il Reiki risale ad almeno 2.500 anni fa. Il suo mistero, dice la signora Takata, è stato svelato dal Dr. Mikao Usui alla fine del XVIII secolo.[70]

---

[70] In realtà si fa risalire la creazione del metodo Reiki da parte di Mikao Usui agli anni '20 del XX secolo.

Dopo ventuno giorni in ospedale, la signora Takata fu pronta per un intervento chirurgico. Era sul tavolo operatorio mentre la preparavano, ricorda, quando improvvisamente sentì di nuovo quella voce possente.

Questa volta la voce disse: "Non farti operare. Non è necessario." La signora Takata ha detto di essersi pizzicata, per assicurarsi di essere sia cosciente che raziocinante.

Per tre volte sentì il monito e improvvisamente scese dal tavolo operatorio e rimase sul pavimento, causando un'infinita costernazione tra le infermiere.

Il dottor Maeda entrò per informarsi. Gli disse che non aveva paura di morire, ma voleva sapere se c'erano altri trattamenti. Il dott. Maeda le chiese per quanto tempo sarebbe rimasta in Giappone. Quando lei rispose due anni, disse alle infermiere di vestirla e di chiamare sua sorella, la signora Shimura, che era allora la dietista dell'ospedale.

La signora Takata apprese in seguito che la signora Shimura era stata, alcuni anni prima, in coma, stava morendo di dissenteria, quando una compagna di scuola di sua figlia la supplicò di chiedere aiuto per sua madre, dal maestro di Reiki, il dottor Chijuro Hayashi. Lo fece e, tra lo stupore di tutti, la signora Shimura uscì dal coma e iniziò a riprendersi.

La signora Shimura la portò nello studio del dottor Hayashi. Ricorda Takata: "Due dei suoi praticanti hanno lavorato su di me. Uno sugli occhi, sulla testa, sul seno, sulla tiroide, sulla ghiandola del timo. L'altro, sul resto del corpo. Posso descriverlo meglio come è indicato nella Bibbia: l'imposizione delle mani".

L'ospedale di Maeda è il luogo in cui hanno verificato e confermato i miei progressi. Quindi mi sono detta: "Sono una donna molto curiosa. Indagherò su come lo stanno facendo. Cosa mi fa sentire il calore ed è reale il calore che emana dalle loro mani?" Ho guardato sotto il tavolo, sul soffitto, ovunque. Non riuscivo a trovare corde o strumenti.

Poi ho pensato: "Ah, hanno una batteria nascosta tra le maniche." Gli assistenti del Dr. Hayashi indossavano il kimono giapponese con le maniche larghe e con le tasche. Lavoravano in silenzio. Non parlavano. Dissi tra me e me: "Il mio momento è arrivato." E mentre mi stavano curando, ho improvvisamente afferrato il praticante per la tasca.

Era sbalordito, ma, pensando che avevo bisogno di un po' di Kleenex, me ne diede un po' ma io ho detto: "No! Voglio vedere il dispositivo che hai in tasca." E lui scoppiò in una risata incontrollata. Il dottor Hayashi entrò per vedere cosa stava

Capitolo TRE

succedendo e gli fu riferito. "... Il dottore sorrise e scosse la testa", ricorda la signora Takata. Iniziò a darle la spiegazione parlando di una forza vitale universale. Disse: "Ogni volta che senti il contatto, tutto ciò che so è che giunge questa grande forza vitale universale e si trasmette da me a te, questi (alzò le mani) sono gli elettrodi ... Quella forza inizia a rivitalizzare e ripristinare l'equilibrio dell'intero sistema."

La signora Takata annuì, sì, e pose una domanda: "Può Reiki aiutare una persona sincera nel desiderio di smettere di bere in eccesso, fumare, perdere peso o ingrassare, stabilire un normale equilibrio e una buona salute?"

Col tempo, la signora Takata si convinse che anche lei avrebbe dovuto imparare di più e divenne una studentessa del dott. Hayashi. Trascorse molti mesi e fu messa in campo per aiutare gli altri. A sua insaputa, riportarono rapporti completi al dottor Hayashi sul suo operato. "Ho superato perfettamente i miei esami."

Oltre ai trattamenti, aggiunge, c'era una questione di diete speciali, tra cui l'utilizzo di semi di girasole, succo di barbabietola rossa, pompelmo, mandorle ....

Osserva la signora Takata: "Parlo con fiducia di questo, ma va compreso che non parlo come io ... io ... io ..., parlo perché si tratta del potere di Dio. È lui che ce lo mette a disposizione. Chi dubita di Dio? ..."

La signora Takata è l'unica insegnante al mondo del sistema Reiki di Usui oggi ed è riconosciuta come la sua maestra.

Toyohara Chikanobu (1838-1912)

Hawayo Takata al Centro Conferenze di Panther Valley[71]

I seguaci di "Coscienza Creativa", un programma che insegna ai partecipanti come sfruttare al massimo il loro potenziale individuale, hanno annunciato il loro piano per un seminario in New Jersey programmato il 4-6 aprile presso il centro conferenze della Panther Valley vicino Allamuchy.

La registrazione presso il centro conferenze, sulla Route 519 appena fuori dallo svincolo della Interstate Route 80 per Allamuchy, avverrà alle 17:30 il 4 aprile. Le sessioni si terranno dalle 18:00 fino a mezzanotte del 4 aprile e dalle 9:00 alle 21:00 il 5 e 6 aprile.

Una presentazione introduttiva sulla Coscienza Creativa si terrà presso l'Howard Johnson Motor Lodge sulla Route 22, Phillipsburg, dalle 14:00 alle 16:00 il 22 Marzo.

Secondo quanto riportato nel programma, vengono insegnate le tecniche per massimizzare la produttività mentale, migliorare la memoria, aumentare il potenziale di risoluzione dei problemi e la capacità di prendere decisioni rapide, come far affiorare l'abilità creativa di una persona, aiutare a comunicare con gli altri e sviluppare un adeguato rilassamento.

Il gruppo prevede inoltre la sponsorizzazione di due lezioni sulla guarigione Reiki da parte della signora Hawayo Takata delle Hawaii, a giugno.

Le lezioni si terranno dall'1 al 4 giugno a casa di Nick Siderides al 20 Brookdale Court a Cherry Hill e dal 5 all'8 giugno a casa di Jean Perry, Jane's Chapel Road, Oxford R.D.

Ogni classe sarà limitata a 30 persone e sarà aperta al pubblico, ma verrà data priorità agli iscritti a Coscienza Creativa, se più di 30 persone faranno domanda per ogni classe. I padroni di casa dove si terranno le lezioni, o la signora Alice Picking di Jane's Chapel Road, Oxford, uno dei due coordinatori del New Jersey per la Coscienza Creativa, possono essere contattati per la registrazione. Il costo è di $ 125. La signora Takata, che ha 74 anni, è l'unica maestra di Reiki delle Hawaii, avendo imparato l'arte della guarigione nel 1935 in Giappone, dopo che le era stata applicata

---

[71] HAWAYO TAKATA AT THE PANTHER VALLEY CONFERENCE CENTER (The Forum, Hackettstown NJ), March 19, 1975.

con successo nel trattamento dei suoi problemi di asma nel 1935. Ha praticato il Reiki alle Hawaii per 39 anni con clienti che hanno incluso Barbara Hutton e Doris Duke.

Secondo la signora Takata, "Reiki aiuta a raggiungere la salute, la felicità e la fiducia che portano alla strada della longevità". Dice che il metodo, applicato con le mani, utilizza l'energia cosmica per curare i malati e che "un potere spirituale invisibile irradia vibrazioni e ristabilisce l'armonia."

In un'intervista alle Hawaii, ha affermato di credere che una forza dinamica dello spirito divino governi il mondo e l'universo e che sia disponibile per chiunque sia interessato a imparare l'arte della guarigione. La signora Takata, che ha affermato di aver giocato a golf ogni mattina per 30 giorni[72], tiene lezioni all'Università delle Hawaii, sta scrivendo un libro e spera di costruire un centro di Reiki sulla terra che possiede a Olaa, vicino a Kurtistown alle Hawaii.

Utagawa Hiroshige (1797-1858)

---

[72] Basato su riferimenti in altre interviste con Takata-sensei, questo si dovrebbe probabilmente leggere "30 anni".

Reiki, il metodo di guarigione giapponese che potrebbe suscitare interesse tanto quanto l'agopuntura cinese[73]

Quando la signora Hawayo Takata ti mette le mani addosso, ti accorgi solo di un tocco delicato all'inizio, ma poco dopo ti senti una reazione sottile da qualche parte sotto la tua pelle. Le mani della signora Takata emettono la guarigione del Reiki.

Di origine giapponese, il Reiki può rischiare di creare tanti problemi per la professione medica quanto l'arte cinese dell'agopuntura. C'è già un crescente interesse per il Reiki tra chi è debilitato e tra i malati.

Nelle lezioni condotte dalla signora Takata a Park Forest, uomini e donne hanno recentemente appreso, dall'unico maestro di Reiki delle Hawaii, che "è l'energia cosmica che dà vita a tutti noi. È la forza dinamica che governa l'universo ed è disponibile per chiunque voglia essere uno strumento di guarigione."

È una donna minuta ed energica di 74 anni ed è stata una guaritrice Reiki per tre decenni e mezzo ed è la terza maestra di questa arte di guarigione, il che significa che può trasmettere Reiki ad altri in modo che possano guarire.

La signora Takata ama ricordare a tutti quelli che incontra per la prima volta che non è sempre stata la donna capace e in salute che è oggi. Quando aveva 35 anni era prostrata e infelice, vittima di non uno ma di numerosi disturbi che la tenevano prigioniera, quali asma e ulcera allo stomaco. Stava per accettare di sottoporsi ad un intervento chirurgico a Tokyo ma, quando sentì parlare di Reiki, decise di rinunciare all'operazione fino a quando non avesse provato questo metodo per nulla invasivo.

Rimase sotto la cura del Maestro Reiki, Chujiro Hayashi per quattro mesi, alla fine dei quali fu guarita. Nel giro di un anno divenne esperta nell'arte del Reiki.

A quel tempo, tuttavia, Reiki era sorvegliato dai giapponesi che esitavano a condividere questa particolare arte nazionale con altri, ma la signora Takata convinse Hayashi, un comandante navale in pensione, che il mondo doveva avere questa conoscenza. Egli accettò, le insegnò e lei tornò a casa alle Hawaii per iniziare la sua attività di guarigione per quattro anni.

---

[73] REIKI – JAPANESE METHOD OF HEALING COULD SPARK PUBLIC INTEREST SIMILAR TO CHINESE ACUPUNCTURE (Autore sconosciuto. L'articolo si ritiene sia stato scritto nel 1975).

Capitolo TRE

L'origine del Reiki è nel buddismo Zen, la sua chiave segreta è stata ricavata dai Sutra (testo filosofico orientale) dal monaco buddista Dr. Usui, il suo primo maestro. Ma, dice la signora Takata, non importa quale religione professiate, il Reiki è universale. Chiamandolo così com'è, è il potere di Dio messo a disposizione di coloro che desiderano essere liberi dalla sofferenza e vedere i loro simili liberi allo stesso modo. Richiede solo l'imposizione delicata delle mani fatta da coloro che hanno ricevuto l'iniziazione al Reiki attraverso la meditazione di un maestro, in questo caso, la signora Takata.

Le sue lezioni sono permeate di umorismo e concrete come la vita dei suoi studenti, allevatori hawaiani, che hanno reso con successo scrofe o mucche infertili molto produttive. "Perché gli animali non dovrebbero beneficiare del Reiki? Anche le tue piante cresceranno meglio col tuo "tocco", promette il guaritore.

Una domanda spesso posta è: "Può Reiki aiutare a smettere di fumare o perdere peso?" A questo la signora Takata risponde: "Certo, ma non dimenticare che non è un sostituto del buon senso e della forza di volontà. La perdita di peso è facilitata dalla stimolazione Reiki del metabolismo lento e in questi casi si tratta la persona ogni giorno fino a quando il peso non diminuisce. Non ci sono inconvenienti, come il rilassamento della pelle e delle rughe, quando si perde peso con l'aiuto del Reiki."

Con un tono più serio avverte che i casi terminali di cancro o tubercolosi potrebbero non rispondere, tranne nel fatto che il dolore sarà alleviato. Questo è un grande "tranne". I casi di primo o secondo grado di queste malattie mostreranno sicuramente miglioramenti, persino la guarigione, afferma.

Gli organi malati suggono letteralmente il Reiki che è nelle mani del guaritore, le vibrazioni penetrano in profondità nelle aree che ne hanno bisogno, spiega la signora Takata. Spesso non siamo nemmeno consapevoli di dove siano effettivamente i nostri problemi fino a quando la reazione non viene avvertita sotto il tocco del guaritore.

La signora Takata o quelli addestrati nel suo metodo di guarigione, danno consigli sulla dieta. È semplice e ragionevole: non mangiare mai quando sei preoccupato o turbato e scegli frutta e verdura. Tuttavia, tutto è permesso, compresi carne e liquori. La moderazione in tutto è la regola. "Dobbiamo avere salute e felicità in questo mondo in modo da poter realizzare lo scopo per cui siamo venuti. Il buon senso e l'energia del Reiki lo rendono possibile", assicura la signora Takata.

I genitori di Hawayo Takata emigrarono ad Hanamaulu, Kauai dal Giappone; la chiamarono "Hawayo" come il territorio delle Hawaii. Suo marito ("La mia luce guida") morì di infarto nel 1930, cinque anni prima che lei guarisse dai suoi numerosi disturbi. Nel 1955 la signora Takata possedeva un centro benessere a La Jocinta, in California, "Un posto bellissimo, tranne per il fatto che le piscine che avevo costruito per i trattamenti terapeutici in acqua e il nuoto ricreativo si riempivano completamente di sabbia del deserto durante le tempeste. Il mio addetto alla manutenzione non lo ha apprezzato e nemmeno io." Di conseguenza è tornata alle Hawaii dove costruirà un centro sanitario a Olaa, Kurtistown, quando si ritirerà dalla attività di guarigione nel 1978. Il suo lavoro sarà svolto dai successori che ha formato.

"Nessuno potrà dire che Takata abbia tenuto il suo segreto per sé. Voglio vedere molti dottori e ministri di chiesa formati in Reiki in modo che non continuino a fare solo metà del lavoro per i loro pazienti e i loro fedeli." A novembre, la signora Takata inizierà a insegnare all'Università delle Hawaii.

Il Reiki potrebbe diventare la rivelazione del secolo. Attualmente quelli che hanno frequentato le lezioni della signora Takata, qui nel sobborgo sud-ovest, sono come quelli sulla terraferma, sono impazienti di raggiungere i loro risultati di guarigione poiché ricordano la sua affermazione sincera e convincente: "Il Reiki è disponibile per chiunque lo cerchi. Celebra la fonte del potere e ringrazia."

Utagawa Hiroshige (1797-1858)

L'insegna della clinica Reiki di Takata[74]

Durante gli anni '40 Takata possedeva una proprietà a Kilauea Avenue 2070, Waiakea Homesteads, South Hilo, Big Island, Hawaii. Questo edificio serviva sia da abitazione che da studio per i trattamenti.

Il cartello raffigurato qui è stato scoperto nel seminterrato della proprietà, ora sede del Centro di chiropratica Klein, gestito dal Dr. Robert Klein. Il cartello è attualmente appeso a una parete, al secondo piano della proprietà.

È ovvio che il cartello era stato ridipinto e soprattutto riformulato, in più di un'occasione.

Volevo provare a ripulire il cartello dal suo aspetto finale e anche a produrre una versione ripristinata della formulazione originale.

---

[74] Deacon James, http://www.aetw.org/.

Reiki "Il metodo segreto per invitare le benedizioni"

Ecco il mio tentativo di ripristinare la versione successiva, riformulata.

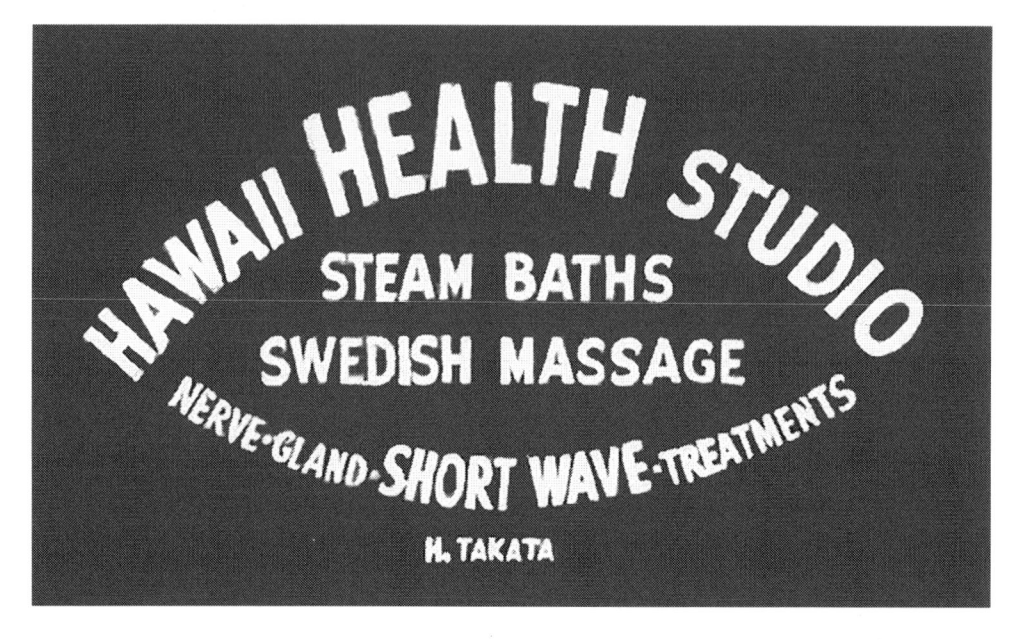

HAWAII HEALTH STUDIO
STEAM BATHS
SWEDISH MASSAGE
NERVE·GLAND·SHORT WAVE·TREATMENTS
H. TAKATA

Tuttavia, il lavoro sulla versione "originale" si stava rivelando troppo lungo, quindi ho optato per quella che è sicuramente una "impressione degli artisti" dell'originale, basata su un attento esame del cartello e un po' di congetture riguardo a un paio di caratteri kanji che sono debolmente visibili nella parte inferiore del cartello.

REIKI MASSAGE
SWEDISH MASSAGE

H. TAKATA
高田靈氣治療院

高田ハワヨ

Capitolo TRE

Con la parte inferiore del cartello, attualmente in uno stato così rovinato, non è facile vedere i kanji; tuttavia, il primo kanji è quasi certamente 高 (taka) il secondo è 田 (ta), il terzo e il quarto sono 靈氣 (Reiki) il quinto è 治 (chi), il sesto molto probabilmente è 療 (ryo) e il settimo è 院 (in).

高田靈氣治療院

Takata Reiki Chiryo In

治療 "chiryo" è un trattamento (medico), 院 "in" si riferisce ad una "accademia" o "scuola".

Quindi l'intero gruppo di sette kanji potrebbe essere letto come "Accademia di trattamento Reiki di Takata" o in alternativa, come "Clinica Reiki di Takata" (i tre kanji: 治, 療 e 院 in combinazione possono essere letti come "clinica").

I cinque caratteri scritti in una riga verticale nella parte inferiore destra del cartello sembrano essere:

高
田
ハ
ワ
ヨ

cioè: "Hawayo Takata". 高田 (Taka Ta) ハワヨ (Ha Wa Yo).
È interessante notare che mentre, negli annunci sui giornali dell'epoca, Takata usa il termine "Trattamenti Reiki" e, come detto, i caratteri kanji 靈氣治療 sul cartello possono anche essere letti come "Trattamento Reiki", la scritta inglese sul cartello parla di "MASSAGGIO REIKI."

Sotto le parole "Bagni di vapore" e "Massaggio svedese" che compaiono nella versione successiva del cartello, ci sono altre due righe di testo originale che sono solo debolmente visibili. Finora non sono stato in grado di decifrarli chiaramente; anche se la seconda riga potrebbe contenere: "........ Massaggio".

Il cartello forse precede la Clinica di Kilauea Avenue?

Takata acquistò la proprietà di Kilauea Avenue nel 1939, tuttavia prima deve aver iniziato una piccola attività di trattamenti Reiki all'indirizzo di Kapaa nel distretto di Kawaihau sull'isola di Kauai, dove nei suoi primi anni, a quanto pare, c'erano probabilmente la maggior parte dei suoi clienti (e gli studenti) di origine giapponese.

Il cartello ha forse fatto il viaggio da Kauai a Big Island con Takata? Potrebbe essere che la versione del cartello con entrambe le parole in inglese e giapponese risalga a questo momento a Kapaa?

È stato suggerito in più di un'occasione che la ragione delle modifiche al cartello, in particolare la rimozione dei caratteri kanji e katakana giapponesi, potrebbe essere dovuta ai sentimenti del "dopo Pearl Harbor" riguardanti tutte le faccende giapponesi.

È anche possibile che il cambio di formulazione fosse semplicemente dovuto a un cambiamento di messa a fuoco. Sappiamo dalla stessa Takata che, nei suoi primi anni, le sue "interazioni Reiki" erano principalmente con clienti giapponesi, Kanaka 'Oiwi (nativi hawaiani), filippini e portoricani, ma col tempo iniziò ad attrarre una crescente clientela anglo-americana.

Potrebbe semplicemente essere che il cartello sia stato aggiornato per rispecchiare questo fatto?

NOTA:

"Trattamenti per nervi e ghiandole a onde corte"

Diverse persone hanno commentato l'assenza di qualsiasi menzione del trattamento Reiki sulla successiva versione del cartello e, allo stesso modo, diverse persone (me compreso) si sono chieste se forse i "Trattamenti per nervi e ghiandole a onde corte" pubblicizzati fossero semplicemente trattamenti Reiki sotto un nome diverso.

Tuttavia, come ha sottolineato Ezri Graham:

È anche possibile che i "Trattamenti per nervi e ghiandole a onde corte" di Takata fossero qualcosa di diverso dal Reiki.

Erwin Schliephake stava sperimentando trattamenti con le onde corte nel 1929 e scrisse il libro "Terapia ad onde corte" nel 1932. La terapia a onde corte è anche

Capitolo TRE

conosciuta come diatermia a onde corte e c'è il sospetto che abbia guadagnato una certa popolarità in Giappone negli anni '30.

Nel 1934 il giapponese Kenji ITO (ex presidente della fisioterapia e riabilitazione ITO) creò l'unità di terapia a onde corte. Tuttavia, le ricerche e la fornitura di dispositivi presto si fermarono a causa del prolungamento della guerra. Più tardi, in Giappone, l'evoluzione particolare della diatermia risultante dalla sua divulgazione è stata acquisita e ora l'unità di terapia domestica della SWD è ampiamente utilizzata.

Toyohara Chikanobu (1838-1912)

Atto notarile[75]

Il seguente documento è l'atto notarile con cui Chujiro Hayashi conferisce pieni poteri ed autorità a Takata come Maestra di Reiki. Ad oggi Hawayo Takata è l'unica Shihan di Reiki al mondo, ad avere i certificati ufficiali redatti da un discepolo diretto di Mikao Usui.

CERTIFICATO

IL PRESENTE DOCUMENTO PER CERTIFICARE che la sig.ra Hawayo Takata, una cittadina Americana nata nel Territorio delle Hawaii, dopo aver frequentato un corso di studi e di pratica nel Sistema di Guarigione Reiki di Usui direttamente sotto la mia personale supervisione durante una visita in Giappone nel 1935 e successivamente, ha superato tutti i test e dato prova del suo valore ed abilità nell'effettuare il trattamento e nel trasmettere ad altri il potere del Reiki.

INOLTRE Io, Dr. Chujiro Hayashi, per il potere conferitomi dalla mia autorità di Master del sistema di guarigione privo di medicine Usui Reiki, con il presente (documento) conferisco alla sig.ra Hawayo Takata i pieni poteri e l'autorità di praticare il sistema Reiki e di trasferire ad altri la conoscenza segreta ed il dono della guarigione attraverso questo sistema.

LA SIG.RA HAWAYO TAKATA con il presente (documento) da me certificata come praticante e Master del sistema di guarigione del Dr. Usui, al momento attuale, è l'unica persona negli Stati Uniti autorizzata a trasmette ad altri tali poteri e una delle tredici persone pienamente qualificate come Master della professione.

Firmato da me, oggi 21 Febbraio, 1938, nella città e contea di Honolulu, territorio delle Hawaii.

Firma del testimone: (FIRMATO)

---

[75] Deacon James, http://www.aetw.org/. Fueston Robert N., Reiki: Transmissions of Light, volume 1, Lotus Press, 2017.

CERTIFICATE

THIS IS TO CERTIFY that Mrs. Hawayo Takata, an American citizen born in the Territory of Hawaii, after a course of study and training in the Usui system of Reiki healing undertaken under my personal supervision during a visit to Japan in 1935 and subsequently, has passed all the tests and proved worthy and capable of administering the treatment and of conferring the power of Reiki on others.

THEREFORE I, Dr. Chujiro Hayashi, by virtue of my authority as a Master of the Usui Reiki system of drugless healing, do hereby confer upon Mrs. Hawayo Takata the full power and authority to practice the Reiki system and to impart to others the secret knowledge and the gift of healing under this system.

MRS. HAWAYO TAKATA is hereby certified by me as a practitioner and Master of Dr. Usui's Reiki system of healing, at this time the only person in the United States authorized to confer similar powers on others and one of the thirteen fully qualified as a Master of the profession.

Signed by me this 21st day of February, 1938, in the city and county of Honolulu, territory of Hawaii.

Witness to his signature: (SIGNED) Chujiro Hayashi

TERRITORY OF HAWAII, } ss.
City and County of Honolulu.

On this 21st day of February, A. D. 1938, before me personally appeared * * * * * * * * * * * (DR.) CHUJIRO HAYASHI * * * * * * * * * * * * * * * * to me known to be the person described in and who executed the foregoing instrument and acknowledged that WHO executed the same as HIS free act and deed.

Notary Public, First Judicial Circuit,
Territory of Hawaii.

Lettera di Takata in cui annuncia il suo ritiro[76]

Questo è il momento per augurare un felice e prospero 1977.
Desidero ringraziarvi tutti per l'estrema gentilezza che mi avete dimostrato con regali, fiori ed invitandomi nelle vostre accoglienti case per condividere le feste che avete così gentilmente organizzato con mani colme di Amore e di Reiki.
È con gratitudine, amore, pace, affetto e riconoscenza[77] per voi tutti che scrivo questa lettera per dire "grazie" e per farvi sapere che è giunto il momento per me, quest'anno, di ritirarmi. Negli anni trascorsi, durante il mio percorso con il Reiki, ho acquisito molti amici e studenti. Essi sono stati per me fonte di gioia, ispirazione, conoscenza e saggezza.
Auguro a voi ottima salute, immensa gioia e la fiducia di avere lunga vita, serenità e successo!!!
      Resto profondamente grata, la vostra
         Rev. Hawayo Takata
Io ho avviato 3 Maestri di Reiki per portare avanti questo nobile lavoro. Sono affidabili, capaci, gentili e dotati di grande umanità.
I loro nomi sono[78]:
Master John Gray, 227 Highland Terrace, Woodside Caly – 94062 – telefono 415-815-2887-851.7404
Master Virginia Samdahli – 419 Wimnemac St Park Forest Ill. 60466 – ph. 312 – 7484639
Master Ethel Lombardi – 93 Spring Creek Rd. Rt # 5 Lochport Ill – 60441 – ph. 815-83882

P.S. Grazie per la bellissima lettera.
Ci vediamo a maggio.

---

[76] Deacon James, http://www.aetw.org/. Fueston Robert N., Reiki: Transmissions of Light, volume 1, Lotus Press, 2017.
[77] Takata usa il termine omnicomprensivo Hawaiano Aloha che è l'insieme di amore, pace, affetto, gratitudine, compassione, misericordia e allegria condivisa.
[78] Difficile garantire l'esattezza dei dati riportati per la difficoltà nell'interpretare esattamente la calligrafia di Takata.

Seasons Greetings for a ~~Happy~~ Prosperous 1977.
I wish to thank you all for the many kindness given me, with gifts, bouquets, invitations to your lovely homes to share the feasts you so kindly prepared with Love and Reiki Hands.
It is with gratitude and Aloha to you all, that I write this letter to say "Thank You," to let you know that time has come for me to retire this year. I have gained many friends and students during my Reiki Tours, these past years. They were a great Joy, Inspiring receiving knowledge and Wisdom.
Wishing you the Best of Health, Happiness, to have Security and prepare for Longevity, Peace of mind and Success!!!
  I remain, most gratefully yours,
         Rev. Hawayo Takata
I have created 3 Reiki Masters to carry on this noble work. They are trusting, capable, kind and ~~with humility~~ serve God and Mankind. They are:—
Master John Gray, 227 Highland Terrace, Woodside Calif — 94062 — phone 415-851-2887 — 851-7404
Master Virginia Samdahl — 419 Winnemac St Park Forest Ill. 60466 — ph. 312-7486639

Master Ethel Lombardi — 93 Spring Creek Rd. Rt #5 Lockport, Ill — 60441 — ph 815-83882

P.S: Thank you for the beautiful letter.
Will see you in May —

Insegnamenti del Livello Introduttivo[79]

Introduzione[80]

L'Usui Shiki Ryoho si riferisce al sistema di Reiki che ci è arrivato attraverso il lignaggio: Mikao Usui, Chujiro Hayashi, Hawayo Takata. Sebbene in diverse occasioni Takata si riferisce al Reiki come Usui Reiki Ryoho, usava il termine Usui Shiki Ryoho sui suoi certificati.

Alla domanda sul significato di Reiki, Takata spesso ha dato una risposta molto semplice del tipo Rei significa Universale e Ki significa Energia. (Comunque è stato detto in più di un'occasione che questa particolare spiegazione sia saltata fuori solo negli ultimi anni '60, per adattarsi a un "quadro di riferimento" più generalizzato riguardo alle persone attratte da lei come potenziali studenti).

Tuttavia, nel tentativo di trasmettere ai suoi studenti una comprensione più profonda del significato di Reiki, Takata ha parlato di Reiki come: "una forza universale del Grande Spirito Divino" e "un'energia cosmica per curare i malati". E ancora, più specificatamente, come: "Potenza Divina".

"Non è associato ad alcun essere materiale visibile. È un potere spirituale invisibile che irradia vibrazioni e ti riporta all'armonia. Questo potere è incomprensibile per l'uomo, eppure ogni singolo essere vivente riceve le sue benedizioni. Reiki aiuta a raggiungere la salute, la felicità e la fiducia che porta alla strada della longevità."

Di recente sembra esserci una crescente tendenza, tra alcune delle comunità che praticano Reiki, o quantomeno tra le comunità di Reiki online. Sembra infatti che tra molti che si considerano praticanti del vero Reiki giapponese, ci sia la necessità di esprimere un atteggiamento che va dal semplicemente sprezzante al fortemente dispregiativo nei confronti di Takata e dei suoi insegnamenti.

Alcune di queste persone quasi si fissano su errori contenuti nella Storia del Reiki di Takata, come ad esempio sul fatto che molti dettagli nella sua versione non siano veri perché in contrasto con le versioni attualmente accettate del racconto. Eppure queste persone trascurano completamente il fatto che non ci siano ancora prove

---

[79] Deacon James, http://www.aetw.org/. Fueston Robert N., Reiki: Transmissions of Light, volume 1, Lotus Press, 2017. Gray John Harvey, Gray Lourdes, McFadden Steven, Hand to Hand: The Longest-Practicing Reiki Master Tells His Story, Xlibris, 2002. Stiene Bronwen, Stiene Frans, The Reiki Sourcebook, Ayni Books, 2009.
[80] Deacon James, http://www.aetw.org/.

documentali per la maggior parte dei presunti fatti presentati come la nuova, vera storia del Reiki.

Tuttavia, il dato importante che non è stato assolutamente compreso da questi e molti altri praticanti di Reiki è che la Storia del Reiki di Takata non doveva essere una storia concreta o veritiera, ma piuttosto ed innanzi tutto una storia d'insegnamento facente parte del processo di creazione di una connessione emotiva con nuovi o potenziali studenti e che era intesa come una parabola per coinvolgere e parlare al Cuore. E, come nel caso di tutte le migliori storie che hanno lo scopo di insegnare, ciò che era importante nella condivisione della Storia del Reiki era il significato interiore, la morale, le verità essenziali sulla natura umana che cercava di trasmettere.

In quasi tutte le culture, è una caratteristica comune della storia d'insegnamento, che i dettagli reali sono liberamente modificati, specialmente se si ritiene che tali modifiche possano aiutare a migliorare la connessione emotiva dell'ascoltatore con il significato interiore della storia.

Un altro importante punto di disapprovazione sembrano essere le numerose tecniche originali, che ora conosciamo come parte del Reiki giapponese e che, per qualche ragione, Takata ha trascurato di insegnare. Il dato di fatto è che Takata ha insegnato molte delle cosiddette tecniche di Reiki originali ma semplicemente non ha usato la terminologia giapponese per parlarne.

E dobbiamo ricordare che c'è stata molta confusione su quali tecniche debbano essere le tecniche dell'Usui Reiki Ryoho e quali siano invece del moderno sistema introdotto da Hiroshi Doi, il Gendai Reiki Ho. E di quelle che sono le tecniche Gakkai, che si dice siano quelle originali del Reiki. Ad esempio, Doi ci dice che la pratica del Reiki Undo è stata introdotta nella Gakkai dall'ex presidente Koyama. In realtà, deriva dal Katsugen Undo, una pratica dell'arte curativa di Noguchi Setai.

Probabilmente, la ragione principale del malinteso sul contenuto di quello che chiamerò Takata Reiki e quello che non è considerato tale, deriva dal fatto che, non molto tempo dopo la morte di Takata, alcuni dei 22 maestri che aveva formato iniziarono ad apportare modifiche, alcune sottili e altre meno, alle modalità e ai contenuti del loro insegnamento del Reiki. Molti dei loro studenti, a loro volta, hanno apportato ulteriori modifiche a ciò che hanno trasmesso ai loro allievi e così via, tanto che probabilmente, tra le nuove generazioni, ci sono relativamente pochi maestri di Reiki, sia di Reiki occidentale che giapponese, che sono realmente consapevoli di ciò che Takata ha effettivamente insegnato. Per dirla tutta, la stessa Takata potrebbe essere decisamente in difficoltà a riconoscere i suoi insegnamenti tra ciò che passa oggi per Usui Shiki Ryoho!

Quelli che seguono sono esempi delle versioni di alcune delle tecniche originali insegnate da Takata.

Byosen Reikan Ho: in uno dei suoi diari Takata scrive: "muovendomi accuratamente sul corpo, le mani diventano sensibili e sono in grado di rilevare la minima congestione all'interno, sia fisica che mentale, acuta o cronica e di determinarne la causa. Durante il trattamento, affidati alle tue mani, ascolta vibrazioni o reazioni. Se c'è dolore, registri dolore alla punta delle dita e al palmo. Se il paziente ha prurito, senti allo stesso modo; se il malessere è profondo e cronico, provoca un dolore profondo o, se acuto, il dolore è un formicolio superficiale."

Enkaku Chiryo Ho: metodo di trattamento a distanza, Takata lo chiamava Guarigione Remota.

Ketsueki Kokan Ho: un'ulteriore voce del diario: "Finisco il trattamento con uno stiramento dei nervi che regola la circolazione ...... Metto il pollice e il dito indice sul lato sinistro all'inizio della colonna vertebrale e le altre tre dita e il palmo piatto sul lato destro e faccio un movimento verso il basso, da 10 a 15 volte fino alla fine del midollo spinale. A volte si riferiva a questo come "Termine del Reiki".

Koki Ho: agli studenti di secondo livello è stato insegnato come guarire attraverso il respiro.

Kokyu Ho: agli studenti di livello Master sono state insegnate tecniche di potenziamento del respiro. In un diario del 1935, Takata in realtà menziona questa tecnica usando una variante modernizzata del suo nome giapponese: Kokiyu Ho

Reiji Ho: "Siediti in una posizione comoda, chiudi gli occhi, concentrati sul tuo pensiero e rilassati. Congiungi le mani e aspetta il segno .... ascolta le tue mani e lascia che ti guidino." Nel già citato diario del 1935, Takata menziona anche questa tecnica usando una variante "modernizzata" del suo nome giapponese: Leiji Ho.

Reiki Mawashi: il Cerchio Reiki.

Renzoku Reiki: Takata si riferiva a questo come la Maratona Reiki, anche se forse Staffetta Reiki avrebbe potuto essere più appropriato.

Seiheki Chiryo Ho: Takata si riferiva ad esso come un mezzo per cambiare cattive abitudini e concetti e per rimuovere le dipendenze.

Shuchu Reiki o Shudan Reiki: il trattamento di gruppo.

Capitolo TRE

Oltre alla questione dell'utilizzo di tecniche originali di Reiki da parte di Takata, ci sono anche altri elementi del Takata Reiki di cui le persone sono generalmente disinformate. Ad esempio, ha suscitato molto clamore la recente scoperta in Giappone del manuale di trattamento di Hayashi, l'Hayashi Ryoho Shishin, in cui elenca specifiche posizioni delle mani per la cura di determinate malattie.

Ma Takata era in possesso del Ryoho Shishin di Hayashi. Intorno al 1938 - 1940 l'opuscolo le fu dato dallo stesso Hayashi. E sappiamo che ha consegnato l'opuscolo, scritto in giapponese, almeno ad alcuni dei suoi studenti di livello Master, anche se non è noto esattamente quanti lo abbiano ricevuto. Quasi tutti quelli che lo hanno ricevuto, a quanto pare, l'hanno trattato come una curiosità, l'hanno accantonato, forse se ne sono dimenticati. Perché? Non erano interessati alla conoscenza di Hayashi Sensei? Era un atteggiamento egoico? Non possiamo saperlo.

È possibile che Takata abbia dato loro il libretto, almeno in parte, come test. Ne apprezzeranno il significato? Era un collegamento tangibile con l'insegnante del loro insegnante. Sarebbero stati grati per questo dono speciale? Qualcuno avrebbe fatto lo sforzo di farlo tradurre? Quindi lo avrebbe usato effettivamente e passato ai propri studenti? O volevano che tutto fosse consegnato loro su un piatto d'argento, pretendendo che Takata facesse tutto al loro posto?

Poi c'è la questione dei Chakra, Takata non ha mai insegnato il sistema dei chakra, anche se molte persone credono che lo abbia fatto. Piuttosto Takata insegnò il concetto del sistema giapponese dell'Hara e il punto del Tanden inferiore, il Seika, sebbene non con questo nome. "Per concentrarsi si devono purificare i pensieri e le parole e meditare per far uscire dall'interno la "vera energia" che si trova nella parte inferiore dell'addome circa 2 pollici sotto l'ombelico." Tuttavia, a differenza di molti che professano l'insegnamento delle pratiche giapponesi originali, Takata non ha insegnato il sistema a tre Tanden, addome, cuore e testa, che in realtà è una concettualizzazione cinese e non giapponese.

È anche comunemente dichiarato che Takata abbia rimosso l'elemento spirituale dal sistema Reiki ma, al contrario, ella ne ha sottolineato l'importanza primaria e questa era la morale principale della sua versione della Storia del Reiki. Nel Takata Reiki, i Cinque Principi erano fondamentali e dei cinque, Takata, a quanto pare, attribuiva la massima importanza a Kansha: gratitudine. "Il paziente in procinto di ricevere questo trattamento deve svuotare la mente, sentirsi a proprio agio ed avere il desiderio di guarire. Non bisogna dimenticare di sentirsi riconoscenti. La gratitudine è una grande cura per la mente ..."

Tra il clamore che circonda la riscoperta del Reiki giapponese, sembra che siano sorti anche molti altri fraintendimenti su ciò che Takata ha detto e insegnato.

È da fonti giapponesi che abbiamo appreso della moglie di Hayashi, Chie, che era anche un maestro di Reiki e di come abbia rilevato la gestione della clinica del marito dopo il suo suicidio, non è vero?

No, in realtà lo rivelò Takata che ne fece menzione in uno dei suoi discorsi registrati.

Sappiamo che è da fonti giapponesi che abbiamo appreso che il terzo livello era correttamente chiamato Shinpiden?

No, lo disse Takata che ne ha parlato per la prima volta in un diario del 1935.

Possiamo almeno dire che è stato solo dopo che i praticanti occidentali di Reiki hanno visitato il Giappone che abbiamo scoperto che non tutti i Maestri di Reiki giapponesi erano morti durante la Seconda Guerra Mondiale?

No, ancora Takata. In uno dei suoi discorsi registrati, Takata afferma che, circa quattordici anni dopo la morte di Hayashi, si recò in Giappone e incontrò la maestra di Reiki Chie Hayashi.

Fonti giapponesi ci assicurano che Usui non ha scoperto i simboli Reiki in bolle di luce l'ultimo giorno della sua meditazione sul Monte Kurama, come aveva affermato Takata?

In un altro dei suoi discorsi registrati, Takata racconta la Storia del Reiki. In essa afferma che l'ultimo giorno del suo digiuno meditativo, Usui ebbe la visione di milioni di bolle multicolori, poi vide una grande luce bianca e poi vide comparire davanti a sé ciò che aveva studiato nel sanscrito in lettere sanscrite luminose e dorate. Cioè Usui ebbe la visione di un pezzo di testo che aveva letto in un sutra scritto in sanscrito. Questo è ciò che Takata ci dice: che ha visto il testo in sanscrito, non i quattro simboli Reiki, che si tratti di bolle o altro.

Katsushika Hokusai (1760-1849)

I Livelli

L'Usui Shiki Ryoho viene insegnato in tre gradi o livelli, che Takata chiamava livello introduttivo, intermedio e avanzato. Il livello Master, come lo Shihan originale, non era un vero e proprio livello, ma piuttosto il riconoscimento di essere giunti alla completa conoscenza della disciplina tanto da poterla trasmettere ad altri e veniva concesso a pochi meritevoli.

Dovendo adattarsi all'utilizzo di termini comprensibili agli studenti occidentali, la terminologia giapponese non viene utilizzata per descrivere questi livelli. Oltre ai nomi dei simboli e ai termini Reiki, Usui Shiki Ryoho e Usui Reiki Ryoho, non vengono usati altri vocaboli giapponesi.

Livello Introduttivo

La formazione del Livello Introduttivo tratta i seguenti argomenti:
Che cos'è il Reiki?
Come funziona Reiki
Cosa può guarire il Reiki?
La storia del Reiki (ovvero la "parabola" o storia dell'insegnamento di Usui Sensei, la sua ricerca, la sua esperienza del fenomeno Reiki e la risposta che il suo dono di guarigione ha suscitato in coloro con cui ha cercato di condividerlo liberamente)
I cinque principi del Reiki
I livelli Reiki
Una spiegazione sulle iniziazioni Reiki
La crisi di guarigione
Centratura
Auto-trattamento
Trattare gli altri
Come chiudere il trattamento
Lignaggio
Nel Livello Introduttivo vengono ricevute quattro sintonizzazioni.

Livello Intermedio

La formazione del Livello Intermedio tratta i seguenti argomenti:
Un ripasso del Livello Introduttivo
Che cos'è il Reiki di Livello Intermedio?
I tre simboli dal Livello Intermedio
- come disegnarli, i loro nomi e significati
Vari modi di usare i simboli.

Tecniche di guarigione a distanza
Auto-trattamento con i simboli
Trattare gli altri usando i simboli.
Lignaggio
Nel Livello Intermedio viene ricevuta una sintonizzazione.

Livello Avanzato

La formazione del Livello Avanzato tratta i seguenti argomenti:
Ripasso dei livelli precedenti
Cos'è il Reiki di Livello Avanzato?
Il simbolo Master di Usui
-come disegnarlo, il suo nome e significato
Discussione e dimostrazione delle sintonizzazioni Reiki dei livelli Introduttivo e Intermedio.
Tecniche del Livello Avanzato
Lignaggio
Nel Livello Avanzato viene ricevuta una sintonizzazione
-dopodiché gli studenti si esercitano a trasmettere (e ricevere) sintonizzazioni.

Master

La formazione del Livello Master tratta i seguenti argomenti:
Ripasso dei livelli precedenti
Cos'è il Reiki di livello Master
Discussione e dimostrazione delle sintonizzazioni Reiki di livello Master
Lignaggio
Nel Livello Master viene ricevuta una sintonizzazione
(Ci viene riferito da Robert N. Fueston che Takata dovette creare l'iniziazione di Livello Master, negli ultimi anni in cui insegnò, a causa della mentalità di alcuni dei suoi studenti anglo-americani che non riuscivano ad accettare tale grado senza la relativa sintonizzazione, ovvero senza un qualche riconoscimento.)[81]

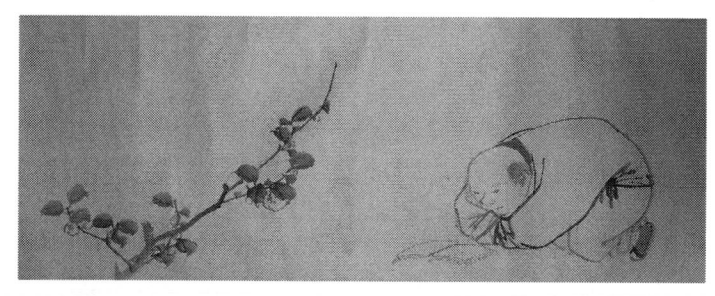

Matsumura Keibun (1779-1843)

---

[81] Fueston Robert N., Reiki: Transmissions of Light, volume 1, Lotus Press, 2017.

I Cinque Principi del Reiki

I principi insegnati da Takata ai suoi studenti avevano l'obiettivo di mantenere il collegamento energetico e spirituale con il lignaggio di Usui.

Questi rappresentavano anche la base per lo sviluppo spirituale e interiore dello studente, attraverso la loro recita in stato di preghiera (meditativo). Contrariamente a quanto sostenuto da alcuni, Takata teneva in grande considerazione lo sviluppo spirituale dell'individuo, infatti durante i suoi seminari ribadiva che la guarigione spirituale e mentale venivano al primo posto e quella del corpo al secondo.

HANKO DI TAKATA

La modalità con cui veniva eseguita questa meditazione era la stessa della preghiera cristiana: il praticante doveva mettere le mani unite in preghiera davanti al cuore e ripetere ad alta voce o mentalmente i 5 principi, proprio come se stesse pregando. Questa è stata la modalità per trasferire e rendere fruibili le tecniche meditative del misticismo giapponese ad un pubblico occidentale di religione cristiana.

A differenza di quelli trasmessi (con qualche variazione funzionale) da alcuni dei suoi allievi dopo la sua morte, i 5 principi Reiki originali trasmessi da Takata sono i seguenti:

Solo per oggi, non arrabbiarti.
Solo per oggi, non preoccuparti.
Solo per oggi, sii grato.
Solo per oggi, fai il tuo lavoro onestamente.
Solo per oggi, sii gentile con tutti.

Queste sono le basi per la crescita spirituale all'interno del sistema Reiki.

Centratura

Il riferimento alla centratura insegnata da Takata si trova nel suo diario datato 10 Dicembre 1935, dove parla del significato del Leiki.

"È la cura più grande della natura, che non richiede medicine. Aiuta, sotto tutti gli aspetti, la vita umana e animale. Per concentrarsi bisogna purificare i propri pensieri e parole e meditare per far fluire la vera energia dall'interno. Giace nella parte inferiore dell'addome a circa 2 pollici sotto l'ombelico. Siedi in una posizione comoda, chiudi gli occhi, concentrati sui tuoi pensieri e rilassati, giungi le mani e aspetta il segno. Appoggia gentilmente e delicatamente le mani a partire dalla testa verso il basso."

È sorprendente il fatto che questo rituale sia molto simile all'Hatsurei Ho, la tecnica di meditazione per l'unità di corpo, mente e cuore insegnata da Mikao Usui.

Ricapitolando, per eseguire la centratura, il praticante deve trovarsi in una posizione comoda, seduto o in piedi, concentrarsi per purificare i propri pensieri e parole (focalizzandosi sul momento presente, attraverso una respirazione rilassata e profonda) e unire le mani davanti al cuore, ricordandosi che la fonte dell'energia Reiki giace al suo interno "2 pollici sotto l'ombelico" (all'incirca 5 cm), finché non sente calore o un formicolio simile alle onde elettriche nelle mani. A quel punto è pronto per iniziare il trattamento su di sé o sugli altri.

Il potere è nell'addome

Nei suoi seminari Takata ha sempre ribadito il concetto che l'addome è il motore e la batteria dell'intero corpo. È nella pancia che vengono accumulati e conservati l'energia vitale dell'essere umano ed il Reiki. Ciò rispecchia perfettamente il concetto tradizionale giapponese di Tanden o Seika Tanden (5 cm. sotto l'ombelico), il centro dell'energia vitale personale, il Jinki, situato all'interno dell'Hara (il ventre).

Durante i suoi seminari spiegava che le persone comuni consumano continuamente la propria energia vitale, ricaricandosi solo quando sono a riposo. Mentre, a chi veniva impartita l'iniziazione Reiki, viene sintonizzato il canale, tipo l'antenna di una radio, che incanala direttamente il flusso di energia vitale nella batteria, l'addome. In questo modo la persona non consuma più la propria energia, ma usufruisce di un flusso illimitato di energia vitale per poter compiere le proprie azioni e ristabilire la propria salute e benessere. Ma prima di poter attingere pienamente a questo flusso ininterrotto di energia, lo studente appena iniziato deve ricaricare a pieno la propria batteria attraverso l'auto-trattamento di base.

Solo dopo aver ricaricato la propria batteria al 100% lo studente può iniziare a trattare gli altri, questo perché l'energia che fluisce in noi, all'inizio per ¾, serve a ricaricare la nostra batteria personale e solo ¼ fluisce all'esterno.

Ecco perché Takata metteva molta enfasi sul fatto che, da quando si riceve l'iniziazione, bisogna praticare l'auto-trattamento quotidianamente per tutta la vita. Prima si ricarica completamente la nostra batteria, maggiore sarà il flusso che ne deriva durante i trattamenti, fino a raggiungere il 100% di energia Reiki emessa all'esterno senza perderne all'interno.

È curioso il fatto che, di recente, nel campo medico si sia scoperta l'importanza del microbiota all'interno dell'intestino per la sua forte influenza sulla salute psico-fisica complessiva dell'intero organismo.

Toyohara Chikanobu (1838-1912)

Reiki "Il metodo segreto per invitare le benedizioni"

Modalità di auto-trattamento

Auto-trattamento di base

Di seguito vengono riportate le posizioni dell'auto-trattamento di base insegnate da Takata agli studenti, subito dopo aver ricevuto la prima iniziazione.

Per ogni posizione Takata impartiva un tempo minimo di 10 min. soprattutto all'inizio.

Questo serviva ad avviare e potenziare la ricarica della batteria personale.

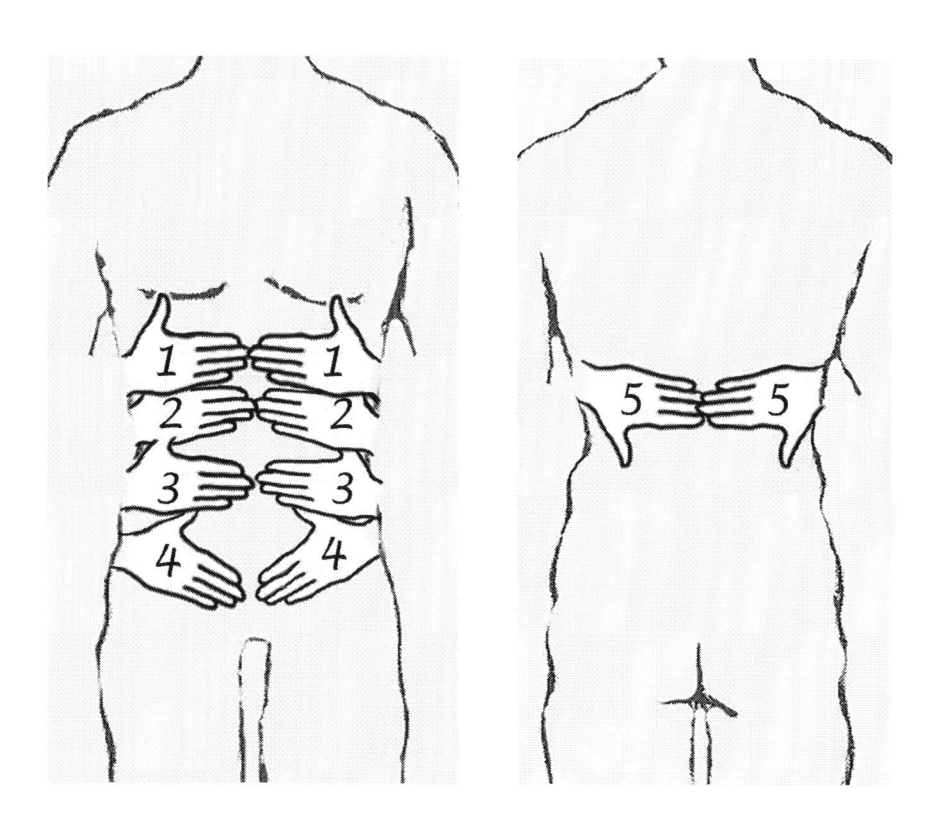

Capitolo TRE

Di seguito sono riportate due varianti dell'auto-trattamento di base insegnato da Takata durante il seminario del 29 agosto 1975:

- Dopo aver trattato le posizioni sulla pancia, metti entrambe le mani sugli occhi, con una leggera pressione sui bulbi oculari per circa 10 minuti, quindi sposta le mani all'incirca sopra le orecchie, ma un po' più in avanti, sempre per 10 minuti, quindi sposta le mani sul retro della testa, appena sopra il collo (occipite) per 10 minuti.

- Metti le mani sul plesso solare, quindi copri la milza, l'area dell'apparato riproduttivo, il cuore, la gola e infine la fronte.

Auto-trattamento con 12 posizioni

In seguito venne insegnato l'auto-trattamento costituito da 12 posizioni da praticare quotidianamente. Questo perché le posizioni vanno a trattare tutti gli organi e i punti importanti del corpo, per mantenere e implementare il proprio stato di salute e benessere.

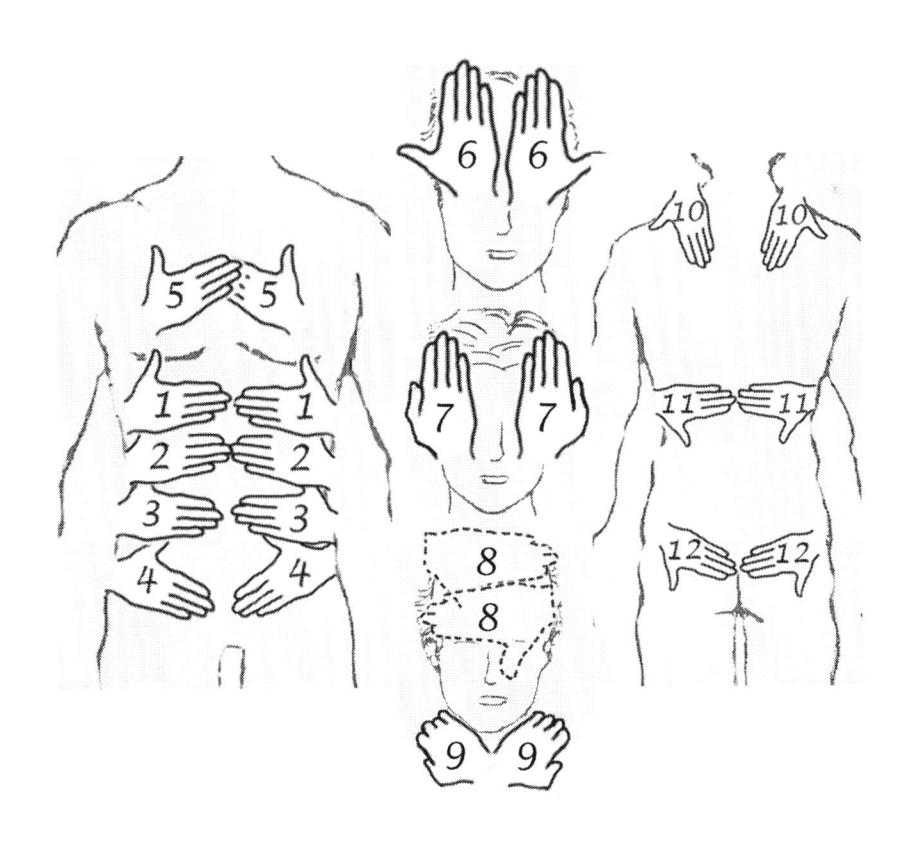

Trattamenti

Durante il corso degli anni le modalità di trattamento hanno subito numerose modifiche per adattarsi al meglio alla mentalità occidentale, pur mantenendo l'efficacia originale. Per via della pigrizia degli occidentali, che avrebbero dovuto imparare a memoria le varie posizioni per trattare i casi specifici di disturbo, Takata incomincio ad inserire, nella spiegazione dei trattamenti Reiki, le posizioni usate per trattare la maggior parte dei disagi, tralasciando le poche posizioni opzionali e specifiche, creando di fatto la struttura del trattamento completo che conosciamo oggi.

Di seguito vengono riportate tre modalità per eseguire i trattamenti. La prima è la modalità più vicina a ciò che Takata ha appreso durante il suo addestramento con Hayashi, tant'è che riporta i punti da trattare ripresi dall'Hayashi Ryoho Shishin, anche se lei fa iniziare il trattamento dall'addome e non dalla testa.

La seconda modalità è il trattamento con 12 posizioni sviluppato in seguito per trattare i punti più importanti del corpo e quelli maggiormente usati per la cura dei vari disturbi, lasciando come opzionali le posizioni che vanno applicate nei casi specifici. Questa modalità può essere utilizzata anche come trattamento di pronto soccorso quando si ha a disposizione poco tempo, dura all'incirca 36 min.

La terza ed ultima modalità è quella creata e sviluppata, negli ultimi anni della sua vita, insieme ad uno dei suoi studenti più brillanti e prolifici, John Harvey Gray, basata su 18 posizioni che vanno a completare l'ultimo modello della struttura del trattamento completo. Le posizioni 17 e 18 possono essere considerate un'alternativa alla tecnica di fine trattamento. Vedi alla voce "Come finire il trattamento".

Per avviare il trattamento il praticare deve eseguire la centratura e, una volta arrivato il "segnale", posizionare le mani sul cliente, partendo dall'addome, senza ulteriori fronzoli, aggiunti successivamente da qualcuno dopo la morte di Takata.

L'abilità più importante, da acquisire con la pratica, per il buon esito dei trattamenti è la rilevazione attraverso le mani delle variazioni del flusso di energia e delle sensazioni che si hanno, a cui si aggiunge il fatto che bisogna andare a lavorare sulla causa e l'effetto del disturbo. Tolta la causa anche l'effetto svanisce.

In caso di contusioni, ferite, scottature o altri traumi è consigliato trattare immediatamente l'area interessata entro 10 min., questo evita la formazione di cicatrici, gonfiore e macchie sulla pelle lasciate dalle bruciature e riporta subito in salute la parte coinvolta come se nulla fosse accaduto. Solo in caso di fratture scomposte è bene intervenire dopo la loro ricomposizione, mai prima.

Come viene riportato da Takata nei suoi diari e nelle interviste che ha rilasciato:

"Durante il trattamento affidati alle tue mani, ascolta vibrazioni o reazioni. Se c'è dolore, registri dolore alla punta delle dita e al palmo. Se il paziente ha prurito, senti allo stesso modo, se il disagio è profondo e cronico provoca un dolore profondo o, se acuto, la sensazione è un formicolio superficiale.

Non appena il corpo risponde al trattamento, il disturbo acuto scompare, ma la causa rimane. Analizza la causa ogni giorno e ad ogni trattamento successivo, si vedrà un miglioramento.

Quando si tratta di malattie croniche, ci vuole tempo. Bisogna lavorare sulla causa e sull'effetto. Rimuovi la causa e non ci saranno effetti! Non è ragionevole?

Attraversando il corpo nei minimi dettagli, le mani diventano sensibili e sono in grado di determinare la causa e di rilevare la minima congestione all'interno, sia fisica che mentale, acuta o cronica. Essendo un trattamento rigorosamente privo di medicinali e non invasivo, Reiki riporterà il corpo alla normalità."

In base alla nostra esperienza personale, aggiungiamo che non tutti percepiscono lo stesso sintomo con la medesima modalità. È perciò fondamentale imparare a riconoscere le percezioni personali.

Ichiryusai Hiroshige (1797-1858)

Guida ai trattamenti Reiki di Hawayo Takata[82]

Reiki – Metodo giapponese di guarigione con le mani

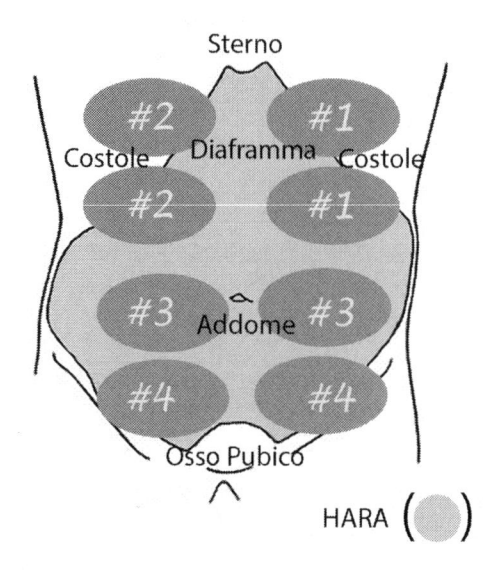

Le posizioni per il trattamento base sono sempre #1, #2, #3, #4 e i reni posteriormente.

Testa

Capelli, caduta dei capelli: tratta #1, #2, #3, #4, i reni per molto tempo e infine la testa.

Mal di testa: tratta gli occhi, le tempie e la parte posteriore della testa, le orecchie, la cistifellea e il fegato.

Emicrania Donna: tratta n. #1, #2, #3, #4, la posizione #4 (ovaie) più a lungo. Controlla anche i seni paranasali e tutta la testa. Se le ovaie sono state asportate tratta la cistifellea e la tiroide.

Emicrania Uomo: tratta #1, #2, #3, #4 e la prostata. Controlla anche i seni paranasali, tratta tutta la testa. Se la prostata è stata asportata tratta la cistifellea e la tiroide.

---

[82] Deacon James, http://www.aetw.org/. Fueston Robert N., Reiki: Transmissions of Light, volume 1, Lotus Press, 2017.

Occhi

Cataratta, Glaucoma ecc.: tratta #1, #2, #3, #4, i reni, gli occhi per mezz'ora.

Cecità parziale: tratta #1, (pancreas) per molto tempo, quindi #2, #3, #4, tratta gli occhi per mezz'ora.

Strabismo. Esercizio: guarda nell'angolo in alto a sinistra fino a quando gli occhi si stancano, poi dritto e chiudi gli occhi. Poi in alto a destra, in basso a sinistra, in basso a destra. Fallo cinque volte per ciascuno. Tratta gli occhi per mezz'ora.

Capogiro, Sbilanciamento: metti le mani su entrambi i lati della testa (tempie). (Pituitaria) utile anche per la crescita.

Orecchie

Problematiche varie: ronzio, squillo, drenaggio. Tratta il torace (parte superiore) su entrambi lati nei punti dove senti la pulsazione arteriosa e tutta la testa. Tratta l'orecchio per mezz'ora.

Sinusite
Superiore: applica le dita sugli occhi e contemporaneamente sulla fronte. Tratta anche il lato della testa all'altezza dell'orecchio e il retro della testa.

Inferiore: applica le mani su entrambe le guance.

Naso

Sanguinamento: pizzica il ponte del naso, inclina la testa leggermente all'indietro, tratta la parte posteriore del collo alla base del cranio.

Vaso sanguigno rotto: metti del ghiaccio in un asciugamano e tienilo dietro la nuca. Allo stesso tempo tratta il ponte del naso.

Naso ostruito: tratta il naso e il torace.

Febbre da fieno: tratta i due lati del torace, la gola, il naso e gli occhi.

Bocca

Lingua: dolore da freddo, bruciore (scottature) o qualsiasi altro problema in bocca. Tratta la pianta dei piedi.

Labbro: vescica, dolore, secchezza delle labbra, eruzione cutanea intorno alla bocca. Tratta la bocca e lo stomaco (acido).

Balbuzie: tratta #1, #2, #3, #4, la gola, la testa, la bocca e la pianta dei piedi.

Mal di denti, dolore: applicare la mano sulla zona interessata.

Estrazione del dente, sanguinamento: prova a trattare la gengiva. Se non si ferma, tratta il pancreas, la persona potrebbe essere diabetica.

Parotite donna: tratta #1, #2, #3, #4 e le ovaie. Tratta il collo per eliminare il dolore.
Parotite uomo: tratta #1, #2, #3, #4 e i testicoli. Tratta il collo per eliminare il dolore.

Tiroide, linfonodo: trattare #1, #2, #3, #4, i reni, la tiroide, testa e cuore.

Pressione sanguigna alta: tratta il lato del collo sotto l'orecchio per mezz'ora.

Pressione sanguigna bassa: tratta come sopra. Quindi tratta entrambe le gambe dall'alto verso il basso.

Laringe: tratta la laringe.

Busto

Polmonite: tratta #1, #2, #3, #4, reni, area del cuore, lato sinistro del torace. Tratta la scapola destra. Non girare in posizione prona (pancia sotto) la persona malata.

Asma: tratta #1, #2, #3, #4, i reni, area del cuore, tutto il torace, lato delle costole, tutta la schiena.

Seno, tumore o nodulo: tratta #1, #2, #3, #4, ovaie mezz'ora e seno mezz'ora.

Ostruzione mammaria: tratta #1, #2, #3, #4, tiroide, cervello e seno mezz'ora.

Dolori al cuore: tratta #1 a lungo, quindi #2, #3, #4, quindi il cuore. Mai trattare prima il cuore. Potrebbe esserci del gas intrappolato nella cavità toracica.

Stomaco, ulcera: tratta lo stomaco. Usa succo di cavolo per il dolore.

Cistifellea: tratta l'area della cistifellea (lato destro sotto le costole), quindi tratta l'area della scapola destra.

Pancreas, diabete: tratta #1, #2, (lato sinistro delle costole) quindi #3, #4. Fai bere un frullato di fagiolini, crescione, cavolo, con poca acqua.

Ernia, dolore: tratta #1, #2, #3, e il #4 più a lungo.

Utero, crampo uterino: tratta #1, #2, #3, e il #4 più a lungo. Cinque giorni prima e cinque giorni durante il periodo mestruale.

Incinta, nausea mattutina: tratta #1 (Stomaco).

Epilessia: tratta #1 per molto tempo, poi #2, #3, #4, il torace, tutta la testa e la schiena.

Singhiozzo: per trattare fai sdraiare la persona e metti le mani direttamente sopra la testa, tratta #1 fino a quando il singhiozzo non scompare.

Bagnare il letto, urinare: tratta #1, #2, #3 e il #4 più a lungo. (Vescica) Tratta i reni. Esercizio: urina, ferma, trattieni un po', urina un po'. Ripeti 3 volte, poi fai uscire tutto.

Leucemia: tratta #1, #2, #3, #4, torna indietro e tratta il fegato (sotto le costole a destra) e la milza.

Artrite, gotta: tratta #1, #2, #3, #4, i reni mezz'ora o più. Quindi la zona interessata per ultima.

Acqua nel ginocchio: tratta #1, #2, #3, #4, i reni poi le ginocchia.

Sudore - mano sudata: tratta #1, #2, #3, #4 e bene i reni.

Schiena

Mal di schiena: Tratta #1, #2, #3, #4, per molto tempo. Quindi tratta schiena e reni.

Esaurimento nervoso: tratta tutto il corpo, la testa. Quindi l'area della scapola sinistra. Tutta la schiena fino ai reni.

Reni, urinare spesso: tratta #1, #2, #3, #4 e la vescica più a lungo. Tratta i reni mezz'ora.

Prostata: tratta #1, #2, #3, #4 e applica la mano sul coccige.

Emorroidi, uomo o donna: tratta #1, #2, #3, #4, quindi metti le dita sul retto per mezz'ora o più.

Colpo di Frusta: tratta #1, #2, #3, #4, collo, tutta la testa, la schiena. Tratta le ghiandole surrenali per lo shock.

Fratture al collo: tratta tutto il corpo e la testa.

Ustione: applica la mano sull'ustione ma non a contatto con la pelle.

Abrasione della pelle: tieni la mano 2 cm. o più sopra la bruciatura.

Morso d'insetto: applica la mano sul morso per 15-20 minuti.

Malattia della pelle: tratta stomaco, reni e l'area interessata.

Alitosi: tratta lo stomaco.

Neo: tratta il neo con un dito.

Verruca: tratta la verruca con un dito.

Shock: tratta le ghiandole surrenali, appena sopra i reni, per mezz'ora o più.

Ictus: non trattare prima di 21 giorni un mese. Dopo di che tratta tutto il corpo. Arti e articolazioni sul lato interessato.

Mascella bloccata: tratta #1, #2, #3, #4 finché la persona non può esalare il respiro. Quando la mascella si apre, tratta la mascella per eliminare il dolore.

REIKI - JAPANESE PALM HEALING

Always treat basic #1, 2, 3, 4, and kidneys.

Head

Hair - Falling hair - Treat #1, 2, 3, 4, Kidney long time then head.

Headache - Treat eyes, side and back of head, ear, gall bladder and liver.

Migraine - Women - Treat #1, 2, 3, 4, and 4 (Ovaries) longer. Also check sinus, All of head. No ovaries, treat gall bladder, Thyroid.

Migraine - Man - Treat #1, 2, 3, 4, then prostate. Also check sinus, Treat all of head. No prostate, treat gall bladder, Thyroid.

Eyes

Cataract - Glaucoma Etc. Treat #1, 2, 3, 4, Kidney, Eyes ½ hour.

Almost blind - Treat #1, (,Pancreas) long time, then #2, 3, 4, treat eyes for ½ hour.

Squint or Cross Eye - Exercise - Look to left top corner till eyes get tired, then straight ahead and close eyes. Next right top, lower left, lower right. Do that five times each. Treat eyes ½ hour.

Dizzy - Out of balance Put hand on both side of head, one inch above and one inch forward of ear.(Pituitary) Also for growth.

Ears

Anything - Buzzing, Ringing, Draining. Treat chest (Upper) two side Blood pressure point, all of head. Treat ear ½ hour.

Sinus

Upper - Apply fingers over eyes and at the same time on forehead. Also treat side of head by ear and back of head.

Lower - Apply hand on cheek, both side.

Nose

Bleeding - Pinch bridge of nose, tilt head slightly back, treat back of neck at base of skull.

Broken blood vessel - Put ice in towel and hold in back of neck. Same time treat bridge of nose.

Plugged nose - Treat nose and chest.

Hay Fever - Treat two side of chest, throat, nose and eyes.

Mouth

Tongue - Cold sore, burn or anything in mouth. Treat sole of feet.

Lip - Blister, sore, dry lip, rash around mouth. Treat mouth and stomach (Acid)

Stutter - Treat #1, 2, 3, 4, throat, head, mouth and sole of feet.

Tooth Ache - Pain - Apply hand on affected area.

Tooth Extraction - Bleeding - Try treating gum. If it doesn't stop, treat Pancreas. Person could be Diabetic.

Mumps - Woman - Treat #1, 2, 3, 4, and ovary. Treat neck to take away pain.
　　　　　Man - Treat #1, 2, 3, 4, and testes. Treat neck to take away pain.

Thyroid - Lump - Treat #1, 2, 3, 4, Kidney, Thyroid, head and heart.

High Blood Pressure - Treat side of neck below ear ½ hour.

Low Blood Pressure - Treat same as above. Then treat down both legs.

Voice box - Treat voice box.

BODY

Pneumonia - Treat #1, 2, 3, 4, Kidney, Heart area, Left chest. Treat back by right shoulder blade. Do not turn sick person.

Asthma - Treat #1, 2, 3, 4, Kidney, Heart area, Whole chest, side of ribs, all of back.

Breast - Tumor or lump - Treat #1,2, 3, 4, Ovaries ½ hour and breast ½ hour.

Engorgement - Treat #1, 2, 3, 4, Thyroid, brain and breast ½ hour.

Heart - pain - Treat #1 long time then #2, 3, 4, then heart. Never at heart first. Could be gas traped in chest cavity.

Stomach - Ulcer - Treat stomach. Cabbage juice for pain.

Gall Bladder - Treat gall bladder area (Right side below ribs) then treat right shoulder blade area.

Pancreas - Diabetic - Treat #1, 2, (Left side below ribs) then #3,4, Drink - String beans, watercress, cabbage, little water. Blender and drink.

Hernia - Pain - Treat #1,2, 3, and #4 longer.

Uterus - Womb Cramp - Treat #1, 2, 3, and #4 longer. Five days before and five days during period.

Pregnant - Morning Sickness Treat #1 (Stomach)

Epilepsy - Treat #1 long time then #2,3, 4, Chest, all of head and back.

Hiccup - To treat, make person lay down and put arms straight above head and treat #1 till hiccup goes away.

Bed Wetting - Urinate - Treat #1,2, 3, and #4 longer. (Bladder) Treat Kidney. Exercise Urinate - Urinate, stop, hold a while, Urinate a little. Repeat 3 times then let it all out.

Capitolo TRE

Leukemia - Treat #1,2, 3, 4, Go back liver area (Below right ribs) and treat spleen.

Arthritis - Gout - Treat #1,2,3,4, Kidney ½ or more. Then site last.

Water Knee - Treat #1,2,3,4, Kidneys then knees.

Sweat - Hand - Treat #1,2,3,4, and kidneys good.

Back

Back ache - Treat #1,2,3,4, Long time. Then treat back and Kidneys.

Nervous Break Down - Treat whole body, Head. Then left shoulder blade area. All of back down to Kidneys.

Kidneys - Urinate often - Treat #1,2,3,4, and bladder longer. Treat Kidneys ½ hour.

Prostate - Treat #1,2,3,4, and apply hand over tail bone area.

Hemorrhoid - Man or Woman - Treat #1,2,3,4, Then put fingers on rectum ½ hour or more.

Whip Lash - Treat #1,2,3,4, Neck and complete head. Back. Treat adrenal for shock.

Broken Neck - Treat whole body and head.

Burns - Regular - Apply hand on burn.

Skin Peeling - Keep hand ½ inches or more above burn.

Bite Insect - Apply hand on bite for 15 to 20 minutes.

Skin Disease - Treat stomach, Kidneys and effected area.

Breath - Bad Breath - Treat stomach.

Mole - Treat mole with finger.

Wart - Treat wart with finger.

Shock - Treat adrenal gland right above kidneys ½ hour or more.

Stroke - Do not treat before 21 days to a month. After that treat whole body. Limbs and joint on affected side.

Lock Jaw - Treat #1,2,3,4, till person can release gas. When jaw opens treat jaw to take away pain.

Reiki *"Il metodo segreto per invitare le benedizioni"*

Trattamento completo con 12 posizioni

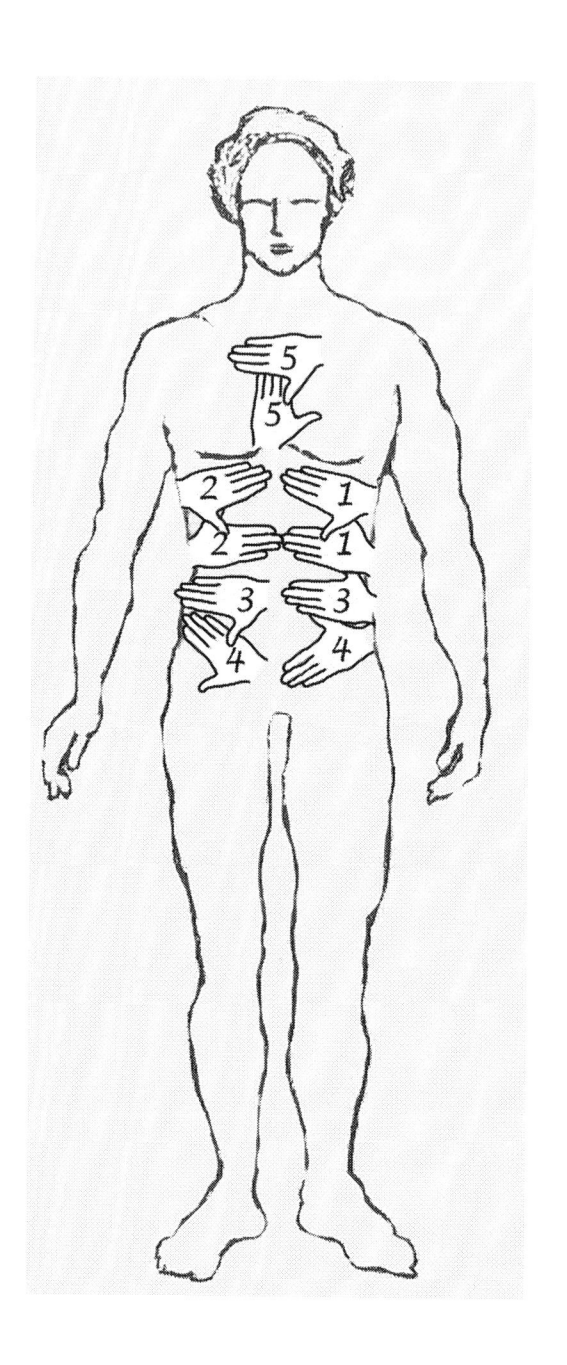

Capitolo TRE

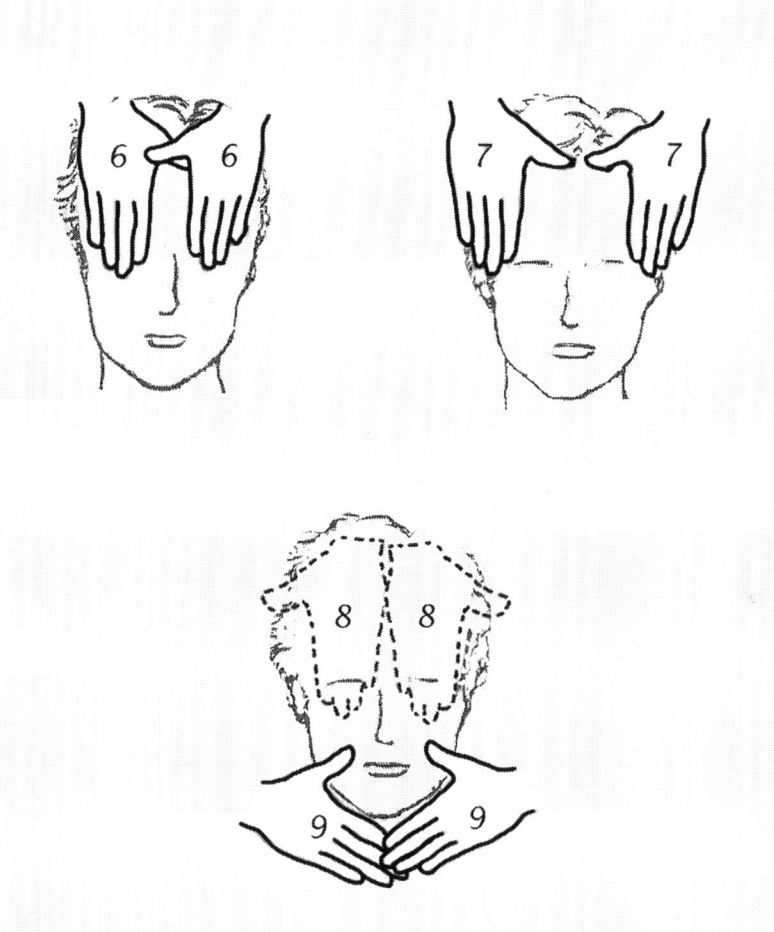

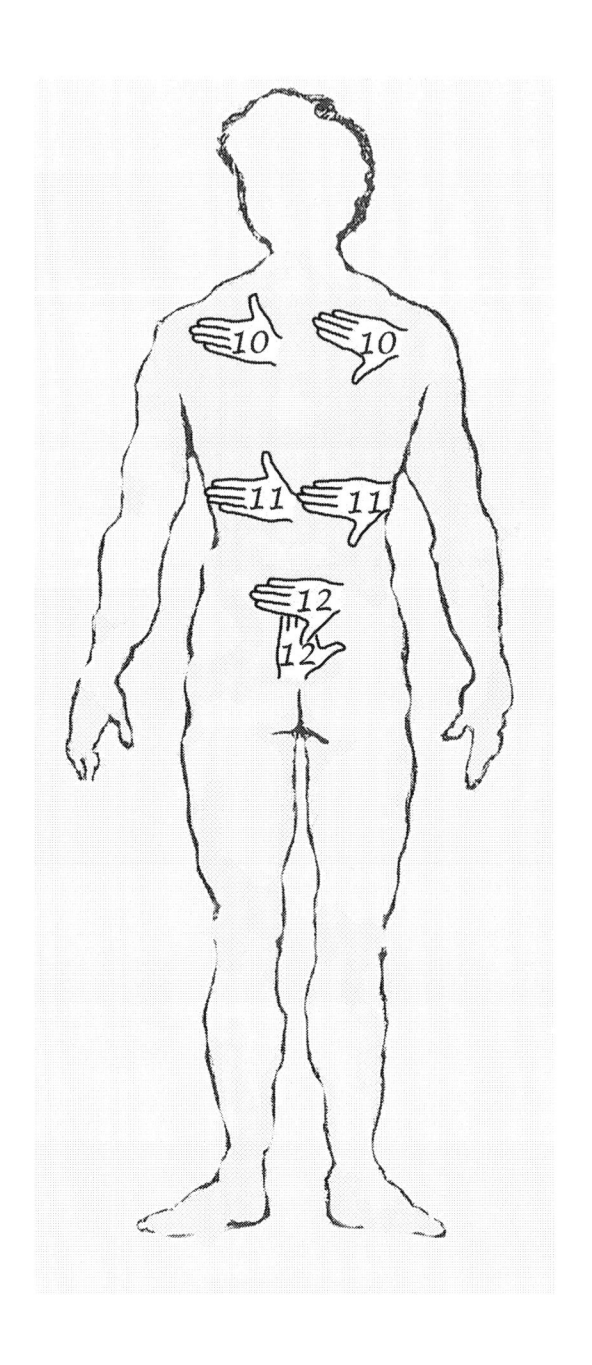

Reiki *"Il metodo segreto per invitare le benedizioni"*

Capitolo TRE

Trattamento completo con 18 posizioni

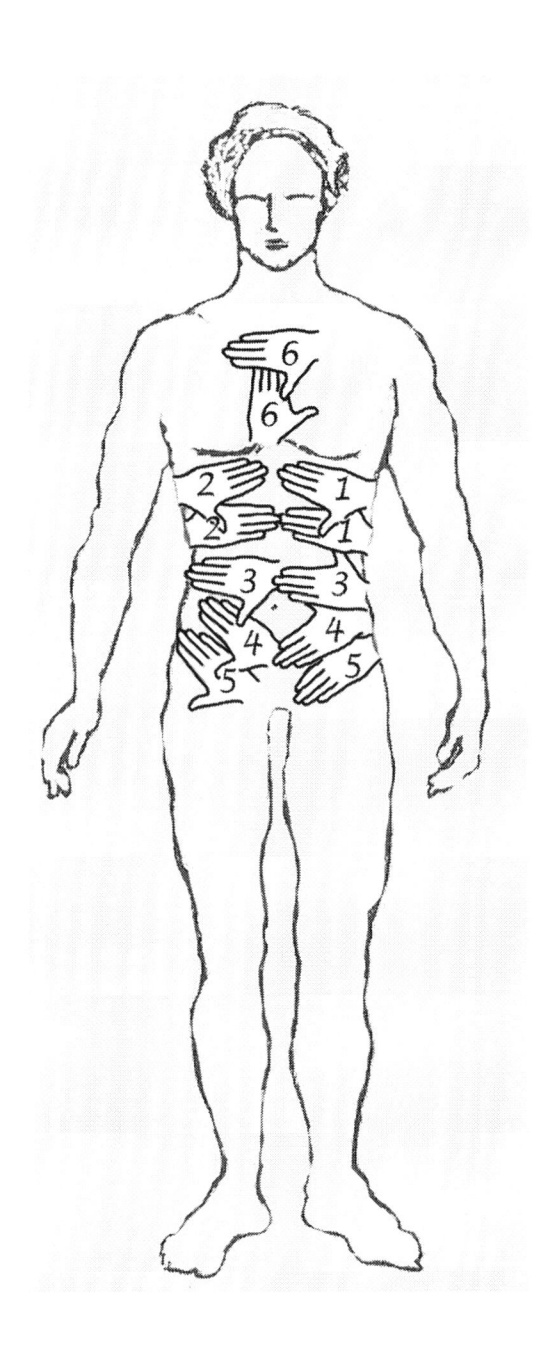

185

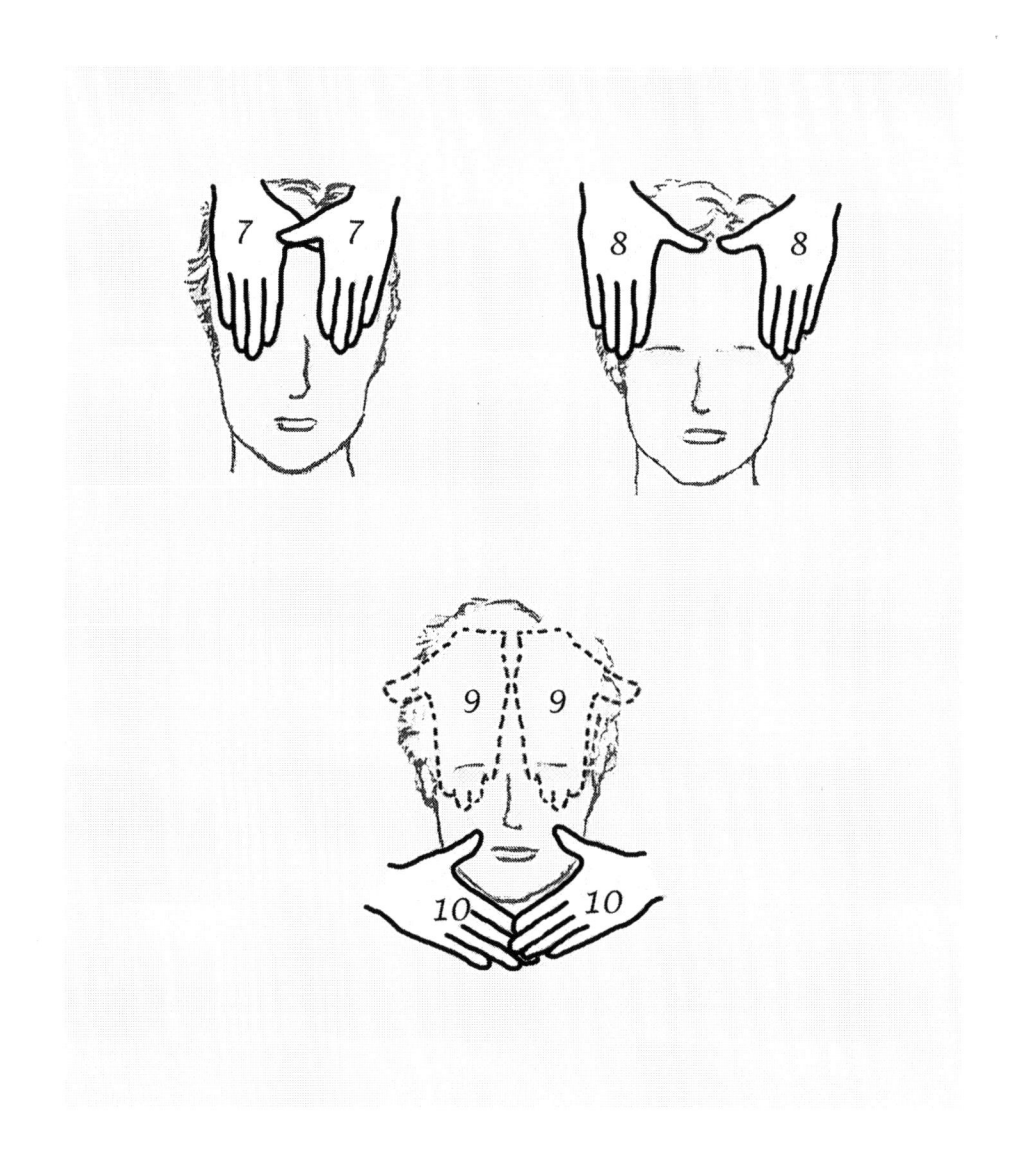

Reiki "Il metodo segreto per invitare le benedizioni"

Capitolo TRE

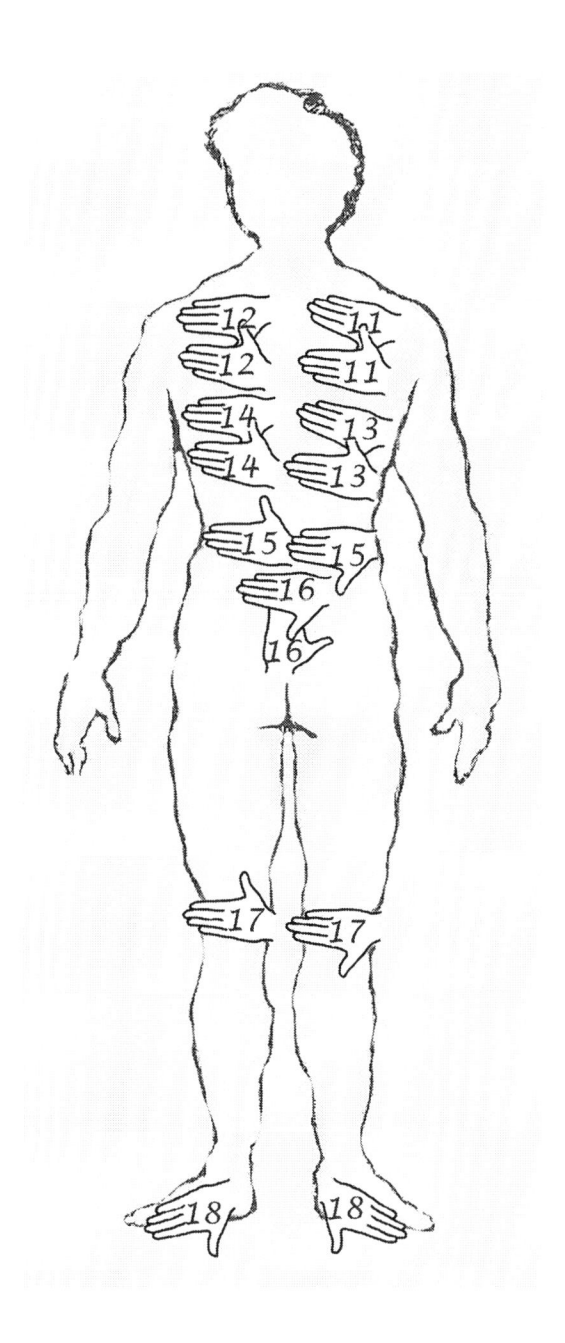

Come finire il trattamento

Nei suoi diari Takata ci parla del passaggio con cui concludeva i trattamenti:

"Dopo che gli organi sono stati così trattati, finisco il trattamento con uno stiramento dei nervi che regola la circolazione. Applico sulla pelle alcune gocce di olio di sesamo o di qualsiasi olio vegetale puro. Posiziono il pollice e il dito indice sul lato sinistro della colonna vertebrale e le altre tre dita e il palmo piatto sul lato destro della colonna vertebrale. Strofino verso il basso, da 10 a 15 volte fino alla fine del midollo spinale. Solo nei casi di diabetici il movimento è invertito; braccia e gambe vengono trattate verso il cuore."

La procedura di questa tecnica è la seguente:

Il cliente è in posizione prona.

Passaggio 1:
Posiziona il pollice e il dito indice sul lato sinistro della colonna vertebrale e le altre tre dita con il palmo piatto sul lato destro della colonna, alla base del collo (7ª vertebra cervicale) del cliente, sposta la mano con le dita verso il basso, applicando una leggera pressione fino al coccige del cliente, stacca la mano dalla schiena e riposizionala alla base del collo. Non strofinare in senso contrario la colonna, ma allontana lateralmente le mani da essa. Ripeti questa operazione per un totale di 10-15 volte.

Passaggio 2:
Metti le mani alla base delle spalle del cliente, una mano per ogni lato della colonna vertebrale. Ogni mano si sposta verso il basso, tracciando una linea parallela ai lati della colonna del cliente fino al coccige. Un'alternativa è eseguire la spazzolata in senso rotatorio antiorario su entrambi i lati della colonna sempre fino al coccige. Quando raggiungi il coccige solleva le mani dal cliente e riportale nella posizione iniziale nella parte superiore della schiena. Non strofinare in senso contrario la schiena, ma allontana lateralmente le mani da essa. Ripeti questa operazione altre 14 volte.

Passaggio 3:
Appoggia la mano non dominante sulla spalla del cliente. Con ferma intenzione e ad un ritmo costante, uniforme, accarezza a partire dalla spalla e per tutta la lunghezza del braccio fino alla punta delle dita. Quando raggiungi la punta delle dita solleva la mano dal cliente e riportala nella posizione iniziale nella parte superiore della spalla. Non strofinare in senso contrario il braccio, ma allontana lateralmente

la mano da esso. Esegui questa operazione per 10-15 volte. Ripeti il processo sull'altra spalla e braccio.

Passaggio 4:
Successivamente, spostati in una posizione vicino alla coscia del cliente e, posizionando la mano non dominante all'esterno dell'anca del cliente, esegui una spazzolata lungo l'esterno della gamba e lungo il piede fino alla punta delle dita dei piedi. Quando raggiungi la punta delle dita solleva la mano dal cliente e riportala nella posizione iniziale nella parte superiore della gamba. Non strofinare in senso contrario la gamba, ma allontana lateralmente la mano da essa. Esegui questa operazione per 10-15 volte. Ripeti il processo sull'altro fianco e gamba.

Note aggiuntive:

Solo nei casi di clienti con diabete le spazzolate sono invertite verso il cuore.

Nel caso di persone che non possono sistemarsi in posizione prona per motivazioni varie (es. donne incinta, persone affette da polmonite od altre afflizioni, obesi), si consiglia di effettuare solo i passaggi 1 e 2 con il cliente seduto comodamente su una sedia o su un altro supporto simile che non vada ad aggravare lo stato di salute del cliente o lo svolgimento della tecnica.

La crisi di guarigione

Come riportato di seguito con le parole della stessa Takata, durante i primi tempi in cui si è sottoposti ai trattamenti con il Reiki possono verificarsi dei disagi dovuti al fatto che il corpo si libera di tutte le sostanze nocive, sia fisiche che mentali, accumulate fino a quel momento. Questa fase è nota come "Crisi di Guarigione", ma per fortuna è solo momentanea e serve a sbarazzarsi di tutto ciò che contrasta o non serve per la nostra salute ed il nostro benessere.

La "Crisi di Guarigione" può verificarsi anche dopo aver ricevuto le iniziazioni Reiki.

"In circa quattro giorni o tre settimane riscontriamo un grande cambiamento in atto all'interno del corpo, tutti gli organi interni e le ghiandole inizieranno a funzionare con molto vigore e il giusto ritmo. I succhi gastrici riprendono un flusso normale, i nervi congestionati si distendono, le aderenze si staccano, il colon pigro si organizza, la materia fecale scende dalle pareti dell'intestino, i gas vengono eliminati. Molti anni di tossine accumulate si fanno strada attraverso i pori che emettono un sudore appiccicoso. Le feci aumentano, scure e di forte odore. L'urina aumenta come il tè scuro, a volte bianco, come se la farina si mescolasse nell'acqua. Dura da quattro a sei giorni, eppure ho avuto pazienti che hanno reagito con un solo trattamento.

Quando questo accade, si è certi che è in corso un grande rinnovamento generale degli organi dell'addome. Con una tale pulizia il corpo diventa attivo. I nervi intorpiditi riacquistano la sensibilità, aumenta l'appetito, il sonno profondo diventa naturale, gli occhi brillano, la pelle si illumina come la seta. Con sangue ripulito e buona circolazione, nervi e ghiandole ripristinati è possibile ringiovanire da cinque a dieci anni. In questo momento è molto importante ciò che ingerisci. Durante i trattamenti di riequilibrio Reiki dobbiamo essere vegetariani e mangiare tutti i tipi di frutta di stagione.

La natura offre molto, ma ciò che essa offre non deve mai essere sprecato. Mangiare troppo è un peccato. Bisogna mangiare con moderazione, con un sentimento di gratitudine, per riconoscere il Grande Spirito che è il creatore, che è Tutto il Potere necessario per far crescere e fiorire le cose e dare frutti.

Siediti a tavola con pensieri piacevoli. Non mangiare mai quando sei preoccupato. Il latte, lo zucchero bianco e gli amidi devono essere evitati quando il paziente ha uno stomaco debole. Con cibo adeguato, il paziente risponde più rapidamente ai trattamenti." Per quanto queste parole di Takata siano già state enunciate, è sempre bene ricordarle. Repetita iuvant!

Cerchio Reiki

Il cerchio Reiki è una tecnica che serve a sensibilizzare i praticanti nel percepire il flusso dell'energia. Viene anche usato come mezzo per eseguire i trattamenti Reiki.

Esistono due modalità:

Una coinvolge la cerchia dei praticanti seduti in modo che ogni persona abbia di fronte a sé la schiena della persona che sta davanti.

Mettendo le mani sulle spalle della persona davanti, viene esercitata una leggera pressione con la punta delle dita e i praticanti cercano di entrare in risonanza con l'energia che fluisce dalla persona dietro di loro e fuoriesce verso la persona davanti.

Nell'altra, ogni praticante inizia seduto e fa la centratura. Ora tenendo il palmo della mano sinistra verso l'alto e il palmo della mano destra verso il basso, si posano la mano destra sul palmo sinistro della persona alla loro destra e la mano sinistra sotto il palmo destro della persona alla loro sinistra.

In questo modo, tutti i praticanti sono collegati, formando una catena o un cerchio ininterrotto.

L'insegnante avvia la corrente di Reiki dalla propria mano destra e l'energia scorre da uno studente all'altro, in una direzione antioraria, che può spesso raggiungere livelli di notevole intensità. Eseguire per qualche minuto.

Ora scambiare il verso delle mani, mano destra in su e mano sinistra in giù, ancora una volta l'insegnante avvia la corrente Reiki ma questa volta dalla mano sinistra e l'energia scorre in senso orario.

Trattamento di gruppo

Questa tecnica coinvolge un gruppo di praticanti di Reiki che lavorano insieme su un singolo cliente. Ciò può ridurre i tempi di trattamento mentre "l'intensità" del trattamento aumenta con il coinvolgimento di un numero maggiore di professionisti.

Eseguire la centratura. Ogni praticante pone le mani sul corpo della persona distesa. I praticanti trattano i punti principali del corpo e quelli dove riscontrano una disarmonia.

Maratona Reiki

La Maratona Reiki è talvolta, forse più opportunamente, chiamata "Staffetta Reiki". Coinvolge diversi praticanti che lavorano a "turno". Vale a dire che si alternano nel fornire Reiki in una sessione di trattamento continuo, spesso per molte ore, persino giorni ad un singolo cliente.

La Maratona Reiki può coinvolgere un solo praticante alla volta che tratta il cliente o, in alternativa, può coinvolgere diversi praticanti che lavorano insieme per ogni "turno" (vedi Trattamento di Gruppo).

Insegnamenti del Livello Intermedio[83]

Simboli Reiki

Nel corso degli anni i simboli Reiki sono stati motivo di grande interesse e fonte di molte discussioni.

Tra molti praticanti del lignaggio occidentale di Reiki è opinione comune che Usui originariamente "abbia scoperto" i quattro simboli Reiki nei testi buddisti e che gli si siano rivelati all'interno di bolle di luce, consegnandogli il loro vero significato, nella sua esperienza di visione sul Monte Kurama.

Tuttavia, in uno dei discorsi registrati in cui racconta la Storia del Reiki, Takata afferma chiaramente che Usui ha scoperto nei testi buddisti una formula per accedere alla guarigione, non fa però menzione al fatto che abbia trovato i simboli Reiki in quei testi.

Afferma anche, come già descritto nei capitoli precedenti, che l'ultimo giorno del suo digiuno meditativo, Usui ebbe la visione di milioni di bolle multicolori, poi di una grande luce bianca e infine vide comparire davanti a sé lettere sanscrite luminose e dorate.

Neanche in questo racconto di Storia del Reiki, Takata fa menzione dei quattro simboli Reiki di per sé, nelle bolle di luce o altro. Afferma invece che Usui abbia visto il testo in sanscrito, una visione di un pezzo di testo che aveva letto in un sutra in sanscrito.

In effetti, visto il modo in cui molte persone lo sostengono, dovremmo essere perdonati per aver creduto che un bel giorno Usui abbia estratto quattro simboli a caso per usarli come componenti primari di ausilio al Reiki.

La cognizione attuale è che originariamente il sistema di Usui era essenzialmente un sistema spirituale filosofico che incorporava alcuni elementi buddisti e shintoisti, un sistema per il miglioramento del corpo e dell'anima che si concentrava principalmente sullo sviluppo personale, piuttosto che essere una modalità puramente terapeutica, sebbene comprendesse anche un elemento autorigenerante.

---

[83] Deacon James, http://www.aetw.org/. Fueston Robert N., Reiki: Transmissions of Light, volume 1, Lotus Press, 2017. Gray John Harvey, Gray Lourdes, McFadden Steven, Hand to Hand: The Longest-Practicing Reiki Master Tells His Story, Xlibris, 2002. Stiene Bronwen, Stiene Frans, The Reiki Sourcebook, Ayni Books, 2009.

Quindi, se fosse così, il Reiki come venne inteso e interpretato in Occidente, cioè essenzialmente come una modalità puramente terapeutica, potrebbe essere una naturale evoluzione di questo originale sistema spirituale filosofico.

Ognuno dei quattro simboli Reiki ha una frase giapponese di accompagnamento, paragonabile ad un mantra. Nel lignaggio "occidentale" Reiki, questo mantra è comunemente utilizzato come nome del simbolo.

Simbolo 1: Il simbolo della "Potenza"

Il nome o mantra che accompagna il primo simbolo è Choku Rei.

Il simbolo 1 può essere usato per aumentare la potenza e il flusso di Reiki, per aiutare a focalizzare il Reiki in modo più intenso in una data posizione o per indirizzarlo verso un intento specifico. Il simbolo può essere usato in congiunzione con uno o più degli altri simboli. Viene tracciato sulla testa, sul busto e sulla schiena prima di iniziare un trattamento ad altri o un'auto trattamento.

Per quanto riguarda il CKR ecco cosa dice Takata durante un suo seminario: "Il CKR è usato per raccogliere l'energia in quel punto. È un comando: Raccogli immediatamente tutta l'energia dispersa. Il Choku Rei porterà il potere, è molto semplice, ma ... ricorda che è molto potente e, poiché è un simbolo molto potente, non lo usiamo molte volte. Durante un trattamento dovremmo scrivere (Takata parla di "scrivere" i simboli, non di "disegnarli"): un CKR sulla testa, uno sul davanti che copre l'intero busto e uno sul retro che copre l'intera schiena. Choku Rei è molto semplice ... niente di cui preoccuparsi anche se fai tre cerchi o cinque cerchi (per la spirale in senso antiorario), non importa" (avrà comunque l'effetto desiderato).

Simbolo 2: Il simbolo della "Guarigione Mentale"

Il nome o mantra che accompagna il secondo simbolo è Sei Hei Ki.

Il simbolo 2 è utilizzato nel trattamento per cambiare le cattive abitudini, neutralizzare pensieri ossessivi o disturbanti e per rimuovere le dipendenze. Può essere usato nell'auto-trattamento per il bilanciamento emozionale-mentale.

Simbolo 3: Il simbolo della "Guarigione Remota"

Nel caso del terzo simbolo il nome o mantra è Hon Sha Ze Sho Nen.

Come la designazione il simbolo della "guarigione remota" suggerisce, il simbolo 3 viene utilizzato per fare il trattamento da remoto, successivamente conosciuto come trattamento a distanza.

Tecniche del Livello Intermedio

Trattamento per cambiare le cattive abitudini, pensieri e per rimuovere le dipendenze

Il SHK è usato per il trattamento delle abitudini. Questa tecnica può essere anche utilizzata come auto-trattamento.

"Quando scrivi il Sei Hei Ki stai parlando con la mente subconscia"

Il Cliente è seduto comodamente su una sedia o sdraiato in posizione supina. Centra te stesso.

Quando ti senti pronto scrivi SHK al centro della testa, seguito dal CKR e coprilo con la mano dominante lasciando fluire Reiki.

Quanto senti che è tempo di passare alla fase successiva, poni una mano sulla fronte, all'attaccatura dei capelli e l'altra sulla cresta occipitale. A questo punto devi parlare con la persona e questo puoi farlo ad alta voce oppure solo mentalmente.

È necessario formulare suggerimenti positivi sull'abitudine o sulla condizione che si desidera modificare. La natura del problema da trattare deve essere concordata con il cliente prima del trattamento. Potrebbe trattarsi di rinunciare all'alcol o smettere di fumare. In quest'ultimo caso, potresti suggerire che si accorgano che le sigarette hanno un odore terribile, che il loro cibo avrà un sapore migliore se smettono di fumare, ecc., ecc. Le tue asserzioni dovrebbero essere di ispirazione e spingere a cambiare o migliorare.

Se il cliente fa riferimento al problema che sta cercando di risolvere al di fuori della sessione di trattamento delle abitudini, (se ad esempio menziona come l'alcol non sembra avere un sapore così buono, ecc.) dovresti cogliere tali opportunità per rafforzare i tuoi suggerimenti e sostenere il suo desiderio di migliorare la sua situazione.

Questa tecnica può essere utilizzata anche per situazioni come la schizofrenia. Il trattamento dell'abitudine dovrebbe essere ripetuto per quindici minuti ogni giorno fino a quando la persona sta bene.

La persona deve avere il desiderio di cambiare, che si tratti di smettere di fumare, o altro.

Takata afferma che la persona inizierà a notare un cambiamento entro il terzo giorno circa "anche se non sa di essere stata trattata".

Una indicazione per coloro che potrebbero interpretare erroneamente questa modalità come una "luce verde" (o via libera) per tentare di interferire con la situazione di salute di un altro individuo senza il suo consenso: sembra che Takata si riferisse a tale uso come parte del trattamento complessivo di clienti già affidatisi completamente alla sua "Cura Reiki", cioè che avevano già acconsentito a permetterle di fare tutto il necessario per aiutarli a raggiungere uno stato di completo recupero dalla loro condizione.

Guarigione Remota

Ciò che ora viene generalmente definito "Trattamento a Distanza", Takata lo chiamava Guarigione Remota. Usava il termine guarigione locale per i trattamenti attraverso il tocco.

Per una guarigione remota, se non conosci la persona da trattare, devi riuscire ad avere un'immagine chiara del suo viso, in modo da poterla visualizzare quando chiudi gli occhi. Non usi la fotografia per eseguire il trattamento curativo, ma solo per imprimere nella tua mente le fattezze della persona in modo da poterla poi visualizzare chiaramente.

"Chiudi gli occhi. Chiama il suo nome tre volte mentre ti concentri sull'immagine della persona nella tua mente. Scrivi l'HSZSN sulla sua 'fronte', seguito dal CKR. Quindi tutto è pronto per eseguire il trattamento".

Il metodo di Takata è molto in linea con l'approccio "vedilo, dillo, fallo".

Dovremmo visualizzare un trattamento completo e materialmente eseguirlo nel vuoto. Esegui le posizioni previste per la testa, quindi tratta la parte anteriore del corpo (grande CKR sopra il busto), quindi la parte posteriore (grande CKR che inizia dalla spalla sinistra e prosegue fino in fondo alla schiena), commentando quello che stai facendo come se il cliente fosse presente, ad esempio: "Inizio il trattamento sulla tua testa. Sto trattando i tuoi occhi, i tuoi seni nasali, ecc., ecc. Ora sto trattando la tua parte anteriore: il tuo torace, ecc., ecc. Ora ti giro, ti sto trattando la schiena, la zona lombare, ecc. ecc. Ora ti sto massaggiando la schiena. Alla fine del trattamento dovremmo strofinare la schiena per favorire la circolazione. Ora ho finito".

Nell'eseguire un trattamento di guarigione remota, il trattamento viene esclusivamente inviato al cliente: l'operatore non riceve alcun beneficio.

Per una guarigione remota, il trattamento dovrebbe durare solo trenta minuti poiché si tratta di un trattamento concentrato.

Spegni il telefono. Fai ciò che puoi per assicurarti di non essere disturbato. Fai in modo che la tua concentrazione non si disperda.

Se si assiste quotidianamente con un trattamento di guarigione remota, entro il terzo o il quarto giorno è possibile ridurre la durata del trattamento: venti minuti diventano sufficienti.

Tratta solo una persona alla volta. Un massimo di tre persone in successione, ad esempio durante un'unica sessione.

Takata diceva di preferire curare la malattia in modo remoto la mattina presto (dalle 5.30 alle 6.00) perché l'energia era "più alta".

Parlava di fare un trattamento di guarigione remota e di "inviare" buoni pensieri. Non parlava di "inviare energia Reiki".

Alla domanda sulla necessità per il praticante di "purificarsi" dopo aver trasmesso una guarigione remota, diceva che nulla era necessario poiché, per quanto il cliente possa essere problematico, non riceviamo mai le "vibrazioni malate" dalla persona che stiamo trattando. Queste non entrano mai nel nostro sistema:

"La mia energia è più luminosa e più forte, irradiandosi in questo modo niente mi può penetrare"

"Il tuo potere Reiki è come un'aura, è un bagliore che irradi e quell'energia è più forte di ciò che potrebbe penetrare in te"

A proposito di energia, diceva:

"Reiki è il massimo che io conosca. Quindi non avere paura di trattare gli altri... nessuna oscurità può entrare dentro di te"

Trattamento attraverso il respiro

Nella pratica del Reiki, può capitare di imbattersi a volte in situazioni in cui, per vari motivi, non è possibile utilizzare la modalità di base del trattamento con il tocco.

In alcuni casi, ad esempio quando il cliente ha subito ustioni o ha una ferita aperta di qualche tipo, la necessità di un contatto fisico può essere aggirata eseguendo un trattamento con le mani tenute a pochi centimetri dalla superficie del corpo.

Tuttavia, ci saranno situazioni in cui il diretto contatto delle mani, anche se non toccano il cliente, può avere effetti potenzialmente traumatici. Vengono in mente varie forme di abuso.

Soprattutto in questi casi, può essere utilizzato in modo efficace il trattamento con il respiro.

Centra te stesso e diventa consapevole del flusso e della radiosità del Reiki all'interno e intorno al tuo stesso corpo.

Sappi che, mentre in generale il Reiki sembra fluire più forte dalle mani e può essere trasmesso con esse, scorre anche attraverso il respiro e ne può essere diretto.

Porta la tua attenzione sull'area che necessita di cure, rilassati, respira naturalmente.

Inspira delicatamente attraverso il naso, senza sforzo, dirigendo il respiro verso il basso, nella zona inferiore dell'addome.

Con le labbra leggermente socchiuse, espira delicatamente. L'espirazione non deve essere forzata, non soffiare così tanto da permettere al respiro di disperdersi, ma fallo in modo mirato e sostenuto, sull'area da trattare.

Mentre lo fai, tieni l'attenzione sul Reiki che fuoriesce con il respiro, verso l'area che necessita di cure.

Senti il flusso Reiki, vedilo con gli occhi della tua mente, allo stesso tempo senti la gratitudine che fluisce attraverso il tuo cuore.

Trattamento per il bilanciamento emozionale-mentale

Questa tecnica è essenzialmente un metodo di disintossicazione.

In questo caso la disintossicazione non si riferisce esclusivamente alla pulizia da sostanze nocive presenti nel corpo, ma anche alla rimozione di tossine mentali ed emotive, come ad esempio ansia, paura, rabbia e stress.

Il cliente è seduto comodamente su una sedia o sdraiato in posizione supina. Centra te stesso. Posiziona una mano sulla fronte, all'attaccatura dei capelli e l'altra dietro, sulla cresta occipitale del cliente.

Lascia che il Reiki scorra e allo stesso tempo, silenziosamente o ad alta voce, ripeti un'affermazione appropriata. La natura del problema su cui lavorare o l'intenzione da stabilire, le affermazioni e le intenzioni devono sempre essere formulate al tempo presente e in senso positivo, dichiara ciò che vuoi e non ciò che non vuoi. La natura del problema da trattare deve essere concordata con il cliente prima del trattamento.

Qualunque sia la natura delle affermazioni e delle intenzioni, dovresti dichiararle consapevolmente, senza giudizio e in un atteggiamento di amore e gratitudine.

Rimani in questa posizione per circa 5 min.

Dopodiché sposta la mano che hai sulla nuca sul basso ventre all'incirca 5 cm. sotto l'ombelico e resta in questa posizione per circa 20-30 min.

Toyohara Chikanobu (1838-1912)

Insegnamenti del Livello Avanzato[84]

Simbolo 4: Il simbolo "Master"

Nel caso del quarto simbolo Il nome o mantra è Dai Kô Myô.

Per molti praticanti l'utilizzo principale del simbolo 4 è la trasmissione di iniziazioni Reiki ad altri. In quanto simbolo "Master" rappresenta l'incorporazione stessa del fenomeno Reiki. Takata lo utilizzava solo per le iniziazioni.

Tecniche del Livello Avanzato

Guida dello spirito

Questa è una tecnica per risvegliare la tua capacità intuitiva di individuare squilibri energetici nel corpo e nel campo energetico di una persona.

Come riportato da Takata:

"Siediti in una posizione comoda, chiudi gli occhi, concentrati sul tuo pensiero e rilassati. Congiungi le mani e aspetta il segno .... ascolta le tue mani e lascia che ti guidino".

Centra te stesso con respiri profondi

Quindi, quando sei pronto, porta le mani sulla fronte in posizione di preghiera. Chiedi silenziosamente che l'armonia e il benessere si manifestino nell'intero essere della persona e di essere guidato nei punti che hanno bisogno di essere trattati.

Ciò che viene dopo è sia facile che difficile.

Fidati del fenomeno che è Reiki. Distaccati totalmente dalla ricerca di possibili risultati. Invita e consenti a Reiki di chiamare, ovvero guidare o muovere le mani automaticamente, spontaneamente, in tutte le aree che potrebbero aver bisogno di cure.

---

[84] Deacon James, http://www.aetw.org/. Fueston Robert N., Reiki: Transmissions of Light, volume 1, Lotus Press, 2017. Gray John Harvey, Gray Lourdes, McFadden Steven, Hand to Hand: The Longest-Practicing Reiki Master Tells His Story, Xlibris, 2002. Stiene Bronwen, Stiene Frans, The Reiki Sourcebook, Ayni Books, 2009.

Lascia che le tue mani si muovano dove sono chiamate, lascia andare, fidati, resisti all'impulso di fare. Nel lasciare che Reiki sia di ispirazione, persone diverse possono ricevere la loro guida con modalità differenti. Alcuni possono semplicemente sperimentare puro movimento spontaneo, come se fossero attratti magneticamente, alcuni possono sperimentare immagini nella mente del punto in cui è necessario il trattamento, altri possono "sentire" dove è necessario il Reiki e così via.

Se non sembra succedere nulla, se non sei consapevole di ricevere una guida, sensazione che quando esegui per la prima volta questa tecnica non è sempre così ovvia, ricorda il precetto: "non preoccuparti", verrà il tempo e, quando sarà il momento, lo saprai. Reiki ti guiderà.

Il Reiki fluirà e, come al solito, il flusso diminuirà quando l'area avrà ricevuto un trattamento sufficiente e quindi le tue mani saranno "chiamate" all'area successiva.

Quando non ci saranno più aree che richiedono un trattamento, le tue mani saranno guidate al riposo.

Potenziamento del trattamento attraverso il respiro

Questa tecnica di potenziamento del respiro è utilizzata come parte del processo di iniziazione e può essere usata per potenziare i trattamenti con la tecnica del respiro.

Centra te stesso e diventa consapevole del flusso e della radiosità del Reiki all'interno e intorno al tuo stesso corpo. Sappi che, mentre in generale il Reiki sembra fluire più forte dalle mani e può essere trasmesso con esse, scorre anche attraverso il respiro e ne può essere diretto.

Porta la tua attenzione sull'area interessata, rilassati, respira naturalmente.

Inspira delicatamente attraverso il naso, senza sforzo respirando verso il basso, nella zona inferiore dell'addome.

Trattieni il respiro momentaneamente.

Mentre lo fai, traccia il simbolo CKR sul palato con la punta della lingua. Questo può richiedere un po' di pratica.

Con le labbra leggermente socchiuse, espira delicatamente. L'espirazione non deve essere forzata, non soffiare così tanto da permettere al respiro di disperdersi, ma fallo in modo mirato e sostenuto sull'area da trattare.

Mentre lo fai, sii consapevole del Reiki che fuoriesce con il respiro ed entra nello studente o nel ricevente.

Senti il flusso Reiki, potenziato dal CKR, vedilo con gli occhi della tua mente, allo stesso tempo senti la gratitudine che fluisce dal tuo cuore.

Armonizzazioni del livello Introduttivo e Intermedio

Nel Livello Avanzato vengono apprese le procedure per poter eseguire le armonizzazioni dei livelli Introduttivo e Intermedio.

Insegnamenti del Master[85]

Come accadeva per il livello Shihan, anche Takata trasmetteva il Master solo a quegli studenti che avevano dedicato anima e corpo alla disciplina, dimostrando di aver lavorato su di sé senza riserve ed aver compreso nel profondo gli insegnamenti interiori, nonchè raggiunto una consapevolezza che solo la pratica quotidiana può dare.

Tecniche del Master

Armonizzazioni del livello Avanzato e Master

Nel Master vengono apprese le procedure per poter eseguire le armonizzazioni per il livello Avanzato e Master.

Come già detto riguardo ai Denju, ribadiamo vivamente di evitare di ricevere più armonizzazioni di livello in un solo giorno o in tempi ristretti. La stessa Takata era solita armonizzare al secondo livello gli studenti di primo, solo dopo una pratica quotidiana e rigorosa di almeno sei mesi. Per il terzo livello ancora più tempo, per non parlare del Master che non era neanche concesso a tutti.

---

[85] Deacon James, http://www.aetw.org/. Fueston Robert N., Reiki: Transmissions of Light, volume 1, Lotus Press, 2017. Gray John Harvey, Gray Lourdes, McFadden Steven, Hand to Hand: The Longest-Practicing Reiki Master Tells His Story, Xlibris, 2002. Stiene Bronwen, Stiene Frans, The Reiki Sourcebook, Ayni Books, 2009.

HAYASHI RYOHO SHISHIN[86]

Da un'attenta analisi della presente guida ai trattamenti 林療法指針 (Linee guida della terapia Hayashi) si evince come Hayashi sia riuscito ad integrare le sue conoscenze mediche di medicina tradizionale giapponese (Kampo) con la disciplina del Reiki. Infatti la disposizione e la sequenza dei punti da trattare tengono in considerazione la mappatura e le modalità operative che si riscontrano nel trattare attraverso i Keiraku (meridiani energetici), una conoscenza che in Giappone è stata acquisita dalla medicina tradizionale cinese.

Manuale di istruzioni Leiki, apprendi le tecniche, i segreti, i trucchi.

Per ogni trattamento che esegui, indipendentemente dalle condizioni o dalla posizione (del cliente), assicurati di trattare l'intera testa. La testa viene prima. Per il mal di testa, tratta quell'area specifica e anche l'intera testa.

Occhi. Non conosciamo tutte le malattie e i tanti problemi di cui solo il medico ha nozione, ma sappiamo che possono essere trattate con Reiki: se il problema è il bulbo oculare tocca delicatamente con il dito il condotto lacrimale, la fine dell'occhio e la parte posteriore della testa (dietro l'occhio) quattro volte. Se il problema riguarda anche solo un occhio, devi comunque trattare entrambi gli occhi. Inoltre, per le malattie degli occhi, tratta pancreas, fegato, utero e ovaio. Il sistema nervoso è strettamente connesso e troverai molto più efficace trattare il tutto il sistema in modo completo.

Denti. Tratta l'area della radice dei denti dall'esterno della bocca e anche le spalle su entrambi i lati.

Bocca e labbra. Se la malattia è presente in tutta la bocca, cura la bocca e anche l'intestino. Se c'è un'infezione, c'è qualcosa che non funziona nell'intestino e nel sistema digestivo della persona e questi richiedono un trattamento. Per trattare gli intestini, metti le mani nelle seguenti posizioni: labbra, esofago, stomaco, intestino crasso, intestino tenue e fegato.

Lingua. Per trattare la lingua, tieni la punta della lingua (prendila) con due dita, una sopra e una sotto la radice della lingua. Tratta anche dall'esterno e tratta i piedi appena sotto l'arco sulla superficie plantare. Tratta entrambi i piedi contemporaneamente.

---

[86] Gray John Harvey, Gray Lourdes, McFadden Steven, Hand to Hand: The Longest-Practicing Reiki Master Tells His Story, Xlibris, 2002.

Apatia. Tratta bocca, lingua, esofago, stomaco, intestino, fegato, cuore e reni.

Fuoriuscita di bava (sbavare). Tratta la bocca, la radice della lingua, lo stomaco, l'intestino e l'intera testa.

Esofago. Contratto, dilatato o infiammato. Per trattare posiziona la mano sull'esofago, il plesso solare-torace, stomaco, fegato, pancreas, reni, circolazione sanguigna. La maggior parte dei tumori purtroppo non risponde particolarmente bene al trattamento, incluso il cancro dell'esofago. Non bisogna aspettarsi ottimi risultati.

Stomaco. Acido nello stomaco, contrazioni involontarie, stomaco debole, ernia (tessuto cicatriziale che fuoriesce dallo stomaco). Se (il cliente) è turbato (nella testa) accusa dolore allo stomaco. Il turbamento emotivo sconvolge la digestione. Il nervosismo può causare mal di stomaco e rendere difficile la digestione. Per trattare poni le mani su stomaco, fegato, pancreas, intestino, reni e spina dorsale, dall'alto verso il basso. Per una migliore circolazione fare un trattamento completo.

Intestino. Costipazione, appendicite, enterostenosi, ostruzione intestinale, intestino contorto (diverticolite), dissenteria, catarro intestinale (una condizione in cui vi è un forte flusso di muco come in un raffreddore). Per trattare mani distese su stomaco, intestino, fegato, pancreas, reni e cuore.

Fegato. Sanguinolento, congestione, trasudamento, appassito, avvizzito, ittero, pelle gialla, cirrosi, ingrossamento del fegato, calcoli biliari, calcoli renali. Per trattare metti le mani su fegato, pancreas, stomaco, intestino, cuore, reni, circolazione sanguigna. Dopo un paio di giorni di trattamento, nel caso di calcoli renali, questi si disgregano ed escono dal corpo attraverso le urine. Per il cancro al fegato, non si può fare molto.

Pancreas. Pancreatite, pancreas gonfio (come un'ernia). Per trattare metti le mani su pancreas, fegato, stomaco, intestino, cuore, reni e circolazione sanguigna.

Peritoneo. Peritonite. Per trattare mani distese su fegato, pancreas, stomaco, intestino, peritoneo, vescica, cuore, reni e circolazione sanguigna.

Tubercolosi. Trattare allo stesso modo della peritonite.

Malattie dell'ano. Emorroidi, infezione, dolore, infiammazione, pelle secca, screpolata, sfintere, perdita del tono muscolare, debolezza. Tratta l'ano, il coccige, lo stomaco e l'intestino.

Malattia del naso. Naso gonfio o contratto dall'infezione, malattia del tratto respiratorio. Tratta naso, gola e polmoni.

Sanguinamento dal naso. Per il trattamento, premi ciascun lato del naso (a metà, in basso appena sotto gli occhi, dietro la testa, al centro della testa). All'inizio del loro periodo mestruale alcune donne hanno il naso sanguinante: tratta le ovaie e l'utero.

Seni nasali. Per trattare posiziona le mani sul naso, sulla mascella superiore (da sotto il naso alle orecchie), appena sopra entrambe le sopracciglia quasi fino alla fronte, petto, pomo d'Adamo, reni, stomaco, intestino, circolazione del sangue (tutto il corpo).

Infezione della faringe. Faringite, tonsillite. Per trattare tieni le mani distese sul pomo d'Adamo, tonsille, gola, reni, polmoni, stomaco, intestino e intera testa.

Gola. Trachea, bronchite. Per trattare tieni le mani distese sul pomo d'Adamo, i bronchi, i polmoni, lo stomaco, l'intestino, il cuore, i reni e l'intera testa.

Polmoni. Polmonite, catarro bronchiale. Per trattare mani distese su pomo d'Adamo, bronchi, polmoni, cuore, fegato, pancreas, stomaco, intestino, reni, circolazione.

Urologia e apparato urinario. Disturbi renali, sangue nei reni, anemia, pus nei reni, pesantezza e dolore ai reni, probabilmente a causa di ernia allo stomaco, parto, ecc. Si può indossare un supporto attorno allo stomaco per mantenere immobilizzati i reni. Infezione: calcoli renali, uremia (insufficienza renale), avvelenamento da uremia. Per trattare mani distese su reni, fegato, pancreas, cuore, stomaco, intestino, vescica, testa intera e circolazione sanguigna.

Vescica. Infezione, difficoltà ad urinare, lieve traccia di albume nelle urine, dolore nella minzione. Per trattare, posiziona le mani nella stessa posizione dei disturbi renali e tratta anche il tratto urinario, la ghiandola prostatica e l'utero.

Enuresi (bagnare il letto). Per trattare posiziona le mani distese su vescica, intestino, stomaco, reni, colonna vertebrale, testa intera, circolazione.

Sistema nervoso. Anemia cerebrale, temporanea mancanza di sangue alla testa (svenimento), congestione del cervello, iperemia cerebrale. Per trattare mani distese sulla testa, sul cuore.

Isteria. Per trattare mani distese su utero, ovaie, stomaco, intestino e fegato.

Prostrazione nervosa, debolezza, esaurimento nervoso, insonnia. Per trattare mani distese su stomaco, intestino, fegato, pancreas, reni, occhi, testa, circolazione.

Nevralgia, nevrite. Sistema nervoso diventato insensibile, spasmi nervosi, crampi e contrazioni a causa del sistema nervoso malato. Per curare vai prima nell'area della manifestazione del danno, quindi imponi le mani su fegato, pancreas, stomaco, intestino, reni, testa, colonna vertebrale, circolazione sanguigna. Sii cauto intorno all'utero e alle ovaie.

Ballo di San Vito (Encefalite reumatica). Per trattare mani distese su fegato, stomaco, intestino, reni, colonna vertebrale, mani, piedi, testa e circolazione sanguigna.

Emorragia cerebrale e trombosi coronarica. Per trattare mani distese su testa, cuore, reni, stomaco, intestino, fegato e colonna vertebrale. Per trattare l'intorpidimento in altre parti del corpo, metti anche la mano lì.

Meningite cerebrale. Sensazioni di dolore alle orecchie, al naso, al viso e alla testa, infezioni, possono indicare l'inizio della meningite. Deve essere affrontata immediatamente. Polmone, polmonite, tubercolosi, sensazione di calore, l'infezione potrebbe anche trasformarsi in meningite. Portare la persona al pronto soccorso dell'ospedale per la valutazione. Per trattare mani distese dietro la testa e nella parte posteriore del collo.

Problemi alla schiena, meningite spinale. Per trattare mani distese sulla colonna vertebrale, dietro la testa e il collo, il cuore, lo stomaco, l'intestino, il fegato, i reni e la vescica. La colonna vertebrale, la testa e il collo sono i più importanti da trattare.

Mielite. (Midollo spinale, midollo osseo). Per trattare mani distese su colonna vertebrale, stomaco, intestino, fegato, vescica, reni, testa e circolazione.

Malattia di Basedow (bulbi oculari sporgenti). Per trattare mani distese su utero e ovaie, stomaco, intestino, fegato, pancreas, cuore, canale linfatico, occhi, reni, colonna vertebrale e circolazione sanguigna.

Malattia dei bambini. Paralisi, intorpidimento. Per trattare mani distese sulla colonna vertebrale, sullo stomaco, sull'intestino, sui reni e sulla zona in cui c'è l'intorpidimento dato dalla malattia, testa e circolazione.

Malattie contagiose. Dissenteria, colera, anche colera dei bambini. Per trattare mani distese su stomaco, intestino, fegato, pancreas, reni, cuore, testa e circolazione.

Febbre tifoide, febbre paratifoide. Per trattare mani distese su fegato, pancreas, stomaco, intestino, cuore, rene, colonna vertebrale e testa.

Morbillo. Per curare, metti le mani su pomo d'Adamo, trachea, stomaco, intestino, cuore, reni, colonna vertebrale e testa.

Scarlattina. Per curare, metti le mani sul pomo d'Adamo, sul torace, sui reni, sullo stomaco, sull'intestino, sulla vescica, sulla testa e circolazione sanguigna.

Varicella. Per trattare mani distese su stomaco, intestino, reni, circolazione sanguigna, mettere le mani anche sull'area problematica e sull'intera testa.

Influenza. Per trattare mani distese su naso, pomo d'Adamo, trachea, polmoni (area toracica), fegato, pancreas, stomaco, intestino, reni, testa e circolazione sanguigna.

Pertosse. Per trattare mani distese su naso, pomo d'Adamo, trachea, apice del polmone, stomaco, intestino, reni e circolazione sanguigna.

Difterite. Per trattare mani distese su pomo d'Adamo, trachea, naso, polmoni, cuore, fegato, stomaco, intestino, reni, testa intera e circolazione sanguigna.

Malattia di Weil (leptospirosi). Per trattare, imponi le mani su fegato, pancreas e milza allo stesso tempo, stomaco, intestino, vescica, reni, colonna vertebrale, testa intera e circolazione sanguigna.

Malaria. Per trattare, imponi le mani sul pancreas e sulla milza allo stesso tempo, fegato, cuore, stomaco, intestino, reni, colonna vertebrale, testa intera e circolazione sanguigna.

Tetano. Per il trattamento, imponi le mani sull'osso mascellare, solo sulla parte posteriore della testa, pomo d'Adamo, polmoni, area del problema del tetano, stomaco, intestino, reni e colonna vertebrale.

Reumatismi articolari. Esistono due tipi di reumatismi: articolari e muscolari e sono trattati allo stesso modo. Prima tratta l'area problematica, quindi cuore, area toracica, fegato, pancreas, stomaco, intestino, reni, colonna vertebrale e intera testa.

Morso di un cane rabbioso. Prima tratta l'area problematica, quindi cuore, fegato, reni, stomaco, intestino, colonna vertebrale, pomo d'Adamo, testa intera e circolazione sanguigna.

Malattia diffusa in tutto il corpo. Per trattare, imponi le mani su cuore, fegato, pancreas, stomaco, intestino, reni, colonna vertebrale e circolazione sanguigna. (L'anemia e lo scorbuto sono trattati allo stesso modo).

Diabete. Per trattare, imponi le mani su fegato, pancreas, cuore, stomaco, intestino, vescica, reni, testa, colonna vertebrale e circolazione sanguigna.

Obesità. Per trattare, imporre le mani su fegato, pancreas, cuore, stomaco, intestino, vescica, reni, testa intera, colonna vertebrale e circolazione sanguigna.

Malattie della pelle. Per trattare, imponi le mani su stomaco, intestino, fegato, reni, area problematica della pelle e circolazione sanguigna.

Scrofola o adenite tubercolare (infezione delle ghiandole linfonodali del collo). Per trattare, imponi le mani sulla pelle dell'area del problema, su stomaco, intestino, fegato, cuore, torace, reni, colonna vertebrale e circolazione sanguigna.

Traspirazione, eccessiva e costante. Per trattare, imponi le mani sui reni e sulla circolazione sanguigna.

Ustioni. Per curare, tieni le mani circa un pollice (circa due centimetri e mezzo) sopra l'ustione. Dopo che il dolore è passato, appoggia le mani con leggerezza.

Ferite da taglio. Per trattare, metti il pollice o la mano sul taglio per fermare l'emorragia, pizzicando l'area per chiuderla.

Svenimento o folgorazione. Per curare, rianima prima la persona, quindi metti le mani sul cuore e sulla testa.

Annegamento. Per trattare, rimuovi l'acqua dai polmoni, rianima, tratta cuore e testa.

Crampi mestruali. Tratta l'utero, le ovaie e l'osso pubico.

Singhiozzo. Per trattare, posiziona le mani appena sotto i polmoni, fegato, pancreas, reni, stomaco, intestino, colonna vertebrale e testa.

Balbuzie. Per trattare, metti le mani sul pomo d'Adamo e sulla testa. Inoltre, il cliente dovrebbe esercitarsi da solo cantando una canzone semplice.

Dolore alla punta delle dita. Per trattare, posiziona la mano sull'area problematica.

Vomito. Per trattare, posiziona le mani sullo stomaco, l'apice dello stomaco, la base dei polmoni, fegato, sulla schiena e sulla colonna vertebrale appena dietro lo stomaco, testa e reni.

Una spina o una scheggia nel dito. Per trattare, premi delicatamente sull'area problematica con un dito, quando il dolore è cessato, estrarre la spina o la scheggia.

Gonorrea. Per la donna tratta il tratto urinario, la vulva, la vescica, l'utero. Per l'uomo posiziona le mani leggermente e con attenzione sui testicoli.

Spasmi, crisi isterica, crampi allo stomaco. Per trattare, metti le mani sullo stomaco, sulla schiena proprio dietro lo stomaco, su fegato, reni, intestino e testa.

Ernia. Tocca leggermente l'area problematica e si restringerà. Tratta anche lo stomaco e l'intestino.

Gravidanza e malattie infantili.

Nausea mattutina. Per trattare, imponi le mani su utero, stomaco, bocca dello stomaco, intestino, reni, testa intera e colonna vertebrale.

Feto non posizionato correttamente per il parto normale. Per curare, metti le mani sull'utero.

Trattare donne in gravidanza. Metti le mani sull'utero.

Per assistere le donne in gravidanza durante il parto. Metti le mani sull'osso sacro e sul retro di ogni osso dell'anca.

Ritardo nella nascita. Se tratti il feto mentre è ancora all'interno, mettendo le mani sull'utero, il feto uscirà il giorno stesso o il giorno successivo.

Il latte materno si sta prosciugando. Per trattare, massaggia il seno. Se la madre riceve l'energia Reiki in questo modo, il latte inizierà ad uscire immediatamente.

Convulsioni. Per trattare, imponi le mani su cuore, testa, stomaco e intestino.

Sifilide congenita. Per curare, prima imponi le mani sull'area della malattia, quindi, somministra farmaci naturali per purificare il corpo dal veleno.

Erisipela (malattia infettiva di pelle e mucose). Prima tratta l'area problematica, quindi stomaco, intestino, fegato, cuore, reni, colonna vertebrale e circolazione sanguigna.

Hobun Kikuchi (1862-1918)

Totoya Hokkei (1780-1850)

Capitolo 4

JAPANESE REIKI RYOHO

Essere un grande guaritore spirituale[87]

Per diventare un grande guaritore spirituale, non c'è nient'altro che puoi fare se non continuare ad allenarti e migliorare te stesso. Esistono molte possibilità per migliorare te stesso tuttavia, nella nostra associazione, usiamo le poesie dell'Imperatore Meiji per purificare la nostra mente e ci atteniamo ai Cinque Principi ogni giorno per praticare la messa a fuoco (presenza nel qui e ora) e l'allenamento mentale.

Devo sottolineare che non è facile rispettare sempre i Cinque Principi. Ci arrabbiamo, ci preoccupiamo, ci lamentiamo, diventiamo pigri e combattiamo con gli altri per cose banali. Non è facile trasformare questi atteggiamenti e tanto meno i pensieri che continuano ad emergere.

Alcuni potrebbero chiedere: "Ma non possiamo avere energia spirituale fintanto che non abbiamo imparato ad osservare perfettamente i Cinque Principi?" Finché continui a provare e a lavorare sodo, sei in grado di essere un grande guaritore spirituale e di rilasciare energia spirituale. Ognuno di noi ha una mentalità diversa, tuttavia, tutti i nostri membri che hanno imparato questo metodo, sono riusciti a liberare l'energia spirituale. Se non ti attieni ai Cinque Principi o smetti di lavorare sodo, anche se hai l'energia spirituale, potresti perderla. Quindi stai attento!

Ti svegli la mattina, ti siedi dritto, unisci le mani davanti al petto e leggi i Cinque Principi. Inoltre, a tarda notte, non importa quanto sei stanco, ti siedi sul letto e leggi i Cinque Principi. Se questa diventa un'abitudine, allora senti che non puoi fare a meno di farlo. La tua azione quotidiana è importante.

---

[87] Estratto dal Reiki Ryoho No Shiori, Usui Reiki Ryoho Gakkai, Autopubblicazione, 1974.

Introduzione

È stato solo dagli anni '90 che i praticanti di Reiki, in Occidente, hanno iniziato a sentire parlare di ciò che nel tempo sarebbe diventato noto collettivamente come le "Tecniche di Reiki Giapponese". Si tratta di una serie di pratiche, alcune relative allo sviluppo personale, altre correlate ai trattamenti, utilizzate in Giappone dai praticanti di Reiki dei giorni nostri e che si afferma abbiano fatto parte dell'Usui Reiki Ryoho sin dai primi giorni. In realtà sono una miscellanea di varie tecniche moderne prese a prestito da differenti pratiche giapponesi e cinesi, insieme alle tecniche del Reiki occidentale e quanto è sopravvissuto dell'Usui Reiki Ryoho Gakkai, rifondata negli anni '50.

Le tecniche proposte in questo stile fanno parte del Dento Reiki (Reiki tradizionale), principalmente pervenuteci dall'Usui Reiki Ryoho Gakkai (quella rifondata negli anni '50), anche se hanno subito molte modifiche e variazioni durante il tempo. L'altra classe di tecniche qui presentate deriva dall'ibridazione tra quelle occidentali e quelle giapponesi.

Stili Reiki giapponesi[88]

Usui Reiki Ryoho Gakkai

Mentre alcune fonti sostengono che l'Usui Reiki Ryoho Gakkai (Società per l'insegnamento del metodo di guarigione Reiki di Usui) sia stata fondata dallo stesso Usui nel 1922, è ormai risaputo che la Gakkai è stata effettivamente fondata dal contrammiraglio della marina imperiale giapponese Jusaburo Ushida e altri studenti intorno al 1926-1927. Si dice inoltre che onorarono postumo Usui nominandolo come primo Kaicho (presidente) della società, mentre lo stesso Ushida fu nominato come secondo. Fu la forte impronta militarista e nazionalista a far rimuovere i precetti del buddismo esoterico a favore dello shintoismo con l'aggiunta delle poesie di Meiji e della struttura dei livelli insegnati nelle moderne arti marziali, che stavano avendo una grande diffusione negli ambienti militari giapponesi, nella pratica del Reiki.

---

[88] Deacon James, http://www.aetw.org/. Doi Hiroshi, Iyashino Gendai Reiki Ho, A Modern Reiki Method for Healing, International Center For Reiki Training, 2013. Petter Frank Arjava, Yamaguchi Tadao, Hayashi Chujiro, The Hayashi Reiki Manual: Traditional Japanese Healing Techniques from the Founder of the Western Reiki System, Lotus Press, 2004. Stiene Bronwen, Stiene Frans, The Reiki Sourcebook, Ayni Books, 2009. Yamaguchi Tadao, Light on the Origins of Reiki: A Handbook for Practicing the Original Reiki of Usui and Hayashi, Lotus Press, 2007.

Prima che i giapponesi entrassero nella Seconda Guerra Mondiale, Hayashi si era suicidato pur di non porre fine a vite umane e, con Takata che tornava a casa nelle Hawaii, a quanto pare tutti i contatti tra i praticanti di Reiki giapponesi e l'Occidente si erano interrotti. Quasi tutti i contatti visto che Takata fece un viaggio di ritorno in Giappone quattordici anni dopo la morte di Hayashi ed incontrò sua moglie, Chie, che era anch'ella una maestra di Reiki.

Certamente, negli anni successivi, sembra che fosse opinione comune tra i praticanti dell'Usui Shiki Ryoho che la pratica del Reiki, alla fine, in Giappone si fosse estinta e che fino al 1976, quando iniziò a istruire nuovi maestri, Takata fosse l'unica Reiki Master vivente sul pianeta. Tuttavia Mieko Mitsui, giornalista e praticante di "Reiki Radiance Technique", stava scoprendo che non era così poiché era tornata in Giappone nel 1985 per ricercare le origini del Reiki. Non solo il Reiki era vivo e vegeto, ma lo era anche l'Usui Reiki Ryoho Gakkai.

È ormai comprovato il fatto che l'attuale Gakkai è in realtà una società recentemente ristabilita, all'incirca negli anni '50, dopo la fine dell'occupazione degli Alleati in Giappone. Come analogamente è accaduto in Occidente dove sono stati ristabiliti ordini esoterici, sepolti da lungo tempo, che non hanno una connessione diretta con gli originali.

Si dice che l'attuale presidente della Gakkai sia il signor Ichita Takahashi in carica dal 2010. Tra Ushida, che ha ricoperto la carica dal 1926 fino alla sua morte nel 1935 e Takahashi, a quanto pare, ci sono stati altri cinque presidenti: Kanichi Taketomi, Yoshiharu Watanabe, Hoichi Wanami, Kimiko Koyama e Masayoshi Kondo.

Un tempo c'erano presumibilmente più di 80 sedi della Gakkai, sebbene al momento ce ne siano solo 5, con un numero di associati nella regione di 500 persone, solo 12 delle quali sono di livello Shinpiden.

Secondo Hiroshi Doi, che afferma di essere un membro dell'odierna Gakkai, presso la sede di Tokyo si tengono incontri settimanali chiamati Shuyo Kai durante i quali gli studenti cantano i Gokai (i precetti del Reiki), praticano l'Hatsurei Ho e recitano i Gyosei, poesie scritte dall'imperatore Meiji. Queste poesie sono espresse in uno stile noto come Waka (poesia giapponese), brevi poesie con frasi che contengono un numero fisso di sillabe. Anche i comuni Haikyu Zen sono una forma di waka.

L'attuale affiliazione all'Usui Reiki Ryoho Gakkai è, come ci viene riferito, intenzionalmente limitata ed è solo su invito.

Gendai Reiki Ho

Come suggerisce il nome, Gendai Reiki Ho è un moderno sistema di Reiki, fondato nel 1995. Creato da Hiroshi Doi, che ci dice di essere un membro dell'Usui Reiki Ryoho Gakkai e di aver studiato con l'ex presidente della Gakkai, la signora Kimiko Koyama, Gendai Reiki fonde il Reiki New Age occidentale con ciò che Doi afferma essere l'insieme degli insegnamenti e dei metodi usati dall'Usui Reiki Ryoho Gakkai, nonché concetti e pratiche di altre modalità terapeutiche.

Doi, un appassionato collezionista di sistemi terapeutici, ha studiato Shinmeikan Healing, Seiki-ho, The Silva Mind Control Method, Genkyoku Kiko, Dokiho, Crystal Healing, Hypnotic Kiko, Osteopathy, Energy Balancing, Nishino Breathing, Astral Healing, SAS Shinkiko, Kihodo Healing, Natural Vibration Technique, Balance Therapy, Multi-dimensional Body Work e altri metodi. Inizialmente apprese il primo stile occidentale di Reiki introdotto in Giappone e già modificato, vale a dire la "Reiki Radiance Technique", come insegnata da Mieko Mitsui.

Jikiden Reiki

Jikiden è il metodo Reiki, creato nel 1999, che venne insegnato dalla defunta signora Chiyoko Yamaguchi, scomparsa il 19 agosto 2003 e da suo figlio Tadao Yamaguchi che è l'attuale direttore della Jikiden Reiki Kenkyu Kai (Associazione Jikiden Reiki).

Jikiden Reiki è presentato come il metodo che comprende il sistema esatto secondo il quale Chiyoko Yamaguchi è stata addestrata da Hayashi, insieme a ulteriori informazioni apparentemente raccolte da Tadao Yamaguchi.

Sorprendentemente, Chiyoko Yamaguchi non aveva mai ricevuto il quarto simbolo, portando molti a chiedersi se avesse effettivamente completato la formazione del livello Shinpiden.

Si dice che la signora Yamaguchi abbia raggiunto lo Shihan Kaku nella primavera del 1939 e il pieno status di Shihan nell'autunno dello stesso anno. Tuttavia, mentre si era già capito che non aveva completato la sua formazione con Hayashi, ora è noto che, direttamente da lui, ricevette solo l'addestramento di livello Shoden e Okuden, il resto della sua formazione pare fu ricevuta da suo zio, Wasaburo Sugano, che era stato anche lui apparentemente addestrato da Hayashi.

Ciò non toglie il fatto dell'assenza del quarto simbolo nei suoi insegnamenti, visto e appurato che Hayashi lo aveva insegnato a Takata qualche anno prima. Quindi, se suo zio aveva effettivamente completato la sua formazione come insegnante, avrebbe dovuto conoscerlo.

Attualmente il Jikiden Reiki è un'ibridazione tra tecniche di Reiki giapponese e tecniche Reiki occidentali.

Komyo Reiki

Hyakuten Inamoto è un sacerdote buddista della setta della "Terra Pura", studiò Reiki con la signora Chiyoko Yamaguchi.

A quel tempo l'insegnamento del Reiki di Chiyoko Yamaguchi era di natura orale, pertanto Inamoto creò un manuale di esercizi per i suoi studenti, in cui ha modificato gli elementi degli insegnamenti della signora Yamaguchi per rifletterviisi la sua comprensione personale e il suo approccio al Reiki.

Ha anche incorporato vari concetti, termini e pratiche buddiste, nonché alcuni elementi probabilmente tratti dagli insegnamenti del Gendai Reiki di Hiroshi Doi. Inamoto ha creato il suo sistema nel 1997 e lo ha chiamato Komyo Reiki.

Non c'è chiarezza riguardo alle fonti esatte di alcuni elementi che non provengono dal Reiki della Yamaguchi e che Inamoto ha incorporato nel Komyo Reiki. Inamoto è stato senza dubbio influenzato da alcune idee di Hiroshi Doi e da altri stili Reiki New Age. Il "Reiju aperto", ad esempio, sembra essere basato sulla temporanea ovvero non permanente "sintonizzazione terapeutica" di William Lee Rand.

Inoltre, la struttura del Komyo Reiki ricorda molto la struttura di insegnamento usata in molti stili di Reiki New Age occidentale (Raku Reiki, Tibetan Reiki, ART (Advanced Reiki Technique) ecc.).

Usui Teate

Purtroppo sembra essere stata solo una grande operazione di marketing. Attraverso varie ricerche è venuto fuori che questo stile è stato creato da Chris Marsh all'inizio degli anni 2000, dopo aver apparentemente incontrato Suzuki Myoren, una monaca buddista ultracentenaria, fatta passare per allieva di Usui, che nessuno ha mai incontrato o della quale qualcuno abbia visto almeno una foto. Oltretutto c'è da aggiungere che nel 2006 il socio di Marsh, Andy Bowling ha smantellato il suo sito ed ha preso le distanze dal Reiki non dichiarandone il motivo. Inoltre lo stesso Chris Marsh ha abbandonato il suo insegnamento dopo pochi anni.

Le tecniche insegnate in questo stile sono il frutto di una miscellanea tra il Reiki New Age occidentale, il Reiki moderno giapponese e tecniche utilizzate nelle arti marziali moderne.

Usui Do

Si dice che Usui Do, la via di Usui, insegnato da Dave King, costituisca un'autentica ricostruzione del sistema meditativo e spirituale di Mikao Usui. In realtà sembra che anche questo stile, purtroppo, sia un'operazione di marketing per attrarre più clientela. Inoltre alcuni insegnamenti pare siano il frutto di canalizzazioni di cui la fonte non è citata.

Reido Reiki

Reido Reiki è il sistema creato e insegnato da Fuminori Aoki, del Nagoya Reiki Lab, precedentemente Human & Trust Institute, fondato nel 1990. Reido afferma di essere fedele alle origini del Reiki ma anche questo sistema è essenzialmente una combinazione di Reiki in stile occidentale e varie tecniche giapponesi. È fortemente influenzato dalla versione modificata del Reiki di Barbara Ray e, in qualche modo, ricorda molto questo sistema. Anche Reido consiste in diversi livelli aggiuntivi oltre ai tre originali.

Hekikuu Reiki

Originario di Sapporo, in Giappone, Kenji Hamamoto ha vissuto per un certo periodo a Brazilia, in Brasile, prima di trasferirsi in Corea del Sud dove attualmente risiede. Dal 2002 ha praticato e insegnato tranquillamente ciò che ha iniziato a chiamare Hekikuu Reiki, la sua comprensione ed espressione personale dell'arte terapeutica, basata su quasi due decenni di pratica.

Il suo addestramento ha preso avvio nello stile Reiki Radiance Technique grazie a Mieko Mitsui, per proseguire e prendere il livello Master nell'Usui Shiki Ryoho da alcuni maestri della Reiki Alliance. Successivamente ha anche studiato Reido Reiki e, nel corso degli anni, ha studiato con un certo numero di altri insegnanti di Reiki giapponese. È stato anche particolarmente ispirato dalle intuizioni relative al Reiki di un guaritore di nome Karasu.

Hekikuu Reiki (Hekikuu si traduce come Cielo Azzurro) è fortemente intriso di elementi della spiritualità popolare giapponese, inclusa una convinzione pragmatica ed empirica nei Kami e una comprensione del ruolo degli spiriti ancestrali e di altri esseri non corporali che possono influenzare i fattori della manifestazione della

Capitolo QUATTRO

malattia e del malessere. Quest'ultima concettualizzazione da origine alla pratica, all'interno di Hekikuu Reiki, di offrire frequentemente un trattamento per il particolare spirito ancestrale o di altro genere, riconosciuto e associato alla condizione manifestata, prima di trattare direttamente il cliente.

Hekikuu Reiki non pretende di essere il Reiki esattamente come lo insegnava Usui. Allo stesso tempo non insegna i chakra, il lavoro con i cristalli o altri componenti aggiuntivi della New Age. Piuttosto, insegna la guarigione e trasformazione personale e sociale dal punto di vista delle pratiche spirituali tradizionali giapponesi.

Ryuryukyo Shinsai (1764-1820)

Una ricerca sull'origine della guarigione del Reiki.
Cos'è la guarigione dello Stile Usui Reiki?
Rapporto di Shiomi Takai[89]

Questo articolo proviene dall'edizione dell'aprile 1986 di una rivista metafisica giapponese ormai non più in pubblicazione: "The Twilight Zone".

Numerose immagini accompagnano l'articolo. C'è una foto di Usui Sensei, una di Barbara Ray (fondatrice della The Radiance Technique) e una di Takata Sensei, così come molte di Mieko Mitsui mentre pratica trattamenti di Reiki.

Ci sono anche tre foto di Fumio Ogawa che, visto il grande successo commerciale che stava avendo il Reiki in Giappone, poco tempo dopo inizierà a sponsorizzare il suo libro "Everyone Can Do Reiki" ("Tutti Possono Fare Reiki") nel quale Ogawa ripropone parte del contenuto del Reiki Ryoho No Shiori dell'Usui Reiki Ryoho Gakkai, con l'aggiunta della sua personale comprensione della disciplina.

Vengono anche mostrate le immagini dei certificati Reiki di Fumio Ogawa e dei Gokai e nella pagina finale c'è una foto del "Manuale ufficiale di Reiki" di Barbara Ray, che è stato tradotto in giapponese da Mieko Mitsui.

Inoltre dall'articolo si evince che, al contrario di quanto ci è stato raccontato, fu Mieko Mitsui la prima praticante di Reiki occidentale a trovare la tomba di Usui, ad entrare in contatto con membri appartenenti all'Usui Reiki Ryoho Gakkai e a ricevere i testi originali di quest'ultima. Purtroppo però questa notizia passò in sordina nell'ambiente Reiki occidentale perché non si voleva perdere né il monopolio sulla disciplina né l'ingente guadagno economico che ne derivava. Inoltre erano ancora presenti dei forti attriti tra l'A.I.R.A. (American International Reiki Association) di cui faceva parte Mieko Mitsui e la Reiki Alliance.

Ecco l'articolo:

Di recente negli Stati Uniti si è registrato un boom della popolarità della terapia Reiki. Questo metodo di guarigione, che utilizza l'energia cosmica, è nato in Giappone e ora vi è stato nuovamente importato.

Questo giornalista è andato alla ricerca delle radici di questa misteriosa tecnica spirituale.

---

[89] Deacon James, http://www.aetw.org/.

Capitolo QUATTRO

Il Reiki è stato introdotto dal Giappone negli Stati Uniti.

Si sostiene che il Reiki possa curare la malattia semplicemente imponendo le mani in punti specifici sulla superficie del corpo. Si dice anche che sia utile per purificare cibo e acqua. Dato che questo metodo di guarigione, che utilizza l'energia cosmica, è apparso in precedenza due volte in questa rivista (settembre '84 e luglio '85) molti lettori potrebbero riconoscerne il nome. Lo scorso dicembre, ho avuto l'opportunità di intervistare la maestra di Reiki Mieko Mitsui che era tornata (in Giappone) per una breve visita.

"Nel 1978, sono arrivata negli Stati Uniti. Fino ad allora avevo lavorato come editrice per un editore, ho lavorato senza sosta, 365 giorni all'anno. Poi un giorno ne ho avuto abbastanza e ho deciso di recarmi negli Stati Uniti per dedicare del tempo ai miei studi. Fin dall'infanzia non sono stata fisicamente molto forte e per di più, a causa dello stress di lunghe e difficili giornate lavorative in Giappone e del cambiamento dello stile di vita negli Stati Uniti, la mia salute ne aveva sofferto. Fu allora che incontrai il Reiki. Per la prima volta nella mia vita, grazie al Reiki, ho vissuto una vita felice, libera da disagi fisici."

Da allora in poi Mitsui studiò con entusiasmo il Reiki, diventando una Reiki Master dopo sei mesi. Comprendo che questo è un risultato insolitamente rapido negli Stati Uniti. Ci sono stati due motivi principali per questa visita (in Giappone). In primo luogo per diffondere il Reiki in Giappone, il paese della sua origine. In secondo luogo per cercare le origini del Reiki.

Secondo il manuale pubblicato dall'American International Reiki Association Inc. la persona che ha sviluppato la guarigione Reiki era giapponese: il dott. Mikao Usui. Questo fu poi introdotto negli Stati Uniti da una hawaiana giapponese, Hawayo Takata. L'attuale leader del Reiki negli Stati Uniti, la dott.ssa Barbara Ray, è stata iniziata dalla signora Takata.

Nonostante le sue origini, il Reiki è praticamente sconosciuto in Giappone. Ogni volta che Mitsui Sensei tornava in Giappone, cercava le sue radici. Dopo una lunga ricerca, lo scorso dicembre, quando è tornata, Mitsui Sensei ha ottenuto due importanti informazioni.

Una era l'ubicazione della tomba del dottor Usui e l'altra era la scoperta di un opuscolo che era stato probabilmente consegnato ai partecipanti al seminario di Reiki e un certificato.

Senza perdere tempo, la sensei Mitsui visitò il tempio Saihoji a Nakano-ku, Tokyo, dove si trovava una grande tomba eretta per il dottor Usui, con un'iscrizione.

Questa è una traccia dell'iscrizione:

Il nome completo del dott. Usui era Mikao Usui. Nacque il 15 agosto 1865 a Yagomura (ora Miyama-cho), Yamagata-gun, prefettura di Gifu. Fin da piccolo, ha studiato duramente sostenendosi autonomamente e successivamente ha visitato gli Stati Uniti, l'Europa e la Cina.

Un giorno ebbe un forte desiderio di scalare il Kurama Yama a Kyoto. Dopo 21 giorni di rigida disciplina spirituale, scoprì la guarigione Reiki. Comprendendo il grande significato di questo metodo di guarigione, nel 1922, fondò un'associazione a Harajuku-ku (distretto di Harajuku), Tokyo, che si riempì di persone che avevano sentito parlare dell'effetto di questa guarigione.

Nel 1923 ci fu un grande terremoto che colpì Tokyo e l'area circostante, il dott. Usui visitò molti luoghi di Tokyo per curare i malati. Inaspettatamente questo contribuì a pubblicizzare il Reiki in quel momento. Probabilmente a causa di questa popolarità, il centro di addestramento di Harajuku divenne troppo piccolo e si trasferì a Nakano-ku nel febbraio del 1925.

Di ritorno da un viaggio a Kure, Hiroshima e Saga per il reclutamento di maestri, il dott. Usui si ammalò a Fukuyama, nella prefettura di Hiroshima e morì. Era il 9 marzo 1926 e il dott. Usui aveva 61 anni.

L'iscrizione si concludeva con le parole: "di Masayuki Okada, Juzaburo Ushida, febbraio 1927."

Ottenuto l'indirizzo della famiglia del dottor Usui, Mitsui Sensei, li visitò, anche se si rifiutarono di incontrarla di persona.

Attraverso un citofono al cancello, la moglie del figlio del dott. Usui le disse: "Per volere del padre (di suo marito), come dichiarato nelle sue ultime volontà, non abbiamo nulla a che fare con la guarigione."

A detta del guardiano del tempio, dei fiori vengono messi sulla tomba del dott. Usui il 9° giorno di ogni mese, ma nessuno sa da chi provengano.

Fortunatamente, Mitsui Sensei incontrò una persona che aveva stabilito un legame con il dottor Usui quando tenne un seminario di Reiki a Shizuoka.

Era una delle persone presenti al seminario, un certo signor Mochizuki di Shizuoka. Il padre di sua moglie, il signor H.I., aveva partecipato a un seminario di Reiki a Shizuoka e aveva conseguito la qualifica di guaritore.

Capitolo QUATTRO

Il signor H.I. all'epoca era un preside della scuola elementare e, come educatore, doveva aver apprezzato questo metodo di guarigione.

Un vecchio manuale[90], che è ora in possesso di Mitsui Sensei, contiene regole per i praticanti, dogmi, linee guida di guarigione e poesie dell'imperatore Meiji. Nella sezione linee guida di guarigione, spiega in dettaglio il metodo di guarigione di base, nonché i metodi per la guarigione dei disturbi, compresi quelli del sistema digestivo e nervoso.

Ora ho deciso di occuparmi della ricerca e scoprire le tracce del dott. Usui trovate da Mitsui Sensei, che è tornata negli Stati Uniti.

Ho contattato il sig. Mochizuki e mi ha fatto conoscere il sig. Fumio Ogawa a Shizuoka. Il defunto padre di Ogawa, Keizo Ogawa, era uno dei funzionari elencati nel manuale e ha iniziato il signor H.I. già menzionato.

Sono stato incuriosito dallo scoprire che anche il signor Fumio Ogawa è un maestro e aveva ricevuto il "Reiju". Questa è stata la prima volta che ho sentito la parola "Reiju".

Attualmente negli Stati Uniti l'allenamento Reiki prevede diversi passaggi. Il primo grado è il corso per principianti. Il secondo grado include la guarigione a distanza. Il livello più alto è il terzo grado, diviso in parte A e parte B e, quando entrambe sono state apprese, si può ricevere la qualifica di istruttore di Reiki.

Rispetto a questo, tuttavia, il percorso stabilito dal dott. Usui era molto più arduo. Il percorso era diviso in 6 livelli con il 6° grado di livello principiante. Dopo il 3° grado (cioè il 4° livello), il successivo era denominato "Okuden prima metà" e poi arrivava la "metà finale di Okuden". A questo punto, pochi eletti avrebbero ricevuto il livello ancora più alto: "l'Iniziazione Misteriosa".

Il "Reiju" è ciò che viene conferito a quei pochi eletti e non necessariamente solo una volta, a volte è stato dato più di una volta.

"È difficile cogliere il significato di "Reiju" dalle interpretazioni personali, ma sarebbe corretto pensare che significhi "aprire il canale per ricevere l'energia cosmica", ha affermato Ogawa. Riguardo al Reiju, esiste una regola non scritta secondo la quale nessuno dovrebbe parlarne, quindi temo di non poterti dire di cosa si tratta, ma posso dire che ci sono stati incontri chiamati Reijukai dove le persone che hanno studiato al più alto livello ricevono il Reiju. Non è stato difficile diventare

---

[90] Molto probabilmente una delle prime versioni del Reiki Ryoho No Shiori.

un membro. Se hai partecipato a lezioni di Reiki organizzate in vari luoghi, pagando una quota compresa tra 500 e 1000 yen, allora diventi un membro. Le persone hanno partecipato entusiaste ad ogni incontro e hanno studiato duramente anche da sole. Quando ciò fu riconosciuto, fu loro permesso di ricevere il "Reiju". Ma ricordo che, anche se potevano guarire sé stessi, era estremamente raro che raggiungessero il livello di guarigione degli altri. Inoltre, c'erano solo tre persone a cui era stato conferito direttamente il "Reiju" dal dott. Usui. Erano Taketomi Seiichi (o Kanichi?) che diventò il secondo presidente dopo la morte del dott. Usui, il terzo presidente Yoshiharu Watanabe e il quarto presidente Toyokazu (Hoichi?) Wanami."

Mi chiedo che cosa sia davvero questa iniziazione misteriosa, forse è in realtà un corso di addestramento d'élite.

"Quando si riceveva l'iniziazione misteriosa, si diventava consapevoli dei problemi del cliente senza chiederglielo. Le caratteristiche della malattia sarebbero apparse sulle mani del guaritore che così avrebbe capito in che stato si trovava il cliente. L'iniziazione misteriosa includerebbe tre parti: un metodo per purificare il sangue, un metodo di guarigione per la persona e una guarigione a distanza attraverso l'utilizzo di fotografie."

Il signor Ogawa mi ha fornito anche un'altra informazione importante. Ha detto che la Reiki Ryoho Gakkai era considerata estinta e invece continua ad esistere a Tokyo.

Ho tentato di contattare una signora che era la sesta presidente dell'Usui Shiki Reiki Ryoho Kenkyukai (società di ricerca di guarigione Reiki in stile Usui). Anche se l'intervista mi è stata rifiutata, ho avuto la fortuna di ottenere qualche informazione in più da lei.

Avendo subito danni durante la guerra, il quartier generale della Reiki Gakkai fu spostato da un luogo ad un altro.

Diversi membri hanno lasciato la Gakkai e iniziato insegnamenti individuali o sono diventati fondatori di gruppi spirituali di nuova generazione.

Inoltre, un tempo il dott. Usui sembra essere stato segretario di Shimpei Goto.

Quest'ultima parte è importante. Nel manuale di Reiki americano, il dott. Usui dovrebbe essere stato il preside della scuola teologica cristiana di Kyoto, ma secondo la ricerca di Mitsui Sensei, nessuna scuola del genere esiste a Kyoto e, inoltre, la mia ricerca non ha rivelato nessuno di nome Usui che fosse un dottore cristiano. Mitsui Sensei pensa che la scuola potrebbe essere stata una piccola parentesi personale, ma mi chiedo quale fosse la realtà.

Capitolo QUATTRO

Ora dovrei spiegare chi era il signor Shimpei Goto. Nacque nella prefettura di Iwate nel 1857 e dopo essersi laureato in medicina nella prefettura di Fukushima, lavorò presso il Ministero della Salute, diventando capo del Ministero nel 1891.

Durante la guerra sino-giapponese, era responsabile dell'ufficio di quarantena dell'esercito. Nel 1899 divenne direttore dell'amministrazione civile di Taiwan e nel 1908 presidente delle ferrovie della Manciuria. Successivamente è stato nominato Ministro delle comunicazioni, Presidente delle ferrovie, Ministro degli interni, Ministro degli affari esteri e alla fine è diventato Sindaco di Tokyo. Morì nel 1920.

Non è affatto chiaro quando il dott. Usui sia stato il segretario del signor Goto, ma se è un dato di fatto, questa posizione deve essergli stata molto utile quando si è trattato di incontrare persone influenti.

Ma rimane ancora il mistero.

Secondo i frammenti di informazioni che ho raccolto, il dott. Usui si presentava in diversi modi, un impiegato d'azienda, un uomo d'affari e così via, ma nessuno di questi era collegato alla guarigione. Quindi cosa lo ha portato a diventare un guaritore spirituale?

Quello che vorrei fare ora è considerare in che tempo ha vissuto il dott. Usui.

Dall'era Meiji alla prima parte dell'era Showa, mentre le religioni consolidate stavano perdendo potere, molti nuovi leader spirituali apparvero sulla scena.

Tra questi c'erano Tennen Kuwahara e Morihei Tanaka, fondatore del Taireido. Si dice che questi in particolare avessero talenti spirituali o poteri spirituali (Reijutsu) e attraessero molti seguaci. Onisaburo Deiguchi di Daihonkyo (Ōmotokyo) e Mokichi Okada, il fondatore del Sekaikyuseikyo sono anche conosciuti come "grandi luci" che brillavano in quel periodo.

Quindi, quale guaritore spirituale avrebbe influenzato il dott. Usui? Tra le possibilità più probabili ci può essere Morihei Tanaka, poiché era della città di Tajimi, dove stabilì il quartier generale del Taireido che era anche vicino a Miyama-cho dove nacque il dott. Usui.

Si diceva che Tanaka praticasse il "Reishi jutsu" che è una specie di teoria dell'energia vitale e che avesse guarito molte persone con successo. I praticanti abili dovevano essere in grado di vedere attraverso il corpo, proprio come se facessero una radiografia. Questa è solo una supposizione, ma è probabile che il dott. Usui abbia potuto interessarsi a Tanaka che divenne piuttosto noto intorno al 1918.

Tuttavia, Tanaka era piuttosto nazionalista mentre il dott. Usui sembrava essere un tipo più liberale. Uno dei motivi era che il dott. Usui aveva ufficiali navali tra i suoi allievi. Gli ufficiali navali erano a conoscenza del mondo (i giapponesi erano ancora principalmente molto insulari in quel momento) e tendevano a essere più progressisti.

Che tipo di uomo era il dottor Usui? Dopo la nostra ricerca, non è ancora chiaro.

Qual è la verità sulla "iniziazione misteriosa" di cui è vietato parlare?

Qual è il lignaggio delle tradizioni di guarigione spirituale che hanno influenzato la guarigione del Reiki?

Queste cose sono ancora sconosciute.

La nostra ricerca è appena iniziata.

Nella speranza che i lettori possano fornire alcune informazioni, chiudo questo primo rapporto su questo argomento.

Utagawa Kuniyoshi (1797-1861)

編集部の不思議体験レポート㉘

「レイキ治療」のルーツを探る
臼井式霊気療法とは？

レポート／高井志生海

今、米国で静かなブームを呼んでいるレイキ治療。宇宙エネルギーを取り入れるこの療法は、もともと日本で誕生したものだ。日本に逆輸入された幻の霊術のルーツを探求する。

レイキは日本からアメリカに渡った

体の表面のポイントとなる部分に手をかざすだけで病気を治し、はては食物や水まで浄化することができるというレイキ治療。宇宙エネルギーを取り入れるその療法については、本誌でも2度（84年9月号、85年7月号）にわたり紹介したため、御存知の方も多いだろう。

さて昨年12月、私はアメリカから一時帰国していたレイキ・マスター、三井三重子先生にインタビューする機会を得たのだった。

「私が渡米したのは1978年。それまではある出版社の編集者をしていまして、365日、働きづめの毎日でした。そこで、思い切ってアメリカへ行き、自分のための勉強に専念したいと思ったわけです。

子供の頃から丈夫なほうではありませんでしたが、長年の無理がたたったのと、慣れない生活からくるストレスとで、もうどうしようもなく体がまいったところで出会ったのがレイキでした。

私はレイキのおかげで、体の苦痛なしに生きる"快適さ"を生まれて初めて知りました」

三井先生はそれ以来、熱心にレイキについて学び、半年後にはレイキ・マスターの資格を得た。これは、他のレイキを学ぶアメリカ人に比べると異例の速さだったという。

そして、先生の来日の目的はふたつあった。ひとつはレイキ発祥の地・日本に療法を普及させることであり、もうひとつはレイキのルーツ探しである。THE AMERICAN INTERNATIONAL REIKI AS-SOCIATION, Inc.の発行したハンドブックによると、レイキ治療の開発者は、日本人ミカオ・ウスイ博士となっている。

さらに、これはハワイ生まれの日系2世、"ハワヨ・タカタさん"によってアメリカのレイキに持ち込まれた。

そのレイキ治療の現在の指導者、"バーバラ・レイ博士"は、このタカタさんから伝授を受けたとされるのだ。

ところが、日本における霊気治療に関しては、ほとんど明らかにされていない。三井先生は、霊気治療発祥の地に生まれた人間としてようやく12月の帰国の際に、彼女は2つの収穫を手にしたのである。

それはウスイ博士の菩提寺の所在と、日本各地で開かれていたらしい霊気セミナーの参加者に配布されたパンフレット、および資格免許状だった。

さっそく先生が訪れた東京・中野区の西方寺には、ウスイ博士の大きな墓があり、その表面には博士を顕彰する文が刻まれていた。

その大筋を次に記してみよう。

ウスイ博士の本名は臼井甕男。慶応元年（1865）8月15日、岐阜県山県郡谷合村（現・美山町）に生まれた。幼少より苦学力行。長じて後、欧米や中国を訪問する。

ある時、彼は一念発起して京都の鞍馬山に登り、21日間の修行の結果、霊気療法を感得。この療法の効果の絶大さを知って大正11年（1922）4月、東京・原宿に学会を設ける。学会の門には、療法を聞きつけた人々であふれかえったという。

大正12年9月、関東大震災に際し、臼井博士は市中を巡って被災者を救済。期せずして療法の名は世に広まる。それもついに原宿の道場が手狭となり、学会は大正14年2月、中野に移転した。

しかし、師範集めのため博士は、遠く広島から佐賀へと赴いた。呉、広島、広島県福山で発病し、そこで没する。時に大正15年3月9日。

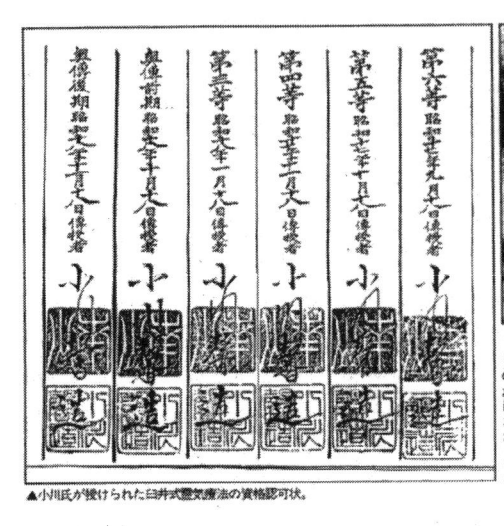

Reiki "Il metodo segreto per invitare le benedizioni"

とくに選ばれた者が学んだ"神秘伝"

三井先生は、静岡でレイキセミナーを継続した時、臼井博士のように治療するかが詳しく指示されている。

そこで、アメリカに戻った三井先生に代わり、私は臼井博士の足跡を追う作業を引き継ぐことにした。

私は望月さんに連絡し、その紹介で静岡の小川三男さんを訪ねた。小川さんの亡父、三男介で静岡の小川三男さんを訪ねた、，小川さんの亡父、三男氏に療法を伝え、認可を与えたのもこの人なのである。前述のH・I氏に療法を伝え、認可を与えたのもこの人なのである。

三井先生から霊気治療を学んだらしい。教育者としての判断から霊気治療を学んだらしい。

三井先生が師事した時、臼井博士は、静岡でレイキセミナーを継続した時、臼井博士と関わりを持つ人と幸運にも巡り会ったのである。

その人はセミナーの参加者の1人で望月さんといい、彼の奥さんの父にあたるH・I氏が、なんと霊気治療の静岡での講習会に参加、治療の免許取得者となっていたのだ。

H・Iさんは当時、小学校の校長を勤めており、教育者として三井先生から霊気治療を学んだらしい。

三井先生のハンドブックには、会員の心得や、教派、療法指針、明治天皇の御製などを内容としていた。このうちハンドブックには、会員に譲られた古い療法指針の項には、基本治療から浄化器系、神経系に至るまでの諸症をとどめ、針の頭から、明治天皇の御製などを

また、三井先生が師事した時、臼井博士と関わりを持つ人と幸運にも巡り会ったのである。

これは初めて耳にする言葉だが、現在のアメリカのレイキ・セミナーでは、技術の伝授にあたり、いくつかの段階を設けている。入門者コースがファースト・ディグリー、遠隔療法を盛り込んだもうひとつ上のコースはセカンド・ディグリー。最上級のコースはサード・ディグリーでA、B2つのコースに分けられ、レイキ教師としての資格が授与される。

しかし、臼井博士の設けたコースはこれに比べるとずっと厳しい。全体は6段階に分けられ、入門したばかりだと第6等（つまり4段階）になる。第3等から第6等というのが、たぱかりだと第6等（つまり4段階）になる。第3等から第6等というのは、進むと、次が奥伝期（つまり2段階）、伝後期となるのだが、そしてそのここで限られた少数の人が特に選別され、さらにその上位の神秘伝を学ぶことができるのである。

霊授とは、この神秘伝の受講者に与えられるもので、回数は1度とは限らない。複数回受ける場合もあったらしい。

この霊授、字づらからではわかりにく

▲霊気療法の創始者、臼井博士。

▲小川氏が授けられた臼井式霊気療法の資格認可状。

編集部の不思議体験レポート

▲米国での指導者バーバラ・レイ博士。

▲霊気療法をアメリカに伝えたハワヨ・タカタさん。

靈氣

臼井博士はなぜ霊術家を志したのか

それから臼井先生から直接、霊授を受けた人物は3人しかいません。先生亡き後、2代目会長に立った武富咸一氏、3代目の渡辺義治氏、4代目の和波豊一氏だけです。

それにしても、霊気治療のエリート養成講座、神秘伝といった、神秘伝とは何なのか。

「神秘伝を修得すると、尋ねるまでもなく相手の悪い箇所がわかるようになります。師範の手に、病腺、が現われ、状態が察知できるのです」

治療法には血液の交換法、性格治療法、遠隔治療法の3つがあり、遠隔治療では写真を使います」

いんです。毎月1回ほど、各地で霊気療法の講習会が開かれています。今でいえば500円から1,000円ぐらいの受講料を1回について払い、これに参加するとも、自分の病気は治せるよう、他人を治療できるまでになるのはまれだったと記憶します。

やる気のある人は、講習会に欠かさず顔を出し、自分でも毎日修行にはげんでいましたが、そうして認められたのです。けれど、霊授を受けられる人でも、霊授を受けるとしても、他人を治療できるまでになるのはまれだったと記憶します」

さらに小川さんはもうひとつ、大きな情報を提供してくれた。日本ではすっかり消滅したかに見える霊気治療学会が、また東京でも存続しているという。

そして私は臼井式霊気療法学会の会長、臼井博士から数えて6代目にあたるという女性に連絡をとってみた。取材には応じられないということだったが、うにかもう少し具体的な点について答が得られたのは幸いだった。

霊気学会本部は戦災などによって転々と移動し、会員の何人かはめいめい独自の教義をたてて、新興宗教のさらに臼井霊気は、かつて後藤新平の秘書だったらしい

▲意識向上のための指針。米国でも受け継いでいる。

▲亡父から霊授を受けた小川二三男さん。

▲これは、霊気療法の秘伝の1つだという。

▲本誌レポーターにレイキを施す三井先生。

▲背にレイキを受けると、心が安定してくる。

のだが、「宇宙エネルギーを受けとめる回路を開く」といった意味合いをもつと考えたほうがよさそうだ。小川さんはいう。

「霊授については口外してはならないという不文律がありまして、残念ながら教えるわけにはいきません。ただ、以前には霊授会というのがあって、一定の修行を積んだ人が集まり、霊授を授ける会合を設けたものでした。会員になるのはむずかしくはな

こと、とくにこの後者は重要だ。アメリカのレイキ・ハンドブックでは臼井博士は京都のキリスト教神学校の校長となっている。しかし、三井先生の調査では京都にあった彼のクリスチャンとしての痕跡は現われてこなかった。

三井先生はこれに関し、寺又は的な教えをイメージするのだが、実際はどうだったのだろう。後藤新平について少ひとこと説明しておこう。彼は安政4年（1857）岩手県に生まれ、福島県の厚楽校を卒業後内務省衛生局に勤め、明治4年には局長に就任した。

やがて日清戦争時には陸軍検疫事務長官、明治31年に台湾の総督府民政長官、同39年に満鉄総裁を歴任、以後、逓信大臣、鉄道院総裁、内務大臣、外務大臣などを何度か勤め、大正9年、東京市長となり、昭和4年に没している。

臼井博士がいつ後藤氏の秘書になったかは不明だが、事実とすれば人脈の携帯に大きな力となったことだろう。

それにしても、謎はまだ消えていない。関わった人々の話の断片を継ぎ合わせると、臼井博士には一般の会員、実業家といくつもの顔がある。だが、それらはいず

Reiki "Il metodo segreto per invitare le benedizioni"

強力な自己治療テクニック

家族の健康管理 ストレス解消 美容に！

れも、術には結びついてない。
いったい彼らは、霊術者の道を
歩みはじめたのだろう。
ここはもうひとつ、彼の生きた
時代をチェックする必要があり
そうだ。

明治から昭和初期にかけて、古
い宗教的権威が勢力を後退させ
るなかで、多くの新たな指導者が登
場する。

なかでも桑原天然や、大霊道の
開祖・田中守平は特に霊術にた
け、多くの民衆がひきつけた。大
本教の聖師・出口王仁三郎、世界
救世教の教祖・岡田茂吉らも、こ
うした流れから輝きを現わした偉
大なカリスマたちである。

このうち、臼井博士に直接ある
いは間接に交渉した霊術者は誰か。
可能性からいえば、臼井博士の生
まれた美山郡と隣接する多治見市
の出身で、ここに太霊道本部を建
設した田中守平が最も近い。

また田中は、"霊子術"と呼ぶ、一
種の生命エネルギー理論を提唱。
これを治療に適用して絶大な成果
をあげていた。加えて、この術に
たけた者は、患部をレントゲンの
ように透視できたという。

これはあくまで推定だが、臼井
博士が大正6年頃から急速に頭角
をあらわした田中に無関心だった
とは思えないのである。
しかし、国粋的な田中に対し、

臼井博士がよりリベラルな立場を
とったらしいことは、門下の海軍
軍人の名からもうかがえる。有力
な教団に政治家や軍人が接近する
のは当時の常だが、それでも海外

の情勢に明るく、進歩派の多い海
軍の人物が関わるというのはそう
ありふれたことではないのだ。

いまだに明瞭な人間像が浮かび
上がってきていない臼井博士像
は？そして、霊気療法に影響を
与えた霊術の系譜は、どこに求め
られるのか。それらは依然として
不明なままである。

だが、調査はまだスタート点を
められた奥義〝神秘伝〞の内実と、
それほど離れていない。読者から
の情報を期待しつつ、第1回目の
報告を終えたい。

編集部の 不思議体験レポート

▲頭へのレイキで、頭脳がクリアーに。

▲顔へのレイキで、ストレスが減少。

今、アメリカ、ヨーロッパで人気のレイキは安全で強力な自然セラピーです。現代物理学は、"すべての物質はエネルギーでできている。つまり私たちの心、感情、身体のすべてがエネルギーそのものと言っています。このエネルギーを有名な心理学者、カール・ユングのシンボリズムに基づき、年齢に関係なく一日間で捉える能力を付けるのが、レイキの特長です。

ファースト・ディグリーでは手にその能力がつき、セカンド・ディグリーでは時間と空間を超えてエネルギーを送れます。ストレスを解消しエネルギッシュにしますので、ご自身やご家族の心身の健康管理と家庭の和を計るのに役立ちます。

日本人初のレイキ教師・三井三重子がニューヨークより帰国して、下記のスケジュールでレクチャー！クラスを開催します。ご参加下さい。

★時間 レクチャー・午前10時〜午後 クラス（ファストレクチャーと同日の午後1〜6時や、翌日午前10時〜午後3時セカンド午後3〜8時
●セミナー開催地と問合せ先
●姫路 0792-37-2175 谷口芳春
レクチャー 4月12日 クラス 12、13日
所・広畑市民センター
●福岡 092-672-3841 野田 寿
レクチャー 4月19日 クラス 19、20日
所・グリーンホテル2号館
●京都（2回）075-781-9505 飛世真人
レクチャー 4月26日 クラス26、27日
レクチャー 4月29日 クラス 29、30日
所・京都勤労愛護会（予定）
●名古屋 075-781-9505 飛世真人
レクチャー 5月10日 クラス 10、11日
所・グリーンホテル
●静岡 03-497-9617 服部大空
レクチャー 5月17日 クラス 17、18日
所・静岡ダウンホテル魚与
●東京（2回）03-497-9617 服部大空
レクチャー 5月21日（正午〜1時30分）
クラス（ファースト）午後2時〜6時と22日午後1時〜5時
レクチャー 5月24日 クラス 24、25日
所・ホテルヒトツバシ 03-261-9836

●料金 レクチャー 三〇〇〇円 ファーストディグリー 二万五千円 セカンド 七万一千円
※御要望により他の地域での開催も可能ですが、スケジュールがつまっており、お問い合わせは月曜日と金曜日又は夜となります。

〈資料請求先〉
東京都目黒郵便局私書箱第94号
レイキ・セミナー・オブ・ジャパン 三井三重子

Insegnamenti di primo livello - Shoden[91]

Gokai - Principi

Come per gli altri due stili, vanno recitati i cinque principi indicati da Usui ogni giorno mattina e sera.

Gokai Sansho – Recita dei Principi

È uguale a quanto descritto nel capitolo dedicato allo Shinshin Kaizen Usui Reiki Ryoho. (Capitolo 2)

Tecniche di respirazione e meditazione

Hatsurei Ho - Ricevere energia spirituale

Questa è la versione riportata nel Reiki Ryoho No Shiori.

Ricevere energia spirituale è un rituale e dovrebbe essere eseguito come segue:

- Purifica i tuoi pensieri. (Gyosei)
Recita le poesie dell'Imperatore Meiji e svuota la tua mente.

- Seduto sui talloni. (Seiza)
Inginocchiati con le dita dei piedi che si toccano e allarga le ginocchia (45 gradi per gli uomini e leggermente aperte per le donne). Siediti con la schiena e il collo dritti, chiudi gli occhi e concentra la mente sull'Hara (Seika Tanden). È importante non essere tesi. Allenta le spalle. Non digrignare i denti. Contrai l'ano. Rilassati e sii naturale. Se non riesci a inginocchiarti, puoi sederti a gambe incrociate o usare una sedia.

---

[91] Deacon James, http://www.aetw.org/. Doi Hiroshi, Iyashino Gendai Reiki Ho, A Modern Reiki Method for Healing, International Center For Reiki Training, 2013. Lübeck Walter, Petter Frank Arjava, Rand William Lee, Lo spirito del Reiki. Il manuale completo, Edizioni Mediterranee, 2003. Ogawa Fumio, Everyone Can Do Reiki, Autopubblicazione, 1991. Petter Frank Arjava, Usui Mikao, Il manuale illustrato del Reiki. Il metodo di cura originale del dott. Usui, Edizioni Mediterranee, 2001. Stiene Bronwen, Stiene Frans, The Japanese Art Of Reiki: A Practical Guide To Self-healing, Ayni Books, 2005; The Reiki Sourcebook, Ayni Books, 2009. Stiene Frans, The Inner Heart of Reiki: Rediscovering Your True Self, Ayni Books, 2015; Reiki Insights, Ayni Books, 2018. Usui Reiki Ryoho Gakkai, Reiki Ryoho No Shiori, Autopubblicazione, 1974; Reiki Ryoho Hikkei, Autopubblicazione.

- Purificazione. (Kenyoku)
Questa è una forma di purificazione della mente e del corpo prima di entrare in meditazione. Innanzitutto toccati la spalla sinistra con il palmo della mano destra e, mentre espiri, dalla clavicola portala giù lungo tutto il braccio. Adesso tocca la spalla destra con il palmo della mano sinistra e, mentre espiri, dalla clavicola portala giù lungo tutto il braccio. Quindi, fai la stessa cosa con la mano destra ancora una volta. Infine, sempre mentre espiri, strofina forte il palmo della mano sinistra con il palmo della mano destra e il palmo della mano destra con il palmo della mano sinistra. Poi, fai di nuovo lo stesso con il palmo della mano destra.

- Respirazione. (Kokyu Ho)
Ora metti la mano sinistra nella mano destra con i pollici che si toccano leggermente e adagiale in grembo. Concentra la mente sull'Hara (Seika Tanden) e respira lentamente. Se riesci a sintonizzarti non ti accorgerai se stai respirando o meno, come se respirassi attraverso la pelle. Inoltre ti senti a tuo agio e leggero, sentiti come fluttuare nell'aria. Dopo aver respirato profondamente 2 o 3 volte, medita con le mani unite.

- Mani giunte. (Gassho)
Metti le mani giunte di fronte al tuo petto. Cerca di rilassarti mentre lo fai.

- Meditazione. (Meisō)
Torna nella posizione con le mani in grembo, la sinistra nella mano destra con i pollici che si toccano e inizia a meditare con la mente concentrata sull'Hara (Seika Tanden). Di solito ci vogliono almeno 2-3 settimane per essere in grado di svuotare la mente ed essere completamente distaccati dai propri pensieri. Più cerchi di concentrarti, più questi potrebbero affiorare. Potrebbe essere più facile e veloce contare o recitare mentalmente le poesie, questo ti può aiutare a raggiungere lo stato di pace, senza andare alla deriva mentalmente. Se i pensieri si accavallano, significa che non sei ancora concentrato. Poichè hai orecchie tutti i rumori arrivano automaticamente, tuttavia, cerca di non esserne disturbato. La tua mente deve essere come quando si verifica un black out. Se annulli completamente i tuoi pensieri, il sangue nel cervello circola meglio e ti senti più leggero. Chiudi gli occhi. All'inizio potresti vedere solo nero ma, se procedi nell'allenamento, vedrai la luminosità. Inoltre inizierai a percepire che il tempo scorre rapidamente. Se lo fai una o due volte al giorno, i momenti migliori per farlo sono prima di dormire e 15-30 minuti dopo il risveglio, noterai che la tua energia spirituale diventa sempre più intensa ogni volta. La meditazione non solo rende più solida la tua energia spirituale, ma cura anche le malattie e aiuta a liberarti della fatica.

È consigliabile fare la meditazione seduti contro un muro, in una stanza buia.

Il tuo maestro ti aiuterà, guidandoti spiritualmente, a raggiungere questo stato d'animo.

- Recita i cinque principi 3 volte. (Gokai Sansho)
Dopo tutti questi rituali, ripeti i cinque principi per 3 volte.
Il tuo Maestro recita la prima volta.
Recitiamo tutti insieme la seconda volta.
Li reciti con fede per la terza volta.

Quindi prega per la salute di te stesso e degli altri e per la pace nel mondo.

Tecniche di respirazione e meditazione moderne

Hatsurei Ho - Generare lo spirito

Molti praticanti moderni credono che la meditazione Hatsurei Ho sia probabilmente il metodo più efficace per aumentare la profondità, la qualità e l'intensità della propria connessione al fenomeno Reiki. Di conseguenza, viene comunemente insegnato che Hatsurei Ho dovrebbe diventare parte della propria pratica quotidiana, che migliorerà la capacità di incanalare il fenomeno che è Reiki e si dice che gli effetti cumulativi della meditazione influenzeranno positivamente lo sviluppo spirituale.

Come per tutte le pratiche di sviluppo, scegli un momento e un luogo in cui è improbabile che tu sia disturbato. E ovunque tu stia facendo questo esercizio, al chiuso o all'aperto, assicurati (se seduto sul pavimento) che il pavimento sia confortevole e caldo. Non eseguirlo su pavimenti freddi, non esercitarti al freddo in generale.

La meditazione Hatsurei Ho è divisa in diverse sezioni: Kenyoku Ho, Joshin Kokyu Ho, Gassho, Seishin Toitsu e Gokai. Tuttavia, è così suddivisa essenzialmente per rendere la meditazione più facile da imparare. In pratica, Hatsurei Ho è strutturato come un esercizio ininterrotto e fluido. Quando viene praticato in un gruppo, Hatsurei Ho si chiama: "Shuyo Ho".

Questa è la versione di Fumio Ogawa riportata nel suo libro "Everyone Can Do Reiki".

Kenyoku Ho

Kenyoku Ho deriva dal Saikai Mokuyoku, un rituale di purificazione shintoista.

Innanzitutto, porta la mano destra verso la spalla sinistra, la punta delle dita poco oltre la clavicola, il palmo piatto e rivolto verso il corpo. Mentre espiri muovi la mano in diagonale verso il basso lungo il corpo dalla spalla sinistra fino all'anca destra, in un'azione regolare, misurata, di pulizia o di spazzolatura. Successivamente, porta la mano sinistra verso la spalla destra, la punta delle dita poco oltre la clavicola, il palmo piatto e rivolto verso il corpo. Mentre espiri muovi la mano in diagonale verso il basso lungo il corpo dalla spalla destra fino all'anca sinistra, in un'azione regolare, misurata, di pulizia o di spazzolatura. Ripeti ancora una volta il movimento dalla spalla sinistra fino all'anca destra.

Quindi, posizionando la mano destra sul bordo della spalla sinistra, con il braccio sinistro teso di fronte a te, mentre espiri muovi la mano destra, in un'azione regolare, misurata, di pulizia o spazzolata, lungo l'esterno del braccio sinistro e giù fino all'estremità delle dita. Fai la stessa cosa con la mano sinistra sul braccio destro.

Dopo il Kenyoku recita una poesia dell'Imperatore Meiji.

Joshin Kokyu Ho

Può essere praticato seduto su una sedia, oppure in una posizione a gambe incrociate o in posizione Seiza. Siediti comodamente dritto. Appoggia le mani sul grembo e piega leggermente entrambe le mani come se reggessero un uovo. Chiudi gli occhi e centra te stesso nell'Hara, focalizza la tua consapevolezza nel Seika Tanden. Per alcuni istanti segui i ritmi della tua respirazione.

Mentre procedi in questo modo la respirazione diventerà sempre più calma. Ti sentirai come se respirassi aria attraverso i pori e inizierai a rilassarti sempre di più man mano che l'aria scorre. (È bene fare riferimento al metodo di respirazione di Hakuin Zenshi, diaframmatica e concentrata nel Tanden).

Gassho

Metti le mani in Gassho davanti al petto senza sforzarti.

Seishin Toitsu

Con le mani in Gassho porta la tua attenzione nel Seika Tanden. Rilascia tutte le preoccupazioni, è necessario per il buon esito dell'esercizio. Dico sempre che le pratiche di Reiki partono da una mente calma. Distaccandosi dalle preoccupazioni terrene, la tua mente diventa chiara e il tuo corpo si sente a proprio agio. Chiudi gli occhi. All'inizio potresti vedere solo nero ma, se procedi nell'allenamento, vedrai la luminosità.

Inoltre fai il Gassho in posizione Seiza una o due volte al giorno. Se lo fai per 15-30 minuti ogni volta sentirai più forte l'energia Reiki. Anche tu starai meglio. Quando lo si pratica in solitudine, è più facile affrontare il proprio lato ombra con il Seishin Toitsu. Non lo sottovalutare. Mettilo in pratica.

Gokai

Recita i cinque principi.

Le tecniche Kenyoku Ho, Joshin Kokyu Ho e Seishin Toitsu vengono usate in modo indipendente dall'Hatsurei Ho e con molte varianti in molti stili moderni di Reiki giapponese.

Kenyoku Ho - Metodo di lavaggio a secco o spazzolatura

Kenyoku Ho è una tecnica di radicamento e di contatto profondo con il proprio corpo.

È anche una pratica di pulizia dell'energia, viene utilizzata per disconnettersi da persone, cose, pensieri, emozioni, sentimenti, situazioni, energie, ecc. Viene utilizzata come tecnica di apertura di qualsiasi esercizio, meditazione e trattamento. Si consiglia di utilizzarlo anche dopo aver terminato un trattamento.

Va eseguita in piedi. Mentre permetti al respiro di rimanere il più fluido e naturale possibile, inspira attraverso il naso ed espira attraverso la bocca.

Innanzitutto, porta la mano destra verso la spalla sinistra, la punta delle dita poco oltre la clavicola, il palmo piatto e rivolto verso il corpo. Mentre espiri muovi la mano in diagonale verso il basso lungo il corpo dalla spalla sinistra fino all'anca destra, in un'azione regolare, misurata, di pulizia o di spazzolatura.

Successivamente, porta la mano sinistra verso la spalla destra, la punta delle dita poco oltre la clavicola, il palmo piatto e rivolto verso il corpo. Mentre espiri muovi la mano in diagonale verso il basso lungo il corpo dalla spalla destra fino all'anca sinistra, in un'azione regolare, misurata, di pulizia o di spazzolatura. Ripeti ancora una volta sulla diagonale spalla destra/anca sinistra.

Quindi, posizionando la mano destra sul bordo della spalla sinistra, con il braccio sinistro teso di fronte a te, mentre espiri muovi la mano destra, in un'azione regolare, misurata, di pulizia o spazzolata, lungo l'esterno del braccio sinistro e giù fino all'estremità delle dita. Fai la stessa cosa con la mano sinistra sul braccio destro. Ripeti il processo, spazzolando ancora una volta il braccio sinistro.

Termina la meditazione in Gassho per ringraziare.

Joshin Kokyu Ho – Metodo per focalizzare la mente attraverso il respiro

Joshin Kokyu Ho serve ad entrare in risonanza e a sviluppare il Ki della Terra nel proprio essere.

Può essere praticato seduto su una sedia, oppure in una posizione a gambe incrociate o in posizione Seiza. Siediti comodamente dritto. Appoggia le mani in grembo, o sulle cosce, con i palmi verso l'alto. Chiudi gli occhi e centra te stesso nell'Hara, focalizzando la tua consapevolezza nel Seika Tanden. Per alcuni istanti segui i ritmi della tua respirazione.

Dopo alcuni istanti, con il focus della tua consapevolezza ancora nel tuo Seika Tanden, vedi e senti nella tua mente l'energia del Reiki che scorre dall'alto, come un flusso di luce cristallina. Mentre inspiri, naturalmente e senza sforzo, la luce entra attraverso la corona (apice della testa) e fluisce giù per tutto il corpo fino al tuo Seika Tanden.

Sii consapevole della luce, sentila diventare più intensa e più luminosa, irradiarsi in tutto il tuo corpo, dissolvere ogni traccia di stress e tensione negativa e potenziare l'integrità dell'energia positiva di tutto il tuo essere. Mentre il tuo corpo espira, sii consapevole che stai emanando la luce da ogni singolo poro della tua pelle, attraverso l'intera superficie del tuo essere e la luce si irradia in tutte le direzioni verso l'infinito.

Continua in questa consapevolezza della luce per tutto il tempo che desideri, è consigliato eseguirlo da 5 a 30 min. Consenti al tuo corpo di mantenere il proprio ritmo respiratorio naturale.

Termina la meditazione in Gassho per ringraziare.

Seishin Toitsu – Creare una mente unificata

Seishin Toitsu serve ad entrare in risonanza e a sviluppare il Ki del Cielo nel proprio essere.

Può essere praticato seduto su una sedia, oppure in una posizione a gambe incrociate o in posizione Seiza. Siediti e chiudi gli occhi, adagia le tue mani sul grembo e centra te stesso nell'Hara, concentra la tua consapevolezza nel Seika Tanden. Per alcuni istanti segui i ritmi della tua respirazione.

Quando ti senti pronto, chiudi gli occhi e avvicina le mani in Gassho. Sposta delicatamente il focus della tua consapevolezza nel Seika Tanden. Mentre respiri, sempre senza sforzo, tieni presente che, mentre inspiri, la luce cristallina del Reiki viene contemporaneamente inspirata attraverso le tue mani, percepiscila mentre attraversa le tue braccia e si riversa direttamente nel tuo Seika Tanden. Nel momento in cui il tuo corpo inizia a espirare, sii consapevole della luce, sentila diventare sempre più intensa nel tuo Seika Tanden.

Mentre il tuo corpo espira, sii consapevole che la luce cristallina del Reiki viene contemporaneamente espirata fuori dal tuo Seika Tanden, attraversa le tue braccia ed esce dalle mani. Ripeti la meditazione per tutto il tempo che desideri.

Termina la meditazione in Gassho per ringraziare

Gassho Meisō – Meditazione in Gassho

Questa tecnica è stata introdotta da Frank Petter, esponente del Jikiden Reiki. E sembra essere una variante dell'Hatsurei Ho.

Può essere praticato seduto su una sedia, oppure in una posizione a gambe incrociate o in posizione Seiza. Chiudi gli occhi, adagia le tue mani sul grembo e centra te stesso nell'Hara, concentra la tua consapevolezza sul Seika Tanden.

Per alcuni istanti segui i ritmi della tua respirazione. Quando ti senti pronto, chiudi gli occhi e avvicina le mani in Gassho. Sposta delicatamente il focus della tua consapevolezza dal Seika Tanden al punto in cui si toccano i polpastrelli dei medi. Continua silenziosamente e rilassato a osservare il respiro. Dimentica tutto il resto. Non c'è nient'altro. Mantieni questo stato per tutto il tempo che desideri.

Hikari No Kokyu Ho - Respiro di luce

Questa è la variante del Joshin Kokyu Ho creata da Hiroshi Doi per il Gendai Reiki Ho.

Può essere praticato seduto su una sedia, oppure in una posizione a gambe incrociate o in posizione Seiza. Siediti comodamente con la schiena eretta. Unisci le mani in Gassho. Chiudi gli occhi e centra te stesso nell'Hara, focalizza la tua consapevolezza sul Seika Tanden.

Per alcuni istanti segui i ritmi della tua respirazione. Connettiti al Reiki, alza le mani sopra la testa in Gassho. Nella tua mente vedi e senti la luce del Reiki che scende dall'alto, riversandosi nelle tue mani sollevate, come un flusso di luce cristallina.

Il flusso di luce scorre lungo le tue braccia e attraversa il tuo corpo verso il basso fino al tuo Seika Tanden. Senti che tutto il tuo corpo è circondato dalla luce e che la luce dentro di te si fonde con la luce dell'universo. Ancora una volta, per alcuni istanti segui i ritmi della tua respirazione.

Porta ancora delicatamente il fuoco della tua consapevolezza sul tuo Seika Tanden e mentre inspiri, naturalmente, senza sforzo, nella tua mente, vedi e senti l'energia che fluisce dall'alto come un flusso di luce cristallina. La luce si riversa nella tua corona e fluisce in tutto il corpo fino al tuo Seika Tanden.

Nel momento in cui il tuo corpo, naturalmente e senza sforzo, inizia ad espirare, sii consapevole della luce, sentila diventare più intensa e più luminosa, irradiarsi in tutto il tuo corpo, dissolvere ogni traccia di stress e tensione negativa e potenziare l'integrità dell'energia positiva di tutto il tuo essere.

Mentre il tuo corpo espira, sii consapevole che stai emanando la luce da ogni singolo poro dall'intera superficie del tuo essere e la luce si irradia in tutte le direzioni verso l'infinito. Continua in questa consapevolezza della luce per tutto il tempo in cui ti senti a tuo agio. Consenti al tuo corpo di mantenere il proprio ritmo respiratorio naturale.

Quando sei pronto, esegui Gassho e inchinati alla luce.

Gassho Kokyu Ho - Respiro dalle mani

Questa è la variante del Seishin Toitsu Ho creata da Hiroshi Doi per il Gendai Reiki Ho.

Può essere praticato seduto su una sedia, oppure in una posizione a gambe incrociate o in posizione Seiza. Chiudi gli occhi, adagia le tue mani sul grembo e centra te stesso nell'Hara: concentra la tua consapevolezza sul Seika Tanden.

Per alcuni istanti segui i ritmi della tua respirazione. Connettiti al Reiki, alza le mani sopra la testa in Gassho. Nella tua mente vedi e senti la luce del Reiki che scende dall'alto, riversandosi nelle tue mani sollevate, come un flusso di luce cristallina. Scorre lungo le tue braccia e attraversa il tuo corpo verso il basso fino al tuo Seika Tanden.

Senti che tutto il tuo corpo è circondato dalla luce e che la luce dentro di te si fonde con la luce dell'universo. Ora porta delicatamente le tue mani in Gassho davanti al cuore e porta la tua attenzione al Seika Tanden. Mentre il tuo corpo espira, sii consapevole che la luce cristallina del Reiki viene contemporaneamente espirata fuori dal tuo Seika Tanden e va a riempire le tue mani in Gassho.

Resta in questo stato di pace per tutto il tempo che desideri.

Tecniche di trattamento

Capacità di auto-guarigione[92]

All'inizio dei tempi, gli umani dovevano essere in grado di curare le malattie con la propria energia spirituale senza fare troppo affidamento su medici o medicine. Gli animali selvatici in natura sono in grado di curare i loro malanni da soli. Spesso, come si può notare nei cani e nei gatti, se hanno tagli e ferite li guariscono leccandoli. Se hanno qualcosa di nocivo nei loro organi interni, iniziano a mangiare piante o smettono di mangiare istintivamente. Quando i topi ingeriscono il veleno, mangiano la Sassifraga per disintossicarsi.

Come mai noi, come leader spirituali degli animali, non possiamo curare le malattie con la nostra capacità di auto-guarigione, visto che ci è stata data? Non è forse perché, quando confrontiamo le moderne pratiche mediche con l'autoguarigione, non sappiamo cosa farne? Dato che facciamo troppo affidamento su medici e medicine, l'energia spirituale che abbiamo in noi stessi viene ostacolata dall'idea di ciò che la gente pensa e dice.

---

[92] Estratto dal Reiki Ryoho No Shiori, Usui Reiki Ryoho Gakkai, Autopubblicazione, 1974.

I primitivi vivevano secondo le leggi di Madre Natura, semplicemente senza pensarci molto. Così hanno imparato le regole per sopravvivere istintivamente nella natura e hanno acquisito la capacità di auto guarigione.

Se hai dolore da qualche parte, istintivamente metterai la mano sulla parte che ti fa male. Questa azione è un'eredità inconscia proveniente dalle abitudini primitive dei nostri antenati più lontani e pervenutaci attraverso l'evoluzione dell'essere umano. Si pensa che i nostri antenati siano riusciti a controllare le malattie semplicemente toccando le parti malate.

Eppure i nostri contemporanei diventano paranoici e si preoccupano per le loro malattie, di conseguenza iniziano a cercare medici e medicine. Durante il suo periodo di digiuno, il Maestro Usui si rese conto di questa verità e cercò di insegnare a tutti questo metodo (di guarigione). Ci ha insegnato che la verità non cambia mai, anche se le generazioni si susseguono.

Oggi viviamo nel mondo della moderna tecnologia e della scienza e abbiamo la possibilità di imparare la terapia Reiki. Dobbiamo essere grati a questi insegnamenti se alleniamo e miglioriamo noi stessi mentalmente e fisicamente per diventare meravigliosi esseri spirituali e acquisire la capacità di auto-guarigione per noi stessi e di guarigione per gli altri.

Byosen - Percepire lo squilibrio

È uguale a quanto descritto nel capitolo dedicato allo Shinshin Kaizen Usui Reiki Ryoho. (Capitolo 2)

Trattamento delle cinque posizioni

È uguale a quanto descritto nel capitolo dedicato allo Shinshin Kaizen Usui Reiki Ryoho. (Capitolo 2)

Gedoku Chiryo Ho - Metodo di disintossicazione e purificazione

Gedoku Chiryo Ho è una tecnica usata per ottenere la disintossicazione e la purificazione su vari livelli. Questa tecnica può essere incorporata in un trattamento Reiki generale o utilizzata come pratica autonoma.

Appoggia le mani, i palmi verso il basso, sulle cosce. Chiudi gli occhi e centra te stesso nell'Hara: focalizza la tua consapevolezza nel tuo Seika Tanden. Per alcuni istanti segui i ritmi della tua respirazione.

Permetti a te stesso di vedere e sentire il Reiki che pervade e permea il tuo intero essere, sappi che sei tutt'uno con il fenomeno che è Reiki, sei parte di esso.

Rimanendo in questa consapevolezza, esegui Gassho Rei e fai una silenziosa dichiarazione di intenti, qualcosa che riguardi l'effetto del trattamento che ora inizierai per la guarigione e il benessere del tuo cliente.

Per questo trattamento il cliente può essere sdraiato, ma sarà comunemente molto più facile da eseguire se è seduto su una sedia.

Posizionandoti sul lato sinistro del cliente, appoggia la mano sinistra sulla sua area del Seika Tanden e la mano destra sulla parte bassa della schiena, all'incirca alla stessa altezza della mano sul Tanden.

Sii consapevole del flusso di Reiki sotto le tue mani. Puoi affermare silenziosamente il desiderio che tutte le tossine vengano delicatamente eliminate dal cliente. Lascia scorrere il Reiki. Vedi e senti il flusso del Reiki.

Resta in questa posizione per tutto il tempo che senti essere necessario e che potrebbe anche prolungarsi fino a 20-30 minuti. Potresti immaginare o visualizzare il rilascio di tossine dall'interno dell'organismo del cliente che affiorano sulla superficie del suo corpo e fluiscono verso il basso, lungo la superficie delle sue gambe e dei piedi fino a disperdersi nel terreno.

Quando senti che è stato fatto abbastanza durante la sessione, ritira le mani dal corpo cliente. Manifesta gratitudine per aver avuto questa opportunità di aiutare il tuo cliente a guarire sé stesso. Per completare la procedura esegui Gassho Rei.

Naturalmente ti puoi anche auto-trattare con Gendoku Chiryo Ho, anche se alcune persone hanno difficoltà a mantenere la mano destra in posizione corretta sulla parte bassa della schiena per il periodo di tempo richiesto.

Ad alcuni praticanti piace sedersi sul pavimento, sia in posizione Seiza, sia a gambe incrociate durante l'esecuzione di Gedoku Chiryo Ho, tuttavia, molti preferiscono sedersi su una sedia allo stesso livello del cliente. Spetta a ogni persona sperimentare e decidere ciò che è più confortevole.

Nentatsu Ho – Inviare la forza di volontà

Nentatsu Ho viene talvolta definito una tecnica di de-programmazione. È un metodo per trasformare le cattive abitudini o inclinazioni e per "fissare" intenzioni positive, come focalizzare le proprie energie verso un obiettivo specifico.

Il processo funziona seminando un pensiero, un'idea o un suggerimento nel subconscio del cliente o nel tuo.

Chiudi gli occhi e centra te stesso nell'Hara, focalizza la tua consapevolezza sul Seika Tanden, un'area profonda all'interno del tuo corpo a metà strada tra l'ombelico e la parte superiore dell'osso pubico.

Per alcuni istanti segui i ritmi della tua respirazione. Quando sei pronto, esegui Gassho e fai una dichiarazione di intenti, ad esempio: "Inizio Nentatsu."

Copri la cresta occipitale del cliente (la sporgenza in cui il cranio incontra la colonna vertebrale) con la mano dominante, lasciando scorrere il Reiki.

Quando senti che è tempo di passare alla fase successiva, lascia la tua mano dominante dov'è, posiziona la tua mano non dominante sulla fronte del cliente (all'attaccatura dei capelli).

In alcune versioni di Nentatsu Ho, il praticante inizia direttamente con le mani sulla cresta occipitale e l'attaccatura dei capelli, quindi, dopo alcuni istanti, rimuovono la mano dall'attaccatura dei capelli e la posizionano sulla mano che si trova sulla cresta occipitale.

Lascia che il Reiki fluisca e allo stesso tempo (silenziosamente) ripeti un suggerimento o un'affermazione appropriata. La natura del problema su cui lavorare o l'intenzione da stabilire, la formulazione precisa dei suggerimenti o affermazioni è qualcosa che dovrebbe essere deciso, in accordo con il cliente, prima del trattamento. I suggerimenti o affermazioni devono essere sempre formulati in senso positivo.

Qualunque sia la natura delle affermazioni o suggerimenti, dovresti dichiararle consapevolmente, senza giudizio e in un atteggiamento di amore, gratitudine e compassione.

Continua questa silenziosa ripetizione per alcuni istanti fino a quando intuisci che è tempo di terminare.

Esegui il Gassho ancora una volta.

Gli effetti di Nentatsu Ho sono di natura cumulativa e di solito si consiglia una serie di trattamenti a intervalli frequenti.

Ketsueki Kokan Ho – Pulizia del sangue

Ketsueki Kokan Ho è la cosiddetta tecnica di scambio del sangue o, più precisamente, tecnica di pulizia del sangue.

Il cliente deve essere disteso sul davanti, in posizione prona. Stai su un lato del cliente. Quale lato scegli dipende da quale è la tua mano dominante. Dovresti stare in piedi in modo tale che la tua mano non dominante sia la più vicina alla testa del cliente.

Appoggia la tua mano non dominante piatta sulla cresta occipitale (base del cranio) e posiziona la tua mano dominante accanto ad essa, piatta sulla parte superiore della colonna vertebrale del cliente, in modo che la colonna vertebrale sia effettivamente coperta dal palmo della mano.

Con ferma intenzione e ad un ritmo costante ed uniforme, accarezza la lunghezza della colonna vertebrale fino al coccige.

Non applicare alcuna pressione sulla colonna vertebrale, è infatti anche possibile eseguire questa spazzolata senza alcun contatto fisico effettivo, con la mano ad alcuni millimetri sopra la superficie del corpo o abbigliamento del cliente.

Quando raggiungi il coccige, solleva la mano dal cliente e riportala nella posizione iniziale nella parte superiore della colonna vertebrale. Non strofinare in senso contrario la colonna vertebrale, ma allontana lateralmente la mano dal corpo.

Ripeti la spazzolata altre 14 volte, al completamento dell'ultima, appoggia la mano sul coccige per circa 15-30 secondi e lascia scorrere il Reiki, portando le energie spinali in equilibrio.

Solo nei casi di clienti con diabete le spazzolate sono invertite e indirizzate verso il cuore.

Hanshin Koketsu Ho – Metodo di pulizia del sangue operando su metà corpo

Hanshin Koketsu Ho e Zenshin Koketsu Ho sono anch'esse tecniche di scambio del sangue o, più precisamente, tecniche di pulizia del sangue.

Il cliente deve essere sdraiato sul davanti, in posizione prona, o seduto. Metti le mani in Gassho. Centra te stesso nell'Hara e concentra la tua consapevolezza sul Seika Tanden. Per alcuni istanti segui i ritmi della tua respirazione.

Metti le mani alla base del collo del cliente, una sul lato destro, l'altra sul lato sinistro della colonna vertebrale. Ogni mano si sposta dal centro verso l'esterno e verso il basso, tracciando la linea delle spalle del cliente. Riporta le mani in posizione su entrambi i lati della colonna vertebrale ma alcuni centimetri più in basso rispetto a prima, ripeti questo gesto di strofinamento, le mani si muovono verso l'esterno tracciando un leggero arco verso i lati del corpo.

In questo modo, procedi gradualmente lungo la schiena del cliente, alcuni centimetri alla volta, spazzolando verso l'esterno, a partire dalla colonna vertebrale. Si devono eseguire in totale 15 spazzolate dalle spalle all'area del coccige.

Appoggia la tua mano non dominante con il palmo piatto sulla cresta occipitale (base del cranio) e posiziona il dito indice della tua mano dominante sul lato sinistro della colonna vertebrale e il dito medio sul lato destro della colonna vertebrale alla base del collo del cliente, spostati con regolarità verso il basso fino al coccige del cliente.

Quando raggiungi il coccige applica una leggera pressione con le dita, poi sollevale dal corpo del cliente e riportale nella posizione iniziale nella parte superiore della colonna vertebrale. Non strofinare in senso contrario la colonna vertebrale, ma allontana lateralmente la mano dal corpo. Il movimento deve essere eseguito in totale 15 volte.

Solo nel caso di clienti con diabete le spazzolate sono invertite verso il cuore.

Zenshin Koketsu Ho – Metodo di pulizia del sangue operando su tutto il corpo

Il cliente deve essere sdraiato sulla schiena, in posizione supina. Metti le mani in Gassho. Centra te stesso nell'Hara e concentra la tua consapevolezza sul Seika Tanden. Per alcuni istanti segui i ritmi della tua respirazione.

Tratta con il Reiki le 5 posizioni della testa, le braccia*, cuore, stomaco, intestino e le gambe**.

*Lavora, uno alla volta, ogni lato del cliente. Il lato su cui scegli di lavorare per primo dipende da te. Appoggia la mano non dominante sulla spalla del cliente. Con ferma intenzione e ad un ritmo costante ed uniforme, accarezza lungo la spalla e lungo la lunghezza del braccio fino alla punta delle dita. Quando raggiungi la punta delle dita, solleva la mano dal cliente e riportala nella posizione iniziale nella parte superiore della spalla. Non spazzolare in senso contrario il braccio, ma allontana lateralmente la mano da esso. Ripeti la spazzolata altre 14 volte. Spostandoti dall'altra parte del cliente, ripeti il processo sull'altra spalla e braccio.

**Spostati in una posizione vicino alla coscia del cliente e posizionando la mano non dominante all'esterno dell'anca del cliente, esegui una spazzolata lungo l'esterno della gamba e lungo il piede fino alla punta delle dita dei piedi. Ripeti la spazzolata altre 14 volte. Spostati sull'altro lato del cliente e ripeti il processo sull'altro fianco, gamba e piede.

Solo nei casi di clienti con diabete le spazzolate sono invertite verso il cuore.

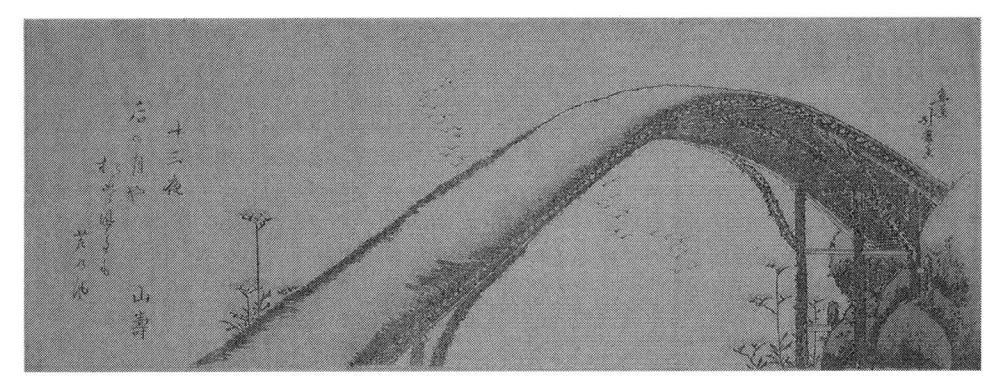

Totoya Hokkei (1780-1850)

Tecniche di trattamento moderne

Trattamento con 12 posizioni

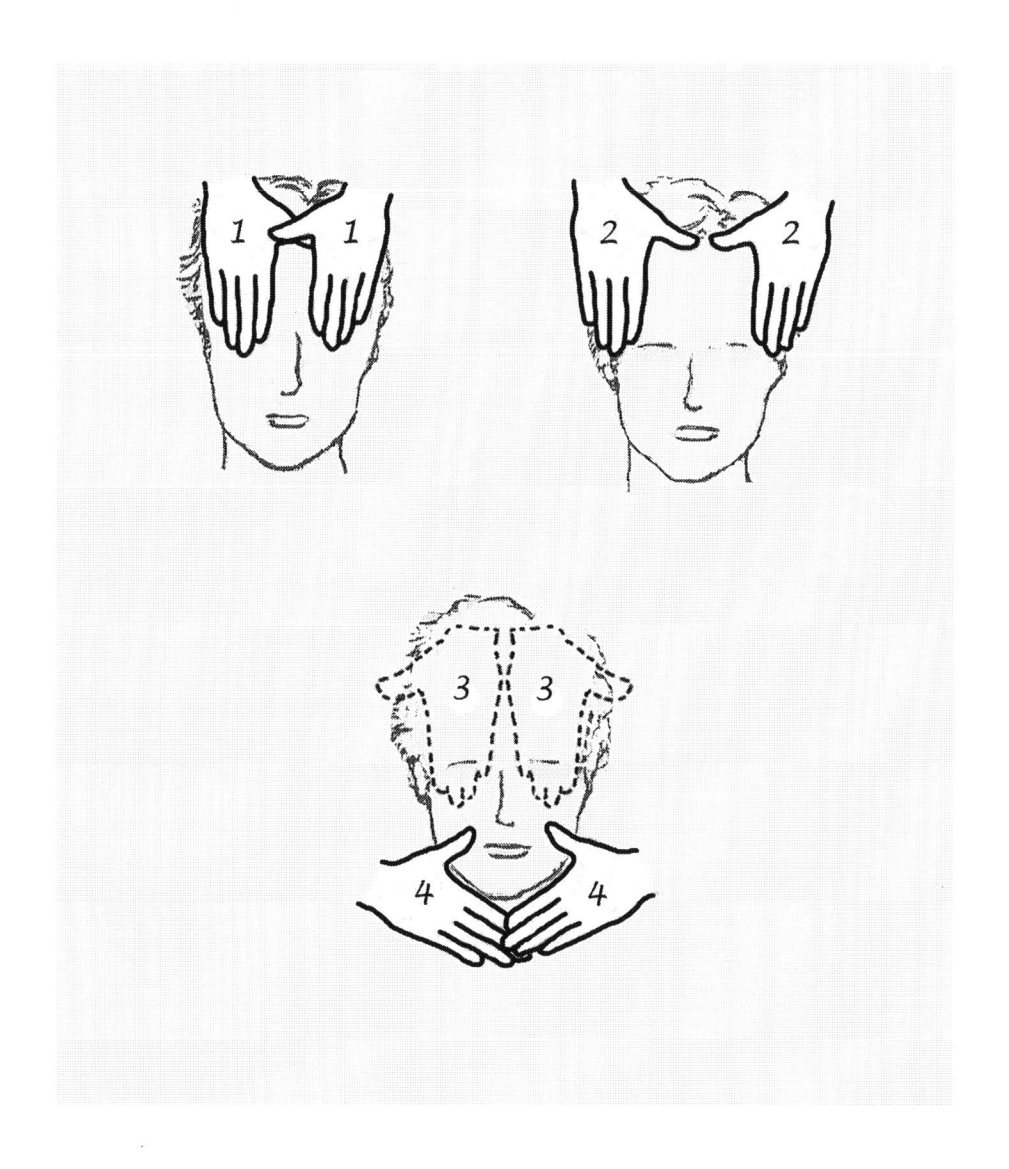

Capitolo QUATTRO

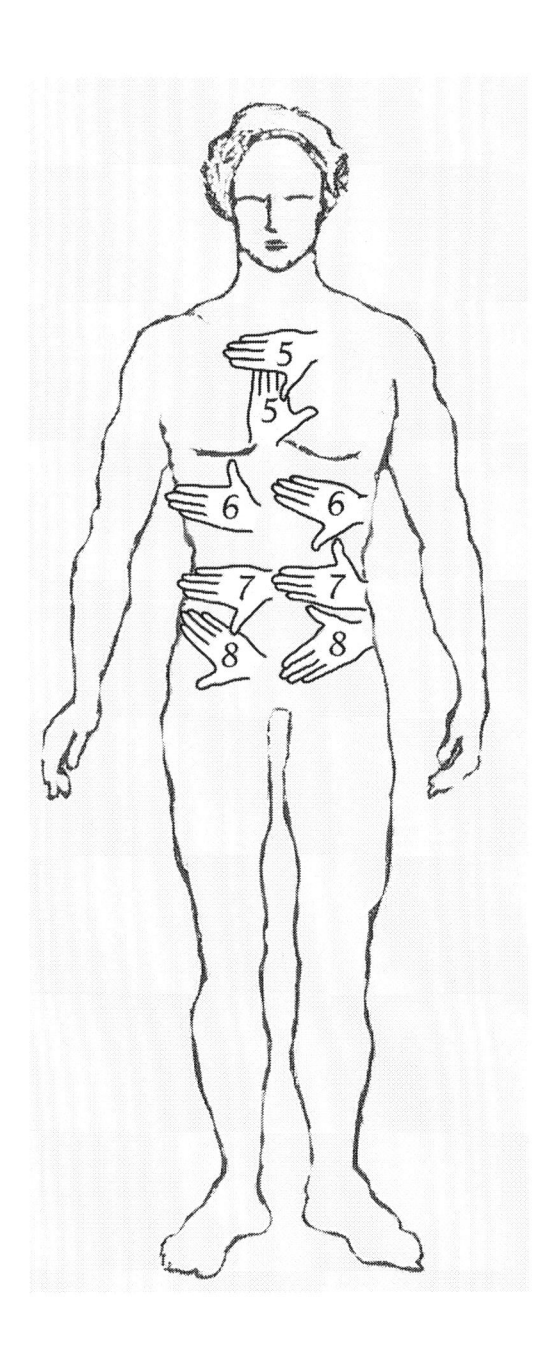

245

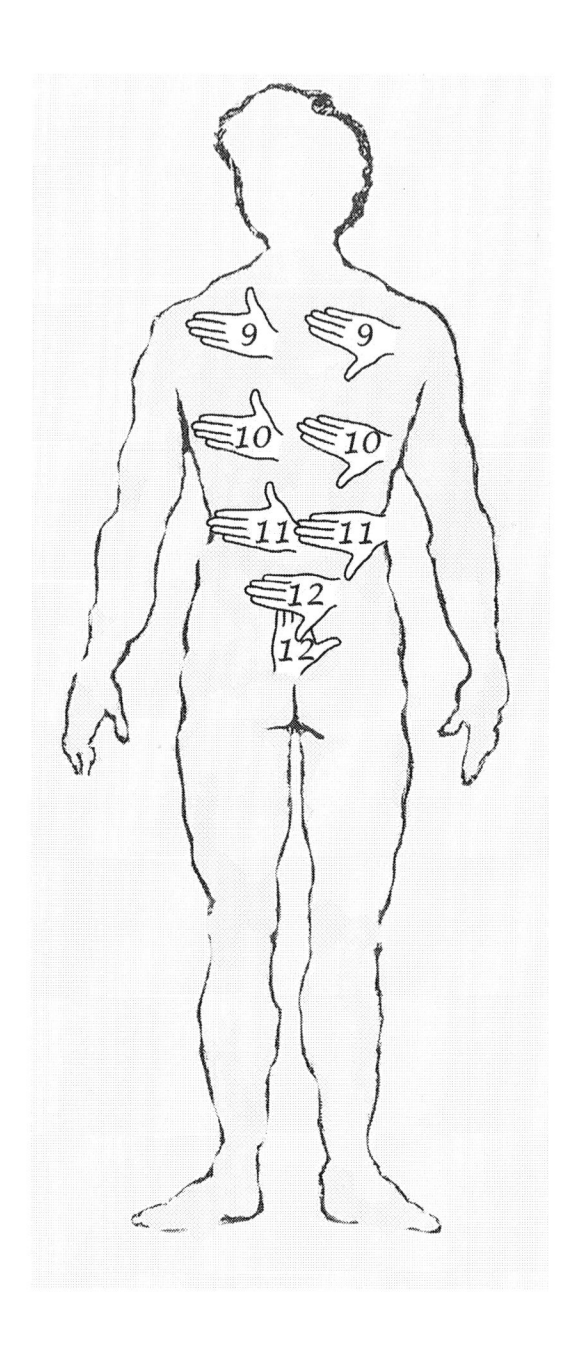

Reiki *"Il metodo segreto per invitare le benedizioni"*

Capitolo QUATTRO

Trattamento Completo

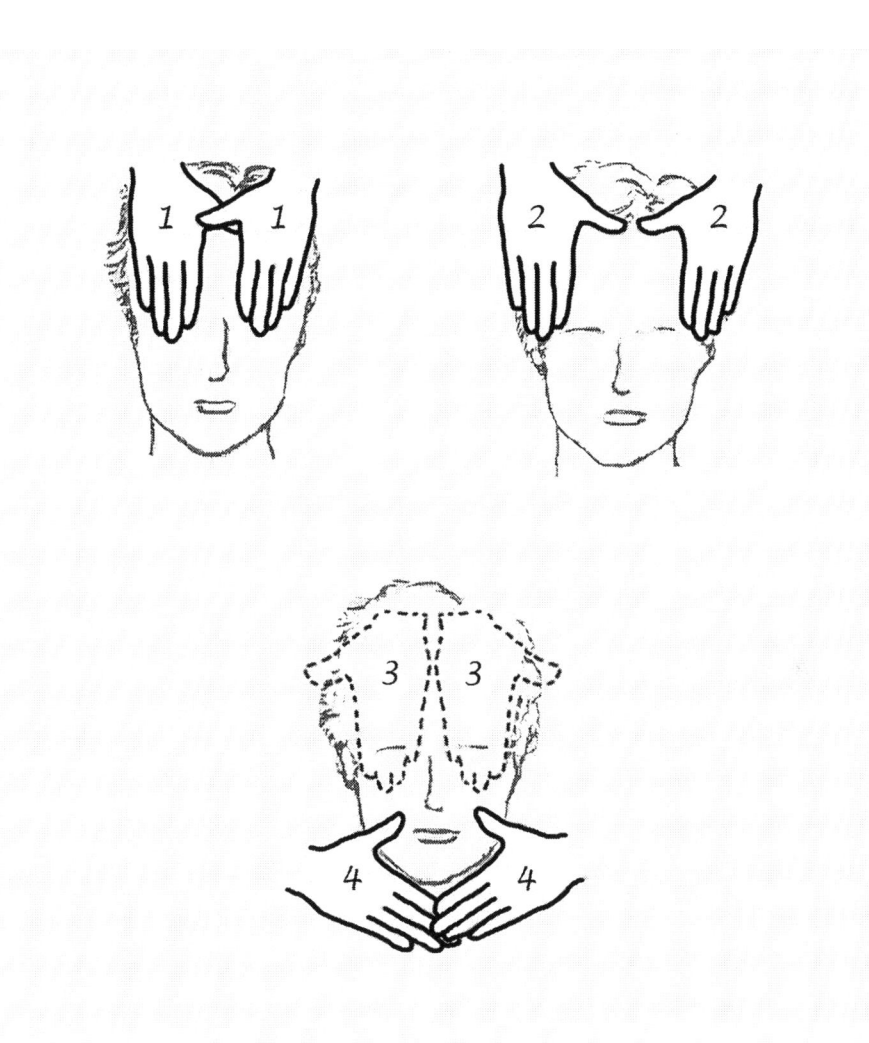

247

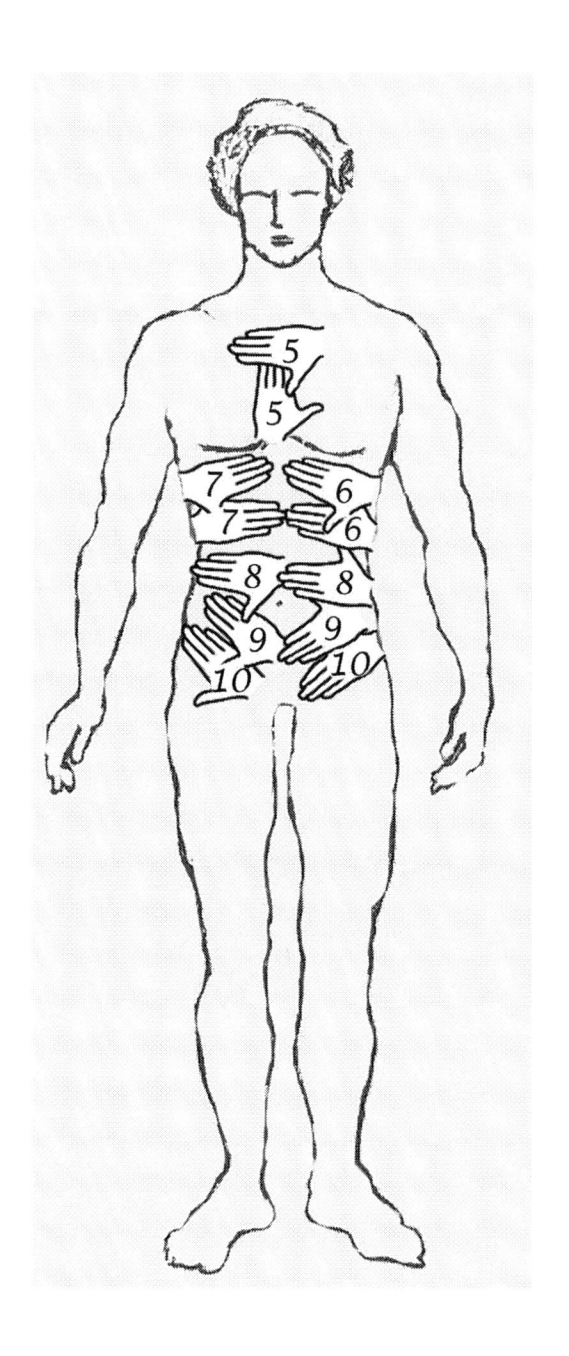

Reiki *"Il metodo segreto per invitare le benedizioni"*

Capitolo QUATTRO

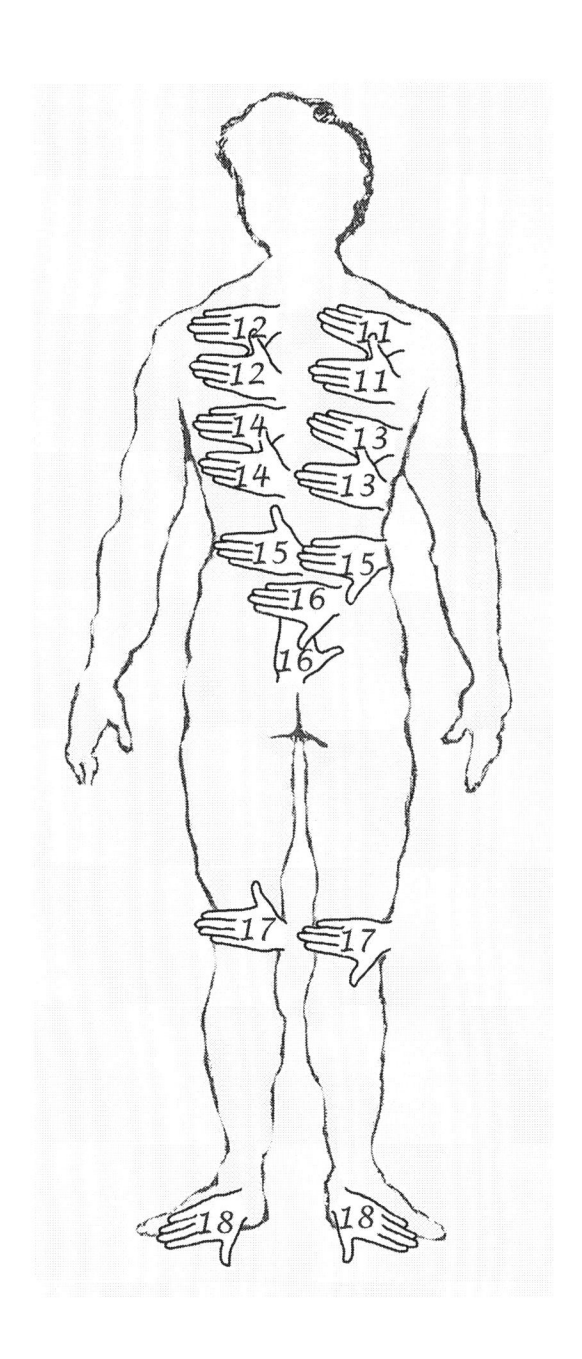

249

Reiki Mawashi - Corrente di energia spirituale

Questa tecnica è stata importata dal Reiki Radiance Technique.

Il Reiki Mawashi è una meditazione in cui una corrente di energia Reiki viene trasmessa all'interno di un gruppo di praticanti. Può anche essere usata come mezzo per effettuare il trattamento Reiki.

In realtà ci sono due diverse pratiche conosciute come Reiki Mawashi. Una coinvolge la cerchia dei praticanti seduti in modo che ogni persona abbia di fronte a sé la parte posteriore della persona che ha davanti.

Mettendo le mani sulle spalle della persona davanti, viene esercitata una leggera pressione con la punta delle dita e i praticanti cercano di entrare in risonanza con l'energia che fluisce dalla persona dietro di loro e fuoriesce verso la persona davanti.

Nell'altra modalità di Reiki Mawashi, ogni praticante è seduto rivolto verso il centro del cerchio, con il palmo della mano sinistra rivolto in alto e il palmo della mano destra rivolto in basso.

Posano la mano destra sul palmo sinistro, rivolto verso l'alto, della persona alla loro destra e la mano sinistra sotto il palmo destro, rivolto verso il basso, della persona alla loro sinistra.

In alcune versioni di questo Reiki Mawashi, invece di stabilire un vero contatto fisico con le persone su entrambi i lati, i praticanti tengono le mani distanti 3-5 cm. In questo modo tutti i praticanti sono collegati, formando una catena o un cerchio ininterrotto. Percepita come se entrasse dalla corona di ogni praticante, l'energia scorre intorno al cerchio, in una direzione antioraria e può spesso raggiungere livelli di notevole intensità.

Alcuni suggeriscono che quando questa forma di Reiki Mawashi viene utilizzata come mezzo per effettuare il trattamento, un'Insegnante Reiki dovrebbe stare al centro del cerchio, dirigendo o irradiando il flusso di Reiki verso l'intento specifico scelto (in precedenza dai partecipanti).

Shuchu Reiki - Energia spirituale concentrata

Questa tecnica è stata importata dal Reiki Radiance Technique.

La tecnica coinvolge un gruppo di praticanti di Reiki che lavorano insieme su un singolo cliente.

Ciò può ridurre i tempi di trattamento, mentre "l'intensità" del trattamento aumenta per il coinvolgimento di un numero maggiore di operatori.

Eseguire la centratura. Ogni praticante pone le mani sul corpo della persona distesa.

I praticanti trattano i punti principali del corpo e quelli dove riscontrano una disarmonia.

Renzoku Reiki – Maratona Reiki

Questa tecnica è stata importata dal Reiki Radiance Technique.

Renzoku Reiki, la Maratona Reiki, è talvolta, forse più opportunamente, chiamata "Staffetta Reiki".

Coinvolge diversi praticanti che lavorano a turno, vale a dire che si alternano nel fornire Reiki, in una sessione di trattamento continuo, spesso per molte ore, persino giorni, ad un singolo cliente. Renzoku Reiki può coinvolgere solo un praticante che tratta il cliente poco alla volta o, in alternativa, può coinvolgere diversi praticanti che lavorano insieme per ogni turno (vedi Shuchu Reiki).

Jakikiri Joka Ho – Metodo per l'eliminazione dell'energia negativa

Questa tecnica, del Gendai Reiki Ho di Hiroshi Doi, sembra essere derivata da una potente pratica spirituale giapponese nota come Ki Barai, che è considerata quanto di meglio lasciato a coloro che avevano una grande e pluriennale esperienza nelle discipline Reiryoku no Michi e le sue tecniche, essenzialmente esoteriche, basate sul potere spirituale e sul cammino dell'anima.

Jakikiri Joka Ho è una tecnica di pulizia utilizzata per purificare gli oggetti o trasformare positivamente i modelli energetici negativi che pervadono quegli oggetti.

Può, ad esempio, essere utilizzato per pulire/trasformare i modelli vibrazionali di beni di seconda mano o abbigliamento o per rinfrescare i lettini terapeutici o persino i letti degli hotel.

La parte Jaki della parola si riferisce all'energia negativa e la parte Kiri indica il taglio.

A causa della natura energeticamente aspra di questa tecnica, viene comunemente insegnato che Jakikiri Joka Ho non dovrebbe essere usato su esseri viventi (persone, altre specie animali o persino piante) se non si ha sufficiente dimestichezza con la gestione di energie di bassa frequenza poiché significherebbe iniziare un vero e proprio combattimento con il rischio di non vedere l'avversario.

Per eseguire Jakakiri Joka Ho:
Centra te stesso nell'Hara, focalizza la tua consapevolezza sul tuo Seika Tanden. Inspira essendo consapevole, mentre lo fai, del Reiki che penetra attraverso la tua corona e scorre verso il basso per inondare il tuo Seika Tanden.

Se l'oggetto è piccolo:
Tieni l'oggetto in una mano, con l'altra esegui ciò che è probabilmente meglio descritto come tre colpi di karate, palmo rivolto verso il basso con le dita diritte, in rapida successione nell'aria un paio di pollici sopra l'oggetto. Il movimento di ogni Kiri (taglio) dovrebbe essere rapido e fermarsi bruscamente.

Se l'oggetto è troppo grande da contenere in una mano:
Come nell'esecuzione di un trattamento a distanza tenere qualcosa per simboleggiare l'oggetto o visualizzare l'oggetto in una mano, mentre si esegue il Kiri (taglio) con l'altra mano.

Alcuni praticanti sostengono che i primi due Kiri dovrebbero passare sopra l'oggetto, fermandosi al di là di esso, mentre il terzo Kiri dovrebbe fermarsi bruscamente direttamente su di esso.

Infine, trasmettere Reiki dentro l'oggetto fino a quando non si sente che è completamente carico.

Matsumura Keibun (1779-1843)

Insegnamenti di secondo livello - Okuden[93]

Shirushi e Kototama di secondo livello

Essi vengono considerati come nell'Usui Shiki Ryoho, anche se in questo stile si utilizzano i Kototama. Inoltre sembra che nell'Usui Reiki Ryoho Gakkai di seconda fondazione sia andato perduto l'utilizzo degli Shirushi e questi ultimi siano stati reintrodotti in Giappone attraverso gli stili occidentali.

Choku Rei, il Simbolo della Potenza

Il CKR può essere usato per aumentare la potenza del flusso di Reiki o per aiutare a focalizzare il Reiki in modo più intenso in una data posizione o verso un intento specifico. Il simbolo può essere usato come "pulizia energetica" o "benedizione energetica" anche per cibo, bevande o beni e può essere impiegato come sigillo o amuleto di protezione. Inoltre per ripulire una stanza dalle atmosfere negative o "sigillare" un trattamento.

Sei Hei Ki, il Simbolo dell'Armonia Mentale

Il simbolo SHK è impiegato nel trattamento di problemi mentali-emotivi tra cui ansia, stress, nervosismo, paura, depressione, ecc. e nel trattamento delle dipendenze. Può anche essere utilizzato per aiutare nei casi in cui sia necessario il rilascio di "ricordi di ferite" o dell'"armatura emotiva". Si utilizza anche per aiutare il miglioramento della memoria e come strumento per la riprogrammazione di reazioni inadeguate a determinati eventi o situazioni, ecc., nonché nella programmazione di abitudini e risposte positive.

---

[93] Deacon James, http://www.aetw.org/. Doi Hiroshi, Iyashino Gendai Reiki Ho, A Modern Reiki Method for Healing, International Center For Reiki Training, 2013. Lübeck Walter, Petter Frank Arjava, Rand William Lee, Lo spirito del Reiki. Il manuale completo, Edizioni Mediterranee, 2003. Ogawa Fumio, Everyone Can Do Reiki, Autopubblicazione, 1991. Petter Frank Arjava, Usui Mikao, Il manuale illustrato del Reiki. Il metodo di cura originale del dott. Usui, Edizioni Mediterranee, 2001. Stiene Bronwen, Stiene Frans, The Japanese Art Of Reiki: A Practical Guide To Self-healing, Ayni Books, 2005; The Reiki Sourcebook, Ayni Books, 2009. Stiene Frans, The Inner Heart of Reiki: Rediscovering Your True Self, Ayni Books, 2015; Reiki Insights, Ayni Books, 2018. Usui Reiki Ryoho Gakkai, Reiki Ryoho No Shiori, Autopubblicazione, 1974; Reiki Ryoho Hikkei, Autopubblicazione.

Hon Sha Ze Sho Nen, il simbolo della Guarigione a Distanza

Come la definizione: il simbolo della "guarigione a distanza" suggerisce, il Simbolo 3 viene utilizzato per inviare Reiki a distanza, che si tratti di persone o altro, animali, luoghi, eventi, situazioni o addirittura attraverso la "grande illusione" che è il tempo stesso. Con l'aiuto di questo simbolo il Reiki può essere "inviato" per interagire positivamente con problemi o situazioni già passati oppure che non siano ancora manifestati. Alcuni praticanti utilizzano il simbolo quando hanno bisogno di "connettersi" (metaforicamente parlando) con le persone. Il simbolo 3 può anche essere usato come mezzo per favorire l'interazione con divinità, spiriti del luogo o spiriti ancestrali (o come alcuni preferiscono definire "modelli energetici ancestrali").

Le tecniche dell'Okuden Zenki

Tecniche di trattamento

Byosen Reikan Ho - Rilevamento intuitivo degli squilibri

È uguale a quanto descritto nello Shinshin Kaizen Usui Reiki Ryoho all'interno del Capitolo 2.

Uchite Chiryo Ho – Oshite Chiryo Ho – Nadete Chiryo Ho

Uchite, Oshite e Nadete chiryo ho sono tre tecniche correlate all'Ampuku Shiatsu, una disciplina moderna di massaggio degli organi interni nella zona dell'Hara.

Uchite Chiryo Ho – Metodo di picchiettamento

Uchite comporta il picchiettare con la punta delle dita o con la mano usando una forza da leggera a media (picchiettando non schiaffeggiando). È una tecnica di apertura e si applica per aiutare a stimolare e incoraggiare il flusso di energia. Può essere utilizzata in aree di blocco, inibizione o stagnazione.

Oshite Chiryo Ho – Metodo di pressione

Oshite prevede di premere con i palmi o il carpo delle mani o con la punta delle dita. Oshite è una tecnica di rilassamento, applicata in aree di rigidità o tensione.

Nadete Chiryo Ho – Metodo di spazzolatura

Nadete comporta accarezzare o spazzolare una zona del corpo, in direzione lineare o circolare con le mani. Come Uchite, Nadete è una tecnica di apertura, applicata per aiutare a stimolare e incoraggiare il flusso di energia.

Nell'utilizzare una di queste tecniche si dovrebbe essere consapevoli del flusso di Reiki che raggiunge l'area su cui si sta lavorando.

Heso Chiryo Ho - Trattamento dell'ombelico

L'Heso Chiryo Ho è una tecnica che si concentra sul trattamento del sistema organico attraverso l'ombelico, che è considerato un importante centro connesso con la guarigione di tutti i tipi di malattie. La tecnica Heso Chiryo Ho può essere incorporata in un trattamento Reiki generale o utilizzata come pratica autonoma.

La versione formale dell'applicazione autonoma di Heso Chiryo Ho è la seguente:

Appoggia le mani, i palmi verso il basso, sulle cosce. Chiudi gli occhi e centra te stesso nell'Hara, focalizza la tua consapevolezza sul tuo Seika Tanden. Per alcuni istanti segui i ritmi della tua respirazione.

Permetti a te stesso di vedere e sentire il Reiki che pervade e permea il tuo intero essere, sappi che sei tutt'uno con il fenomeno che è Reiki, sei parte di esso. Rimanendo in questa consapevolezza, esegui Gassho Rei e fai una silenziosa dichiarazione di intenti, qualcosa che riguardi l'effetto del trattamento che ora inizierai per l'armonia e il benessere del tuo cliente.

Rimani sul lato sinistro del cliente. Con il dito medio piegato, posiziona la mano dominante sull'ombelico e inserisci delicatamente la punta del dito medio nell'ombelico stesso. Applica quindi una leggerissima pressione nella misura in cui puoi sentire lievemente un battito.

Ovviamente, avrai già spiegato al tuo cliente cosa farai e avrai ricevuto il suo consenso. Dovrà anche confermati che ti farà sapere se, in qualsiasi momento, il processo diventasse fastidioso. Consapevole del battito, sii consapevole anche del flusso di Reiki sotto la tua mano, in particolare sulla punta del dito medio.

Mantenendo la leggera pressione, continua a far fluire il Reiki. Vedi e senti il flusso del Reiki.

Continua a monitorare il flusso di Reiki fino a quando non inizi a percepire un equilibrio ovvero un'armonizzazione del flusso di Reiki e dell'impulso all'interno dell'ombelico.

Dovresti anche notare i segni fisiologici e che il cliente è diventato più rilassato. Questo potrebbe richiedere qualche minuto. Quando senti che è stato fatto abbastanza per la sessione corrente, ritira la mano dall'area dell'ombelico del cliente.

Manifesta gratitudine per aver avuto questa opportunità di aiutare il tuo cliente a guarire sé stesso. Per completare la procedura, esegui Gassho Rei. Naturalmente ti puoi anche auto trattare con Heso Chiryo Ho.

Seiheki Chiryo Ho - Trattamento delle abitudini

Seiheki Chiryo Ho è un metodo per trasformare le cattive abitudini o inclinazioni e per consolidare intenzioni positive, ad esempio focalizzare le energie verso un obiettivo specifico.

Il processo è simile a Nentatsu Ho in quanto funziona seminando un pensiero, un'idea o un suggerimento nel subconscio del cliente, o nel tuo. La differenza principale tra Nentatsu e Seiheki è che quest'ultima tecnica prevede l'uso dello Shirushi.

Chiudi gli occhi e centra te stesso nell'Hara, focalizza la tua consapevolezza sul Seika Tanden. Per alcuni istanti segui i ritmi della tua respirazione. Quando sei pronto, esegui Gassho e fai una dichiarazione di intenti qualcosa del tipo: "Inizio Seiheki Chiryo".

Disegna il CKR sulla cresta occipitale del cliente, la sporgenza in cui il cranio incontra la colonna vertebrale e coprilo con la mano dominante, lasciando scorrere Reiki. Quando intuisci che è tempo di passare alla fase successiva, disegna SHK nello stesso punto e quindi disegna nuovamente CKR.

Ancora una volta, copri il punto con la tua mano dominante, ma questa volta metti anche la tua mano non dominante sulla fronte del cliente, all'attaccatura dei capelli.

Lascia che il Reiki scorra e, allo stesso tempo, silenziosamente, ripeti un suggerimento o un'affermazione appropriata. La natura del problema su cui lavorare o l'intenzione da stabilire, la formulazione precisa dei suggerimenti o affermazioni è qualcosa che dovrebbe essere deciso e concordato con il cliente prima del trattamento.

Continua questa silenziosa ripetizione per alcuni momenti fino a quando intuisci che è tempo di terminare. Termina eseguendo Gassho ancora una volta. Gli effetti del Seiheki Chiryo sono di natura cumulativa e di solito si consiglia una serie di trattamenti a intervalli frequenti.

Koki Ho - Trattamento attraverso il soffio

Metti le mani in Gassho. Centra te stesso nell'Hara e concentra la tua consapevolezza nel Seika Tanden. Per alcuni istanti segui i ritmi della tua respirazione e diventa consapevole del flusso e della radiosità del Reiki all'interno e intorno al tuo stesso corpo.

Sappi che, mentre in generale il Reiki sembra fluire più forte dalle mani e può essere trasmesso con esse, scorre anche attraverso il respiro e ne può essere diretto.

Porta la tua attenzione sull'area che necessita di cure, rilassati, respira naturalmente. Inspira delicatamente attraverso il naso, senza sforzo, dirigendo il respiro verso il basso nella zona inferiore dell'addome.

Con le labbra leggermente aperte, espira delicatamente. L'espirazione non deve essere forzata, non soffiare così tanto da permettere al respiro di disperdersi, ma fallo in modo mirato e sostenuto sull'area da trattare.

Mentre lo fai, tieni l'attenzione sul Reiki che fuoriesce con il respiro, verso l'area che necessita di cure. Senti il flusso Reiki, vedilo con gli occhi della tua mente, allo stesso tempo senti la gratitudine che fluisce attraverso il tuo cuore.

Gyoshi Ho - Trattamento attraverso gli occhi

Metti le mani in Gassho. Centra te stesso nell'Hara e concentra la tua consapevolezza nel Seika Tanden. Per alcuni istanti segui i ritmi della tua respirazione.

Diventa consapevole del flusso e della radiosità del Reiki all'interno e intorno al tuo stesso corpo. Sappi che, mentre in generale il Reiki sembra fluire più forte dalle mani e può essere diretto con esse, scorre anche attraverso gli occhi e ne può essere diretto.

Porta la tua attenzione visiva sull'area che necessita di Reiki, quindi permetti alla tua vista di rilassarsi e di sfocare leggermente. Non fissare l'area, ma lascia il tuo sguardo morbido e fluido. Genera compassione sentita nel cuore per il tuo cliente.

In questo stato, diventa consapevole del Reiki che scorre dai tuoi occhi all'area che ha bisogno di energia. Senti il flusso Reiki, vedilo con gli occhi della tua mente, allo stesso tempo senti la compassione che scorre dal tuo cuore.

Tecniche di trattamento moderne

Tanden Chiryo Ho – Metodo di disintossicazione e purificazione attraverso il Tanden

Questa è una tecnica presa dagli stili occidentali, infatti è molto simile al trattamento per il bilanciamento emozionale-mentale insegnato da Takata, una combinazione tra Nentatsu Ho e Gedoku Chiryo Ho. Tanden Chiryo Ho è essenzialmente un metodo di disintossicazione.

In questo caso, la disintossicazione non si riferisce esclusivamente all'eliminazione di sostanze tossiche realmente presenti nell'essere, ma anche alla rimozione di tossine mentali, emotive e spirituali. Questa tecnica di disintossicazione può essere incorporata in un trattamento Reiki generale o utilizzata come pratica autonoma.

La versione formale dell'applicazione autonoma di Tanden Chiryo Ho è la seguente:

Appoggia le mani, i palmi verso il basso, sulle cosce. Chiudi gli occhi e centra te stesso nell'Hara, focalizza la tua consapevolezza sul tuo Seika Tanden. Per alcuni istanti segui i ritmi della tua respirazione.

Permetti a te stesso di vedere e sentire il Reiki che pervade e permea il tuo intero essere, sappi che sei tutt'uno con il fenomeno che è Reiki, sei parte di esso. Rimanendo in questa consapevolezza, esegui Gassho Rei e fai una silenziosa dichiarazione di intenti, qualcosa che riguardi l'effetto del trattamento che ora inizierai per l'armonia e il benessere del tuo cliente.

Stando sul lato sinistro del cliente, posiziona la mano sinistra sul suo Seika Tanden e posiziona la mano destra sulla fronte. Sii consapevole del flusso di Reiki sotto le tue mani. Puoi affermare silenziosamente il desiderio che tutte le tossine vengano, delicatamente, espulse dal cliente.

In questa tecnica non ti preoccupare tanto della natura precisa delle sensazioni energetiche (es. Hibiki) ricevute tramite le mani, quanto dell'intensità della sensazione. Tieni le mani in posizione, continua a monitorare il flusso Reiki fino a quando non inizi a percepire un equilibrio, un bilanciamento del flusso tra le tue mani. Questo potrebbe richiedere solo un momento o potrebbe richiedere alcuni minuti.

Quando riesci a sentire lo stesso livello di intensità del flusso sotto ciascuna delle tue mani, solleva delicatamente la mano destra dalla fronte del cliente e portala sopra la mano sinistra nell'area del suo Tanden.

Continua a far fluire il Reiki. "Vedi" e senti il flusso del Reiki. Sii nell'esperienza. Resta in questa posizione per tutto il tempo che senti essere necessario, questo potrebbe prolungarsi anche fino a 20 minuti. Non solo questa tecnica di trattamento innescherà il processo di disintossicazione, ma aiuterà anche a ricaricare le riserve energetiche vitali nel Seika Tanden.

Quando senti che è stato fatto abbastanza per la sessione corrente, ritira le mani dall'area del Seika Tanden del cliente. Manifesta gratitudine per aver avuto questa opportunità di aiutare il tuo cliente a guarire sé stesso.

Per completare la procedura, esegui Gassho Rei. Naturalmente ti puoi anche auto trattare con Tanden Chiryo Ho.

Genetsu Ho - Metodo per ridurre la febbre

Questa è la versione riportata da Frank Petter, esponente del Jikiden Reiki.

Genetsu Ho è una tecnica per ridurre le alte temperature e far scendere la febbre. Questa tecnica può essere incorporata in un trattamento Reiki generale o utilizzata come pratica autonoma.

Appoggia le mani, i palmi verso il basso, sulle cosce. Chiudi gli occhi e centra te stesso nell'Hara, focalizza la tua consapevolezza sul tuo Seika Tanden. Per alcuni istanti segui i ritmi della tua respirazione. Permetti a te stesso di vedere e sentire il Reiki che pervade e permea il tuo intero essere, sappi che sei tutt'uno con il fenomeno che è Reiki, sei parte di esso.

Rimanendo in questa consapevolezza, esegui Gassho Rei e fai una silenziosa dichiarazione di intenti, qualcosa che riguardi l'effetto del trattamento che ora inizierai per la guarigione e il benessere del tuo cliente. Durante questo trattamento il cliente può essere sdraiato.

Seduto sul lato sinistro del cliente, all'altezza della testa, posiziona la mano sinistra sulla fronte e puoi tenere la mano destra in grembo o sulla coscia. Resta in questa posizione per tutto il tempo che senti essere necessario, questo potrebbe anche durare da 20 a 30 minuti. Sii consapevole del flusso di Reiki sotto la tua mano. Puoi affermare silenziosamente il desiderio che, mentre scorre Reiki, la temperatura o febbre si riduca delicatamente. Quando sei pronto sposta le mani sulle tempie del cliente per un massimo di 10 minuti.

Successivamente, posiziona le mani sul retro della testa e del collo per altri 10 minuti circa, sulla gola 10 minuti, quindi sulla corona della testa 10 minuti. Continua a essere consapevole del flusso di Reiki sotto le tue mani, vedi e senti il flusso di Reiki. Sii nell'esperienza. Infine sposta le mani sullo stomaco e sull'intestino del cliente per circa 15 minuti.

Per completare la procedura ritira le mani dal cliente ed esegui Gassho Rei. Manifesta gratitudine per aver avuto questa opportunità di aiutare il tuo cliente a guarire sé stesso. Naturalmente ti puoi anche auto-trattare con Genetsu Ho.

Le tecniche dell'Okuden Koki

Tecniche di trattamento

Enkaku Chiryo Ho – Trattamento a distanza

Questa è una tecnica che può essere usata quando, per motivi vari, non si può eseguire il trattamento di persona su un cliente. Chiudi gli occhi. Chiama il suo nome tre volte mentre ti concentri sull'immagine di quella persona racchiusa immaginariamente tra le tue mani.

Naturalmente più dettagli specifici è possibile avere sulla persona da trattare per facilitare la connessione all'individuo, meglio è. Tuttavia, se i dettagli specifici della persona non sono disponibili, ciò non significa che la tecnica avrà esito negativo.

Metti le mani in Gassho per centrare la mente e fissare l'intento. Visualizza la persona tra le mani e senti la connessione con Reiki. Concentrati sulla persona con cui ti collegherai. Visualizza o disegna, sulla persona tra le tue mani, i simboli HSZSN, quindi SHK, quindi CKR, ripetendo i mantra di accompagnamento. Continua a concentrarti sulla persona per tutto il tempo in cui senti che l'energia si muove.

Termina in Gassho per ringraziare. Enkaku Chiryo Ho andrebbe comunque eseguito per un massimo di 30 min. perché è un trattamento concentrato.

Tecniche di trattamento moderne

Shashin Chiryo Ho - Metodo di guarigione a distanza usando una fotografia

Questa tecnica è una variante dell'Enkaku Chiryo Ho, introdotta con il diffondersi delle fotografie. È uguale a Enkaku Chiryo Ho ma si utilizza una fotografia del cliente su cui eseguire il trattamento Reiki a distanza.

Insegnamenti di terzo livello - Shinpiden[94]

Shirushi e Kototama di Terzo Livello

Dai Ko Myo, il Simbolo del Maestro

L'uso principale del DKM è, per molti praticanti, il passaggio di iniziazioni Reiki ad altri. Il DKM può anche essere impiegato come focus meditativo, come nel caso degli altri tre simboli. Rappresenta l'incarnazione stessa del fenomeno Reiki. Per alcuni il Simbolo 4 rappresenta le energie combinate dei tre simboli precedenti, sebbene ad un livello più sottile.

Tecniche di respirazione e meditazione

Ibuki Kokyu Ho - Potenziamento del trattamento attraverso il respiro

È uguale a quanto descritto nello Shinshin Kaizen Usui Reiki Ryoho. (Capitolo 2)

---

[94] Deacon James, http://www.aetw.org/. Doi Hiroshi, Iyashino Gendai Reiki Ho, A Modern Reiki Method for Healing, International Center For Reiki Training, 2013. Lübeck Walter, Petter Frank Arjava, Rand William Lee, Lo spirito del Reiki. Il manuale completo, Edizioni Mediterranee, 2003. Ogawa Fumio, Everyone Can Do Reiki, Autopubblicazione, 1991. Petter Frank Arjava, Usui Mikao, Il manuale illustrato del Reiki. Il metodo di cura originale del dott. Usui, Edizioni Mediterranee, 2001. Stiene Bronwen, Stiene Frans, The Japanese Art Of Reiki: A Practical Guide To Self-healing, Ayni Books, 2005; The Reiki Sourcebook, Ayni Books, 2009. Stiene Frans, The Inner Heart of Reiki: Rediscovering Your True Self, Ayni Books, 2015; Reiki Insights, Ayni Books, 2018. Usui Reiki Ryoho Gakkai, Reiki Ryoho No Shiori, Autopubblicazione, 1974; Reiki Ryoho Hikkei, Autopubblicazione.

Tecniche di trattamento

Reiji Ho - Permettere a Reiki di guidare il posizionamento delle mani

È uguale a quanto descritto nello Shinshin Kaizen Usui Reiki Ryoho. (Capitolo 2)

Insegnamenti del livello Shihan[95]

Reiju - Dare e ricevere lo spirito

I Reiju, in questi stili moderni, sono una creazione di Hiroshi Doi o una rielaborazione degli stessi fatta da insegnanti di altri stili moderni di Reiki giapponese.

Tecnica di preparazione per il Reiju

Prima di eseguire un Reiju, ricorda di praticare sempre la seguente preparazione per la tua centratura: ricorda la tecnica da eseguire, stai con gli occhi focalizzati di fronte a te, libera tutte le tensioni del corpo, porta la concentrazione mentale nell'Hara (Seika Tanden) e lascia che le mani si sollevino in Gassho. Esegui la tecnica di pulizia Kenyoku Ho.

Tieni la mente concentrata sull'Hara (Seika Tanden) durante questa preparazione. Questo rappresenta la tua connessione con l'energia.

Tieni le braccia in alto, a forma di V, vicino alla testa e verso i lati del corpo con i palmi delle mani rivolti verso l'alto. Sperimenta la sensazione di energia che scende attraverso la testa e le braccia, che ti attraversa e purifica il corpo.

Ruota i palmi delle mani verso terra e abbassa le braccia lateralmente fino a quando non si uniscono davanti all'Hara (Seika Tanden). Ora metti la mano sinistra nella

---

[95] Deacon James, http://www.aetw.org/. Doi Hiroshi, Iyashino Gendai Reiki Ho, A Modern Reiki Method for Healing, International Center For Reiki Training, 2013. Lübeck Walter, Petter Frank Arjava, Rand William Lee, Lo spirito del Reiki. Il manuale completo, Edizioni Mediterranee, 2003. Ogawa Fumio, Everyone Can Do Reiki, Autopubblicazione, 1991. Petter Frank Arjava, Usui Mikao, Il manuale illustrato del Reiki. Il metodo di cura originale del dott. Usui, Edizioni Mediterranee, 2001. Stiene Bronwen, Stiene Frans, The Japanese Art Of Reiki: A Practical Guide To Self-healing, Ayni Books, 2005; The Reiki Sourcebook, Ayni Books, 2009. Stiene Frans, The Inner Heart of Reiki: Rediscovering Your True Self, Ayni Books, 2015; Reiki Insights, Ayni Books, 2018. Usui Reiki Ryoho Gakkai, Reiki Ryoho No Shiori, Autopubblicazione, 1974; Reiki Ryoho Hikkei, Autopubblicazione.

mano destra con i pollici che si toccano leggermente. Senti l'energia che si irradia dal tuo Hara (Seika Tanden).

Con le mani, crea il mudra del sole (Taiyo No In) e sposta le tue mani dal tuo Hara (Seika Tanden) con un movimento circolare verso l'esterno del corpo e verso l'alto fino a quando non si trovano sopra la testa. Ora apri le tue mani e portale con un movimento circolare verso l'esterno del corpo di nuovo di fronte all'Hara (Seika Tanden).

Ripeti muovendo le mani nella posizione del mudra del sole fino alla testa e giù all'Hara altre due volte. Una volta terminato, porta le mani in Gassho e inizia a trasmettere il Reiju.

Denju

Ribadiamo quello che abbiamo riportato nello Shinshin Kaizen Usui Reiki Ryoho. Va anche aggiunto che in alcuni stili, quelli che non utilizzano i simboli, si fanno le iniziazioni con i soli Reiju, anche se questi non garantiscono la permanenza del collegamento alla fonte Reiki, infatti devono essere ricevuti regolarmente favorendo una dipendenza nei confronti del Maestro. Inoltre non garantiscono la stessa qualità vibratoria, soprattutto per le iniziazioni di secondo e terzo livello, poichè non vengono utilizzati gli Shirushi.

Ichiryusai Hiroshige (1797-1858)

REIKI RYOHO NO SHIORI[96]

Il Reiki Ryoho No Shiori 霊気療法のしおり (Manuale del metodo Reiki) è un manuale di 104 pagine, redatto nella sua ultima versione nel 1974 dall'allora "Kaicho" (presidente) dell'Usui Reiki Ryoho Gakkai Houichi Wanami, in carica dal 1960 al 1975. Tra le altre cose, il *Reiki Ryoho No Shiori* racconta brevemente la storia e lo scopo della Gakkai e stabilisce il suo sistema amministrativo. Descrive le caratteristiche del Reiki Ryoho, dibatte su I Cinque Principi, si occupa di come rafforzare il Reiki e include una serie di tecniche come: koketsu ho, byosen, nentatsu ho, ecc.

Qui di seguito viene riprodotta la traduzione della guida ai trattamenti in esso contenuta.

Linee guida della terapia Reiki

Ciò che si deve fare è spiegato nel libro "Manuale del metodo Reiki". Tutto ciò che serve è seguire le indicazioni del libro. Anche se sei ancora uno studente e non sei sicuro di dove si manifestino le frequenze dissonanti (Byosen) della malattia, è sufficiente che tu metta la mano sulla parte malata e poi cerca di percepire. Non essere ansioso, sii coraggioso e prova. Assicurati di aver messo una mano sull'attaccatura dei capelli e invia i tuoi pensieri (compassionevoli). Spiegherò i punti in dettaglio seguendoli passo dopo passo.

Per le parti al di sopra del collo

Testa: indipendentemente da dove si manifestano i sintomi della malattia, dovresti prima trattare la testa. La sequenza del trattamento: 1. Fronte 2. Tempie 3. Nuca 4. Parte posteriore del collo 5. Parte superiore della testa. Tratta queste cinque parti per circa 30-40 minuti.

Febbre: tratta la parte superiore della testa.

Insonnia e nevrosi: 1. Occhi 2. Parte posteriore della testa (cura lo stomaco per gli uomini e l'utero per le donne) 3. Cuore 4. Stomaco e Intestino 5. Possibili problemi al naso 6. Possibili problemi agli organi sessuali.

---

[96] Usui Reiki Ryoho Gakkai, Reiki Ryoho No Shiori, Autopubblicazione, 1974.

Emorragia cerebrale e trombosi cerebrale: 1. Lato sinistro della testa se è paralizzato il lato destro del corpo o il lato destro della testa se è paralizzato il lato sinistro del corpo 2. Cuore 3. Stomaco 4. Reni (pulire il sangue) 5. Tutte le altre parti che non funzionano.

Arteriosclerosi e ipertensione arteriosa: 1. Testa 2. Cuore 3. Reni.

Occhi: 1. Tratta entrambi gli occhi anche se uno non presenta malanno. (Usa un fazzoletto o una garza per proteggerti dai germi.) 2. Bulbi oculari, sopra gli occhi, apice esterno degli occhi 3. Massaggia intorno agli occhi con il dito. 4. Fai la disintossicazione se gli occhi presentano versamento di sangue (Gedoku Chiryo Ho) 5. Non dimenticare di trattare il fegato.

Orecchie: 1. Metti entrambe le dita medie dentro le orecchie e tieni le orecchie con il resto delle dita. Se senti una forte pulsazione sulla punta delle dita, di solito l'orecchio sta migliorando. 2. Il punto proprio sotto le orecchie, dove senti l'osso sporgere dietro le orecchie. (Soprattutto per le infezioni alle orecchie) 3. Soffia nelle orecchie quando togli le dita 4. Assicurati di trattare i reni poiché orecchie e reni sono fortemente collegati.

Naso: 1. Premi leggermente il naso con il pollice e il medio e appoggia l'indice tra le sopracciglia. 2. Parte posteriore del collo 3. Milza (parte sinistra del corpo). 15 minuti sono sufficienti per il naso chiuso. Ci vuole più tempo per trattare le adenoidi e l'empiema (accumulo di pus), ma se persisti verranno risolti completamente. Naso e ginecologia sono fortemente correlati.

Mal di denti: 1. Tratta la bocca dall'esterno dove c'è dolore e la parte dove si trovano le ghiandole linfatiche dietro alle ossa della mascella. 2. Se c'è un dolore alla gengiva, l'irradiazione della malattia di solito sfoga da sotto le orecchie. 3. Senti anche l'irradiazione della malattia alla radice dell'anulare e del mignolo.

Bocca: 1. Prendi, premendo leggermente, la bocca dall'alto e dal basso con due dita. 2. Un'irradiazione, in caso di un'ulcera alla bocca, compare sulla pianta del piede dove si manifesta un avvallamento.

Lingua: 1. Metti una garza sulla lingua e tocca con un dito. 2. Tocca la gola all'altezza della radice della lingua. È efficace trattare le aree di avvallamento della pianta del piede.

Gola: 1. Gola. 2. Parte posteriore del collo 3. Metti la mano agganciata alla mandibola per trattare la tonsillite. La ripresa sarà rapida ma occorre trattare anche i reni in caso di febbre alta. 4. Per un problema alla tiroide, tratta la gola intorno nel punto in cui sporge la ghiandola tiroidea. 5. Tratta la gola o il torace in caso di tosse. Se c'è freddo, tratta la gola. Se ci sono asma, pertosse e infezione al torace, tratta il torace. Se la situazione è davvero grave, tratta la bocca dello stomaco. Suggerisci di astenersi dal mangiare patate.

Per organi interni

Polmoni: 1. Il trattamento è efficace per pleurite e infezione polmonare. 2. Per un'affezione polmonare, chiedi al medico da dove proviene la malattia e tratta pazientemente per lungo tempo almeno dai sei ai nove mesi. Non dimenticare di trattare anche la schiena. 3. Tratta le clavicole per i bronchi.

Cuore: 1. Tratta il cuore con molta più cautela perché è assai sensibile. 2. Poni la mano nella parte bassa del torace a sinistra e la colonna vertebrale. Tratta inizialmente per poco tempo, quindi allunga i tempi di trattamento gradualmente. 3. Cerca di evitare il trattamento diretto sul cuore. Tocca a lato o sul retro. 4. Se si ha una reazione al trattamento e il battito cardiaco diviene accelerato, si mette un asciugamano bagnato sul cuore. 5. I bambini deboli di solito hanno problemi cardiaci, quindi trattali con molta cura.

Seni: 1. Copri il seno con la mano. 2. Tratta la base del seno per l'allattamento.

Stomaco: 1. Metti la mano sulla bocca dello stomaco per il mal di stomaco acuto. 2. Per i dolori cronici, metti il pollice sulla bocca dello stomaco e rilassa il resto delle dita. 3. Tratta le persone con gastro ptosi, il cui stomaco di solito giace più in basso, allo stesso modo di un normale dolore cronico. 4. Il mal di stomaco potrebbe essere causato da problemi al fegato. 5. Fai la pulizia del sangue 6. Tratta tra le scapole. 7. Se il paziente ha dolore nella parte inferiore sinistra dello stomaco sii prudente perché potrebbe trattarsi di un caso di tumore allo stomaco o di un'ulcera. 8. Tratta attentamente la testa nel caso di un'ulcera allo stomaco. 9. Man mano che si familiarizza con il trattamento e si impara ad osservare bene il paziente, allora lo si cura secondo l'intensità dei suoi sintomi. Tratta la testa e lo stomaco per i casi minori e includi reni per i casi gravi. 10. Per le persone esili e mingherline potrebbe essere più efficace trattare per prima la schiena.

Milza: 1. La milza è un organo che produce sangue ed è situata nella parte sinistra del corpo al lato dello stomaco. 2. Questa zona funziona bene per i problemi legati al naso.

Intestino: Ci sono molte malattie legate all'intestino come ad esempio la diarrea e la stipsi (o costipazione). Il sangue viene prodotto nell'intestino, quindi non trascurare il trattamento di questa parte. 1. Quando il paziente è costipato, tratta la parte inferiore dello stomaco e anche intorno all'osso sacro per circa 30 minuti. Questo ha un effetto immediato sulla costipazione del bambino. 2. Tratta l'intestino crasso, soprattutto intorno alle anse dell'intestino, per il catarro intestinale. 3. Per l'intestino tenue tratta appena sotto l'ombelico. Non dimenticare di trattare anche la colonna vertebrale. 4. Avvertirai molte risonanze della malattia nell'ombelico ma, se senti rigidità intorno all'ombelico, è segno di qualcosa che non sta funzionando bene negli organi interni, come cuore, polmoni, fegato, reni, milza e pancreas.

Fegato (inclusa la cistifellea) e pancreas: 1. Il fegato si trova sopra la parte superiore destra dello stomaco e la sua metà superiore è all'interno delle costole. Tratta il fegato quando ti senti stanco. Ti sentirai meglio. 2. Tratta il fegato soprattutto quando i tuoi occhi si stancano. 3. È efficace nel trattamento dei calcoli biliari e dell'ittero. 4. Tratta il fegato quando hai un muscolo rigido solo sulla spalla destra. 5. Tratta tra la bocca dello stomaco e l'ombelico per curare il pancreas e il diabete. 6. Le persone che soffrono di problemi al fegato tendono a inciampare. Tratta il fegato e il cuore posizionando le mani sulla schiena.

Reni: 1. I reni si trovano tra le costole e l'osso dell'anca nel punto dove metti le mani intorno alla vita. Tratta sia la parte anteriore che la parte posteriore. 2. Puoi usare entrambe le mani. 3. Se le condizioni del fegato peggiorano vengono colpiti i reni. 4. Tratta i reni per il beriberi (carenza di vitamina B), emorragie cerebrali e nevrosi. 5. Si dice che se si danneggiano i reni, si perdono il desiderio di un futuro brillante e le ambizioni. Tratta con cura i reni. 6. Il recupero è più rapido se si trattano i reni per malattie tipo l'infezione dell'orecchio, acufene e qualsiasi patologia correlata alle orecchie. 7. Se tratti una pielonefrite cronicizzata, tratta i reni un paio di volte e sarà completamente guarita.

Vescica, uretra, testicoli: 1. Tratta l'osso pubico. Le donne tendono a soffrire di problemi alla vescica in estate. 2. Tratta sopra ai vestiti sia per l'uretra che per i testicoli. 3. Tratta la vescica e la testa per chi bagna il letto. A volte senti il riflesso della malattia sul naso.

Malattie delle donne: 1. Le patologie femminili sono di solito riferite a problemi legati all'utero e all'ovaio, ma la maggior parte provengono dall'utero. 2. Quando la posizione del feto nell'utero non è corretta, cura come fai per il dolore mestruale. (parte inferiore dello stomaco, osso sacro, colonna vertebrale tra osso sacro e lombari) 3. L'utero dovrebbe riprendere la sua posizione regolare a meno che non abbia precedentemente subito un'operazione. 4. La terapia funziona subito prima e dopo la nascita. 5. Se si preferisce trattare l'utero da dietro, trattare il solco intergluteo.

Nascita: 1. Se tratti la madre un paio di volte alla settimana durante la gravidanza, il feto si sviluppa molto bene. I bimbi possono anche nascere piccoli ma, dopo 3-5 giorni, crescono più robusti di quelli nati con più peso. 2. Se le madri hanno una forte nausea mattutina, cura lo stomaco e l'utero. 3. Si pensa che in presenza di una gravidanza extrauterina, le possibilità di sopravvivenza del feto diminuiscono dopo 5 mesi perché il sangue all'interno dell'utero si sporca. Se vengono trattate con la terapia Reiki, tutte le scorie usciranno dall'utero dopo 2 o 3 giorni e anche le donne per le quali tutti i dottori rinunciano alla speranza possono avere un parto regolare. 4. Verranno curati il bambino non perfettamente sano e il bambino con il cordone avvolto intorno al collo. 5. Il parto è più rapido. 6. La febbre post partum, detta febbre puerperale, guarisce bene. 7. Le madri si riprendono rapidamente dopo il parto. Normalmente sono necessari 12 o 13 giorni affinché l'utero torni alla normalità, tuttavia se trattato dopo la nascita, l'utero si normalizzerà in 3 o 4 giorni.

Emorroidi: 1. È una patologia comune per i giapponesi. Metti una garza sull'ano oppure tratta attraverso gli abiti. 2. La fistola anale migliorerà a seconda di come la tratti. 3. Trattare la parte superiore della testa per la fistola anale. 4. Quando tratti l'ano del paziente è più agevole se lo fai sedere e metti la mano sotto il sedere da dietro.

Correzione spinale: 1. La colonna vertebrale è composta da 7 vertebre cervicali, 12 toraciche e 5 lombari. Nella parte inferiore si uniscono l'osso sacro e il coccige. 2. Questa catena di ossa, come un albero di bambù, sostiene l'intera parte superiore del corpo. 3. La colonna vertebrale è ciò che si sviluppa per primo all'origine di una vita e nella crescita umana. Il cuore e la testa vengono in seguito. Non è esagerato affermare che "avere una deformazione della colonna vertebrale provoca ogni tipo di malattia". È importante per tutti che i nostri organi abbiano sempre una corretta postura. 4. Coloro che hanno uno spostamento della colonna vertebrale devono essere curati immediatamente. 5. È possibile determinare se la colonna vertebrale è compromessa o no osservandola con gli occhi, passandovi sopra con la mano o scorrendo con le dita ai lati della colonna vertebrale. 6. Se trovi un osso fuori o in posizione non corretta, posiziona tre dita sull'osso ed esso tornerà a posto. (Non forzare!)

Difficoltà ad identificare la causa della malattia: 1. Testa 2. Cuore 3. Tecnica di Disintossicazione 4. Spina dorsale 5. Stomaco e Intestino 6. Reni.

Nevralgia e reumatismi: 1. Testa (in particolare la parte posteriore) 2. Tutte le parti doloranti (all'inizio il dolore può peggiorare a causa della reazione, ma continua a trattare. Ci vorrà del tempo). Se il paziente ha la febbre, tratta la testa e la bocca dello stomaco. (Gedoku Chiryo Ho). Se il paziente è costipato, tratta lo stomaco e l'intestino, la colonna vertebrale e l'osso sacro.

Capitolo QUATTRO

Singhiozzo: 1. Il singhiozzo è rappresentato da contrazioni spasmodiche del diaframma. Abbassa le braccia del paziente e tratta lo stomaco. 2. Tratta il centro della testa.

Asma: 1. Naso e testa. 2. Cuore e parte superiore del torace. 3. Stomaco. 4. Reni (i reni potrebbero essere la causa principale dell'asma). Una volta iniziato il trattamento, il sintomo potrebbe peggiorare. Continua a trattare. Potrebbe volerci molto tempo. In presenza di un attacco d'asma, tratta spesso. Vieta loro di mangiare patate mentre sono in cura.

Mielopatia: 1. Testa 2. Colonna vertebrale 3. Reni. Questa malattia richiede molto tempo per essere curata, ma se continui a trattare, verrà guarita. Questa è una malattia delle ossa ma lascia delle speranze.

Diabete: 1. Testa 2. Cuore 3. Fegato 4. Pancreas 5. Reni 6. Stomaco e Intestino 7. Pulizia del sangue operando sull'intero corpo. Controlla il livello di zucchero prima del trattamento. Continua ad indurre nei pazienti il pensiero che il livello di zucchero si sta riducendo durante il trattamento.

Beriberi: 1. Cuore 2. Stomaco e Intestino (lo stomaco diventa duro al tatto se hai il beriberi) 3. Parti intorpidite nelle gambe (quando la gamba si gonfia spesso diventa insensibile).

Morbo di Graves-Basedow: È la patologia in cui gli occhi appaiono sporgenti perché la ghiandola tiroidea si gonfia. 1. Testa 2. Occhi 3. Gola (ghiandola tiroidea) 4. Grembo per le donne 5. Cuore 6. Pulizia del sangue operando su metà corpo.

Tagli e ferite: Tratta il punto della lesione. In caso di sanguinamento dall'arteria (o vena), ferma l'emorragia prima del trattamento. Il sanguinamento si fermerà considerevolmente e il dolore scomparirà.

Ustioni: Toccare l'ustione è doloroso, quindi tratta 4-5 cm. sopra. Una volta che il dolore scompare, metti una garza e tratta. Non rimarrà un segno evidente dopo la guarigione dell'ustione.

Geloni: Se il disagio viene trattato subito, verrà curato rapidamente.

Spine: Se la tratti, uscirà da sola. Quando una lisca di pesce o qualcosa resta bloccato in gola, tratta la gola. Viene fuori con colpi di tosse.

Pianto notturno: 1. Stomaco e intestino quando il bambino inizia improvvisamente a piangere. 2. Testa quando il bambino piange continuamente. 3. Testa quando il bambino digrigna i denti. 4. Testa (vicino al collo) e naso quando il bambino russa.

Pertosse: 1. Testa (che si tratti di un bambino o di un adulto, la tosse è neurogena, quindi tratta bene la testa.) 2. Stomaco e intestino 3. Gola 4. Torace 5. Bocca dello stomaco 6. Reni.

Difterite: 1. I bambini e i neonati sono inclini a contrarre questa malattia. 2. I sintomi sono febbre alta, tonsille gonfie, interno della gola bianco e tosse sibilante. 3. In primo luogo, tratta con un'iniezione di siero. 4. Testa, gola, torace, stomaco e intestino, reni e sotto l'ombelico.

Morbillo: 1. All'inizio del morbillo, la febbre sale. 2. Puoi supporre che si tratti di morbillo se la temperatura non scende dopo aver provato ad alleviare la febbre. 3. Per alleviare la febbre tratta testa, stomaco e intestino, cuore e i punti dove compaiono le chiazze.

Lussazione delle ossa: 1. Se si mette la mano sull'area della lussatura, presto l'osso ritorna in sede.

Ossa rotte: 1. Trattare il paziente dopo che la frattura è stata ricomposta dal medico.

Trattamento per l'attitudine:
Questo è un trattamento per problemi ricorrenti come cinetosi (automobili, barche, ecc.), eccessi alimentari o inclinazione al furto. Altri esempi sono la mancanza di interesse nello studio o la difficoltà ad alzarsi al mattino. 1. Metti la mano sulla fronte da 15 a 30 minuti e invia la tua forza di volontà. (Nentatsu Ho)

Queste sono tutte le mie linee guida. Controlla i tuoi appunti per le cose che posso aver dimenticato o, se hai domande da fare, chiedi al tuo maestro o ad altre persone che hanno più esperienza. In ogni caso, inizia a trattare le persone il prima possibile.

È indubbio che l'atmosfera che verrà a crearsi nella tua casa sarà più piacevole quando un componente viene a conoscenza della terapia Reiki e può sbarazzarsi del danno della malattia. Inoltre sarebbe ancor meglio, del solo portare la salute nella tua famiglia, se potessi affinare la tua energia spirituale per aiutare altre persone a prevenire la sofferenza e la malattia.

Aiuta gli altri il più possibile e credi in te stesso. Credere in te stesso è la chiave per migliorare la tua energia spirituale (Reiki). Cerca di agire il più possibile senza fare affidamento sull'aiuto degli altri.

Più a lungo tratti un paziente, migliore sarà il risultato della terapia Reiki. A volte potresti dover trattare una persona moribonda per tutto il giorno e per tutta la notte. Se ci provi con fermezza, a volte senza dormire o senza riposare, puoi curare ogni tipo di malattia.

Dopo aver appreso la terapia Reiki, continua ad espandere ulteriormente le tue conoscenze ed esperienze e applica ciò che sai.

Totoya Hokkei (1780-1850)

REIKI RYOHO HIKKEI[97]

Il Reiki Ryoho Hikkei 霊気療法必携 (Guida al metodo Reiki) è una piccola guida di 68 pagine che si dice sia stato dato agli studenti di livello Shoden della prima Usui Reiki Ryoho Gakkai.

Ci viene riferito che l'Hikkei è stato in realtà compilato da Kimiko Koyama, sesto presidente dell'Usui Reiki Ryoho Gakkai in carica dal 1975 al 1999. Le parti attribuibili alla prima Gakkai sono solo i Gokai e i Gyosei.

L'Hikkei è composto da: istruzioni sul metodo Reiki di Usui (i Gokai), una spiegazione delle istruzioni per il pubblico con domande e risposte sul Reiki (idealmente strutturata come intervista ad Usui ma che, molto probabilmente, è stata scritta dalla stessa Koyama), una guida per la guarigione (Ryoho Shishin, che sembra essere una rivisitazione della guida ai trattamenti riportata nel Reiki Ryoho No Shiori) e i Gyosei, le poesie Waka scritte dall'imperatore Meiji (introdotte dagli studenti militari della prima Usui Reiki Ryoho Gakkai).

Quella che segue è la traduzione completa.

I. Istruzioni sul metodo Reiki di Usui

Il metodo segreto per invitare le benedizioni, la medicina spirituale per le 10.000 malattie, solo per oggi, non ti arrabbiare, non ti preoccupare, sii grato, allenati diligentemente, sii compassionevole verso tutti gli esseri. Esegui il gassho mattina e sera e ripeti queste parole ad alta voce con cuore e mente uniti.

II. Spiegazione delle istruzioni per il pubblico

Quando qualcuno scopre un'arte segreta, è un'antica tradizione quella di conservarla all'interno della famiglia per garantire un futuro ai loro eredi e discendenti e che non venga condivisa con gli altri. Questa però è un'usanza vecchio stile dei secoli passati. In questa era moderna la felicità umana si basa sul vivere e lavorare insieme e sul desiderio di sviluppo sociale. Per questo motivo non permetterò che rimanga all'interno della mia famiglia. Il nostro metodo è qualcosa di completamente originale, non c'è niente di simile in tutto il mondo. Pertanto voglio condividerlo con il pubblico a beneficio di tutta l'umanità. Ognuno ha il potenziale per ricevere il dono spirituale: l'unione di corpo e anima, una benedizione divina.

---

[97] Deacon James, http://www.aetw.org/. Usui Reiki Ryoho Gakkai, Reiki Ryoho Hikkei, Autopubblicazione.

Il nostro metodo è originale, basato sul potere spirituale dell'universo. Con questo potere, prima una persona acquista la salute, quindi la mente si rasserena e la vita diviene più gioiosa. Al giorno d'oggi, abbiamo bisogno di ristrutturare e migliorare la nostra vita dentro e fuori, per poter liberare i nostri simili dalla sofferenza emotiva e fisica.

Questo è il motivo per cui pubblico questi insegnamenti.

Che cos'è Usui Reiki Ryoho?

Con gratitudine abbiamo ricevuto i precetti dell'Imperatore Meiji. Dobbiamo vivere secondo questi precetti affinché l'umanità possa scoprire il proprio percorso. Dobbiamo imparare a migliorare il corpo e lo spirito del cuore (kokoro). Prima guariamo lo spirito del cuore, poi rendiamo il corpo sano. Quando lo spirito del cuore trova la via sana e giusta, il corpo automaticamente si risanerà. Di conseguenza lo spirito del cuore e il corpo vivono in armonia e la nostra vita è gioiosa e pacifica. Guariamo noi stessi e gli altri e aumentiamo la nostra felicità e quella degli altri. Questo è l'obiettivo dell'Usui Reiki Ryoho.

Usui Reiki Ryoho è come l'ipnosi, il trattamento di Kiai Jutsu (usare la voce per esprimere e dirigere il ki concentrati), lo Shinko Ryoho (guarigione religiosa) o simili, con un nome diverso?

No. Non vi è alcuna somiglianza con nessuno di questi metodi. Dopo molti anni di rigorosa disciplina spirituale ho scoperto il segreto spirituale, il metodo per liberare il corpo e l'anima (Rei).

È un metodo di guarigione spirituale (Ryoho Seishin)?

Sì, potresti chiamarlo così. Ma è anche un metodo di guarigione fisica poiché il Ki e la luce si irradiano dal corpo del praticante, in particolare dalle loro mani, occhi e bocca. Quindi se focalizzano lo sguardo, accarezzano o soffiano su l'area interessata, i dolori come mal di denti, mal di testa, nevralgia, coliche, mal di stomaco, tagli, contusioni, ustioni, ecc. spariranno. Tuttavia, i disturbi cronici non sono così facili da trattare, richiedono tempo. Ma anche un solo trattamento porterà segni di miglioramento. Come può la scienza medica spiegare questo fenomeno? Bene, la realtà è più incisiva della finzione. Se osservassi i risultati di persona, saresti d'accordo. Anche quelli che non vogliono credere non possono ignorare i risultati.

La fede nell'Usui Reiki Ryoho è necessaria affinché la guarigione sia efficace?

No, non è un metodo psicologico come la psicoterapia o l'ipnosi. Poiché non si basa sulla suggestione, non sono richiesti fede e accondiscendenza. Non importa se una persona dubita o rifiuta categoricamente di crederci. Ad esempio, funziona altrettanto bene con i bambini piccoli e con coloro che sono gravemente malati e incoscienti. Probabilmente uno su dieci ha fiducia nel nostro metodo prima del trattamento ma, dopo quel primo trattamento, la maggior parte delle persone ne sente i benefici e poi si sviluppa la loro fede.

Cosa può essere curato dall'Usui Reiki Ryoho?

Tutti i disturbi, di origine psicologica o organica, possono essere trattati con questo metodo.

L'Usui Reiki Ryoho guarisce solo disturbi/malattie fisiche?

No, non solo guarisce i problemi fisici, ma può anche trasformare le cattive abitudini e curare i disturbi psicologici come la depressione, la debolezza (di carattere), la timidezza, l'indecisione e il nervosismo. Attraverso questo metodo lo spirito del cuore si identifica con la natura divina e desideriamo guarire gli altri. Ecco come raggiungiamo la felicità.

Come funziona l'Usui Reiki Ryoho?

Non ho ricevuto questo metodo da nessun altro. Né mi sono allenato o ho studiato per sviluppare poteri soprannaturali. Durante il digiuno, ho avuto un'esperienza mistica, ho sentito un'energia intensa e, con essa, la consapevolezza di aver ricevuto il dono spirituale della guarigione. Quindi, anche se sono il fondatore di questo metodo, trovo difficile spiegarlo chiaramente. Medici e studiosi hanno studiato tali fenomeni, ma finora è stato difficile acquisire una spiegazione scientifica. Un giorno ci sarà una spiegazione scientifica.

L'Usui Reiki Ryoho usa medicine e ci sono effetti collaterali?

Non utilizza medicinali o attrezzature mediche. Concentrando solo gli occhi, soffiando, imponendo le mani, toccando e accarezzando. Ecco come guarisce.

Capitolo QUATTRO

Per usare l'Usui Reiki Ryoho è necessario avere conoscenze mediche?

Il nostro metodo è spirituale, trascende la scienza medica, non si basa su di essa. L'effetto desiderato si ottiene focalizzandosi con gli occhi, soffiando, toccando o accarezzando l'area interessata. Ad esempio, per problemi al cervello, fare un trattamento alla testa; per problemi di stomaco allo stomaco; per i disturbi agli occhi, trattare gli occhi. Non è necessario assumere medicinali amari o fare trattamenti come la moxa, ma in breve tempo si ritorna in salute. Questo è il motivo per cui il nostro metodo spirituale (Reiho) è piuttosto originale.

Cosa ne pensano i più noti medici?

I medici tradizionali sembrano equi nelle loro valutazioni. Al giorno d'oggi, i medici di tipo occidentale sono molto critici nei confronti della prescrizione eccessiva di medicinali. Sen Nagai della Teikoku Medical University ha dichiarato: "Come medici, sappiamo come diagnosticare, registrare e comprendere la malattia, ma non sappiamo davvero come curarla". Il dott. Kondo ha dichiarato: "È arrogante affermare che la scienza medica ha fatto grandi progressi, in quanto non affronta l'aspetto psicologico-spirituale del paziente. Questo è il suo più grande difetto". La dott.ssa Hara ha dichiarato: "È sbagliato trattare gli esseri umani, in possesso di saggezza spirituale, come animali. Sono convinta che in futuro possiamo aspettarci una grande trasformazione nel campo terapeutico". Il dott. Kuga ha dichiarato: "Il fatto è che i terapisti, che non sono medici formati, hanno raggiunto livelli di successo più elevati rispetto ai medici perché le loro terapie tengono conto del carattere e dei sintomi personali del paziente e utilizzano molti diversi metodi di trattamento. Sarebbe dimostrare una mentalità ristretta, da parte dell'establishment medico, rifiutare ciecamente questi terapisti o tentare di ostacolare la loro pratica ". (dalla rivista medica: "Japanese Medical News")

Medici e farmacisti spesso riconoscono questa argomentazione e si presentano per ricevere la formazione (nel nostro metodo).

Cosa pensa il governo?

Il 6 febbraio 1922 il rappresentante parlamentare Teiji Matsushita chiese al Comitato del Bilancio la posizione del governo sui terapisti che praticano la terapia spirituale e la psicoterapia senza la licenza di un medico. Ushio, un membro del Comitato, ha risposto: "Poco più di un decennio fa l'ipnosi e pratiche simili erano considerate demoniache ma, al giorno d'oggi, dopo un'adeguata ricerca, queste pratiche sono effettivamente utilizzate per curare i pazienti psichiatrici. È difficile provare a risolvere tutti i problemi umani con la scienza. I medici aderiscono alle pratiche mediche scientifiche per curare le malattie. La Facoltà di medicina però non considera la terapia col tocco o l'elettroterapia come pratiche mediche."

Questo è il motivo per cui il nostro metodo non è soggetto né ai regolamenti che disciplinano i medici, né a quelli che regolano l'agopuntura o la terapia termica moxa.

Sicuramente tali capacità di guarigione arrivano solo a coloro che sono evoluti spiritualmente, più che acquisirle attraverso l'allenamento?

No, non è così. Ogni essere vivente che respira possiede la capacità spirituale di guarire. Questo vale per piante, animali, pesci e insetti ma sono gli umani, il culmine della creazione, che possiedono il più grande potere. Il nostro metodo è una manifestazione pratica di questo potere.

Chiunque può ricevere l'iniziazione all'Usui Reiki Ryoho?

Ovviamente. Uomini e donne, vecchi o giovani, istruiti e non istruiti, chiunque abbia un senso naturale (morale) può certamente ricevere in breve tempo la capacità di trattare sé stesso e gli altri. Ho insegnato a più di mille persone e nessuno ha mancato di ottenere il risultato desiderato. Anche quelli che hanno imparato solo lo Shoden hanno acquisito la capacità di curare le malattie. Pensandoci, sembra strano che possiamo ottenere la capacità di guarire in così poco tempo, qualcosa di così difficile da fare per le persone. Ma questo è il contenuto del nostro metodo spirituale: che possiamo imparare a fare qualcosa di tanto difficile in modo così semplice.

Quindi, posso guarire altre persone con esso, ma posso anche guarire me stesso?

Se non possiamo curare i nostri stessi disturbi, come possiamo guarire gli altri?

Come posso ricevere il secondo livello (Okuden) e cosa comporta?

L'Okuden è costituito da diversi metodi: Hatsurei Ho; picchiettare, spazzolare e premere con le mani; trattamento a distanza; guarigione delle abitudini e delle attitudini; eccetera. Daremo l'Okuden agli studenti entusiasti dello Shoden che portano buoni risultati, sono di buon carattere e si comportano correttamente.

C'è qualcos'altro dopo l'Okuden?

Sì, c'è il livello Shinpiden. (pron: 'Shim-pi-den')

III. Ryoho Shishin

Si pensava che questa guida sulla posizione delle mani utilizzata per trattare varie disarmonie fosse stata compilata da Usui in persona ma, dopo un'analisi più accurata, sembra essere una versione semplificata della guida ai trattamenti riportata nel Reiki Ryoho No Shiori. Anche se la presente guida espone notevoli modifiche moderne, come ad esempio l'aggiunta della classificazione occidentale per le specifiche vertebre da trattare o alcune terminologie. C'è anche da considerare il fatto che l'unica fonte si ritrova effettivamente solo nel Reiki Ryoho Hikkei.

La guida ai trattamenti, come appare nel Reiki Ryoho Hikkei, è divisa in 11 sezioni o capitoli ed è, come suggerisce il nome, semplicemente una guida, una breve serie di istruzioni su aree adatte al trattamento topico.

Sembra essere destinata principalmente agli studenti di primo livello, poiché gli studenti di livello più avanzato devono aver già sviluppato la capacità necessaria per determinare le aree per il trattamento topico mediante il Byosen e il Reiji-Ho.

Sezione 1: trattamento di base delle parti specifiche del corpo.

Testa. Trattare: area generale della testa, fronte (all'attaccatura dei capelli), tempie, parte posteriore della testa, gola (o parte posteriore del collo), corona; stomaco e intestino.

Abbassare la febbre. Trattare: posizioni della testa, sostare con le mani sulla testa per un po' di tempo, trattare la fonte del disturbo e il disturbo stesso.

Occhi. Trattare: occhi, punto tra gli occhi, angolo interno dell'occhio (dotto lacrimale), tra l'angolo esterno dell'occhio e tempie, vertebre cervicali C1, C2, C3.

Naso. Osso nasale, lati del naso, gola (o dietro al collo), tra le sopracciglia, vertebre cervicali C1, C2, C3.

Orecchio. Canale uditivo, parte anteriore e parte posteriore dell'orecchio, vertebra cervicale C1, cartilagine nel padiglione auricolare.

Bocca. Copri la bocca senza toccare le labbra.

Lingua. Parte superiore della lingua, radice della lingua.

Gola. Cartilagine tiroidea, gola (o parte posteriore del collo).

Polmone. Area polmonare, tra le scapole, vertebre toraciche T2, T3, T4, T5 T6.

Cuore. Area del cuore, vertebre cervicali C5, C6, C7. Vertebre toraciche T1, T2, T3, T4, T5.

Fegato. Zona epatica, vertebre toraciche T8, T9, T10. (in particolare il lato destro del corpo).

Stomaco. Area dello stomaco, vertebre toraciche T4, T6, T7, T8, T9, T10.

Intestino. Aree del colon ascendente, trasverso e discendente, area dell'intestino tenue, vertebre toraciche T6, T7, T8, T9, T10, vertebre lombari L2, L3, L4, L5, glutei.

Vescica. Zona della vescica, vertebre lombari L4, L5.

Utero. Area uterina ed entrambi i suoi lati, vertebre toraciche T9, T10, T11, T12, vertebre lombari L1, L2, L3, L4, L5, osso sacro, coccige.

Reni. Zona dei reni, vertebre toraciche T11, T12.

Schiena. Trattamento su mezzo corpo: tendini e muscoli del collo, spalle, muscoli della schiena, entrambi i lati della colonna vertebrale, regione lombare, fianchi.

Addome. Mano sinistra sul Seika Tanden e la destra sulla schiena allo stesso livello. Visualizza tutte le tossine che escono dal corpo.

Sezione 2: Disturbi nervosi

Neurastenia (debolezza nervosa). L'area generale della testa, gli occhi, il cuore, lo stomaco, l'intestino, i genitali, l'area interessata, pulizia del sangue operando su metà corpo, trattare la fonte del disturbo e il disturbo stesso.

Isteria. L'area generale della testa, gli occhi, il cuore, lo stomaco, l'intestino, i genitali, l'area interessata, pulizia del sangue operando su metà corpo, trattare la fonte del disturbo e il disturbo stesso.

Anemia cerebrale. Testa, stomaco e intestino, cuore.

Congestione vascolare cerebrale. Testa, stomaco e intestino, cuore.

Meningite. Testa, stomaco e intestino, cuore.

Encefalite. Testa, stomaco e intestino, cuore.

Mal di testa. Area della testa (principalmente le tempie).

Insonnia. Area della testa (principalmente dietro la testa).

Vertigini, problemi di equilibrio. Zona della testa (principalmente la fronte all'attaccatura dei capelli).

Apoplessia cerebrale (paralisi), emorragia. Zona della testa (principalmente il lato interessato) cuore, stomaco e intestino, reni, area paralizzata.

Epilessia. Zona generale della testa, stomaco e intestino.

Ballo di San Vito. Corea. Zona generale della testa, cuore, zone interessate, palmi delle mani, pianta dei piedi, pulizia del sangue operando su metà corpo.

Occhi sporgenti. Trattamento generale dell'area della testa, degli occhi, della tiroide, del cuore, dell'utero e pulizia del sangue operando su metà corpo.

Nevralgia, paralisi. Zona interessata generale della testa, stomaco e intestino (per regolare il movimento intestinale).

Singhiozzo. Diaframma, fronte, vertebre cervicali C3, C4, C5.

Afasia. Fronte e tempie, (principalmente lato sinistro), area della gola.

Crampo dello scrittore. Zona generale della testa, gomito, pollice.

Acufene. Area generale della testa, orecchie.

Sezione 3: Disturbi del sistema respiratorio

Bronchite. Tubi bronchiali, trachea.

Tosse. Gola, area toracica, aree interessate.

Asma. Area generale della testa, area del torace, punto sotto la base dello sterno, cuore, gola, naso.

Tubercolosi polmonare. Area generale della testa, area interessata dei polmoni, stomaco e intestino, cuore, Seika Tanden.

Pleurite. Zona generale della testa, area interessata, stomaco e intestino, Seika Tanden.

Polmonite. Zona generale della testa, cuore, area interessata, Seika Tanden.

Emorragia bronchiale, emottisi. Area polmonare interessata.

Sanguinamento dal naso. Naso.

Ozena (deperimento delle creste ossee e delle mucose nel naso). Naso, centro della fronte o metà del labbro superiore.

Sezione 4: Malattie dell'apparato digerente

Malattie dell'Esofago. Esofago, punto sotto la base di sterno, stomaco, intestino.

Malattie dello stomaco: Gastrite, ulcere gastriche, cancro allo stomaco, mal di stomaco, gastroparesi, gastrectasi. Zona generale della testa, punto sotto la base dello sterno, stomaco e intestino.

Enterite (infiammazione dell'intestino). ulcere intestinali, diarrea, costipazione, ecc. Stomaco e intestino.

Appendicite. Area interessata, area della testa, stomaco e intestino.

Parassiti intestinali. Zona generale della testa, intestino, stomaco.

Emorroidi. Ano.

Edema addominale, idroperitoneo. Zona della testa, addome.

Peritonite. Area generale della testa, area interessata, Seika Tanden.

Epatite (ittero). Zona generale della testa, stomaco, intestino, fegato, cuore.

Calcoli biliari. Fegato (dove c'è dolore), stomaco e intestino.

Ernia. Area interessata (protrusione ernia), addome, genitali.

Sezione 5: Malattie cardiovascolari-circolatorie

Miocardite (infiammazione del muscolo cardiaco). Zona generale della testa, cuore, fegato, reni, vescica.

Endocardite (infiammazione delle membrane cardiache). Cuore.

Idropisia, edema. Cuore, fegato, reni, vescica.

Calcificazione delle arterie (arteriosclerosi). Zona generale della testa, cuore, reni, stomaco e intestino, Seika Tanden.

Pressione sanguigna alta cronica. Area generale della testa, cuore, reni, stomaco e intestino, Seika Tanden.

Angina pectoris. Testa, cuore, stomaco e intestino, area del dolore.

Beriberi e conseguente insufficienza cardiaca. Cuore, stomaco e intestino, regione interessata delle gambe.

Sezione 6: Disturbi ematici e metabolici

Anemia. Tratta l'origine del disturbo, testa, cuore, stomaco e intestino, pulizia del sangue operando su metà corpo.

Porpora (sanguinamento attraverso la pelle). Zona generale della testa, cuore, reni, stomaco e intestino, zona interessata, Seika Tanden.

Scorbuto. Zona generale della testa, area polmonare, cuore, reni, stomaco e intestino, pulizia del sangue operando su metà corpo, Seika Tanden.

Diabete. Zona generale della testa, cuore, fegato, pancreas, stomaco e intestino, reni, vescica, pulizia del sangue operando su metà corpo, spazzolando verso l'alto.

Obesità. Cuore, reni, stomaco e intestino, pulizia del sangue operando su metà corpo.

Gotta. Cuore, reni, vescica, stomaco e intestino, Seika Tanden, area dolorosa.

Colpo di calore. Zona generale della testa, cuore, area del torace, stomaco e intestino, reni, Seika Tanden.

Sezione 7: Malattie urinarie

Nefrite (infiammazione dei reni). Reni, cuore, vescica, stomaco e intestino.

Pielite. Reni, vescica, Seika Tanden.

Calcoli renali. Reni, stomaco, intestino, vescica, area dolorosa.

Uremia, urosepsis. Zona generale della testa, occhi, stomaco, intestino, cuore, reni, vescica, Seika Tanden.

Cistite (infiammazione della vescica). Reni, vescica.

Calcoli alla vescica. Reni, vescica, area dolorosa.

Bagnare il letto. Zona generale della testa, corona della testa, vescica, reni.

Anuria (ove dovuta alla prostata gonfia). Reni, vescica, uretra.

Sezione 8: Disturbi chirurgici e dermatologici

Ferite, area lesa. Trattare senza contatto fino a quando il dolore non scompare.

Ustioni. Area interessata.

Lividi, distorsioni. Area colpita.

Infiammazione dei linfonodi. Zone interessate, Seika Tanden.

Fratture, ossa rotte. Area colpita, attraverso gesso, bende, stecche.

Schegge. Area colpita.

Slogature. Area colpita.

Periostite (infiammazione della superficie dell'osso), osteite (infiammazione dell'osso), artrite, infiammazione muscolare. Area interessata, Seika Tanden.

Reumatismo muscolare. Zona generale della testa, area dolorosa, stomaco, intestino (per regolare la motilità intestinale).

Tubercolosi spinale. Zona generale della testa, area dolorosa o colpita, Seika Tanden.

Scoliosi. Area colpita.

Sifilide spinale. Zona generale della testa, Seika Tanden, area dolorosa o colpita.

Capogiri, svenimenti, incoscienza. Zona generale della testa, cuore. Se l'incoscienza è dovuta ad annegamento parziale, espellere l'acqua dai polmoni prima del trattamento.

Gonfiori, eruzioni cutanee, tumori della pelle. Seika Tanden, zona interessata.

Eruzione cutanea da orticaria, allergia. Stomaco, intestino, Seika Tanden, area interessata.

Perdita di capelli. Zona generale della testa, stomaco, intestino, area interessata, Seika Tanden.

Lebbra (morbo di Hansen). Zona generale della testa, stomaco, intestino, Seika Tanden, area interessata, pulizia del sangue operando su metà corpo.

Sifilide. Zona generale della testa, stomaco, intestino, Seika Tanden, area interessata.

Sezione 9: Malattie dell'infanzia

Pianto notturno. Zona generale della testa, stomaco e intestino.

Morbillo. Zona generale della testa, stomaco e intestino, cuore, area dell'eruzione cutanea.

Rosolia. Zona generale della testa, stomaco e intestino, cuore, area dell'eruzione cutanea.

Tosse convulsa (pertosse). Zona generale della testa, stomaco e intestino, cuore, polmoni, gola, punto sotto la base dello sterno.

Polio. Area generale della testa, stomaco e intestino, colonna vertebrale, aree di debolezza o paralisi totale o parziale.

Tonsillite. Area colpita.

Sezione 10: Problemi ginecologici

Malattie dell'utero. Zona uterina.

Per tutta la gravidanza. Il trattamento dell'utero garantirà un sano sviluppo del feto e una nascita facile.

Il processo del parto. Sacro, zona dell'addome.

Nausea mattutina. Zona generale della testa, utero, stomaco, intestino, punto sotto la base dello sterno.

Sensibilità, disturbi mammari. Seni.

Gravidanza extra uterina. Zona della testa generale, utero, area dolorosa.

Sezione 11: Malattie contagiose

Tifo. Zona generale della testa, cuore, stomaco e intestino, pancreas, Seika Tanden.

Paratifo. Zona generale della testa, cuore, stomaco e intestino, pancreas, Seika Tanden.

Dissenteria. Zona generale della testa, cuore, stomaco e intestino, Seika Tanden.

Dissenteria infantile. Zona generale della testa, cuore, stomaco e intestino, Seika Tanden.

Difterite. Zona generale della testa, gola, cuore, stomaco e intestino, reni, Seika Tanden, (trattamento da utilizzare in associazione con siero anti-difterite).

Colera. Zona generale della testa, stomaco e intestino, cuore, Seika Tanden.

Scarlattina. Area generale della testa, bocca, gola, cuore, stomaco e intestino, reni, Seika Tanden, area interessata (arrossata).

Influenza. Zona generale della testa, cuore, polmoni, stomaco e intestino, Seika Tanden, pulizia del sangue operando su metà corpo, area dolorosa.

Meningite cerebrospinale epidemica. Area generale della testa, parte posteriore del collo, cuore, occhi, stomaco e intestino, reni, vescica, midollo spinale (principalmente vertebre cervicali), Seika Tanden, area paralizzata o rigida.

Malaria. Zona generale della testa, cuore, stomaco, intestino, fegato, pancreas, Seika Tanden. Meglio se il trattamento viene effettuato almeno un'ora prima dell'inizio della febbre alta.

Erisipela (fuoco di Sant'Antonio). Area generale della testa, area del cuore, stomaco, intestino, Seika Tanden, area interessata.

Trisma, Tetano. Area generale della testa, area del cuore, stomaco, intestino, Seika Tanden, area della ferita, area dolorosa.

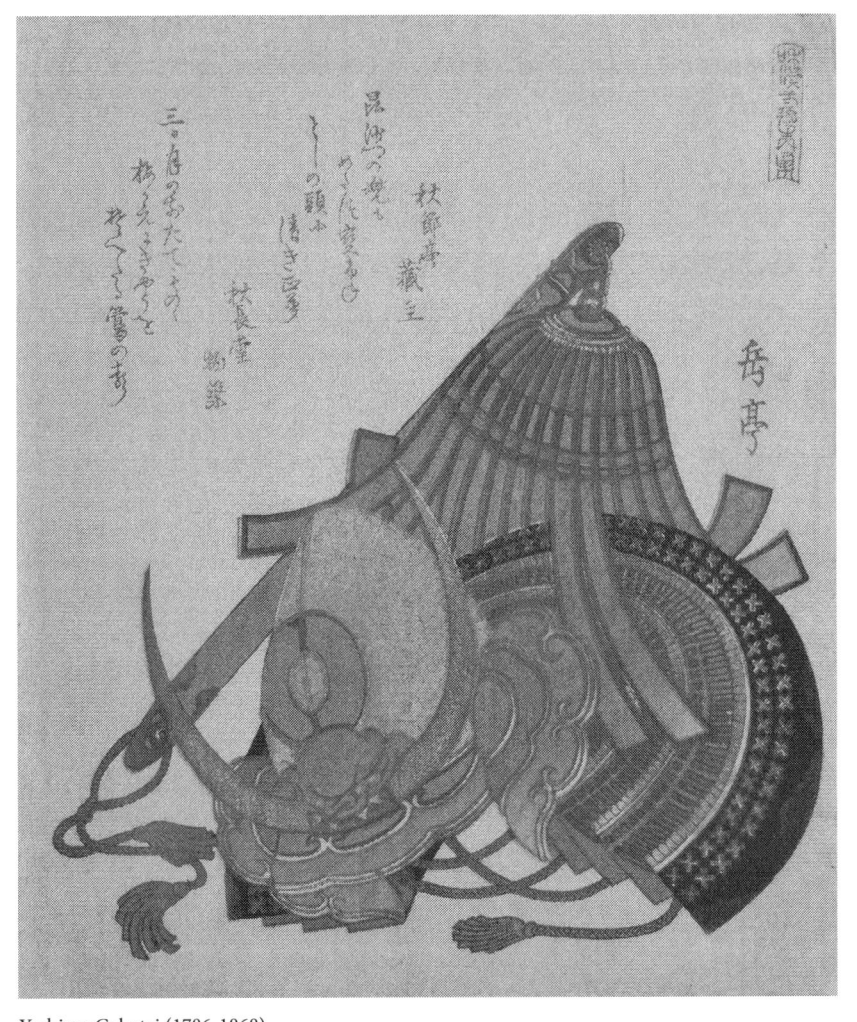

Yashima Gakutei (1786-1868)

IV. Gyosei

1. La Luna

La luna in una notte d'autunno rimane sempre la stessa dai tempi antichi, anche se molte persone hanno lasciato questo mondo.

2. Il cielo

Desidero che il mio cuore e la mia anima possano essere chiari e limpidi come il cielo.

3. Pensiero occasionale

Quando penso ai poveri contadini che lavorano duramente nelle risaie durante la calda estate, come possiamo lamentarci del caldo.

4. Vento sulle foglie

Le foglie d'acero, che avevano impiegato così tanto tempo a diventare rosse grazie alle piogge frequenti, sono state spazzate via da una semplice folata di vento. Anche se il tuo obiettivo o sogno potrebbero non essere riusciti, ricomincia daccapo e continua a provare.

5. Pensiero occasionale

Anche le gocce di pioggia possono scavare un buco nella dura pietra, quindi non arrenderti facilmente anche se un compito ti può sembrare difficile.

6. Pensiero occasionale

Non devo essere irritato contro il cielo (Dio) e biasimare gli altri, se ammetto e guardo alle mie colpe.

7. Pensiero occasionale

Quando sei troppo cauto, a volte puoi comunque sbagliare decisione nella vita.

8. Amicizia

Quando qualcuno commette un errore, correggilo e avvisalo per migliorare. Questa è la vera amicizia.

9. Un pino su una roccia

Anche se il mondo è in subbuglio, resta con il cuore calmo e saldo come un pino radicato su di una roccia.

10. L'onda

La nostra vita è come un'onda impetuosa nell'oceano.

11. Pensiero occasionale

Non dimenticare di lavorare sodo su di te, non importa quanto sei ricco e soddisfatto.

12. Fratelli

La tempesta di questo mondo
a volte può scuotere la casa,
ma se i rami dell'albero
crescono robusti e in armonia
le difficoltà sono vinte.

13. Cuore (spirito)

Mantieni la tua ricchezza e qualità
mentale dentro di te, qualunque
cosa accada nel mondo.

14. Medicine

Penso che sia meglio prendere erbe
nutrienti piuttosto che cercare molte
medicine per la cura, devi allenarti
mentalmente e usare le tue capacità
di guarigione piuttosto che fare
affidamento su molte medicine.

15. Pensiero occasionale

Mi chiedo come trascorrano la notte
i soldati nella natura selvaggia, piena
di zanzare.

16. Educazione

Alle giovani dame giapponesi,
prendete come modello delle
persone virtuose e imparate da loro
le lezioni della vostra vita.

17. Fiori nello stagno

È meraviglioso osservare la bellezza
dei fiori sopra lo stagno e poter
vedere che sono ancora più belli
quando galleggiano sull'acqua dopo
essere caduti.

18. La Luna e la lucciola

L'umile lucciola si nasconde dietro gli
steli dei giunchi rossi, lasciando che
la luna risplenda sullo stagno.

19. Gemma

Anche la gemma senza graffi può
perdere lucentezza nella
polvere, nessuno è perfetto.

20. Pensiero occasionale

Studenti non dimenticate di lavorare
sodo invece di affrettarvi nel fare
altro.

21. Lealtà

Non importa quanto tu sia
impegnato e indaffarato, non
dimenticare di dedicarti ai tuoi
genitori.

22. Piante

Se guardi con attenzione
troverai una pianta medicinale anche
nel campo pieno di erbacce.

23. Studenti laureati

Giovani laureati non accontentatevi
dello scarso successo nell'ottenere
un titolo, continuate a studiare.

24. Garofano

Ottieni molte sfumature di garofano rosa dallo stesso seme, a seconda di come lo guardi.

25. Cascata

Le persone non sentiranno il suono dell'acqua che zampilla dalla cascata torrenziale se non ci sono le rocce che creano barriere, il successo delle persone non può essere raggiunto senza un duro lavoro.

26. Acqua

L'acqua è flessibile, cambia la sua forma in base al recipiente nella quale viene versata. Tuttavia, l'acqua ha il potere di sfondare la roccia più dura, tale è la sua forza. Le persone dovrebbero essere flessibili in qualsiasi situazione, ma agire con coraggio e con una mentalità forte quando è necessario.

27. Erbacce

Tutto quello che hai piantato è morto perché le erbacce infestanti si sono diffuse, non arrenderti e continua a provare.

28. Vecchio

Un vecchio sorretto da suo nipote è uscito per rendermi il devoto rispetto.

29. Albero sepolto

Ogni volta che vedo gli alberi sepolti nel fango, mi chiedo se ci siano persone di qualità ed eccellenza, che non sono state riconosciute.

30. Visitatore nella neve

Sta nevicando, il che si porta via il poco calore del fuoco. Un vecchio arriva senza aspettare il calore portato dal giorno.

31. Calligrafia

Mentre un carattere può essere scritto con eleganza oppure no, una lettera deve potersi leggere chiaramente.

32. Genitori

Ti preoccupi per i tuoi figli, non importa quanti anni hanno.
È lo spirito dell'essere genitori.

33. Pensiero occasionale

Il coraggio dei giovani che stanno andando in guerra lascia
dietro di loro il dolore dei genitori.

34. Uccello

Anche un uccello che vola liberamente nel vasto cielo non dimenticherà mai il suo nido.

35. Apprendimento

Guarda come i bambini imparano a scrivere, imparano velocemente e migliorano velocemente, la nostra società dovrebbe seguire lo stesso esempio.

36. Fiori con rugiada

I fiori rosa sono magnifici anche quando sono coperti di rugiada, le persone istruite sono come loro, ben salde e fiduciose.

37. Cuore sincero

Un cuore sincero e fedele farà commuovere e piangere anche un Dio iroso.

38. Pensiero occasionale

Dovresti riposarti e divertirti a guardare i fiori solo dopo aver terminato il tuo lavoro.

39. Critica

Ogni giorno così tante persone si lamentano e criticano gli altri dimenticando i propri errori.

40. La vetta

Può sembrare impossibile scalare la vetta della montagna che si innalza nel cielo, ma se ci provi troverai un modo, se c'è la volontà troverai una via.

41. Pensiero occasionale

Dovresti dire alle persone cosa stai pensando solo quando ne sei assolutamente sicuro.

42. Pensiero occasionale

Anche se le cose vanno come vuoi tu, non dimenticare di rimanere umile.

43. Pensiero occasionale

Non pensare di non essere capace, sii consapevole di ciò che puoi essere.

44. Pino nella neve

Scendi e spazza via la neve che si è accumulata sui fragili ramoscelli di un giovane pino.

45. Pensiero occasionale

Scriverò i nomi delle persone che hanno combattuto coraggiosamente fino alla morte per il nostro paese.

46. Ammiratore

Le persone continuano a venire a trovarmi anche in una giornata estiva così calda, apprezzo che stiano lavorando sodo per me.

47. Cuore

Il cuore delle persone è molto bello nella sua semplicità, al contrario di quando vuole mettersi in mostra.

48. Critica

Se non fai quello che deve essere fatto perché pensi che sia difficile, non avrai mai successo.

49. Pilastro

Il capofamiglia, in quanto pilastro centrale della casa, deve essere rassicurato e non essere turbato da cose banali.

50. Erbaccia

Una piccola erbaccia può diffondersi rapidamente diventando ben radicata e difficile da estirpare, anche una parola errata può causare molti problemi in questa società, quindi dovresti stare attento a ciò che dici.

51. Barca

La barca potrebbe scendere facilmente e senza intoppi lungo il fiume, ma non lasciare che i remi seguano il flusso della corrente, non aspettarti che tutto vada bene, la vita è imprevedibile.

52. Gemma

Ci sono poche gemme di qualità lucide e senza graffi, tutti commettono degli errori e non sempre sono perfetti.

53. Preoccupazioni

Ogni volta che esco, mi preoccupo se la mia visita pubblica possa causare turbamenti alla vita delle persone.

54. Umanità

Se il nemico attacca il nostro paese dobbiamo rispondere, tuttavia non dovremmo farlo in modo crudele e dimenticare la nostra umanità.

55. Medicina

Voglio dare l'elisir dell'imortalità alle persone anziane che hanno lavorato così duramente per il nostro paese, senza il duro lavoro e la devozione degli anziani, non potremmo essere ciò che siamo o vivere nella società odierna. Apprezziamoli per questo e auguriamo loro di vivere a lungo.

56. Anziani

Ci sono molti consigli utili nelle storie raccontate dagli anziani.

57. Al vespro

Quando arriva la sera, ti rendi conto di aver sprecato l'intera giornata, vivi il momento e non sprecare il tuo tempo.

58. L'amore dei genitori

In una notte di primavera, c'era un incendio nei campi. Una mamma uccello non riusciva a dormire tranquilla preoccupandosi per i suoi pulcini. Non importa che siano, umani, uccelli o animali, i genitori si preoccupano sempre dei loro figli.

59. Medicina

I consigli e le critiche costruttive, che a volte sono difficili e scomode da dare, sono la migliore cura per le malattie, è saggio seguire i consigli delle persone.

60. Pensiero occasionale

Anche se sei impegnato con il tuo lavoro, puoi sempre trovare il tempo per qualcosa che vuoi veramente fare, non ci sono scuse.

61. L'erba estiva

Il nostro mondo è frenetico come quando le erbacce si diffondono rapidamente in estate.

62. Mente

Il pensiero che tutto vada bene può essere più dannoso di quando pensi che tutto vada male.

63. Sentiero stretto

Il sentiero lungo la risaia è stretto ma lascia spazio affinchè altre persone possano passare, cedersi il passo e collaborare con gli altri.

64. Vecchi contadini

Tutti i giovani sono andati in guerra e solo i vecchi sono rimasti nelle risaie.

65. Sole

Mi piacerebbe avere una mente splendida e chiara come il sole che sorge.

66. Stagione piovosa

Temo che le stuoie nelle case dei soldati si inumidiscano a causa della pioggia, dato che sono partiti per la guerra.

67. Pensieri in una notte fredda

Risvegliato dal rumore della notte tempestosa, penso alle piccole vecchie case dei poveri.

68. Gemma

Non pensare che la gemma non sia scintillante, semplicemente non l'hai lucidata abbastanza. Le persone hanno bisogno di allenarsi più duramente per mostrare le proprie capacità e qualità.

69. Orologio

Le lancette dell'orologio hanno tutte forme diverse e a volte vanno avanti a volte indietro. Ognuno ha un orologio nel cuore che ticchetta al proprio ritmo.

70. Sentiero

Anche se può sembrare una via più veloce, non prenderla se pensi che non sia sicura, più discernimento, meno fretta.

71. Pensiero occasionale

Se conosci il momento giusto per avanzare, fallo. Altrimenti, le cose potrebbero andare storte o nel modo in cui non ti saresti mai aspettato.

72. Mente

È un peccato dimenticarsi della mente innocente che avevamo da bambini.

73. Bambini

I bambini possono diventare buoni o cattivi allo stesso modo in cui un giovane germoglio di bambù si piega in qualsiasi direzione. Spero che tu li cresca bene.

74. Fiori come nuvole

Com'è bello vedere i fiori di ciliegio selvatico, che sembrano nuvole, attraverso i corti pini.

75. Case in estate

Deve fare molto caldo nelle case costruite una accanto all'altra in città, dato che non può entrare molta aria con finestre così piccole.

76. Devozione ai genitori

Rispettare e prendersi cura dei genitori è la cosa più importante, ed è la prima da attuare in quanto esseri umani.

77. L'amore dei genitori

Solo dopo così tanti anni ti sei reso conto di quanto i tuoi genitori stessero pensando a te, non conosci i sentimenti dei tuoi genitori finché non lo diventi.

78. Insegnamenti familiari

Sebbene ciò che impari dai tuoi genitori in casa possa sembrare poco, diventa il fondamento della tua vita per avere successo in questa società.

79. Desiderio

Non lamentiamoci della breve vita dei fiori di ciliegio. Invece, speriamo che, sebbene la primavera possa finire presto, la loro bellezza duri più a lungo presso il fiume.

80. Polvere

Non lasciare la polvere in giro troppo a lungo. Diventa difficile sbarazzarsene.

81. Lezioni

Sono dispiaciuto nel ricordare che odiavo le lezioni di calligrafia quando ero bambino.

82. Pensieri

Ogni volta che è soleggiato o nuvoloso, mi preoccupo se tutti hanno più o meno cibo a sufficienza.

83. Sentiero

Anche se potrebbe volerci più tempo, sicuramente non c'è pericolo nell'andare in una direzione contraria, se continui a fare la cosa giusta come essere umano.

84. Pensiero occasionale

Il tempo vola come una freccia. Avresti dovuto fare tutto prima. Se pensi che ci sia sempre un domani, non riuscirai mai a fare quello che hai pianificato.

85. Barca tra le canne

Potrebbe essere difficile attraversare il fiume fitto di canne.
Tuttavia, prenditi del tempo per controllare come usare i remi. Se raggiungere il tuo obiettivo può risultare molto difficile, prenditi il tuo tempo e rimani concentrato.

86. Sentiero

Spero che non ti arrenderai e fermerai a metà strada
anche se il tuo apprendimento è difficile.

87. Pensiero occasionale

Non ha senso vivere a lungo se non hai degli obiettivi.

88. Persone

A volte è meglio per le persone se le cose non vanno come vogliono.

89. Mente

Un capitano deve continuare a controllare la sua nave tutto il tempo anche quando il mare è calmo.

90. Sentiero

Anche se vieni lasciato indietro dalle altre persone con cui stavi in cammino, non smarrire la tua via, quando tutti vanno nella stessa direzione, pensi di seguire il sentiero giusto, ma non è sempre così. Quindi giudica attentamente il tuo percorso.

91. Pensiero occasionale

Se non si scuotono di dosso le tante gocce di rugiada, i garofani potrebbero piegarsi in una direzione imprevedibile.

92. Gemma

Anche la più bella gemma selezionata da tutti ha un graffio. Anche se tutti pensano che una persona sia la più fortunata e la più felice, anche lui si fa male. Nessuno è perfetto.

93. L'amore dei genitori

I genitori trattano i loro figli come bambini anche quando diventano grandi e indipendenti.

94. Genitori

Anche se diventi indipendente, non dimenticare di apprezzare ciò che i tuoi genitori hanno fatto per te.

95. Mio

Senza varcare la montagna, come potresti vedere brillare il fiore d'oro? Non serve avere un talento senza usarlo.

96. Pensiero occasionale

Stai attento! Puoi inciampare anche su una strada sgombra, la troppa sicurezza di sé è il più grande nemico.

97. Pensieri

Spero che coloro che hanno successo nella vita non si preoccupino delle cose banali.

98. Mente

Con più persone interagirai, più ristretta diverrà la tua mente. I tuoi valori tenderanno ad essere inquadrati nel sentire comune, nella rispettabilità e nel formato della società quando interagisci con molti tipi di persone.

99. Vecchiaia

Invecchiando non lamentarti perché hai un compito da svolgere. Non trovare una scusa e continua a lavorare sodo finché non ottieni risultati.

100. Capo famiglia

Una casa si erge saldamente grazie al pilastro centrale. Il motivo per cui le famiglie prosperano è perché esiste un capo.

101. Critica

Spero che il nostro paese sia considerato dignitoso e governato correttamente. Governatori e politici, fate del vostro meglio.

102. Insegnante

Anche quando padroneggi ciò che hai studiato, non dimenticare di apprezzare l'aiuto e il supporto del tuo insegnante.

103. Giornale

Non dovresti credere a ciò che è scritto sui giornali senza prove. Perché la gente comune legge e crede a tutto?

104. Acqua

È un vero peccato che l'acqua pura e pulita sulla superficie del fiume diventi fangosa nel suo fondo. Anche se siamo nati puri e innocenti, nel modo in cui cresciamo, veniamo influenzati da così tante cose della società che perdiamo la nostra virtù e innocenza.

105. Mucca

Una mucca cammina costantemente anche se tira un carro sovraccarico. Continua a fare lentamente e costantemente anche se hai molto lavoro e responsabilità da assumerti.

106. Dio

Se non provi vergogna di fronte a Dio, hai un cuore sincero.

107. Pensiero occasionale

Se pensi che sia solo perché le cose non stanno accadendo e non perché sei pigro. Senza il tuo sforzo non otterrai nulla.

108. Amico

Gli amici con cui lavori e ti sostengono a vicenda dovrebbero assumere la guida del paese.

109. Vecchio albero di pino

Con tutte le mie premure vorrei aiutarti a vivere ancora più a lungo nel mio giardino, pino millenario.

110. Agricoltori

Gli agricoltori non sono mai tranquilli nel loro campo di riso, da quando piantano i semi fino al tempo del raccolto.

111. Albero di pino

Il pino sembra aggraziato e solenne dopo aver tollerato così tanta neve e tempeste. Hai successo solo dopo aver superato molteplici difficoltà.

112. Nazione

Esiste un modo in cui possiamo migliorare il nostro paese mantenendo le cose buone e sbarazzandoci di quelle cattive?

113. Pensiero occasionale

Quando diventi famoso, ricorda di rimanere umile.

114. Lumaca

Di tanto in tanto salta fuori una lumaca per vedere cosa sta succedendo nel mondo.

115. Sentiero

Il mondo è sicuro se prendi la strada giusta.

116. Tesoro

Lavora sodo e affina le tue abilità finché non diventi indipendente e avrai successo, poiché il lavoro è il tuo tesoro.

117. Alunno

Concentra il tuo studio a scuola e non lasciarti distrarre da quello che sta succedendo nel mondo.

118. Pensiero occasionale

Se non andiamo avanti quando il mondo intero sta procedendo, saremo lasciati indietro.

119. Comportamento

Le persone con uno status elevato nella società come governatori e funzionari dovrebbero agire in modo consono.

120. Comportamento

Non puoi insegnare alle persone se il tuo comportamento non è adeguato.

121. Petizione

Le onde e i venti nei diversi mari sono ovunque tutti uguali. Allora, perché ci sono così tante guerre? Perché le persone litigano anche se sono fratelli e sorelle?

122. Pensiero occasionale

I fiori rosa furono bagnati e battuti dall'onda sulle rive del fiume, eppure continuarono a fiorire. Com'è meraviglioso che i nostri figli abbiano superato molte situazioni e circostanze difficili ma siano comunque sbocciati.

123. Divertimento

Devi continuare a fare il lavoro che ti è stato assegnato anche se c'è qualcos'altro, come passatempo e divertimenti, a cui potresti essere interessato.

124. Pensiero occasionale

Guarda cosa fai di tanto in tanto perché a volte potresti non accorgerti che stai commettendo un errore.

125. Specchio

Luciderò il mio specchio come lo specchio degli altri, limpido e risplendente. Troverai te stesso guardando dentro al cuore dell'altro.

Capitolo 5

L'importanza della Formazione

Occorre, dopo tanta dottrina, fare una premessa al perché di questo ultimo capitolo. Se è vero che la nostra spinta a ricercare quante più informazioni possibili ma coerenti sulle origini del Reiki e sul suo successivo sviluppo fino ai nostri giorni è nata dal nostro esserne entusiasti praticanti, è altrettanto vero che l'esigenza di ricerca si è fatta più pressante dal momento che abbiamo una responsabilità in qualità di insegnanti. Ogni insegnante sa che, in ogni corso o seminario, impara a sua volta moltissimo, compreso il fatto che non sempre ha le risposte alle domande che gli vengono poste dagli allievi. È esattamente quello che è accaduto di fronte alla consapevolezza che vi sono differenti stili codificati e maestri indipendenti che insegnano cose diverse. I quesiti posti dagli allievi riguardo a questo, ci hanno spinto a cercare risposte. La nostra ricerca ci ha finalmente aiutato a comprendere che, da una matrice comune, quella di Mikao Usui, ciascuno dei Maestri a lui successivi è stato in grado di creare uno stile a sé somigliante, pur senza compromettere la natura e l'intento di crescita spirituale della disciplina. Abbiamo quindi accolto volentieri l'opportunità di integrare gli stili tra di loro, ma ritenevamo importante, anche per rispetto dei loro ideatori, che ne fossero chiare la provenienza ed i lignaggi. Non più equivoci o, peggio ancora, "il mio è il vero Reiki ed il tuo no" o "il mio modo di fare Reiki funziona meglio del tuo". Se è vero che il Reiki è Energia Spirituale, che proviene direttamente dalla Fonte della Vita, chi lo pratica dovrebbe "Essere Reiki" e non fare Reiki. Non è quindi ammissibile l'esistenza di giudizi o conflitti all'interno della disciplina.

Dovevamo soddisfare la nostra necessità di chiarezza in quanto la nostra Scuola di Formazione Reiki, Giardino di Kimoon, è affiliata ad ASI Associazioni Sportive e Sociali Italiane, specificatamente al suo Settore Tecnico Nazionale Arti Olistiche Orientali DBN-DOS Discipline Bio-Naturali e Olistiche per la Salute. ASI è un Ente riconosciuto dal: Ministero dell'Interno, Ministero del Lavoro e delle Politiche Sociali, CONI, è Rete Associativa del Forum Terzo Settore ed è accreditato alla Regione Lazio per la formazione superiore e continua. ASI, tramite il Settore sopramenzionato, ha approvato il percorso formativo Reiki e rilascia a coloro che hanno portato a termine la formazione e hanno sostenuto e superato l'esame, il Diploma Nazionale ASI, l'iscrizione all'Albo, il tesserino Tecnico e il libretto formativo, con le qualifiche tecniche di Operatore, Istruttore e Docente secondo parametri che ne definiscono le conoscenze, le abilità e le competenze, inoltre il Settore si avvale di un codice etico e deontologico al quale ogni scuola autorizzata, docente e discente si atterrà nell'esercizio del proprio operato.

Vogliamo altresì sottolineare che, nella specificità della qualifica tecnica riferita agli stili riconosciuti e codificati dell'Ente, l'Operatore è colui che ha frequentato il percorso dei tre livelli fino all'armonizzazione al quarto simbolo in uno o più stili di Reiki, a sua scelta, l'Istruttore è colui che può impartire gli insegnamenti e relative armonizzazioni dal primo al terzo livello in un solo o più stili di Reiki, a sua scelta, e affianca il Docente fino a diventarlo a sua volta; il Docente è in possesso delle competenze didattico/formative necessarie a trasmettere e gestire la formazione e può impartire gli insegnamenti e relative armonizzazioni dal primo al terzo livello in uno o più stili di Reiki, tale ruolo si consegue dopo aver terminato il periodo di tirocinio previsto e successivo alla qualifica da Istruttore. Da qui la necessità di spiegare il motivo per cui, in queste pagine, è stato dato ampio risalto agli stili Usui, Shiki e Japanese Reiki senza però voler escludere o sminuire le peculiarità degli stili successivamente introdotti dall'anno 1980 in poi.

Precisiamo che il Reiki non è regolamentato dalla Legge Italiana tra le professioni aventi albi, ordini e collegi, tantomeno rientra nella formazione formale erogata dalle scuole di ogni ordine e grado ma, nell'anno 2013 la Legge n.4 del 14 gennaio *"Disposizioni in materia di professioni non organizzate"* - pubblicata in Gazzetta Ufficiale Anno 154° n. 22 del 26/1/2013 - cambia formalmente gli scenari professionali a cui eravamo abituati. Ne riportiamo un estratto.

Art. 1 Oggetto e definizioni
1. La presente legge, in attuazione dell'art. 117, terzo comma, della Costituzione e nel rispetto dei principi dell'Unione europea in materia di concorrenza e di libertà di circolazione, disciplina le professioni non organizzate in ordini o collegi.
2. Ai fini della presente legge, per «professione non organizzata in ordini o collegi», di seguito denominata «professione», si intende l'attività economica, anche organizzata, volta alla prestazione di servizi o di opere a favore di terzi, esercitata abitualmente e prevalentemente mediante lavoro intellettuale, o comunque con il concorso di questo, con esclusione delle attività riservate per legge a soggetti iscritti in albi o elenchi ai sensi dell'art. 2229 del codice civile, delle professioni sanitarie e delle attività e dei mestieri artigianali, commerciali e di pubblico esercizio disciplinati da specifiche normative.
3. Chiunque svolga una delle professioni di cui al comma 2 contraddistingue la propria attività, in ogni documento e rapporto scritto con il cliente, con l'espresso riferimento, quanto alla disciplina applicabile, agli estremi della presente legge. L'inadempimento rientra tra le pratiche commerciali scorrette tra professionisti e consumatori, di cui al titolo III della parte II del codice del consumo, di cui al decreto legislativo 6 settembre 2005, n. 206, ed è sanzionato ai sensi del medesimo codice.
4. L'esercizio della professione è libero e fondato sull'autonomia, sulle competenze e sull'indipendenza di giudizio intellettuale e tecnica, nel rispetto dei principi di buona fede, dell'affidamento del pubblico e della clientela, della correttezza,

dell'ampliamento e della specializzazione dell'offerta dei servizi, della responsabilità del professionista.
5. La professione è esercitata in forma individuale, in forma associata, societaria, cooperativa o nella forma del lavoro dipendente.

Non trascurabile è il Decreto Legislativo del 16 gennaio 2013, n. 13 *"Definizione delle norme generali e dei livelli essenziali delle prestazioni per l'individuazione e validazione degli apprendimenti non formali e informali e degli standard minimi di servizio del sistema nazionale di certificazione delle competenze"* che si muove seguendo lo sviluppo dell'apprendimento permanente di matrice europea, nonché delle politiche rivolte a favorire geograficamente la mobilità professionale dei cittadini. Aggiungiamo che nel 2014, in virtù delle citate normative, nasce il PRAI, Professionisti Reiki Associati Italia, che, nell'anno seguente, è stata inserita negli elenchi del MISE Ministero dello Sviluppo Economico, tra le Associazioni di Professionisti che rilasciano l'Attestato di Qualità e Qualificazione Professionale dei Servizi, ai sensi della legge 4/2013.

Ad oggi, **PRAI**, è l'unica Associazione di Professionisti riguardante la disciplina del Reiki e, con la sua costituzione, sono stati introdotti nel glossario Reiki i neologismi:
- *Reikologo* che identifica il Professionista.
- *Reikologia* che indica le varie branche del sapere delle tecniche Reiki.

Il PRAI definisce il Professionista Reikologo in due qualifiche.
- L'**Operatore** è il Professionista inteso come persona esperta della disciplina, che opera in piena autonomia nel campo del benessere individuale e sociale, attraverso un metodo energetico, naturale, non invasivo, valorizzando le risorse vitali dell'individuo e favorendone il benessere globale.
- Il **Docente** è il Professionista in possesso delle competenze didattiche e formative necessarie a trasmettere e gestire la formazione degli Operatori.

PRAI, inoltre, fa parte di Confassolistiche Confederazione Europea delle Associazioni Professionali Olistiche, la forma aggregativa ai sensi della L.4/2013, art.3, che rappresenta le associazioni professionali e promuove le istanze comuni nelle sedi politiche e istituzionali, anch'essa iscritta negli elenchi del MISE. In virtù di quanto sopra esposto, abbiamo scelto di affiliare la nostra Associazione all'ASI Settore Arti Olistiche Orientali, perché ci ha consentito di essere riconosciuti come Scuola di Formazione con il vantaggio di offrire e garantire l'utenza che si rivolge a noi, di formarsi, con Docenti che hanno seguito un percorso didattico protocollato e rispondente a determinati requisiti, e il discente, a conclusione della formazione, consegue un titolo valido e spendibile nell'ambito lavorativo, a differenza di un titolo rilasciato da una semplice associazione di mera natura privatistica. È altresì vero che esistono realtà associative serie le quali da anni svolgono la loro attività di divulgazione e insegnamento della tecnica con coscienza, forse non consapevoli di rilasciare un titolo di natura privatistica, ma è altrettanto vero che, da molte associazioni, sono spuntati, sedicenti operatori e anche insegnanti che si definiscono depositari di uniche verità, il cui scopo è fare proseliti, gettando discredito nei confronti di chi ha studiato e si è formato, investendo risorse in termini economici, energetici e di tempo, vedendo così denigrata la professionalità e la disciplina stessa, anche con il rischio, per di chi si affida alle loro *"cure"*, di subire un danno, poiché il Reiki si basa, oltre che sull'insegnamento di nozioni meramente didattiche, anche e principalmente sulla trasmissione di energia con la quale è meglio non scherzare.

Riepilogando, frequentare un corso presso una scuola di formazione autorizzata garantisce:
- Standard formativi nazionali riconosciuti da un Ente che rispettano i requisiti di conoscenze, abilità e competenze di operatori e docenti.
- Formazione tracciabile e trasparente.
- Il rispetto di un codice etico e deontologico.
- La trasparenza di operatori e docenti iscritti in Albi o elenchi Nazionali dell'Ente.
- Professionisti iscritti ad una associazione di cui alla L.4/2013.
- Professionisti che possono essere certificati da un organismo di parte terza.

Per tutti questi motivi abbiamo scelto di erogare la nostra Formazione secondo questi parametri, ma ribadiamo ancora una volta che non vi è obbligo alcuno né possiamo o vogliamo mettere in dubbio la validità degli insegnanti che operano in autonomia.

Siti di riferimento

Scuola di Formazione Giardino di Kimoon:
https://www.giardinodikimoon.org/

ASI Nazionale (Associazioni Sportive e Sociali Italiane): http://www.asinazionale.it/

ASI Settore Tecnico Nazionale Arti Olistiche Orientali DBN-DOS Discipline Bio-Naturali e Olistiche per la Salute: https://www.asiartiolisticheorientali.it/

Confassolistiche (Confederazione Europea Associazioni Professionali Olistiche): https://www.confassolistiche.it/

P.R.A.I. (Professionisti Reiki Associati Italia): https://www.professionistireiki.it/

Appendice 1: Tecniche aggiunte nell'Usui Shiki Ryoho non riconducibili agli insegnamenti di Hawayo Takata[98]

靈
気

---

[98] Canil Dario, L'anima del Reiki. Origini, fondamenti spirituali e guida pratica del metodo originale di Mikao Usui, L'Età dell'Acquario, 2015. Deacon James, http://www.aetw.org/. Doi Hiroshi, Iyashino Gendai Reiki Ho, A Modern Reiki Method for Healing, International Center For Reiki Training, 2013. Gentiluomo Annunziato, Sapere, saper fare e saper essere nel Reiki. Un manuale per gli operatori di Reiki del XXI secolo, Psiche 2, 2018. Gray John Harvey, Gray Lourdes, McFadden Steven, Hand to Hand: The Longest-Practicing Reiki Master Tells His Story, Xlibris, 2002. Lübeck Walter, Petter Frank Arjava, Rand William Lee, Lo spirito del Reiki. Il manuale completo, Edizioni Mediterranee, 2003. Stiene Bronwen, Stiene Frans, Your Reiki Treatment: How to Get the Most Out of It, Ayni Books, 2007; The Reiki Sourcebook, Ayni Books, 2009.

Più volte si è fatto cenno all'importazione, in tempi moderni e da parte di Maestri e Scuole occidentali, di sistemi energetici e concetti derivanti da discipline e filosofie non provenienti esclusivamente dal Giappone né dall'iniziale impostazione data al Reiki dai suoi primi divulgatori.

Non vi è alcuna intenzione di entrare nel merito delle motivazioni, che potrebbero essere dovute sia al desiderio di ampliare ed integrare gli insegnamenti con conoscenze ed esperienze personali, sia alla necessità di raggiungere un pubblico più ampio che già era avvezzo a filosofie e tecniche di diversa provenienza di cui si era fatto portavoce, ad esempio, il movimento denominato New Age.

Vi è invece la sola intenzione di far chiarezza sulle matrici di tali differenti strutture, riconoscendone pienamente sia la validità che la perfetta integrabilità con le tematiche e i trattamenti del Reiki originario.

È assolutamente innegabile infatti che lo spirito divino appartenga a tutti e sia fruibile da tutti.

Nascono quindi stili raggruppati sotto il nome di Japanese Reiki, di cui abbiamo già raccontato nel precedente capitolo e più legati all'Usui Reiki Ryoho Gakkai, che integrano altre tecniche orientali e occidentali ed inoltre vi è un ampliamento dello stile Usui Shiki Ryoho con strumenti provenienti anche dall'India.

L'anello di congiunzione che porta l'occidente ed in particolare poi l'Europa, a sviluppare lo stile Usui Shiki Ryoho Reiki è Hawayo Takata poiché fu lei ad iniziare le due "pretendenti" al titolo di sue discendenti ed incaricate della trasmissione della disciplina ai posteri.

Le persone in questione sono Phillis Lei Furumoto, nipote di Takata, sua nonna, che nel 1983, insieme ad un gruppo di insegnanti Reiki, fonda in Canada la "Reiki Alliance" e Barbara Weber Ray che, insieme a Takata, fonda negli Stati Uniti nel 1980 l'American Reiki Association poi AIRA American International Reiki Association (1982) ed oggi T.R.T.I.A. The Radiance Technique International Association.

Oggi, in alcune scuole occidentali derivate da questi due filoni, pur rimanendo i fondamenti del Reiki insegnati da Takata, quali ad esempio i Cinque Principi, i livelli ed i simboli, viene integrato il sistema energetico dei chakra e, di conseguenza, appaiono alcune modifiche delle posizioni delle mani durante il trattamento sia su se stessi che sugli altri per il livello base ed appaiono anche alcune applicazioni pratiche e alcune differenti modalità di utilizzo sia per il secondo che per il terzo livello.

Appendice UNO

Anche i Denju hanno differenti caratteristiche e alcuni Insegnanti suddividono il percorso dal primo livello a Master di Master in sette passaggi successivi. Viene consigliata l'utilità di ripetere i trattamenti, sia di primo che di secondo livello, per quattro o ventuno giorni consecutivi.

Seguono, in dettaglio, le aggiunte e le modifiche comparse nel "dopo Takata", non riconducibili ai suoi insegnamenti originali.

Utagawa Hiroshige (1797-1858)

Chakra

I Chakra sono dei punti di incontro delle correnti energetiche all'interno del corpo umano, facenti parte della tradizione indiana, il loro utilizzo viene prevalentemente riscontrato nelle pratiche yogiche. Il loro inserimento in diversi stili di Reiki moderno è dovuto al fatto che lo yoga americanizzato ha avuto una crescente diffusione commerciale a partire dagli anni '80 nei paesi occidentali ed in Giappone. Ciò non toglie che questo sistema funziona, ma occorre saperlo usare studiando le sue fonti indù, altrimenti è come utilizzare un forno a microonde con le istruzioni di un trapano elettrico. Esistono i chakra primari e i chakra secondari. In questa sede consideriamo i chakra primari, dislocati verticalmente lungo la colonna vertebrale, a partire da un punto che si trova tra l'ano e i genitali, nella zona del perineo, per arrivare fino alla sommità del capo. Convenzionalmente sono numerati dal primo al settimo partendo dal basso.

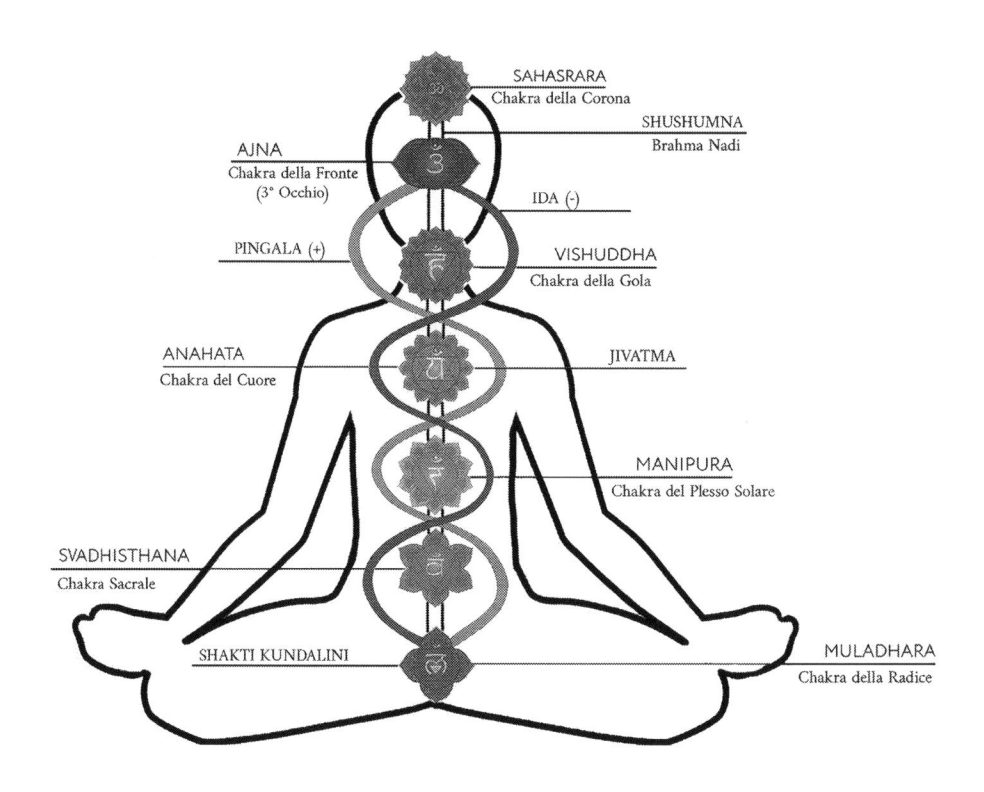

Muladhara chakra (chakra di base o radice):

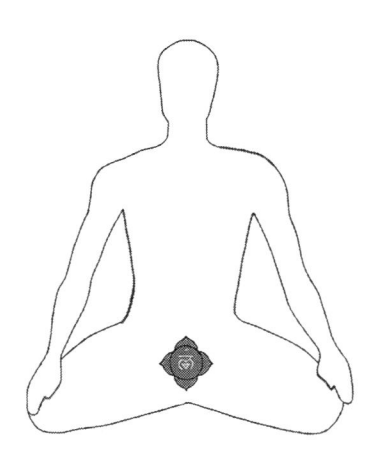

Colore: rosso. Posizione: tra l'ano e i genitali. Organi e parti fisiche collegati: ano, intestino retto, colon, prostata, sangue, parti solide del corpo (unghie, denti, ossa). Ghiandola: surrenali. Suono: do. Elemento: terra. Senso: olfatto (l'odore della mamma). Il primo chakra racconta del rapporto con la mamma, con la terra e con la natura, della volontà di esistere e di "esserci". Se equilibrato porta fiducia in sé stessi, stima di sé, sicurezza nelle azioni, capacità di affrontare la vita di tutti i giorni con chiarezza e grinta. Dona fiducia nel fatto che la Terra procurerà sempre ciò di cui si ha bisogno, vivacità, movimento senza stanchezza. Se non è equilibrato vi sono continue preoccupazioni, sia per l'immediato che per il futuro, paure consce ed inconsce, mancanza di fiducia in sé stessi, attaccamento al denaro, tendenza all'immobilità fisica e mentale. Sintomi fisici e psichici se chiuso: stanchezza, apatia, anemia, amenorrea, depressione. Se troppo aperto: insonnia, ipertensione, tachicardia, nevrastenia, stati infiammatori, febbre.

Svadhisthana chakra (chakra sessuale o sacrale):

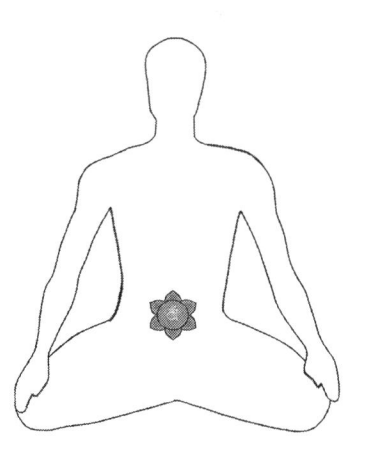

Colore: arancione. Posizione: regione pubica (2 dita sotto l'ombelico). Organi e parti fisiche collegati: cintura pelvica, apparato genitale (utero, ovaie ecc.), apparato urinario (reni, vescica ecc.), fluidi corporei. Ghiandola: gonadi e ghiandole della riproduzione. Suono: re. Elemento: acqua. Senso: gusto (anche in senso estetico). Il secondo chakra presiede ai processi di eliminazione e pulizia del superfluo sia a livello fisico (urina) sia a livello emozionale attraverso l'elaborazione delle emozioni dolorose o troppo coinvolgenti. Se equilibrato dona creatività, facilità nel far defluire i sentimenti, buona gestione e comprensione delle emozioni, spontaneità nei rapporti con il sesso opposto, buon coinvolgimento e partecipazione nei rapporti sessuali. Se non è equilibrato provoca mancanza di fiducia negli altri, tristezza, doloroso rimuginio delle emozioni che rimangono prigioniere nelle viscere. Sintomi fisici e psichici se chiuso: mancanza o diminuzione della libido, disturbi endocrini, amenorrea, ritenzione idrica, cistite. Se troppo aperto: bisogno continuo di urinare, dismenorrea. Permanenza di sentimenti di odio, vendetta, rancore, gelosia e possesso.

Manipura chakra (plesso solare):

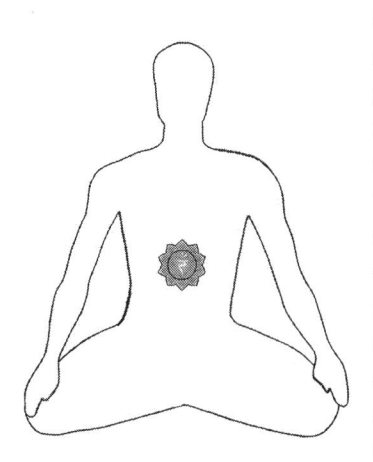

Colore: giallo. Posizione: un palmo sopra l'ombelico, alla base dello stomaco. Organi e parti fisiche collegati: addome, apparato digestivo, fegato, stomaco, milza, cistifellea, sistema venoso. Ghiandola: pancreas. Suono: mi. Elemento: fuoco. Senso: vista (attraverso la luce diffusa dal fuoco). Il terzo chakra è la sede della volontà, processa i desideri ed è la sede del potere personale. Regola i rapporti con gli altri e percepisce le vibrazioni provenienti dall'esterno. Se è equilibrato dona allegria, dinamicità, estroversione, buona conduzione dei rapporti con gli altri, determinazione ed ottimismo. Se non è equilibrato denota tendenza ad esercitare il potere sugli altri, difficoltà di rilassamento, iperattività, attacchi di rabbia, senso di isolamento e testardaggine. Sintomi fisici e psichici se chiuso: sonnolenza, insufficienza epatica, cellulite edematosa, ipertiroidismo. Se troppo aperto: disturbi digestivi, coliche epatiche, vertigini, dispersione dell'energia, rughe, cellulite fibrosa.

Anahata chakra (cuore):

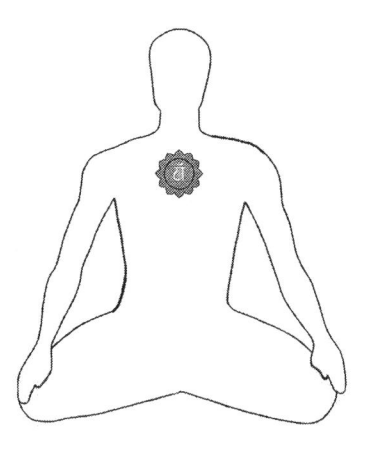

Colore: verde (giallo + blu = guarigione) e rosa (rosso + bianco = amore incondizionato). Posizione: regione cardiaca, davanti allo sterno. Organi e parti fisiche collegati: torace, cuore, parte bassa dei polmoni, spalle, circolazione sanguigna, sistema immunitario, pelle. Ghiandola: timo. Suono: fa. Elemento: aria (libertà leggerezza, trasformazione). Senso: tatto (anche nell'essere toccati dai sentimenti). Il quarto chakra è il fornello alchemico dove si fondono le energie. Ci indica il cammino da seguire e quello da abbandonare. Rappresenta la risonanza con tutte le cose, l'accettazione di sé e degli altri, la capacità di dare senza aspettarsi niente in cambio e l'amore incondizionato. Qui avviene la sintesi del calcio nell'organismo. Se equilibrato dà la capacità di entrare in sintonia con ogni creatura vivente e l'accettazione incondizionata di sé e degli altri. Da senso pratico e buon senso, tenacia e chiarezza.

Se non è equilibrato denota mancanza di compassione, irritabilità, gelosia, non accettazione di sé e dell'altro. Sintomi fisici e psichici se chiuso: ansia, disordini emozionali, tachicardia, osteoporosi, problemi ai legamenti, irritabilità, ipertensione, dolori dorsali, insonnia, attacchi di collera. Se troppo aperto: ostinazione, artrosi, torcicollo, contratture muscolari, depressione, stanchezza emotiva, affaticamento psicofisico.

Vishuddha chakra (gola o comunicazione del cuore):

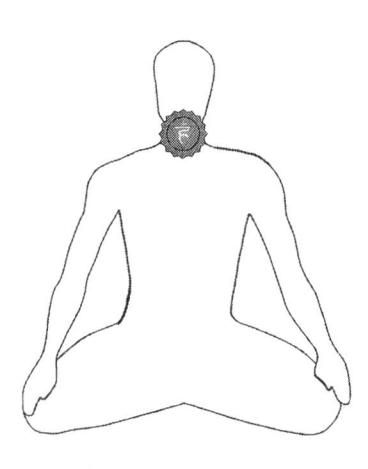

Colore: blu chiaro, azzurro. Posizione: gola sotto la laringe. Organi e parti fisiche collegati: gola, collo, mascelle, orecchie, trachea, corde vocali, laringe, faringe, bronchi, parte superiore dei polmoni, braccia, zona cervicale. Ghiandola: tiroide. Suono: sol. Elemento: etere (le sostanze sottili dove hanno sede i fatti accaduti e quelli ancora da realizzare. Senso: udito (parlare, ascoltare ed essere ascoltati). Il quinto chakra è il punto in cui l'energia primordiale del 1° chakra, dopo essere stata metabolizzata dal 2°, affermata dal 3° e sentita dal 4°, viene portata all'esterno. Rappresenta la capacità di comunicare sia con gli altri che con la parte più intima e spirituale di sé. È il chakra dell'evoluzione spirituale perché qui si stabilisce la comunicazione con il Se Superiore. Se equilibrato si manifestano capacità di esprimersi e di ascoltare l'altro. Si sviluppa la creatività artistica e l'amore per l'arte. Dona disponibilità, calma, profondità di pensiero, predisposizione per la meditazione, fedeltà a sé stessi ed ai propri principi. Se non è equilibrato impedisce l'espressione libera dei propri pensieri e sentimenti ed ostacola l'ascolto delle proprie intuizioni. Provoca la tendenza a celare il proprio io. Sintomi fisici e psichici se chiuso: bronchite, confusione mentale, agitazione motoria, infiammazioni e infezioni, prurito cutaneo, dolori articolari acuti, ipertensione, insonnia. Se troppo aperto: asma, mancanza di concretezza e senso pratico, depressione, malinconia, egocentrismo, mania di perfezionismo, stitichezza.

Ajna chakra (terzo occhio):

Colore: indaco. Posizione: tra le sopracciglia. Organi e parti fisiche collegate: occhi, naso, orecchie, cervelletto, sistema nervoso centrale, controllo del sistema endocrino. Ghiandola: pituitaria (ipofisi) e tutto il sistema ormonale. Suono: la. Elemento: energia telepatica. Senso: tutti. Il sesto chakra rappresenta la capacità di discernere il bene dal male. È la sede dell'intuizione, della chiaroveggenza, della chiaro udienza e del collegamento tra l'intuizione e l'impulso inconscio. Se è equilibrato la mente è stabile, aperta alla verità mistica. Favorisce lo sviluppo interiore, la memoria e la concentrazione. Permette di comprendere ciò che è giusto per noi e ciò che sarebbe invece dannoso. Aiuta a recepire i messaggi che la vita ci manda. Se non è equilibrato impedisce la capacità di "vedere lontano" e mantiene vedute ristrette impedendo di accorgerci di cosa c'è "più in là del proprio naso". Sintomi fisici e psichici se chiuso: pesantezza di testa, apatia, sonnolenza, ipertiroidismo, pessimismo, fanatismo religioso. Se troppo aperto: malumore, mancanza di saggezza e di comprensione, dispersione mentale, mancanza di umiltà.

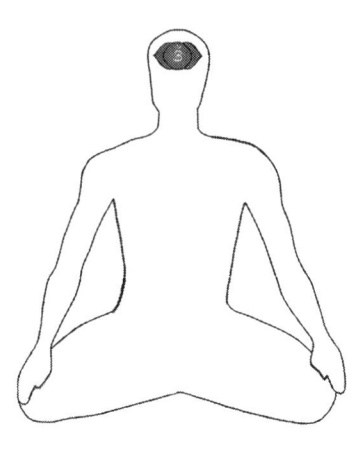

Sahasrara chakra (corona o vertice):

Colore: viola e bianco (ovvero l'unione di tutti i colori). Posizione: al centro della calotta cranica (la fontanella dei bambini). Organi e parti fisiche collegati: testa, cervello, occhi, sistema nervoso, intero organismo. Ghiandola: pineale (epifisi). Suono: si. Elemento: energia cosmica. Senso: tutti. Il settimo chakra è la sede dell'unione col tutto, della perfezione e della conoscenza. Qui risiede la coscienza più elevata. Se è equilibrato rende manifesta la capacità di riconoscere il Tutto in ogni cosa. Dona ispirazione, volontà, purezza, mancanza di paura, amore per l'umanità, coscienza cosmica. Rafforza in generale sia il fisico che la psiche. Se non è equilibrato lascia spazio ad angoscia, paura, mancanza di fede, nervosismo, collera eccessiva o inespressa. Sintomi fisici e psichici se chiuso: nervosismo, insonnia, malattie mentali, autismo, mancanza di controllo sulla collera. Se troppo aperto: sonnolenza dopo i pasti, irritazioni della pelle e delle vie respiratorie.

Utilizzi e tecniche del Reiki di primo livello

Auto-trattamento
Accarezzamento dell'Aura
Trattamento di pronto soccorso
Trattamento completo sul fisico con 22 posizioni
Riequilibrio dei chakra
Trattamento di gruppo
Energizzazione e disinquinamento di cibi e bevande
Eliminazione di effetti collaterali e tossicità dai medicinali
Diminuzione della tossicità del tabacco
Pulizia e ricarica energetica di minerali e cristalli
Miglioramento delle vibrazioni ambientali
Irrobustisce le piante e ne migliora la crescita trattando semi, germogli, fusto e foglie sia a diretto contatto sia attraverso il vaso
Allunga la durata dei fiori recisi
Cura e tranquillizza gli animali sia a contatto sia attraverso gabbie o vasche
Ricarica pile e batterie
Sblocca le serrature

Trattamenti Reiki di 1° livello

Auto trattamento standard completo
Da eseguire per 21 giorni consecutivi:
Esegui la centratura tenendo le tue mani sul cuore e ascoltando il ritmo del tuo respiro ed il calore che proviene dalle mani per 3 minuti. Tratta tutti i chakra a partire dal settimo (corona) fino al primo (zona pubica) per tre minuti.

Auto trattamento per la ri-equilibratura dei Chakra
È alternativo al trattamento standard. Esegui la centratura tenendo le tue mani sul cuore e ascoltando il ritmo del tuo respiro ed il calore che proviene dalle mani per 3 minuti. Tratta i chakra a due a due (metti una mano su un chakra e l'altra su un altro chakra) finché la sensazione sotto le due mani non risulta in equilibrio. Tratta tutti i chakra almeno una volta.

Trattamento veloce di pronto soccorso
Esegui la pulizia dell'aura della persona accarezzando lentamente il corpo ad una distanza di 3-7 cm. Ripeti tre volte passando con le mani lateralmente al corpo (non sopra) tra un accarezzamento e l'altro. Il movimento va eseguito dall'alto verso il basso e mai in senso contrario. Tratta tutti i chakra a partire dal settimo (corona)

fino al primo (zona pubica) mettendo una mano davanti al chakra e l'altra posteriormente, lungo la colonna, in corrispondenza dalla mano che hai sulla parte anteriore della persona, per tre minuti. Esegui nuovamente l'accarezzamento dell'aura come descritto.

Trattamento emozionale degli organi
Tratta gli organi nel seguente ordine per 6-8 minuti:
Reni 2. Polmoni 3. Fegato 4. Milza 5. Cuore

Pronto soccorso generico
Ansia: mani sul plesso solare, ghiandole surrenali e occipite più trattamento mentale
Contusioni: subito sulla contusione da 20 a 30 minuti.
Choc/incidenti: plesso solare e/o ghiandole surrenali contemporaneamente. Spalle.
Ferite: sulla ferita, eventualmente ad intervalli, poi sulla fasciatura.
Fratture ossee: direttamente sull'ingessatura (dopo la ricomposizione dell'osso).
Infarto: sul basso e alto ventre, ma mai sul cuore.
Punture d'insetto: direttamente sulla puntura da 20 a 30 minuti.
Slogature: sulla parte interessata da 30 a 60 mm. Ripetere spesso.
Ustioni: sulla parte ustionata da 20 a 30 minuti, senza appoggiare le mani

Doccia Reiki
Si usa per la purificazione personale. Chiudi gli occhi e alza le mani il più possibile verso l'alto. Immagina una cascata di luce che scende dal cuore dell'universo su di te. Senti la vibrazione che scende dentro tutto il corpo e abbassa lentamente le mani rivolgendo i palmi verso il corpo per trasmettergli la stessa luce che scende dall'alto. Immagina che tutte le scorie e disarmonie scendano verso la terra e resta nella posizione il tempo che ritieni necessario.

Teisai Hokuba (1771-1844)

Trattamento completo con 22 posizioni

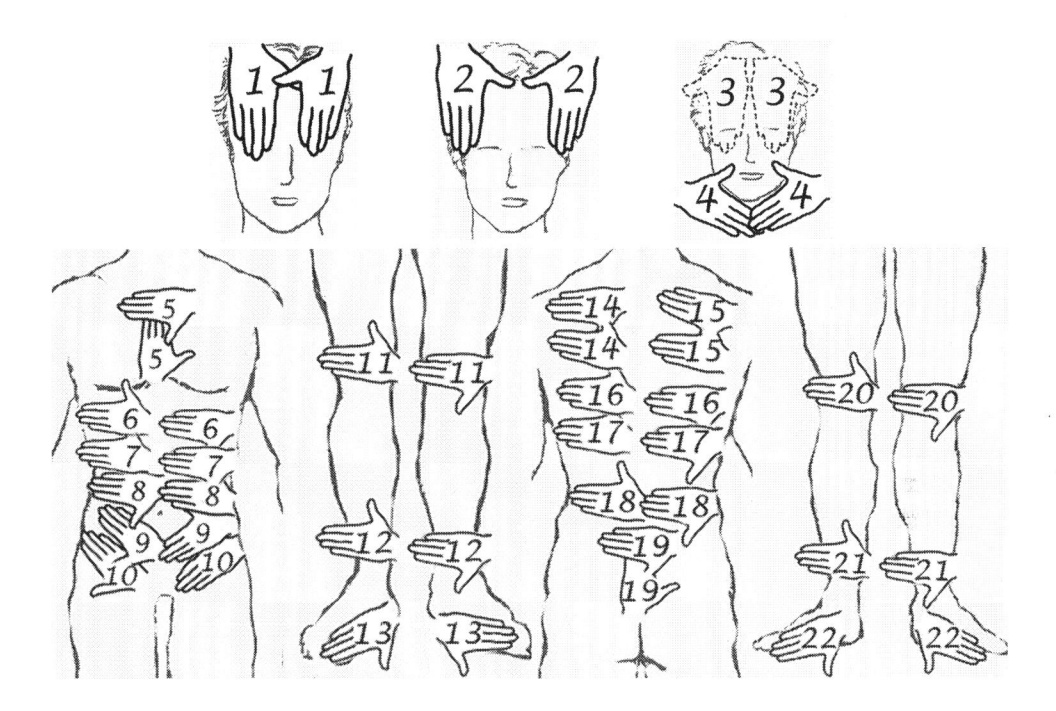

Utilizzi e tecniche del Reiki di secondo livello

Insegnamento teorico e pratico dei tre simboli:
Primo simbolo CKR
Secondo simbolo SHK
Terzo simbolo HSZSN

Modalità di utilizzo specifico del primo simbolo CKR
CKR è il comando "energia vieni qui" e viene utilizzato per potenziare sia l'energia che i trattamenti, per pulire e proteggere, come sigillo di apertura e chiusura di pratiche, trattamenti e attivazioni (Denju).

Pulizia degli ambienti
Si utilizza per risanare ed energizzare tutti gli ambienti in cui ci troviamo, da una stanza al vagone di un treno.

Schermatura dalle persone
Si utilizza per isolarsi energeticamente e parzialmente da persone o situazioni particolarmente fastidiose

La gabbia di protezione
Si utilizza per isolarsi energeticamente e totalmente da persone, situazioni o ambienti particolarmente fastidiosi. Utile in luoghi come ospedali o cimiteri. Disattivare al termine del suo utilizzo.

Potenziamento del trattamento base di primo livello
Disegnare CKR durante il trattamento velocizza la durata delle posizioni.

Modalità di utilizzo specifico del secondo simbolo SHK
SHK è "la chiave" per aprire le porte del pensiero e viene utilizzato per il trattamento mentale a largo spettro: aumentare l'autostima, interrompere vizi e cattive abitudini, tranquillizzare la mente, allentare nevrosi e tensioni mentali e fisiche (es. disturbi psicosomatici), sciogliere blocchi psicologici, liberare da attaccamenti materiali ed emozionali, impedire ad un trauma improvviso di fissarsi nella memoria cellulare.

Il trattamento è analogo in tutti casi e viene indirizzato in base alla richiesta del ricevente, concordata prima di cominciare, decidendo di volta in volta l'indirizzo delle frasi da pronunciare ad alta voce o mentalmente.

Trattamento mentale su altri
Si esegue con il ricevente seduto o sdraiato utilizzando il disegno, la visualizzazione ed il mantra di SHK, unitamente al proposito scelto, per circa 10/15 minuti.

Trattamento mentale su sé stessi.
Utilizza la stessa tecnica senza dimenticare di rivolgere SHK verso di te. In alcune scuole lo scambio delle quattro terapie mentali consecutive tra allievi, dopo aver ricevuto i simboli e le attivazioni, è il consolidamento del secondo livello di Reiki.

Modalità di utilizzo specifico del terzo simbolo HSZSN
HSZSN racconta di "il Buddha che è in me entra in contatto con il Buddha che è in te". Rappresenta l'unione delle anime e la trascendenza del tempo e dello spazio. Viene utilizzato per l'invio a distanza dell'energia Reiki a singole persone (es. patologie fisiche o mentali, unitamente a SHK, o singoli organi); a gruppi di persone con uno scopo comune (es, gruppi di lavoro, equipe mediche ecc.); a morenti o persone

trapassate da meno di una settimana per aiutarle nel transito; a situazioni (es. un esame o colloquio da sostenere, un litigio tra persone, ecc.); a luoghi colpiti da eventi (es. terremoti, alluvioni, epidemie, guerre, ecc.) Si utilizza anche in contemporanea con SHK e CKR. L'invio di energia Reiki non presuppone necessariamente una situazione negativa, può anche incrementare una positività già esistente. Utilizzare la terapia a distanza non significa necessariamente che la distanza debba essere vasta. Possiamo infatti inviare Reiki a distanza anche a persone o situazioni o luoghi che si trovano a pochi centimetri da noi o comunque nel nostro campo visivo. Il trattamento è analogo con la differenza di ciò che viene visualizzato durante il contatto. La visualizzazione deve essere fatta così come la persona, situazione o luogo si presenta nel momento presente.

Trattamento a distanza su persone, situazioni e luoghi
HSZSN viene posto tra le mani e si visualizza tra di esse la persona, situazione o luogo da trattare.

Trattamento a distanza su sé stessi:

Guarigione della vita passata e futura
Questo trattamento è utile per risanare le ferite subite e sciogliere le cicatrici emotive lasciate da eventi traumatici. Si può trattare un singolo episodio, un breve o lungo periodo preferibilmente per quattro giorni consecutivi. Il trattamento è analogo al precedente con la differenza di ciò che viene visualizzato al centro delle mani.

Guarigione della vita futura
Questo trattamento è utile per trattare il futuro affinché si manifesti secondo il piano della tua anima.

Trattamento di secondo livello su altro
Traccia uno o più simboli su piante, cristalli o animali che vuoi trattare e ripetine il mantra per tre volte.

Pulizia della colonna vertebrale
Fai scorrere il pollice e l'indice ai lati della colonna vertebrale, dalle vertebre cervicali alle vertebre sacrali, inviando energia Reiki attraverso la punta delle dita con l'intenzione di pulire tutti i punti attraverso la luce. Ripeti solo se ritieni che possa essere utile.

Metodo di riallineamento della colonna vertebrale

Posizionati alle spalle del ricevente. Parte inferiore. Appoggia le mani sulle ali iliache (i pollici sono all'altezza del sacro e le dita allargate a contenere posteriormente le creste iliache) per verificare l'eventuale diversità tra i due lati e trasmetti Reiki finché la diversità non scompare. Ruota le mani da quella posizione portandone una sul sacro e l'altra sul 2° chakra e trasmetti Reiki finché la diversità tra i due lati non scompare completamente. Parte superiore. Appoggia i pollici nelle fossette dietro le orecchie alla base del cranio e le dita allargate a ruota sulla linea dell'osso parietale e temporale (le tue mani si trovano così a comprendere orecchie e tempie e le dita sono appoggiate in direzione della sommità della testa). Trasmetti Reiki finché non percepisci il completo allineamento dei due lati.

Utilizzi e tecniche del Reiki di terzo livello

Insegnamento teorico e pratico del quarto simbolo DKM.

Quarto simbolo DKM

In molte scuole occidentali raggiungere il terzo livello significa anche acquisire la qualifica di Master poiché, contrariamente a quelli che erano gli insegnamenti originari, il quarto simbolo è considerato "il simbolo del Master". Esso viene infatti utilizzato per eseguire tutte le attivazioni ai differenti livelli.

Utilizzo di DKM per te stesso

Disegna DKM e bagnati in esso prima di eseguire una meditazione, un trattamento o per essere guidato dal tuo vero Sé.

Meditazione con DKM

Utilizzo di DKM nei trattamenti ad altri

Aggiungi DKM ai trattamenti di primo livello, trattamenti mentali di secondo livello e trattamenti a distanza.

Utilizzo di DKM su altro

Come per gli altri simboli, puoi utilizzare DKM per energizzare piante, cristalli e animali.

Reiki Aurico

È un trattamento che agisce esclusivamente nel campo energetico, senza contatto fisico con la persona. L'energia si trasmette più velocemente e bilancia l'intero campo.

Protezione del campo aurico ed inibizione delle interferenze

Traccia i simboli nel campo aurico, in particolar modo il CKR davanti, dietro, sopra e sotto di te o di una persona.

Bilocazione Energetica

Appoggia le mani sul cuore e pensa intensamente alla persona con cui vuoi entrare in contatto. Visualizzala e disegna mentalmente DKM, intorno ad essa, che la avvolge completamente. Fai vibrare il mantra e poi visualizza te stesso interamente avvolto nel simbolo mentre vibri il mantra.

Quindi visualizza la fusione completa tra te e la persona che stai trattando. Mantieni la vibrazione dell'amore e della compassione e armonizza il tuo respiro con il suo. Permetti che l'altro entri in te e sentiti lui/lei fino a non avere più la percezione della tua individualità. Cerca di percepire il concetto di unità. Se intuisci un disagio invia luce, insieme al mantra del simbolo, dove senti il disagio.

Quando senti che è il momento di terminare la pratica riporta lentamente l'attenzione al tuo corpo e a te stesso. Al termine abbraccia il tuo/o compagno/a, virtualmente nel caso in cui tu abbia lavorato a distanza. Puoi praticare la bilocazione energetica anche come auto trattamento immaginando te stesso davanti a te a figura intera e trattando, con amore e dolcezza, te stesso nei punti in cui le tue mani autonomamente si muoveranno ed andranno a posarsi.

Toensai Kanshi (XVIII sec.)

Utagawa Kuninao (1793-1854)

Appendice 2: Tecniche aggiunte nei diversi stili di Japanese Reiki Ryoho non riconducibili agli insegnamenti di Mikao Usui[99]

---

[99] Canil Dario, L'anima del Reiki. Origini, fondamenti spirituali e guida pratica del metodo originale di Mikao Usui, L'Età dell'Acquario, 2015. Deacon James, http://www.aetw.org/. Doi Hiroshi, Iyashino Gendai Reiki Ho, A Modern Reiki Method for Healing, International Center For Reiki Training, 2013. Gentiluomo Annunziato, Sapere, saper fare e saper essere nel Reiki. Un manuale per gli operatori di Reiki del XXI secolo, Psiche 2, 2018. Lübeck Walter, Petter Frank Arjava, Rand William Lee, Lo spirito del Reiki. Il manuale completo, Edizioni Mediterranee, 2003. Stevens John, Aikido. La via dell'armonia, Edizioni Mediterranee, 1992. Stiene Bronwen, Stiene Frans, The Japanese Art Of Reiki: A Practical Guide To Self-healing, Ayni Books, 2005; Your Reiki Treatment: How to Get the Most Out of It, Ayni Books, 2007; The Reiki Sourcebook, Ayni Books, 2009.

Accade spesso che alcune delle tecniche indicate in questa appendice, che non sono riconducibili agli insegnamenti originali di Mikao Usui, vengano integrate e, a volte mescolate, sia negli stili riconosciuti e riconducibili al Japanese Reiki che da alcuni Maestri indipendenti, allo scopo di potenziare la consapevolezza e la crescita dei loro allievi. La provenienza di tali tecniche è riconducibile spesso anche ad altre discipline, ma la loro validità, come strumento di sviluppo personale, resta indiscutibile.

I tre Tanden

Le discipline facenti parte della tradizione giapponese, che siano spirituali, marziali, terapeutiche o artistiche, tendono a parlare di un solo Tanden, il Seika Tanden.

Tuttavia in Giappone e nel nostro caso all'interno di alcuni stili contemporanei del Japanese Reiki Ryoho, vengono integrate anche diverse discipline o di origine cinese o fortemente influenzate dalla filosofia del Qi Gong, che parlano di tre Tanden:

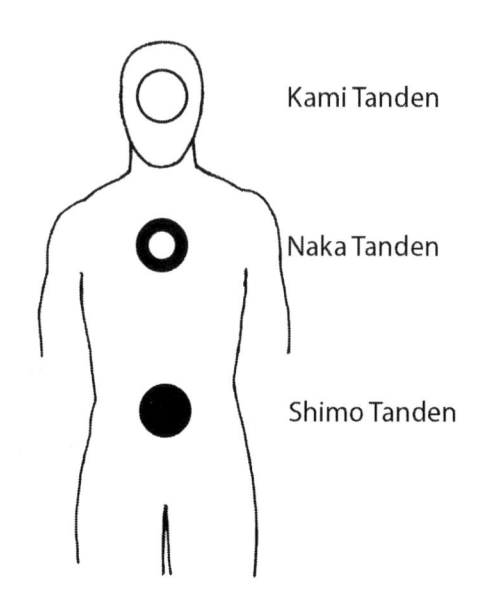

Il più basso Shimo Tanden (chiamato anche: Ge Tanden), è situato nel basso ventre, corrisponde al Seika Tanden della tradizione giapponese. Questo è collegato all'energia della terra, lavorare con questa energia aiuta il praticante ad essere più radicato così da poter interagire in modo pratico e realistico con la vita di tutti i giorni. Inoltre aiuta a risolvere le disarmonie emozionali come la paura, l'insicurezza e la bassa autostima ed è anche un ottimo supporto in caso di stress e debolezza.

Il superiore Kami Tanden (chiamato anche: Jo Tanden) è situato sulla fronte. Questo è collegato all'energia celeste, lavorare con questa energia aiuta il praticante a sviluppare l'intuizione e l'acutezza mentale. La chiarezza di questa energia aiuta la pratica della quiete mentale, all'interno della quale il praticante ricorda la sua connessione spirituale. Le pratiche con questa energia vanno eseguite solo dopo essersi ben radicati con l'energia della terra, altrimenti si crea uno sbilanciamento e si può cadere facilmente vittima di illusioni ed allucinazioni controproducenti.

Il mediano Naka Tanden (chiamato anche: Chu Tanden) è situato all'interno del torace a livello del cuore. Questo è collegato all'energia del cuore o "Giusta Mente" (in senso buddhistico del termine). L'energia di questo punto deriva dal perfetto bilanciamento dato dalla fusione dell'energia della terra (Chi Ki) con l'energia del cielo (Ten Ki), corpo e mente. Attingendo all'energia del cuore il praticante inizia a brillare, irradiando luce in tutte le direzioni. Ferite, dolore, risentimento, traumi mentali, stress, rabbia e paura sono tutti risolti in questa luce, invitando più perdono, amore, pace e compassione nella vita del praticante.

Negli stili fortemente influenzati dalla New Age lo Shimo Tanden è associato ai Chakra inferiori Muladhara e Svadhisthana. Il Naka Tanden ai due Chakra mediani Manipura e Anahata. Ed infine il Kami Tanden ai tre Chakra superiori Vishuddha, Ajna e il Sahasrara.

Tecniche aggiuntive del Reiki di 1° livello

Reiki Undo
(tecnica presa dal Katsugen Undo ed inserita da Kimiko Koyama negli insegnamenti della Gakkai)
Undo significa "movimento, esercizio". Questa tecnica ci aiuta a sviluppare la capacità di ascolto del nostro corpo e le capacità curative di ciascuno. È un esercizio di movimento spontaneo, ossia si lascia che il corpo si muova liberamente.

Ai Chi Ki Jutsu
(tecnica presa dal Tenchi Seichi Teate)
Sistemati comodamente seduto o disteso o anche in piedi. Inspirando contrai leggermente tutto il corpo con lievi tensioni che vengono rilasciate con l'espirazione. Ripeti più volte. Prendi consapevolezza del corpo e del punto di appoggio che sia la terra o la sedia o il suolo sotto le piante dei piedi. Crea un canale che entra dentro la terra e visualizza una colonna di vapore dorato di circa 8-10 cm di diametro che fuoriesce dalla terra e si collega al tuo perineo, si espande nella pelvi, nei genitali, sale fino al Seika Tanden e poi fino all'ombelico. Lo fa senza spinta o sforzo, gentilmente e irradia un piacevole calore tutto intorno alla zona dell'ombelico creando una sfera intorno e dietro l'ombelico. Quando la sfera dorata ha riempito tutta la zona comincia a zampillare e l'energia dorata fuoriesce dall'ombelico e si dirige verso il Seika Tanden, poi nei fianchi, nelle cosce, nelle ginocchia, rilassando tutte le parti e rendendo le gambe estremamente leggere. Irradia poi gli stinchi e le caviglie. E ancora sotto le piante dei piedi proprio al centro. Le gambe sono calde e il calore le appesantisce in modo gentile tanto da percepire la gentilezza della forza di gravità quasi fosse un magnete invisibile. Le piante dei piedi si allargano e la trazione di questa energia le collega alle profondità della Terra. Durante questo percorso, la luce continua a zampillare dall'ombelico e a riproporre tutto il procedimento scaldando l'intero corpo. Lascia che il procedimento si ripeta fino ad averne

piena coscienza. Infine risveglia tutte le parti del corpo e torna gentilmente alla coscienza vigile.

Reiki Syawa - No Gi Ho
(tecnica presa dagli stili occidentali)
Dalla posizione Gassho porta in avanti le mani come a donare amore. Aprile a cerchio, ricevi energia dalla terra e alzale lentamente verso il cielo. Ricevi luce dall'alto e abbassa lentamente le mani dirigendole verso il tuo corpo coprendo tutti i chakra per terminare sul Seika Tanden e lasciarti riempire. Termina in Gassho.

Chi No Kokyu Ho
(variante della tecnica presente nell'Aikido)
Stai seduto con la schiena ben dritta. Metti le mani in grembo coi pami rivolti verso l'alto, la destra sotto e la sinistra sopra. Inspira col naso ed espira dalla bocca. Senti l'energia del corpo che si unisce alla terra. Nel momento dell'apnea percepisci nettamente l'unione del corpo con la terra. Ripeti 5 volte per aumentare il radicamento e ripeti l'intera sequenza tre volte.

Ten No Kokyu Ho
(variante della tecnica presente nell'Aikido)
Stai seduto con la schiena ben dritta e metti le mani sulle ginocchia. Fai un respiro profondo e porta le mani in Gassho. Con una inspirazione alza il Gassho sulla corona e percepisci l'energia che entra attraverso la sommità del capo. Durante l'apnea fai aumentare questa percezione. Espirando apri le braccia con movimento circolare e riportale in Gassho davanti al cuore. Percepisci l'unione del corpo con l'energia del cielo. Ripeti fino a 10 volte. È di grande beneficio eseguire questo esercizio in abbinamento con il Chi No Kokyu Ho.

Makoto No Kokyu Ho
(variante della tecnica presente nell'Aikido)
La finalità di questo esercizio è definire l'Hara e allineare i Tanden. Puoi eseguirlo in piedi o seduto. Porta le mani allo Shimo Tanden e fai 10 inspirazioni fino a riempirlo di luce. Alza le mani sopra la testa e aprile nel Taiyo No In o mudra del sole, (un triangolo fatto con le mani, la cui base sono i pollici che si toccano ed il cui vertice sono gli indici che si toccano, il centro è vuoto e tutte le altre dita restano vicine senza spazi tra l'una e l'altra). Raccogli energia, portala col mudra allo Shimo Tanden e per 10 volte inspira ed espandi l'energia. Fai scendere il Taiyo No In sul cuore, chiudi le mani in Gassho e fai tre respiri profondi. Fai salire il Gassho sopra la testa e portalo giù, indirizzandolo alla terra, espirando il suono ON per 10 volte. (On è come l'Om buddista). Ritorna con il Taiyo No In al cuore e ricomincia la sequenza.

Makoto No Kokyu Ho
(seconda versione)
Porta le mani allo Shimo Tanden e fai 10 inspirazioni fino a riempirlo di luce. Apri le mani nel Taiyo No In sul cuore e respira nel suo centro 3 volte. Alza il Taiyo No In sul terzo occhio e respira nel suo centro 1 volta. Porta l'energia dal terzo occhio fino a terra pronunciando il suono ON per 10 volte.

Kokoro No Kokyu Ho
(tecnica presa dal Tenchi Seichi Teate)
Trova una posizione comoda che ti permetta di stare con la colonna eretta. Concentra l'attenzione nella zona del Seika Tanden e focalizza la tua attenzione per qualche momento sul ritmo del respiro libero e senza forzature. Immagina un flusso di energia cristallina che proviene dall'alto e, durante il respiro, scende fino al Seika Tanden, lo riempie completamente ed aumenta le sue dimensioni diventando sempre più brillante fino a formare un serbatoio di luce che si espande senza però fare pressione. Dopo un po' porta l'attenzione alla zona del cuore. Mentre la luce continua a scendere dall'alto, riempie anche la zona del plesso solare ed aumenta le sue dimensioni diventando sempre più brillante fino a formare un serbatoio di luce che si espande, senza però fare pressione, portando con sé una intensa sensazione di Amore, Gratitudine e Compassione. Questa luce si espande tutto intorno e riempie ogni cosa di Amore, Gratitudine e Compassione, mentre continui a respirare senza sforzo. Concludi la pratica portando le mani in Gassho ed immaginando che dalla punta delle tue dita partano archi di luce che ti collegano a tutto ciò che ti circonda. Permetti che il procedimento si ripeta fino ad averne piena coscienza. Infine risveglia tutte le parti del corpo e torna gentilmente alla coscienza vigile.

Seitodo
(tecnica presa dal Tenchi Seichi Teate)
Porta l'attenzione sul Seika Tanden e le mani in posizione Gassho. Alza le braccia, ricevi l'energia e portala al cuore con movimento circolare passando esternamente. Ripeti 3 o 4 volte. Porta le mani in posizione orizzontale davanti al cuore con le punte che si toccano e inspira. Porta le mani in posizione verticale sotto le ascelle, coi palmi contro le costole superiori e la punta delle dita rivolta verso il basso. Espira facendo scivolare le mani a contatto del corpo fino ai polpacci. Ripeti 18 volte.

Chakra Kassei Kokyu Ho
(tecnica del Gendai Reiki Ho)
Per cominciare respira immaginando che l'energia Reiki entri dalla tua Corona (7° Chakra) riempia tutto il corpo e, durante l'espirazione, allenti e dissolva tutte le tensioni. Quindi...
Respirazione Base
Inspira luce dal basso ed indirizzala dal 1° Chakra al 4° Chakra ed espira facendo uscire la luce dal 4° Chakra espandendola in tutte le direzioni.
Inspira attraverso il 4° Chakra la luce proveniente da tutte le direzioni e dirigila verso il 7° Chakra. Inspira poi la luce attraverso il 7° Chakra e indirizzala nel 4° Chakra ed espira dal cuore.
Inspira attraverso il 4° Chakra ed espira dal 1° Chakra.
Respirazione per l'attivazione di tutti i Chakra
La procedura è identica alla "Respirazione Base", con la differenza che vengono energizzati tutti i chakra in successione.
Inspira luce dal basso ed indirizzala dal 1° Chakra al 2° Chakra ed espira facendo uscire la luce dal 2° Chakra espandendola in tutte le direzioni.
Inspira attraverso il 2° Chakra la luce proveniente da tutte le direzioni e dirigila verso il 7° Chakra.
Inspira la luce attraverso il 7° Chakra, indirizzala nel 2° Chakra e da lì espira.
Inspira attraverso il 2° Chakra ed espira dal 1° Chakra.
Inspira luce dal basso ed indirizzala dal 1° Chakra al 3° Chakra ed espira facendo uscire la luce dal 3° Chakra espandendola in tutte le direzioni.
Inspira attraverso il 3° Chakra la luce proveniente da tutte le direzioni e dirigila verso il 7° Chakra.
Inspira la luce attraverso il 7° Chakra, indirizzala nel 3° Chakra e da lì espira.
Inspira attraverso il 3° Chakra ed espira dal 1° Chakra.
Inspira luce dal basso ed indirizzala dal 1° Chakra al 5° Chakra ed espira facendo uscire la luce dal 5° Chakra espandendola in tutte le direzioni.
Inspira attraverso il 5° Chakra la luce proveniente da tutte le direzioni e dirigila verso il 7° Chakra.
Inspira la luce attraverso il 7° Chakra, indirizzala nel 5° Chakra e da lì espira.
Inspira attraverso il 5° Chakra ed espira dal 1° Chakra.
Inspira luce dal basso ed indirizzala dal 1° Chakra al 6° Chakra ed espira facendo uscire la luce dal 6° Chakra espandendola in tutte le direzioni.
Inspira attraverso il 6° Chakra la luce proveniente da tutte le direzioni e dirigila verso il 7° Chakra.
Inspira la luce attraverso il 7° Chakra, indirizzala nel 6° Chakra e da lì espira.
Inspira attraverso il 6° Chakra ed espira dal 1° Chakra.
Per terminare esegui la "Respirazione Base" che cinvolge il quarto chakra e chiudi in posizione Gassho.

Allenamento con l'Energia Solare
(tecnica del Gendai Reiki Ho)
Alza le braccia e ricevi energia dall'alto, immagina di prendere il sole tra le mani, inseriscilo al centro della testa portando le mani all'altezza delle orecchie e percepiscilo lì mentre conti fino a dieci. Continua a tenere il sole tra le mani e fai scendere le mani al collo e percepisci nuovamente il sole contando fino a dieci. Fai scendere le mani al cuore, spingi dentro il sole e conta fino a dieci. Porta le mani due dita sotto l'ombelico, spingi dentro il sole e sposta una mano sul sacro per contenere il sole. Conta fino a venti. Godi la pienezza del sole, allontana lentamente le mani ed espandi l'energia all'esterno.

Tecniche aggiuntive del Reiki di 2° livello

Seika Tanden Kokyu
(tecnica presa dal Tenchi Seichi Teate)
È una tecnica di preparazione. Fase preparatoria: Chiudi gli occhi e rilassa la mente. Stringi e contrai tutti i muscoli dall'alto al basso partendo dai pugni. Trattieni la contrazione per alcuni secondi e rilascia dolcemente. Ripeti 4 o 5 volte. Esecuzione dell'esercizio: Metti la lingua a contatto col palato e porta l'attenzione al Seika tanden focalizzandoti sul respiro che entra ed esce con naturalezza e senza sforzo. Resta concentrato sulla fase di respirazione consapevole. Inspira profondamente riempiendo la pancia e trasforma l'aria in luce che riempie l'addome. Trattieni lì la luce, che continua ad entrare fino al Tanden, finché questo non diventa un serbatoio ricolmo di luce. In nessun momento dell'esecuzione dell'esercizio, ad eccezione della prima fase preparatoria, deve esserci tensione, ma il processo deve diventare naturale e consapevole. Torna quindi al respiro normale e procedi nella pratica quotidiana dei tuoi esercizi.

Jiko Joka Healing
(tecnica del Gendai Reiki Ho)
È una tecnica adatta a purificare ed attivare il corpo energetico. Ha come base la respirazione Hado: inspira col naso ed espira dalla bocca emettendo il suono hàaaa. Alza le mani coi palmi rivolti verso l'alto, inspira energia ed espira Hado portandola alle tue clavicole. Alza le mani coi palmi rivolti verso l'alto inspira energia ed espira Hado spingendola verso terra coi palmi ora rivolti in basso. Ripeti più volte.

Tecnica Zen Reiki di ancoraggio attraverso CKR
Traccia CKR e bagnati in esso. Fai uscire dalla pianta dei piedi lunghe radici che si spingono fino al centro della terra, immagina di avere un chakra della corona molto alto e ampio. Fai salire dalla terra un'energia che attraversa i tre Tanden, alza le

braccia al cielo, prendi energia e portala in basso toccando terra con le mani. Prendi energia dalla terra portala al cielo e poi di nuovo alla terra espirando. Ripeti più volte. Termina in Gassho. Esegui tutto l'esercizio con atteggiamento di gentilezza e gratitudine.

Tecnica Zen Reiki di attivazione del 4° Chakra attraverso SHK
(apertuta del cuore)
Traccia SHK e bagnati in esso. Fai uscire dalla pianta dei piedi lunghe radici che si spingono fino al centro della terra, immagina di avere un chakra della corona molto alto e ampio. Inspira prendendo energia dalla terra e portala allo Shimo Tanden e poi fino al cuore. Espira allargando le braccia verso l'esterno e facendo uscire l'energia dal cuore. Inspira richiamando le braccia al cuore ed espira alzando le braccia al cielo. Inspira prendendo energia dal cielo e portala al cuore, espira dal cuore verso l'esterno e poi verso terra. Ripeti più volte. Termina in Gassho. Esegui tutto l'esercizio con atteggiamento di gentilezza e gratitudine.

Tecnica Zen Reiki di attivazione del 4° Chakra attraverso HSZSN
(apertura del cuore verso gli altri)
Traccia HSZSN e bagnati in esso. Fai uscire dalla pianta dei piedi lunghe radici che si spingono fino al centro della terra, immagina di avere un chakra della corona molto alto e ampio. Attraverso l'inspirazione fai salire dalla terra un'energia che raggiunge lo Shimo Tanden e arriva fino al cuore dove visualizzi HSZSN. Espira allargando le braccia verso l'esterno e facendo uscire l'energia dal cuore. Inspira richiamando le braccia al cuore, espira alzando le braccia al cielo. Inspira dal cielo fino al cuore e visualizza HSZSN, espira dal cuore verso l'esterno e poi verso terra. Ripeti più volte. Termina in Gassho. Esegui tutto l'esercizio con atteggiamento di gentilezza e gratitudine.

Tecniche di Pulizia del Sangue
Queste tecniche, eseguibili in modalità Zenshin Koketsu kokan ho (intero corpo) oppure Hanshin koketsu kokan ho (metà corpo), hanno lo scopo di pulire i meridiani e aiutano il ripristino degli elementi ematici. Ciascun movimento viene accompagnato dal respiro. Le tecniche di pulizia del sangue possono essere eseguite all'inizio o alla fine di una seduta, ma rappresentano a tutti gli effetti un trattamento a sé stante.

Modalità 1
Strofina in senso circolare, con la mano piatta, la schiena del ricevente sulla sinistra, al centro e sulla destra. Esegui il movimento prima in senso antiorario e poi in senso orario. Fai scorrere per ventuno volte l'indice e il medio ai lati della colonna vertebrale dall'alto verso il basso, dalle vertebre cervicali alle vertebre sacrali. Termina

con una mano alla base della nuca e l'altra sul sacro finché non senti l'energia scorrere fluidamente.

Modalità 2
Strofina la schiena con la mano piatta e con movimento verticale dall'alto al basso, sul lato sinistro del ricevente, al centro e a destra. Strofina la schiena con movimento orizzontale dall'interno verso l'esterno, in alto dalle vertebre cervicali alle spalle, al centro dalle vertebre dorsali al punto vita, in basso dalle vertebre lombari alle anche. Strofina la schiena, con movimento circolare, facendo delle diagonali dalla spalla all'anca opposta, passando per il centro, su entrambi i lati. Strofina in due tempi entrambe le braccia dall'alto al basso, dalla spalla al gomito e quindi dal gomito alla mano. Strofina in due tempi entrambe le gambe dall'alto al basso, dall'anca al ginocchio e quindi dal ginocchio al piede. Fai scorrere per ventuno volte l'indice e il medio ai lati della colonna dall'alto verso il basso, dalle vertebre cervicali alle vertebre sacrali. Termina con una mano alla base della nuca e l'altra sul sacro finché non senti l'energia scorrere fluidamente.

Varianti di Frank Petter
Zenshin Koketsu kokan ho (intero corpo)
Tratta le cinque posizioni della testa. Spazzola diagonalmente con la mano piatta la schiena del ricevente dalla spalla destra all'anca sinistra per quindici volte. Ripeti i medesimi movimenti dalla spalla sinistra all'anca destra. Fai scorrere per quindici volte l'indice e il medio ai lati della colonna dall'alto verso il basso, dalle vertebre cervicali alle vertebre sacrali. Termina spazzolando più volte braccia e gambe dall'alto verso il basso.

Hanshin koketsu kokan ho (metà corpo)
Spazzola diagonalmente con la mano piatta la schiena del ricevente dalla spalla destra all'anca sinistra per quindici volte. Ripeti i medesimi movimenti dalla spalla sinistra all'anca destra. Fai scorrere per quindici volte l'indice e il medio ai lati della colonna dall'alto verso il basso, dalle vertebre cervicali alle vertebre sacrali. Termina premendo, per qualche secondo, con due dita sulle rientranze lombari laterali, all'altezza dei reni in corrispondenza delle articolazioni sacroiliache (le cosiddette Fossette di Venere).

Saibo Kassei Kokyu Ho
(tecnica del Gendai Reiki Ho)
Siedi e centrati in posizione Gassho con gli occhi chiusi. Alza le mani al cielo, con i palmi uno di fronte all'altro e senti la connessione con l'energia Reiki che scende dalle tue mani fino alla testa.

Posiziona le mani sulle tue ginocchia con i palmi rivolti verso l'alto. Effettua una visualizzazione dell'interno del tuo corpo dall'alto verso il basso. Utilizza il tuo occhio mentale. Se e quando percepisci uno squilibrio in un'area, inspira profondamente e, quando espiri, percepisci il Reiki che si espande nella zona interessata, finché non senti che è tornata in equilibrio. Quando riconosci che lo squilibrio non è più presente in alcuna parte del tuo corpo, ringrazia l'energia Reiki e termina in Gassho.

Altre modalità di utilizzo del terzo simbolo per il trattamento a distanza.

(tecnica del Komyo Reiki)
1. Utilizza una foto del ricevente. 2. Immagina il ricevente a grandezza naturale davanti a te. 3. Immagina il ricevente disteso sulle tue cosce con la testa all'altezza del ginocchio, la parte anteriore del corpo sulla coscia sinistra, la parte posteriore sulla coscia destra.

Reiki Box

(tecnica del Gendai Reiki Ho)
Utilizza una scatola di carta o di cartone, non utilizzare metallo o plastica. Scrivi su un foglio di carta l'intenzione o la situazione che desideri trattare, disegna con le dita (non scriverli) HSZSN, SHK, CKR in questo ordine pronunciando i loro mantra e chiudi il foglio all'interno della scatola. Tratta direttamente la scatola ogni giorno, mettendovi sopra le mani, tenendo bene a mente l'intenzione precisa e corretta che hai formulato, mentre continui a tracciare i simboli HSZSN, SHK, CKR pronunciando i loro mantra. Rimuovi il foglio di carta solo dopo che si è realizzata l'intenzione o si è risolta la situazione. Tieni la scatola in un luogo sicuro.

Tecniche aggiuntive del Reiki di 3° livello

Yubisaki Reiki Ho (pratica con la punta delle dita)

Modalità 1: "leggi" la colonna vertebrale facendo scorrere ai suoi lati l'indice e il medio.

Modalità 2: appoggia due dita alla base dell'occipite del ricevente e due sul sacro al termine della colonna. Respira in connessione con la persona. Quando espiri allunga la colonna vertebrale, tirandola con le dita. Tieni l'attenzione allo Shimo Tanden del ricevente immaginando che tutte le tossine e gli squilibri vengano scaricati a terra attraverso le sue gambe. Puoi inviare DKM attraverso la punta delle dita tanto nella modalità 1 quanto nella modalità 2.

Sekizui Joka Ibuki Ho
(tecnica del Gendai Reiki Ho)
Siedi e centrati in posizione Gassho con gli occhi chiusi. Alza le mani al cielo, con i palmi uno di fronte all'altro e senti la connessione con l'energia Reiki che scende dalle tue mani fino alla testa. Posiziona le mani sulle tue ginocchia con i palmi rivolti verso l'alto. Immagina la tua colonna vertebrale come fosse un tubo, che parte dalla corona sulla testa e scende giù verticalmente fino al coccige. Pratica un po' la respirazione Hado con l'intenzione di ripulire da tossine e squilibri tutto il tuo corpo, dalla corona al coccige. Quindi, mentre inspiri dal naso, immagina acqua purissima che entra dal coccige e sale fino alla fronte (terzo occhio). Quando espiri immagina l'acqua che, ripartendo dalla fronte, scende e fuoriesce dal coccige. Ripeti per sette volte con un serie di cinque respiri per volta. Termina in Gassho.

Pulizia delle memorie cellulari (karma) depositate lungo la colonna vertebrale con l'ausilio di DKM e attraverso la respirazione profonda.
Modalità 1 (auto trattamento)
Respira lentamente e profondamente. Fai scendere DKM lungo la colonna vertebrale, lentamente, vertebra per vertebra: 7 cervicali, 12 dorsali (o toraciche), 5 lombari, 5 sacrali 4 o 5 coccigee. Se identifichi un punto in cui percepisci Byosen, insisti o ritratta più volte in seguito.

Modalità 2 (trattamento su altri)
Appoggia il dito indice e il medio ai lati della colonna vertebrale del ricevente. Fai scorrere le due dita dall'alto verso il basso e "leggi" ogni vertebra chiedendo con l'intenzione a DKM di indicare i punti dove si sono depositate le memorie. Disegna DKM con la punta delle dita e invia energia Reiki nei punti indicati.

Ri-armonizzazione del campo energetico
Appoggia le mani, con le braccia tese, sopra la testa del ricevente. Fai tre giri verso destra e tre verso sinistra. Posizionati alle spalle del ricevente, traccia DKM e direzionalo verso la persona. Mettiti in Gassho. Disegna DKM direttamente con le mani in Gassho e alzalo verso il cielo con l'intenzione di aumentare la tua vibrazione personale. Apri le mani allargando il campo energetico e prendi la posizione del Taiyo No In. Invia energia attraverso il triangolo vuoto in mezzo alle tue mani. Torna in Gassho, riconnettiti alla Fonte attraverso il respiro, apri il Taiyo No In sulla nuca della persona e soffia tre volte dentro al triangolo vuoto tra le tue mani.

Hado Kokyu Ho
(tecnica del Gendai Reiki Ho)
Inspira col naso ed espira con la bocca emettendo il suono hàaa. Prova dolcemente ma con forza. Buona norma è fare 5 respirazioni hado al mattino e 5 al pomeriggio.

Aho Usagi Ho
Lo scopo di questa tecnica è di concentrare tutta l'energia Reiki in un unico punto utilizzando una o più dita.

Ichiryusai Hiroshige (1797-1858)

Appendice 3: Lignaggio Reiki

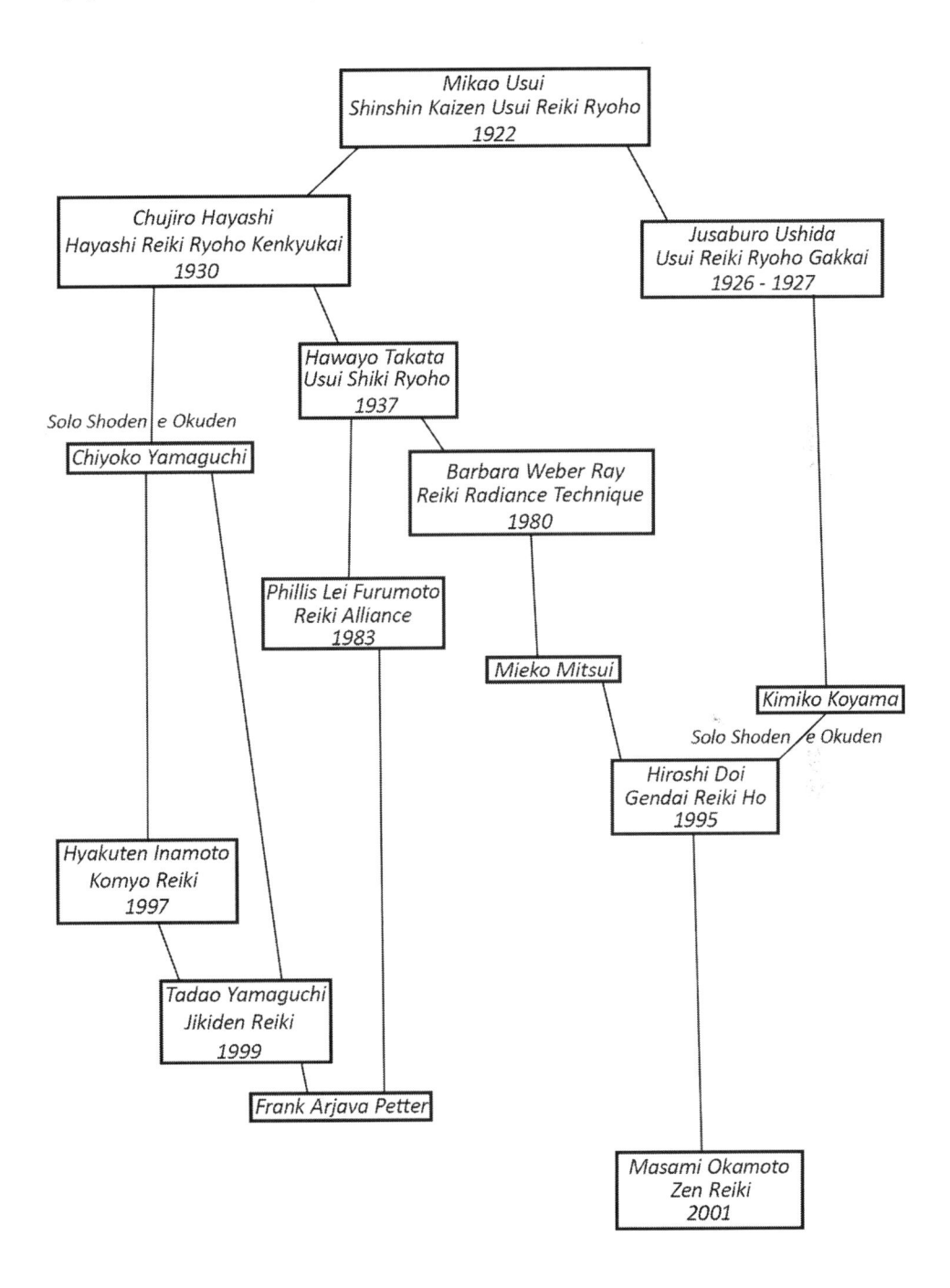

- **Mikao Usui** — Shinshin Kaizen Usui Reiki Ryoho — 1922
  - **Chujiro Hayashi** — Hayashi Reiki Ryoho Kenkyukai — 1930
    - *Solo Shoden e Okuden*
      - **Chiyoko Yamaguchi**
        - **Tadao Yamaguchi** — Jikiden Reiki — 1999
          - **Frank Arjava Petter**
    - **Hawayo Takata** — Usui Shiki Ryoho — 1937
      - **Barbara Weber Ray** — Reiki Radiance Technique — 1980
        - **Mieko Mitsui**
          - **Hiroshi Doi** — Gendai Reiki Ho — 1995
            - **Masami Okamoto** — Zen Reiki — 2001
      - **Phillis Lei Furumoto** — Reiki Alliance — 1983
    - **Hyakuten Inamoto** — Komyo Reiki — 1997
  - **Jusaburo Ushida** — Usui Reiki Ryoho Gakkai — 1926 - 1927
    - **Kimiko Koyama**
      - *Solo Shoden e Okuden*
      - **Hiroshi Doi** — Gendai Reiki Ho — 1995

Utagawa Hiroshige (1797-1858)

Conclusione e Ringraziamenti

Termina qui il nostro viaggio all'interno della disciplina del Reiki, a partire dalle origini, fino alle sue evoluzioni successive. È alquanto difficile, se non impossibile, non notare come fosse semplice ed essenziale in principio. Essenziale era ritrovare la connessione con ciò da cui abbiamo avuto origine: il nostro Spirito ed agire sul nostro corpo perché ne diventasse il tempio.

L'energia vitale, la cui sede veniva posta nel Seika Tanden andava unita indissolubilmente all'alleanza tra la mente ed il cuore. Pochi concetti, poche tecniche, ma tantissima pratica e buona intenzione. Questo era in origine, quindi semplice. Probabilmente però era semplice, ma non facile e per questo abbiamo avuto bisogno di cercare ancora e sperimentare altro per avvicinarci alla Grande Luce Splendente che, forse, Usui aveva riconosciuto.

Non possiamo prescindere ora dall'onorare uno dei sui Principi: *kansha shite* (sii grato). Ringraziamo quindi Mikao Usui Sensei e tutti i Maestri che gli sono succeduti. Impossibile menzionarli tutti, ma un pensiero particolare va ad Hawayo Takata che ha permesso alla Disciplina di fare il suo ingresso in Occidente e ai nostri rispettivi Shihan che ci hanno iniziato su questo cammino con serietà professionale e amore.

Ringraziamo tutti coloro che hanno scritto di Reiki ed in particolar modo James Deacon che ci ha espressamente dato l'autorizzazione a prelevare dal suo materiale qualunque informazione ritenessimo funzionale al nostro lavoro.

Ringraziamo tutti coloro che oggi insegnano o praticano il Reiki. Ringraziamo chi ci ha dato fiducia, sostenendoci nel progetto di pubblicazione di questo libro, in modo particolare Ida Cagno ed Ermanno Rossitti, e tutti coloro che lo hanno letto, quindi anche te!

E infine ci ringraziamo l'un l'altro per la collaborazione, condivisione e sostegno che ci siamo dati per arrivare fin qui.

"Che la Grande Luce Splendente del Grande Spirito, illumini e benedica le nostre Essenze Infinite e Immortali."

Con affetto e gratitudine
Paola e Marco

Utagawa Hiroshige (1797-1858)

Gli Autori

Marco Bernabei

Nato a Roma nel 1988, dall'età di 21 anni incomincia a praticare tecniche di Alchimia Spirituale che ben presto lo portano a contatto con altre discipline di sviluppo personale quali F.M.S. (Flash Mental Simulation), Tradizione Indù, Tradizione Ermetica, Kabbalah pratica, Usui Shiki Reiki Ryoho, Usui Reiki Ryoho, Japanese Reiki Ryoho, Karuna Reiki®, Tradizione Spirituale Andina Contemporanea, riequilibrio energetico con i cristalli, PNL, riequilibrio energetico con il metodo Quanti-Ka©, Kinesiologia Olistica, Medicina Tradizionale Cinese e a studiare Erboristeria presso la scuola di Scienza e Tecnica del Comune di Roma Capitale. Dal 2019 ricopre la carica di Vicepresidente nel P.R.A.I. (Professionisti Reiki Associati Italia). Consegue presso ASI Settore Tecnico Nazionale Arti Olistiche Orientali DBN-DOS Discipline Bio Naturali e Olistiche per la Salute il Diploma Nazionale di Qualifica Tecnica in qualità di: Docente in Usui Shiki Reiki Ryoho, Usui Reiki Ryoho, Japanese Reiki Ryoho e Naturopatia; Istruttore in Tradizione Spirituale Andina Contemporanea e Operatore in Massaggio Californiano.

Maria Paola Chizzoli

Nata a Milano nel 1957, si dedica dal 1998 alla ricerca, allo studio ed alla pratica di differenti discipline orientate allo sviluppo della Coscienza ed al Benessere decidendo di dedicarsi completamente a questo, dopo aver trascorso molti anni dietro una scrivania ed aver compreso che quella non era la sua strada. Tra i suoi studi e conoscenze si trovano: il Reiki, con i differenti stili Usui Shiki Reiki Ryoho, Usui Reiki Ryoho, Japanese Reiki Ryoho e Komyo Reiki; il Karuna Reiki®; la Cristallogia; la Tradizione Spirituale Andina Contemporanea; studi sulla Kabbalah ed i metodi di riequilibrio energetico con gli archetipi ebraici; la guarigione spirituale con gli archetipi dell'A.E.S.E. (Association Española Sanadores Espirituales); le tecniche egizio-essene; Il metodo One Brain; i Fiori di Bach e molto altro. Dal 2016 è Presidente dell'Associazione Giardino di Kimoon Scuola di Formazione affiliata ASI (Associazioni Sportive e Sociali Italiane) e riceve dal Settore Tecnico Nazionale Arti Olistiche Orientali DBN-DOS Discipline Bio Naturali e Olistiche per la Salute il Diploma Nazionale di Qualifica Tecnica in qualità di: Docente in Reiki, per tutti gli stili menzionati, Cristallogia, Fiori di Bach e Tradizione Spirituale Andina Contemporanea; Istruttore di Water of Siloe® e Operatore in Massaggio Californiano. È iscritta come Reikologo nell'Albo dei Professionisti del P.R.A.I. (Professionisti Reiki Associati Italia) di cui è anche membro del Consiglio Direttivo.

Ichiryusai Hiroshige (1797-1858)

GLOSSARIO

A

Advanced Reiki Training (ART): A volte indicato come Livello 3a o Livello Master Praticante. In Tibetan Reiki il 3° livello è diviso in due parti. ART, ovvero il livello 3a si concentra sulla "padronanza personale" e incorpora elementi "non tradizionali" come griglie Reiki (cristallo), chirurgia psichica, meditazioni guidate dal Reiki, attivazioni curative, il simbolo Antahkarana e meditazioni sui simboli Reiki. A questo livello lo studente riceve l'attivazione di Livello 3 (livello "Master"), ma non viene istruito nel processo di trasmissione delle attivazioni ad altri.

Ai Reiki: Lo stato dell'essere in armonia con il Reiki.

American Reiki Association, Inc: L'associazione fondata nel 1980 da Barbara Weber Ray e Takata Sensei. Da allora ha cambiato il suo nome in The Radiance Technique International Association, Inc. (TRTIA).

Anshin Ritsumei (anche Dai Anjin): Uno stato in cui la mente è totalmente in pace, non distratta da nulla, in cui si percepisce lo scopo della propria vita.

Antahkarana: Un simbolo Reiki "non tradizionale", l'Antahkarana è un cubo, con una forma a "L" su ciascuna delle sue superfici. Si afferma che l'Antahkarana sia un simbolo di origine tibetana, ma non sembra esserci alcuna prova di ciò. Si pensa che l'Antahkarana sia una panacea contro tutti i mali.

Aoki, Huminori (o Fuminori): Huminori Aoki è il presidente del Nagoya Reiki Lab (ex "Human & Trust Institute"), dove insegna il suo stile di Reiki, noto come Reido Reiki, un sistema che tenta di unire gli stili Reiki occidentali e giapponesi. È anche l'autore del libro "The Reiki Healing".

Armonizzazione (anche iniziazione o sintonizzazione): Il processo di iniziazione Reiki in stile "occidentale" utilizzato da Takata Sensei. Il focus centrale di ogni Livello o Grado. Il sacro processo eseguito da un Reiki Master (Insegnante) dove essenzialmente rimodella o ricalibra il campo energetico e i centri di energia sottile degli studenti, consentendo loro di interagire con il fenomeno che è il Reiki. Chiamato Denju in giapponese.

B

Beaming (Irradiare): Un metodo senza contatto per dispensare un trattamento Reiki. Differisce dal trattamento a distanza in quanto il cliente è effettivamente presente (cioè all'interno del campo visivo dell'operatore). Il praticante si trova a breve distanza dal cliente e gli "trasmette" o proietta Reiki.

Blue Book (Libro Blu): Scritto nel 1985 da Phyllis Lei Furumoto (nipote di Takata sensei) e Paul Mitchell della Reiki Alliance, il "Blue Book" include informazioni storiche sul Reiki presentate da Hawayo Takata, informazioni sulla Reiki Alliance, estratti dai diari di Takata sensei e foto di Usui sensei, Hayashi sensei, Takata sensei e Phyllis Lei Furumoto.

Blue Kidney Breath (Respiro del temperamento blu): Vedi: Breath of the Fire Dragon (Respiro del drago di fuoco).

Breath of the Fire Dragon (Respiro del drago di fuoco): Una speciale tecnica di respirazione utilizzata nel Raku Kei Reiki. Una variante di questa pratica, usata nel Tera Mai, è chiamata Violet Breath (Respiro Viola). Un'altra versione è chiamata Blue Kidney Breath (Respiro del temperamento blu).

Byogen Chiryo ho: Trattare la causa principale di una malattia. Una tecnica simile a Genetsu ho usata in alcuni stili moderni di Reiki.

C

Chiba: Clan a cui apparteneva la famiglia di Mikao Usui Sensei.

Chi Ki: Energia della terra.

Choku Rei (o Chokurei): Nome del primo dei quattro simboli Usui Reiki. Comunemente chiamato il simbolo della "potenza" nel Reiki del lignaggio di Takata (Usui Shiki Ryoho). In alcuni lignaggi giapponesi il simbolo è comunemente chiamato il simbolo "Focus". Takata Sensei ha tradotto Choku Rei come "metti qui il potere spirituale", ma può anche essere tradotto come qualcosa di simile a "in presenza dello spirito" o anche come "Spirito diretto".

Chu Tanden (vedi: Tanden): Il centro energetico o area situata in profondità nel torace.

Chuden: In alcuni stili di Reiki moderno è il nome del livello di addestramento tra Shoden e Okuden.

CKR: Vedi: Choku Rei

Coscienza Reiki: Termine che indica la percezione che, mentre il Reiki è comunemente (e forse un po' superficialmente) percepito come una forma di "Ki" o energia terapeutica, a un livello più profondo può essere sperimentato come una manifestazione diretta della Presenza Spirituale. (Alcuni credono che sia un'espressione del nostro Spirito, altri, lo Spirito "Universale".)

Crisi di guarigione: Una risposta temporanea, catartica o reattiva che alcuni individui possono sperimentare come parte del processo di guarigione. (Molte persone non lo hanno mai sperimentato.)

Crystal Grid (Griglia di cristallo): Una particolare disposizione geometrica di cristalli che sono stati caricati con il Reiki, programmati per emanare continuamente un'influenza terapeutica o protettiva.

D

Dai Ko Myo: Nome dell'ultimo dei quattro simboli Reiki di Usui. Comunemente chiamato il simbolo del "Maestro" nel Reiki del lignaggio di Takata (Usui Shiki Ryoho). Il simbolo è in realtà le parole Dai, Ko e Myo scritte in kanji, e il nome significa letteralmente: "Grande luce splendente" che significa "Natura illuminata" o "Luce radiosa della saggezza" lo splendore di una divinità (Buddha, Bodhisattva, Vidyaraja, ecc.), l'espressione manifesta della Luce della Saggezza, il mezzo mediante il quale l'illuminazione "sorge in noi".

Dai Shihan (vedi: Shihan): Il termine usato (in alcuni stili moderni di Reiki giapponese) per denotare il livello superiore a quello di Shihan (insegnante). In questi stili, uno deve raggiungere il livello di Dai Shihan per poter iniziare gli studenti al livello di Shihan. Dai Shihan è talvolta tradotto come "Gran Maestro".

Dashu Ho: Un altro termine per Uchite Chiryo Ho.

Den: "Insegnamenti". Questo termine si trova nei titoli dei gradi o dei livelli utilizzati nella maggior parte degli stili Reiki giapponesi, ad es. Sho-den, Oku-den, Shinpi-den.

Denju (vedi: Densei): Trasmissione del Dono. Denju si riferisce all'iniziazione nel senso più completo della parola, inclusa la sintonizzazione energetica, ma anche gli insegnamenti che l'accompagnano.

Densei: Trasmissione Spirituale. Termine utilizzato per le iniziazioni esoteriche e spirituali.

Dento Reiki (Ryoho): Reiki tradizionale, un termine usato da alcuni per indicare gli insegnamenti dell'Usui Reiki Ryoho Gakkai.

DKM: Vedi: Dai Ko Myo.

Do: Un "Sentiero" o una "Via" in senso filosofico o spirituale.

Dojo: Il luogo della via, sebbene comunemente usato per riferirsi a una palestra di arti marziali, il termine originariamente si riferiva a un luogo adibito alla meditazione e il perseguimento della disciplina spirituale. Il centro di addestramento di Usui Sensei veniva chiamato dojo.

Dumo: Simbolo del Maestro Tibetano usato nel Raku Kei Reiki e in molti altri stili moderni di Reiki.

E

Eguchi Tenohira Ryoji: Una modalità di guarigione con il tocco delle mani sviluppata da Toshihiro Eguchi.

Eguchi, Toshihiro: Un amico e studente di Usui Sensei, nel 1930 Toshihiro Eguchi pubblicò Tenohira Ryoji Nyumon (Un'introduzione alla guarigione con i palmi delle mani) e più tardi, nel 1954: Tenohira Ryoji Wo Kataru (Un racconto di guarigione con i palmi delle mani).

F

Fire Serpent (Serpente di fuoco): Un simbolo usato nel Raku Kei Reiki e in molti altri stili moderni di Reiki. Si dice che rappresenti l'energia kundalini che risiede nella colonna vertebrale. Conosciuto anche come Nin Giz Zida.

Fukuju (o Fuku Ju): Una frase usata da alcuni come jumon (mantra) per il simbolo mentale-emotivo. È anche il nome di un noto marchio di Sake. La frase si traduce come: "lunga vita e felicità" o più semplicemente: "alla Salute".

Furumoto, Alice Takata: La figlia di Takata sensei. Alice era responsabile della compilazione del "Gray Book" (Libro grigio) dopo la morte di Takata. Era anche la madre di Phyllis Lei Furumoto.

Furumoto, Phyllis Lei: Era la nipote di Takata sensei e co-titolare dell'Ufficio di Gran Maestro della Reiki Alliance.

G

Gainen: Concetti, il termine usato nell' Usui Do per riferirsi ai principi del Reiki.

Gakkai: Una società di insegnamento come l'Usui Reiki Ryoho Gakkai.

Gassho: Un gesto rituale formato mettendo le mani insieme in una posizione simile a una preghiera davanti alla bocca con le dita appena sotto il naso. Gassho implica il riconoscimento dell'unicità di tutti gli esseri. Questo gesto è usato anche per mostrare rispetto a Buddha, Bodhisattva, Patriarchi e Maestri.

Ge Tanden (vedi: Tanden): Un altro termine per il Seika Tanden, il centro o area di energia situata in profondità all'interno dell'hara (addome).

Gendai Reiki Ho: Metodo Reiki moderno, stile moderno di Reiki giapponese creato da Hiroshi Doi nel 1995, combina alcuni insegnamenti e tecniche tradizionali con insegnamenti e tecniche di altre arti di guarigione energetica.

Gokai: I cinque principi del Reiki.

Gokui Kaiden: Livello insegnante nello stile Reiki Gendai Reiki Ho.

Grand Master (Gran Maesto. vedi: Dai Shihan): Il titolo creato dalla Reiki Alliance per fare riferimento al capo dell'organizzazione. Viene anche utilizzato come termine per indicare (usato in alcuni stili moderni di Reiki giapponese) un individuo autorizzato ad iniziare altri Maestri Reiki.

Gray Book (Libro Grigio): Compilato dalla figlia di Takata sensei, Alice Takata Furumoto, nel 1982. Il "Gray Book" (Libro Grigio), più propriamente chiamato "Leiki: a Memorial to Takata sensei" è stato presentato agli studenti di livello master di Takata sensei, e tra le altre cose include estratti dagli scritti di Takata sensei e una copia del suo certificato Reiki (autenticato alle Hawaii).

Gumonji Ho: La meditazione della Stella del Mattino. Alcuni affermano che Usui sensei stesse eseguendo questa particolare meditazione buddista quando ha ricevuto l'esperienza Reiki sul Kurama Yama. (Tuttavia non vi è nessuna prova a sostegno di questa affermazione.)

Gyosei (anche: Meiji Tenno Gyosei): Poesie scritte dall'Imperatore Meiji, di cui circa 125 vengono recitate durante le riunioni dell'Usui Reiki Ryoho Gakkai. (Queste poesie sono in uno stile noto come waka.)

H

Hamamoto, Kenji: Originario di Sapporo, Giappone, è attualmente in Corea del Sud, dove insegna Reiki Hekikuu (Cielo Azzurro). L'addestramento Reiki iniziale di Hamamoto è stato con Mieko Mitsui (che ha anche insegnato Reiki a Hiroshi Doi e Toshitaka Mochizuki). Ha poi studiato l'Usui Shiki Ryoho con alcuni maestri della Reiki Alliance. Successivamente, si è formato in Reido Reiki e, nel corso degli anni, ha studiato con numerosi altri insegnanti giapponesi di Reiki.

Hara: Addome, l'area estesa tra la parte superiore dell'osso pubico e la base dello sterno. Nel pensiero giapponese, l'hara è la sede del Ki dell'individuo, la forza vitale.

Hayashi Reiki Ryoho Kenkyukai: Associazione di ricerca sul trattamento Reiki di Hayashi. Fondata nel 1931 da Chujiro Hayashi. Dopo la morte di Chujiro Hayashi, sua moglie, Chie assunse la direzione della clinica all'interno dell'Hayashi Reiki Ryoho Kenkyukai.

Hayashi, Chie: Nata nel 1887, moglie di Chujiro Hayashi, Chie ha appreso Reiki da suo marito, ricevendo l'iniziazione al grado di Shihan più o meno intorno al 1937.

Hayashi, Chujiro: (1880-1940) comandante in pensione della marina imperiale giapponese, medico e studente di Usui sensei. Nel 1930, Chujiro Hayashi iniziò a modificare il suo approccio al Reiki (presumibilmente per renderlo più in linea con la sua attività in ambito medico) e continuò ad insegnare istituendo l'Hayashi Reiki Ryoho Kenkyukai.

Hekikuu Reiki: Hekikuu (Cielo azzurro) Reiki è il nome dato da Kenji Hamamoto alla sua personale comprensione ed espressione dell'arte terapeutica, basata su quasi due decenni di pratica. Hekikuu Reiki è fortemente intriso da elementi della spiritualità popolare giapponese.

Hibiki: Risonanza, sensazione nelle mani, la cui natura può indicare la presenza e lo stato di una disarmonia.

Hikkei: Guida.

Ho: Metodo o tecnica.

Ho: Termine usato nel Gendai Reiki per riferirsi ai simboli Reiki.

Hon Sha Ze Sho Nen: Nome del terzo dei quattro simboli dell'Usui Reiki. Comunemente chiamato il simbolo del "trattamento a distanza" nel Reiki del lignaggio occidentale. Tuttavia, in alcuni stili giapponesi di Reiki, ad esempio nell'Hekikuu Reiki, l'Hon Sha Ze Sho Nen non viene insegnato come un simbolo per il trattamento a distanza ma piuttosto come un simbolo che riguarda le facoltà mentali. Questo simbolo è in realtà le parole Hon, Sha, Ze, Sho e Nen, scritti in kanji (anche se in forma stilizzata). Mentre alcune persone hanno cercato di tradurre la frase Hon Sha Ze Sho Nen come: "nessun passato, nessun presente, nessun futuro", questa frase del mantra si traduce più chiaramente come: "Il pensiero corretto (Consapevolezza corretta) è l'essenza dell'Essere".

HSZSN: Vedi: Hon Sha Ze Sho Nen.

I

Inamoto, Hyakuten: Sacerdote buddista indipendente, ha imparato il Jikiden Reiki da Chiyoko Yamaguchi e ora insegna quello che chiama Komyo Reiki.

In-Yo: Equivalente del cinese Yin-Yang.

J

Japanese Reiki (vedi: Reiki Occidentale): Termine inteso a riferirsi agli stili di Reiki che si sono evoluti in Giappone, distinti da quelli basati sugli insegnamenti dell'Usui Shiki Ryoho di Takata sensei (molti dei quali sono stati importati in Giappone dall'Occidente). Tuttavia le linee diventano un po' sfocate poiché diversi stili di Reiki classificati come "giapponesi" (cioè Vortex, Reido, Gendai, Komyo, Shinden, Jikiden) sono in realtà una fusione di insegnamenti e pratiche "giapponesi" e "occidentali".

Jikiden Reiki: "Insegnamento originale" o "Insegnamento diretto". Sistema Reiki moderno, creato nel 1999, ora insegnato da Tadao Yamaguchi la cui madre, Chiyoko

Yamaguchi, ha ricevuto gli insegnamenti di livello Shoden e Okuden da Chujiro Hayashi.

Jinki: Energia umana. Rappresenta l'energia dell'individuo di cui il serbatoio è localizzato nel Seika Tanden.

Jisshu Kai: Riunioni di formazione e pratica.

Jo Tanden (vedi: Tanden): Il centro energetico o area situata al centro della testa, tra gli occhi.

Jumon (vedi Shingon): Termine moderno per indicare una pratica simile allo Shingon.

K

Kaicho: Presidente, titolo del capo dell'Usui Reiki Ryoho Gakkai.

Kami Tanden (vedi: Tanden): Il centro energetico o area situata al centro della testa, tra gli occhi.

Kampo: Medicina tradizionale giapponese.

Kanboku: Termine usato per indicare i simboli Reiki da Yuji Onuki uno studente di Toshihiro Eguchi. (Vedi anche shirushi.)

Kanji: Caratteri cinesi usati per scrivere in giapponese.

Kantoku: Stato mistico, determinato dalla pratica di rigorose discipline mistiche ascetiche tra cui il digiuno, l'isolamento, la meditazione e l'uso di incantesimi e tecniche simili a mudra.

Karuna Ki: Energia del cuore compassionevole. Uno stile Reiki sviluppato da Vincent (Vinny) Amador basato sul Tera Mai e il Karuna Reiki, con elementi aggiuntivi basati sulla pratica del Raku Kei Reiki.

Karuna Reiki: Stile di Reiki sviluppato da William Lee Rand e dall'International Center for Reiki Training, basato principalmente sul Sai Baba Reiki.

Keiraku: Sono i canali energetici all'interno del corpo umano in cui scorre il Ki dell'individuo (Jinki).

GLOSSARIO

Kenkyu Kai: Società per la ricerca.

Kenzen no Genri: Principi della salute, titolo del libro del Dott. Bizan (o Miyama) Suzuki. Un'edizione del 1915 di questo libro include l'ammonizione: "Solo per oggi, non arrabbiarti, non essere ansioso, sii onesto, lavora sodo, sii gentile con gli altri". Questa è quasi certamente la fonte diretta dei Cinque Principi Reiki o Gokai di Usui Sensei.

Kiko: Il nome giapponese moderno per l'arte cinese del Chi Gung (Qi Gong).

Kihon Shisei: Si riferisce alla posizione di partenza nell'Hatsurei Ho, seduto nella tradizionale postura giapponese seiza, gli occhi chiusi, con l'attenzione focalizzata nel Seika Tanden.

Ki Jutsu: Arti energetiche. Termine generale per designare le discipline giapponesi interessate allo sviluppo, al rafforzamento e al perfezionamento del Ki.

Kikai Tanden (vedi: Tanden): Un altro termine per il Seika Tanden, il centro o area di energia situata in profondità all'interno dell'hara (addome).

Kiriku: Pronunciato più o meno k'rik e k'lik, l'emblema spirituale di Amida Butsu e probabile origine del secondo dei quattro simboli Reiki di Usui, il Sei Heiki.

Kokoro: Significa mente e cuore uniti e sta a simboleggiare la Mente elevata dallo Spirito.

Kokyo Ho (o Kokyu Ho): Tecniche di respirazione per lo sviluppo, il rafforzamento e la purificazione del Ki.

Komyo Reiki: Stile moderno di Reiki sviluppato da Hyakuten Inamoto nel 1997, basato sullo Jikiden Reiki e vari stili Reiki New Age occidentali.

Koriki: Un simbolo e mantra "non tradizionale" insegnato nel primo livello del Reido Reiki. Koriki è indicato come la "forza della felicità" o "potere della felicità". Pronunciato per garantire pace e serenità.

Koriki: Un termine buddista, che si riferisce al "potere spirituale" o al "potere dei meriti" maturato attraverso la pratica di varie discipline rituali, meditative o venerative come l'ajikan (meditazione sul carattere siddham A), nembutsu (cantando il Namu Amida Butsu), nyorai kaji, pratiche ascetiche, ecc. (Questo koriki non è scritto nello stesso kanji del koriki usato nel Reido Reiki.)

Koshin do Mawashi: Termine alternativo per indicare il Reiki Mawashi.

Koten Hanno: Vedi: Crisi di Guarigione.

Kotodama: Spirito della Parola. Una disciplina multiforme originata all'interno dello Shintoismo che comprende l'intonazione di suoni sacri (sia sillabe che singole vocali).

Kumo: Nuvola. Una parola usata da alcuni come nome per il simbolo della "potenza". Vedi anche: Un. "Kumo" e "Un" sono due diverse interpretazioni o modi di pronunciare lo stesso carattere kanji. Vedi anche: Zui-un.

Kurama Yama: La montagna sacra, a nord di Kyoto, dove si ritiene che Usui Sensei abbia sperimentato per la prima volta il Reiki.

L

Leiki: Non esiste un vero suono per la lettera "R" in giapponese. Il suono effettivo identificato da "R" in "Reiki" è una sorta di fusione tra le due lettere "R" e "L". Nei suoi diari, Takata Sensei non scrive la parola "Reiki", ma "Leiki".

Lignaggio Reiki: La linea di successione della trasmissione spirituale che ha come punto di partenza Mikao Usui Sensei.

M

Maestri Reiki indipendenti: Un termine originariamente coniato per riferirsi a quei maestri che non appartenevano né alla Reiki Alliance né all'American Reiki Association, Inc, ma che hanno preferito "andare per la propria strada".

Matsui, Shou: Giornalista, noto drammaturgo, insegnante di recitazione e sostenitore del tradizionale teatro giapponese "Kabuki", Shou Matsui (1870-1933) è stato uno degli studenti di Reiki di Chujiro Hayashi. Matsui scrisse quello che probabilmente è il primo articolo sopravvissuto sul Reiki, pubblicato sulla rivista "Sunday Mainichi", il 4 marzo 1928.

Meditazione della stella del mattino: Vedi: Gumonji Ho.

Meiji Tenno Gyosei: Vedi: Gyosei.

Menkyo Kaiden: Licenza di insegnante, certificazione del raggiungimento dei più alti livelli di competenza in una determinata arte. Si dice che Usui sensei abbia ottenuto il Menkyo Kaiden nella disciplina marziale di Yagyu Ryu.

Mikkyo: Termine generale che raggruppa tutte le scuole aderenti al buddismo esoterico giapponese.

Mitsui, Mieko: Giornalista e praticante di Reiki. La prima praticante occidentale ad insegnare Reiki in stile occidentale in Giappone, a trovare la tomba di Usui, ad entrare in contatto con membri appartenenti all'Usui Reiki Ryoho Gakkai e a ricevere i testi originali di quest'ultima. Si può affermare che Mieko sia stata responsabile di aver scatenato da sola un "Reiki Revival" in Giappone.

Mochizuki, Toshitaka: Ha pubblicato "Iyashi No Te" nel 1995 (ritenuto il primo libro di Reiki moderno scritto da un maestro giapponese). Mochizuki attribuisce alcune delle informazioni storiche presentate nel suo libro a un oscuro libro giapponese intitolato "Il segreto di come prendersi cura dei membri della propria famiglia" di Takichi Tsukida.

Mokunen: Intenzione Silenziosa. Un elemento dell'Hatsurei Ho come insegnato nel Gendai Reiki Ho.

Mugen Muryouju (o Mugen Muryo Ju): Come parte di un tentativo di "Re-Buddhizzare" Reiki, in alcuni stili giapponesi di Reiki il simbolo SHK è stato ribattezzato Muryouju o Mugen Muryouju. Muryouju è il nome giapponese di Amida Butsu nella sua manifestazione come "Buddha della vita infinita". Mugen può riferirsi alla compassione infinita o alla saggezza infinita.

Muryouju (o Muryo Ju): Vedi: Mugen Muryouju.

N

Nagao, Tatseyi: Secondo sua figlia, Yoshi Kimura, Tatseyi Nagao era uno degli studenti di secondo livello di Takata sensei. Si dice anche che abbia visitato il Giappone intorno al 1950 e mentre era lì prese il terzo livello con Chie Hayashi (la vedova di Chujiro Hayashi). Al ritorno alle Hawaii si suppone che abbia iniziato a insegnare Reiki (sebbene nessuno dei suoi studenti sia stato identificato). Si dice che Nagao sia morto nel 1980.

Naka Tanden (vedi: Tanden): Il centro energetico o area situata in profondità nel torace.

Nao Hi: Un nome alternativo per Choku Rei. Entrambi i termini hanno lo stesso significato: "Spirito diretto".

Nin Giz Zida: Vedi: Fire Serpent (Serpente di fuoco).

O

Okuden Koki: Nei sistemi Reiki in cui il livello Okuden è diviso in due parti, viene aggiunto il suffisso -Koki per indicare la seconda parte degli insegnamenti.

Okuden Zenki: Nei sistemi Reiki dove il livello Okuden è diviso in due parti, viene aggiunto il suffisso -Zenki per indicare la prima parte degli insegnamenti.

Okuden: Insegnamenti Interiori. Secondo livello in alcune versioni del sistema di classificazione Reiki. Oku si riferisce alle profondità interiori o al cuore di una cosa, l'aspetto esoterico o segreto di una cosa.

P

Posizioni delle mani: Nei diversi stili di Reiki vengono utilizzate numerose serie differenti di posizioni delle mani nel dare un trattamento Reiki. Alcuni set hanno fino a venti posizioni e alcuni fino a cinque.

R

Radiance Technique International Association, Inc: Fondata originariamente nel 1980 da Barbara Weber Ray e Takata Sensei come American Reiki Association, Inc., la Radiance Technique International Association, Inc. (T.R.T.I.A.) considera Barbara Weber Ray il legittimo successore di Takata Sensei.

Radiance Technique, The: Uno stile di Reiki che incorpora sette livelli o gradi, promosso da Barbara Weber Ray. Ray afferma che Takata Sensei le ha insegnato questo sistema diviso in sette gradi tra il 1978 e il 1980.

Raku Kei Reiki: Conosciuta come "La via del drago di fuoco". Raku Kei è la creazione del maestro di Reiki Arthur Robertson. Utilizza simboli aggiuntivi e rivendica un'origine tibetana per il Reiki.

Raku: Un simbolo del Raku Kei Reiki. Sembra un "fulmine", Raku viene utilizzato alla conclusione del processo di sintonizzazione per separare l'energia dell'insegnante e dello studente. Viene utilizzato anche in Tibetan Reiki.

Rei: Inchinarsi. Come in Sensei ni Rei: inchinarsi a uno o più insegnanti, o, Shinzen ni Rei: inchinarsi a un santuario. Inchinandoti esprimi rispetto, cortesia e gratitudine alla persona, al concetto o all'essere spirituale a cui ti stai inchinando, e anche a te stesso. (Questo "Rei" non è scritto con lo stesso kanji del "Rei" usato nella parola "Reiki".)

Reido Reiki: Uno stile moderno di Reiki giapponese che tenta di fondere gli insegnamenti del Reiki occidentale e giapponese, sviluppato da Huminori Aoki, capo del Nagoya Reiki Lab (ex Human & Trust Institute).

Reido: Movimento dello spirito. Movimento corporeo involontario (es. dondolarsi o ondeggiare). Una forma di risposta catartica, a volte innescata/stimolata dall'applicazione del Reiki e di altre terapie energetiche.

Reiho (anche Reishiki): Etichetta; un modo di inchinarsi.

Reiho: Metodo Spirituale. Come in Usui Reiho, metodo spirituale di Usui. Alcune persone affermano che Reiho è una contrazione di Reiki Ryoho, metodo di guarigione Reiki. Questo Reiho non è scritto con lo stesso kanji del Reiho col significato di etichetta.

Reiji: Indicazione dello Spirito. Guida dello Spirito Reiki nel porre le mani per trattare.

Reiju: Dono Spirituale. Termine per la forma di potenziamento della sintonizzazione Reiki. Da non confondere con il Denju.

Reiki Alliance: Un'organizzazione fondata nel 1983 da un certo numero di Reiki Master addestrati da Takata Sensei, con lo scopo di preservare l'integrità degli insegnamenti dell'Usui Shiki Ryoho, come insegnati da Takata Sensei.

Reiki Ho: Il "Metodo Reiki (di guarigione)". Un termine usato da alcuni per riferirsi alla guarigione Reiki in generale. Tuttavia, altri lo usano più specificamente per riferirsi al Gendai Reiki Ho.

Reiki Jutsu: Si traduce come "Arte del Reiki", tuttavia Reiki Jutsu è in realtà il nome di un'arte marziale (sviluppata da Andy Wright) che combina elementi di Reiki e Shotokan Karate.

Reiki Master Insegnante: Termine usato negli stili tibetani del Reiki per indicare una persona che si trova al Livello 3b, cioè è stato mostrato loro il simbolo principale e i metodi per passare la Sintonizzazione. (vedi: Advanced Reiki Training).

Reiki Master Praticante: Termine usato negli stili tibetani di Reiki per indicare una persona che è al Livello 3a (vedi: Advanced Reiki Training).

Reiki Master: Più propriamente "insegnante di Reiki". Qualcuno che non solo ha ricevuto l'attivazione di livello Master e sa come eseguire il processo di attivazione per tutti e tre i livelli, ma ha anche formato almeno una classe e quindi ha effettivamente sintonizzato almeno uno studente. Tecnicamente si riferisce a qualcuno che ha un rapporto insegnante - studente.

Reiki Occidentale: Termine usato per riferirsi al Reiki come insegnato in Occidente da Takata sensei, cioè l'Usui Shiki Ryoho, e per estensione, tutti gli stili di Reiki basati sull'Usui Shiki Ryoho. (Vedi anche Japanese Reiki.)

Reiki Ryoho Hikkei: Guida al Metodo Reiki. Una guida di 68 pagine, data agli studenti di primo livello (Shoden) dell'Usui Reiki Ryoho Gakkai. Comprende una sezione di domande e risposte, una spiegazione del Reiki, una guida alla guarigione (Ryoho Shishin) e le poesie Waka scritte dall'imperatore Meiji. L'Hikkei è stato compilato negli anni '70 da Kimiko Koyama, sesto kaicho dell'Usui Reiki Ryoho Gakkai.

Reiki Ryoho No Shiori: Manuale del Metodo Reiki. Compilato da Wanami quinto presidente dell'Usui Reiki Ryoho Gakkai. Lo Shiori illustra la storia e lo scopo della Gakkai e definisce il suo sistema amministrativo. Descrive le caratteristiche del Reiki Ryoho, si occupa di come rafforzare il Reiki e include una serie di tecniche. Contiene anche commenti di medici tradizionali, l'elenco di 11 studenti di livello shinpiden formati da Usui Sensei; e gli insegnamenti di Mikao Usui.

Reiki Ryoho To Sono Koka: Reiki Ryoho e i suoi effetti è il titolo di un libro scritto da Mataji Kawakami nel 1919. Questo libro non parla dell'Usui Reiki Ryoho. Sembra che il termine Reiki Ryoho (che indica "Guarigione Spirituale") sia stato usato da diversi guaritori, prima di Usui Sensei, per descrivere le loro pratiche.

Reiki tradizionale: Un termine precedentemente usato per denotare la pratica originale dell'Usui Shiki Ryoho insegnata da Takata Sensei.

Reiki wa darenimo deru: Tutti possono fare Reiki. Libro pubblicato privatamente nel 1986 dal maestro giapponese di Reiki Fumio Ogawa.

Reiki: Il termine comunemente usato per indicare il sistema terapeutico e di autosviluppo creato da Mikao Usui, e più specificamente, la meravigliosa radiazione energetica terapeutica, o fenomeno, che è il cuore di questo sistema di guarigione naturale. (Tuttavia, la parola Reiki ha, a quanto pare, raggiunto uno status generico, essendo usata per riferirsi a numerose pratiche di guarigione estranee a questo metodo.) Il termine Reiki è spesso erroneamente tradotto come "energia universale". E mentre può essere tradotto in un senso più semplice come: "Energia spirituale" o "Sensazione spirituale"; si riferisce più direttamente allo "Spirito", "Forza spirituale" o "Influenza spirituale", l'effetto dello Spirito in azione. In alcuni casi Reiki può essere usato come termine per indicare uno spirito ancestrale. (Vedi: Coscienza Reiki.)

Reikika: Il praticante di Reiki.

Reikologia: Termine che indica le varie branche del sapere delle tecniche Reiki.

Reikologo: Denominazione che identifica il Professionista di Reikologia.

Ripetere la sintonizzazione: Takata sensei ha insegnato che un'attivazione era permanente e non "svaniva", non necessitava di un rabbocco o aveva una data di scadenza. Ma dopo la sua morte, diversi Maestri di Reiki "occidentale" iniziarono a sperimentare l'idea delle "sintonizzazioni ripetute". La teoria presumibilmente è che la ripetizione del processo di sintonizzazione si traduca in un "approfondimento della qualità" della connessione degli studenti al Reiki.

Rituale di pentimento del loto: Alcuni affermano che Usui sensei stesse eseguendo questo particolare rituale buddista quando ricevette l'esperienza Reiki sul Kurama Yama. (Tuttavia non vi è nessuna prova a tal riguardo.)

Ryoho Shishin (Hayashi): La guida per i trattamenti Reiki scritta da Chujiro Hayashi. Si sa che Hawayo Takata aveva questa guida e ne ha dato delle copie ad alcuni dei suoi studenti. Era anche inclusa nel "Grey Book" (Libro Grigio) compilato da Alice Takata Furumoto.

Ryoho: Metodo di guarigione.

S

Sai Baba Reiki: Una delle prime espressioni del sistema Tera Mai, sviluppato da Kathleen Milner.

Saihoji Temple: Un tempio buddista Jodo (Terra Pura) a Tokyo. I resti di Usui sensei sono sepolti nel cimitero del tempio. Questo è anche il sito della stele commemorativa di Usui eretta dai membri dell'Usui Reiki Ryoho Gakkai.

Scambio energetico: Il concetto che il cliente (o lo studente) deve dare qualcosa al Praticante in ricompensa per il dono del trattamento (o sintonizzazione) come segno del suo apprezzamento e anche come riconoscimento del valore del dono che è Reiki. Può essere un pagamento in denaro o di altra natura. Originariamente destinato a invocare l'emozione curativa del Kansha (gratitudine) nel destinatario, sfortunatamente alcune persone che praticano Reiki ne approfittano e usano questo come scusa per addebitare commissioni molto elevate.

Scansione energetica: Nome dato al Byosen Reikan Ho negli stili Reiki occidentali.

Sei Heiki (o Sei Hei Ki): Il secondo dei quattro simboli Reiki Usui: comunemente chiamato il simbolo mentale-emotivo nel Reiki del lignaggio di Takata (Usui Shiki Ryoho). Nei lignaggi giapponesi il simbolo è comunemente chiamato il simbolo dell'Armonia. A seconda del kanji usato per scrivere Sei Heiki, il nome può significare "calma emotiva" o "compostezza spirituale".

Seichim Reiki: Stile creato dal Reiki Master Patrick Zeigler, che afferma di aver avuto un'esperienza mistica nella Grande Piramide di Giza, e di aver anche ricevuto un'iniziazione spirituale da un ordine sufi in Egitto.

Seika no Itten: L'unico punto sotto l'ombelico. Un altro termine per indicare il Seika Tanden.

Seika Tanden (vedi: Tanden): Concetto che si trova nelle discipline tradizionali giapponesi: marziali, spirituali o artistiche. Il Seika Tanden (comunemente indicato semplicemente come "il tanden") è un centro o area di energia, percepito da alcuni delle dimensioni di un pompelmo, situato in profondità all'interno dell'Hara (addome), Seika si riferisce a "sotto l'ombelico".

Seikaku Kaizen Ho: Metodo di miglioramento del carattere. Termine alternativo per indicare la tecnica del Nentatsu Ho.

Seiza: Postura tradizionale giapponese.

Sensei: Titolo onorifico aggiunto al cognome, come Usui Sensei, Hayashi Sensei, ecc. Spesso tradotto come maestro o dottore ma è più opportuna la traduzione insegnante. Una persona non dovrebbe mai aggiungere Sensei al proprio nome quando si presenta (o parla di) sé stessa.

Shihan: Un insegnante o istruttore. Più completamente: "Un esperto che insegna con l'esempio". Questo termine era il grado più alto insegnato da Mikao Usui Sensei e Chijiro Hayashi Sensei. E corrisponde al Master insegnato da Takata Sensei nell'Usui Shiki Ryoho.

Shihan Kaku: Un assistente insegnante o istruttore. Termine usato nello Jikiden Reiki per il grado superiore all' Okuden.

Shihan Sensei: Un insegnante o istruttore. Termine usato nel Jikiden Reiki per il grado superiore allo Shihan Kaku.

Shiki: Guarigione Naturale. Come nell'Usui Shiki Ryoho, metodo di guarigione naturale di Usui.

Shimo Tanden (vedi: Tanden): Un altro termine per il Seika Tanden, il centro o area di energia situata in profondità all'interno dell'hara (addome).

Shingon: Un mantra o invocazione sacra. Termine comunemente usato per riferirsi al nome che accompagna ogni simbolo Reiki (es: Choku Rei, Hon Sha Ze Sho Nen, ecc.) Che indica che il nome è anche il mantra del simbolo. Tuttavia, in alcuni stili di Reiki, ad alcuni simboli è stato dato un nome alternativo, e anche un mantra separato che viene intonato al posto del nome del simbolo.

Shinshin Kaizen Usui Reiki Ryoho: Metodo Reiki di Usui per migliorare il cuore (Spirito individuale), la mente e il corpo. Gli insegnamenti e le tecniche originali insegnate da Usui Sensei.

Shinpiden: Insegnamenti Misteriosi. Terzo livello. Livello Master nel sistema di classificazione Reiki di alcuni stili moderni.

Shirushi: Simbolo. Vedi: Simboli Reiki e Kanboku.

SHK: Vedi: Sei Heiki.

Shoden: Insegnamenti Elementari. Primo livello.

Shuyo Ho: Pratica di gruppo dell'Hatsurei Ho.

Simboli Reiki (vedi anche: Shirushi e Kanboku): Quattro strumenti usati nel Reiki. Secondo Takata sensei, solo tre sono ad uso dei praticanti come parte del trattamento; il quarto è riservato esclusivamente per le iniziazioni durante il passaggio di livello.

Simbolo del maestro tibetano: Un simbolo utilizzato nel Raku Kei Reiki e in altri stili moderni. Conosciuto anche come Dumo, questo simbolo è visto come l'equivalente del Dai Ko Myo utilizzato negli stili Reiki più tradizionali.

Simbolo della Guarigione Remota: Vedi: Hon Sha Ze Sho Nen.

Simbolo della potenza: Vedi: Choku Rei.

Simbolo Emozionale-Mentale: Vedi: Sei Heiki.

Simbolo Master: Vedi: Dai Ko Myo.

Sintonizzazione a distanza: La pratica (non tradizionale) di eseguire un'attivazione Reiki su uno studente che non è fisicamente presente in quel momento. La maggior parte degli stili tradizionali di Reiki, non convalidano la pratica delle sintonizzazioni a distanza. Come dice Kenji Hamamoto, fondatore di Hekikuu Reiki: "Per aiutare efficacemente lo studente a risvegliarsi al Reiki l'insegnante deve essere presente, deve essere in grado di osservare i segni fisiologici che il processo si sta effettivamente svolgendo per ricevere un feedback energetico tangibile. Sarebbe irrispettoso per l'insegnante verso gli studenti agitare semplicemente le mani nell'aria, prendere i loro soldi e sperare che l'iniziazione abbia buon esito".

Sintonizzazioni curative: Un processo di sintonizzazione che, a differenza di una normale sintonizzazione Reiki, non risveglia l'abilità Reiki in modo permanente all'interno dell'individuo, ma piuttosto si ritiene che migliori il processo di autoguarigione.

Spazio di guarigione: Termine che si riferisce all'intero processo di facilitazione dell'opportunità di guarigione del cliente, la creazione e il mantenimento di un ambiente adatto, non tanto l'ambiente fisico quanto l'ambiente emotivo ed energetico, uno spazio interiore sicuro e rilassante in cui l'individuo può curarsi da solo con l'assistenza del Reiki.

Sugano, Wasaburo: Zio di Chiyoko Yamaguchi (fondatrice del Jikiden Reiki), si ipotizza che Wasaburo Sugano apprese Reiki da Chujiro Hayashi nel 1928.

Suzuki, Bizan: Vedi: Kenzen no Genri.

T

Takata Sensei: Modo rispettoso di riferirsi ad Hawayo Takata.

Takata, Hawayo Hiromi: Nata Hawayo Kawamura ad Hanamaulu, Kauai, Hawaii. Hawayo Takata ha studiato Reiki con Chujiro Hayashi tra il 1935 e il 1938. Hawayo Takata è la persona responsabile dell'aver portato il Reiki in Occidente.

Takata, Saichi: Il marito di Hawayo Takata.

Tanden: Il centro o area di energia, percepita da alcuni avente le dimensioni di un pompelmo. Il Tanden è l'equivalente giapponese del termine cinese Tan Tien o "campo dell'elisir". Mentre le discipline tradizionali giapponesi marziali, spirituali o artistiche, tendono a parlare di un singolo Tanden, situato all'interno dell'Hara (addome). In Giappone ci sono anche diverse discipline di origine cinese o fortemente influenzate dalla filosofia cinese del Chi Gung, che parlano di altri due Tanden. Uno all'interno del torace a livello del cuore e uno al centro della testa tra gli occhi.

Ten Ki: Energia del cielo.

Tenohira: Tecniche di trattamento per la guarigione con l'energia.

Tenohira Ryoji Kenkyu Kai: Società di ricerca sulla guarigione con l'imposizione delle mani. Fondata da Toshihiro Eguchi, uno studente di Usui Sensei.

Teate: Trattamento con le mani. Termine generico per indicare le discipline di guarigione giapponesi che utilizzano l'imposizione delle mani.

Tera Mai: Sistema sviluppato da Kathleen Milner con l'assistenza di un "Essere Spirituale" (detto essere il maestro spirituale indiano Satya Sai Baba).

Tibetan Reiki: Essenzialmente una combinazione di Reiki come insegnato da Takata Sensei ed elementi di Raku Kei Reiki. Utilizza sia i simboli tradizionali dell'Usui Reiki che alcuni simboli del Raku Kei, oltre a numerosi altri elementi "non tradizionali". Il terzo livello è comunemente suddiviso in 3a e 3b (vedi Advanced Reiki Training).

Tomita, Kaiji: Uno studente della prima Gakkai. Tomita creò la "Tomita Teate Ryohokai" (associazione per la cura con l'imposizione delle mani di Tomita). Nel 1933 scrisse un libro: Reiki To Jinjutsu - Tomita Ryu Teate Ryoho.

Traditional Japanese Reiki: Stile di Reiki sviluppato da Dave King nel 1995. Il Traditional Japanese Reiki (TJR) si basa sul Vortex Reiki sviluppato da Toshitaka Mochizuki, che a sua volta è fortemente influenzato dalla Radiance Technique.

Tsubo: Sono i punti vitali nella pratica delle terapie orientali. Corrispondenti ai punti dell'agopuntura cinese.

U

Un: La parola usata da alcuni come jumon (mantra) per il simbolo della "potenza". Da non confondere con l'altra parola Un, che significa nuvola. ("Un" è la pronuncia giapponese del mantra sanscrito associato al Kami Maoson, una delle divinità principali adorate dalla setta Kurama Kokyo sul monte Kurama.)

Un: Nuvola. Una parola usata da alcuni stili come nome del simbolo della "potenza". Vedi anche: Kumo. ("Kumo" e "Un" sono due diversi modi di pronunciare lo stesso carattere kanji.) Vedi anche: Zui-un.

Usui Do: Via di Usui. Ricostruzione del sistema Reiki, come insegnato da Dave King e dall'Usui Do Eidan.

Usui Kai: Società di Usui. Un termine moderno usato per riferirsi all'Usui Reiki Ryoho Gakkai.

Usui Reiki Ryoho (vedi anche Japanese Reiki): Termine generalmente usato per riferirsi al Reiki come si è evoluto nel Giappone moderno.

Usui Reiki Ryoho Gakkai: Società di apprendimento del metodo Reiki di Usui. Fondata dal contrammiraglio della marina imperiale giapponese Jusaburo Gyuda (Ushida) e da altri studenti di Usui intorno al 1926-27.

Usui Sensei: Modo rispettoso di riferirsi a Mikao Usui.

Usui Shiki Ryoho (vedi anche: Reiki Occidentale): Metodo di guarigione naturale di Usui o terapia in stile Usui. Reiki occidentale come insegnato da Takata Sensei, un sistema diviso in 3 livelli più il Master, che utilizza nelle armonizzazioni solo i quattro simboli Reiki tradizionali.

Usui Teate: Termine usato da alcuni per riferirsi al metodo di guarigione di Usui Sensei. Inoltre è il nome usato (in modo confuso) per indicare gli insegnamenti (non comprovati) promossi da Chris Marsh e Andy Bowling come espressione del sistema di sviluppo spirituale di Usui Sensei (in opposizione al suo metodo di trattamento). Il termine significa specificamente "Trattamento con le mani di Usui". NOTA: più recentemente, anche Dave King dell'Usui Do (vedi sopra) ha iniziato ad insegnare Usui Teate, tuttavia questo Usui Teate non è lo stesso di quello insegnato da Chris Marsh.

Usui, Fuji: Fuji Usui (1908-1946) era il figlio di Usui sensei.

Usui, Kuniji: Uno dei due fratelli di Usui sensei. Si dice che Kuniji fosse un poliziotto nella prefettura di Gifu (l'area in cui è nato Usui sensei).

Usui, Mikao: Creatore del sistema di guarigione e autosviluppo Shinshin Kaizen Usui Reiki Ryoho.

Usui, Sadako: La moglie di Usui sensei.

Usui, Sanai: Uno dei due fratelli di Usui sensei. Sanyai si ritiene fosse un medico con uno studio dalle parti di Tokyo.

Usui, Toshiko: Toshiko Usui (1913-1935) era la figlia di Usui sensei.

Usui, Tsuru: La sorella maggiore di Usui sensei.

Usui: Il termine usato da molti praticanti dello sciamanesimo giapponese per descrivere i "punti di potere", i luoghi in cui il "velo" tra questo mondo e il Mondo dello Spirito è sottile. (Usui significa sottile). Tuttavia, in questo caso, "usui", sebbene abbia lo stesso suono, è scritto in kanji diversi dal cognome Usui.

V

Violet Breath (Respiro Viola): Una speciale tecnica di respirazione utilizzata nel Tera Mai. Il Violet Breath è una variante della tecnica Breath of the Fire Dragon (Respiro del drago di fuoco) che si trova nel Raku Kei Reiki.

Vortex Reiki: Stile moderno di Reiki giapponese, sviluppato da Toshitaka Mochizuki, che aveva appreso lo stile Reiki occidentale Radiance Technique da Mieko Mitsui.

W

Waka: Poesia giapponese. Brevi poesie con versi contenenti un numero fisso di sillabe. I Gyosei dell'Imperatore Meiji sono in forma waka. (Anche l'Haiku Zen è una forma di waka.)

Y

Yagyu Ryu: Si ritiene che Usui Sensei abbia raggiunto l'alto rango di Menkyo Kaiden nello Yagyu Ryu, una scuola di Bujutsu (Arti Marziali) incentrata sulle arti del Kenjutsu (spada) e Ju-jutsu (combattimento senza armi), fondata da Yagyu Muneyoshi Tajima no Kami (1527-1606).

Yamaguchi, Chiyoko: Vedi: Jikiden Reiki.

Z

Zui-un: Mentre in precedenza si affermava che l'Usui Reiki Ryoho Gakkai non utilizzasse nomi per i simboli Reiki, ma che si riferivano a loro semplicemente come Simbolo 1, Simbolo 2, ecc. (In realtà sembra che nell'Usui Reiki Ryoho Gakkai di seconda fondazione fosse andato perduto l'utilizzo dei simboli, e che questi sono stati reintrodotti grazie agli stili occidentali.) Ora certi maestri di alcuni stili moderni di Reiki giapponese affermano che nella Gakkai si utilizzano i nomi per i simboli da sempre. Usano il termine Zui-un per il simbolo comunemente noto come Choku Rei. L'uso dello Zui-un è stato adottato anche da altre scuole di Reiki moderno. Zui-un significa: "Nuvola di buon auspicio", un presagio di buona fortuna. È anche il nome di una famosa marca di incenso giapponese al legno di aloe. Vedi anche: Un e Kumo.

BIBLIOGRAFIA E SITOGRAFIA

Agrippa Enrico Cornelio, La filosofia occulta o la magia, 2 volumi, Edizioni Mediterranee, 1972.

Bandler Richard, Grinder John, La struttura della magia, Astrolabio Ubaldini, 1981.

Blavatsky Helena Petrovna, La Dottrina Segreta, 3 volumi, The Theosophical Publishing Society, 1893.

Breen John, Teeuwen Mark, Lo shinto. Una nuova storia, Astrolabio Ubaldini, 2014.

Brown Fran, Reiki. Gli insegnamenti originali di Takata, Amrita Edizioni, 1999.

Canil Dario, L'anima del Reiki. Origini, fondamenti spirituali e guida pratica del metodo originale di Mikao Usui, L'Età dell'Acquario, 2015.

Collin Rodney, Le influenze celesti. Uomo, universo e mistero cosmico, Edizioni Mediterranee, 2012.

De Salzmann Jeanne, La realtà dell'essere. La quarta via di Gurdjieff, Astrolabio Ubaldini, 2011.

Deacon James, http://www.aetw.org/.

Doi Hiroshi, Iyashino Gendai Reiki Ho, A Modern Reiki Method for Healing, International Center For Reiki Training, 2013.

Dürckheim Karlfried, Hara. Il centro vitale dell'uomo secondo lo zen, Edizioni Mediterranee, 2006.

Evola Julius, La Tradizione Ermetica, Edizioni Mediterranee, 1996.

Fueston Robert N., Reiki: Transmissions of Light, volume 1, Lotus Press, 2017.

Gentiluomo Annunziato, Sapere, saper fare e saper essere nel Reiki. Un manuale per gli operatori di Reiki del XXI secolo, Psiche 2, 2018.

Gray John Harvey, Gray Lourdes, McFadden Steven, Hand to Hand: The Longest-Practicing Reiki Master Tells His Story, Xlibris, 2002.

Guénon René, Introduzione generale allo studio delle dottrine indù, Adelphi, 1989.

Guénon René, L'uomo e il suo divenire secondo il Vêdânta, Adelphi, 1992.

Haberly Helen Joyce, Reiki: Hawayo Takata's Story, Archedigm Publications, 1990.

Jung Carl Gustav, L'uomo e i suoi simboli, Raffaello Cortina, 1996.

Jung Carl Gustav, Psicologia e alchimia, Bollati Boringhieri, 2006.

Jung Carl Gustav, L'analisi dei sogni. Gli archetipi dell'inconscio. La sincronicità, Bollati Boringhieri, 2011.

Jung Carl Gustav, Tipi Psicologici, Bollati Boringhieri, 2011.

Jung Carl Gustav, Wilhelm Richard, Il segreto del fiore d'oro. Un libro di vita cinese, Bollati Boringhieri, 2001.

Kapleau Philip, I tre pilastri dello zen. Insegnamento, pratica e illuminazione, Astrolabio Ubaldini, 1981.

Koshikidake Shokai, Faulks Martin, SHUGENDŌ The Way of the Mountain Monks, Lulu, 2015.

Lübeck Walter, Petter Frank Arjava, Rand William Lee, Lo spirito del Reiki. Il manuale completo, Edizioni Mediterranee, 2003.

Mitchell Paul David, Reiki, The Usui System of Natural Healing, Coeur d'Alene for The Reiki Alliance, Revised edition 1985.

Miyake Hitoshi, Shugendo: Essays on the Structure of Japanese Folk Religion, Center for Japanese Studies, The University of Michigan, 2007.

Nukariya Kaiten, La religione dei samurai. Filosofia e disciplina zen in Cina e Giappone, Edizioni Mediterranee, 2016.

Ogawa Fumio, Everyone Can Do Reiki, Autopubblicazione, 1991.

Ota Shinsai, Anpuku Zukai. Antica arte del trattamento dell'addome, Shiatsu Milano Editore, 2019.

Otsuka Keisetsu, Kampo: A Clinical Guide to Theory and Practice, Singing Dragon, 2016.

Ouspensky Pëtr Demianovič, Frammenti di un insegnamento sconosciuto, Astrolabio Ubaldini, 1978.

Petter Frank Arjava, Usui Mikao, Il manuale illustrato del Reiki. Il metodo di cura originale del dott. Usui, Edizioni Mediterranee, 2001.

Petter Frank Arjava, Yamaguchi Tadao, Hayashi Chujiro, The Hayashi Reiki Manual: Traditional Japanese Healing Techniques from the Founder of the Western Reiki System, Lotus Press, 2004.

Raveri Massimo, Itinerari nel sacro. L'esperienza religiosa giapponese, Libreria Editrice Cafoscarina, 2006.

Steiner Rudolf, Teosofia, Oscar Mondadori, 2003.

Steiner Rudolf, La Scienza Occulta, Cerchio della Luna, 2016.

Stevens John, Aikido. La via dell'armonia, Edizioni Mediterranee, 1992.

Stevens John, Aikido. L'essenza dell'aikido. Gli insegnamenti spirituali del maestro, Edizioni Mediterranee, 1995.

Stevens John, Aikido. Dottrina segreta e verità universali rivelate da Morihei Ueshiba, Edizioni Mediterranee, 2000.

Stiene Bronwen, Stiene Frans, The Japanese Art Of Reiki: A Practical Guide To Self-healing, Ayni Books, 2005.

Stiene Bronwen, Stiene Frans, Your Reiki Treatment: How to Get the Most Out of It, Ayni Books, 2007.

Stiene Bronwen, Stiene Frans, The Reiki Sourcebook, Ayni Books, 2009.

Stiene Frans, The Inner Heart of Reiki: Rediscovering Your True Self, Ayni Books, 2015.

Stiene Frans, Reiki Insights, Ayni Books, 2018.

Suzuki Daisetz Taitaro, Introduzione al buddhismo zen, Astrolabio Ubaldini, 1978.

Suzuki Daisetz Taitaro, La dottrina zen del vuoto mentale, Astrolabio Ubaldini, 1978.

Suzuki Daisetz Taitaro, Manuale di buddhismo zen, Astrolabio Ubaldini, 1978.

Suzuki Daisetz Taitaro, Il risveglio dello zen, Astrolabio Ubaldini, 1982.

Usui Reiki Ryoho Gakkai, Reiki Ryoho No Shiori, Autopubblicazione, 1974.

Usui Reiki Ryoho Gakkai, Reiki Ryoho Hikkei, Autopubblicazione.

Yamaguchi Tadao, Light on the Origins of Reiki: A Handbook for Practicing the Original Reiki of Usui and Hayashi, Lotus Press, 2007.

Yamasaki Taiko, Shingon. Il buddhismo esoterico giapponese, Astrolabio Ubaldini, 2015.

Printed in Great Britain
by Amazon